ଗୁଜବର ଡେଣା

(ଲଳିତ ନିବନ୍ଧ ସଙ୍କଳନ)

ଗୁଜବର ଡେଣା

(ଲଳିତ ନିବନ୍ଧ ସଙ୍କଳନ)

ଡକ୍ଟର ନିରଞ୍ଜନ ସାହୁ

ବ୍ଲାକ୍ ଈଗଲ୍ ବୁକ୍ସ

ଭୁବନେଶ୍ୱର, ଓଡ଼ିଶା

BLACK EAGLE BOOKS

Dublin, USA

ଗୁଜବର ଡେଣା / ଡକ୍ଟର ନିରଞ୍ଜନ ସାହୁ

ବ୍ଲାକ୍ ଈଗଲ୍ ବୁକ୍ସ : ଭୁବନେଶ୍ୱର, ଓଡ଼ିଶା • ଡବ୍‌ଲିନ୍, ଯୁକ୍ତରାଷ୍ଟ୍ର ଆମେରିକା

BLACK EAGLE BOOKS

USA address:
7464 Wisdom Lane
Dublin, OH 43016

India address:
E/312, Trident Galaxy, Kalinga Nagar,
Bhubaneswar-751003, Odisha, India

E-mail: info@blackeaglebooks.org
Website: www.blackeaglebooks.org

First International Edition Published by
BLACK EAGLE BOOKS, 2025

GUJABARA DENA
by **Niranjan Sahu**
Email: niranjansahu1961@gmail.com

Cover & Interior Design: Ezy's Publication

ISBN- 978-1-64560-672-7 (Paperback)

Printed in the United States of America

ଉତ୍ସର୍ଗ ପତ୍ର

ଶ୍ରୀଯୁକ୍ତ ମନମୋହନ ପାଢ଼ୀ, ବି.ଏସ୍.ସି., ବି.ଏଡ୍.
(ପୂର୍ବତନ ପ୍ରଧାନ ଶିକ୍ଷକ, ଫତେପୁର ଉଚ୍ଚ ଇଂରାଜୀ ବିଦ୍ୟାଳୟ, ବାଲେଶ୍ୱର)

ହେ ପରମ ପୂଜ୍ୟ ମୋର ଗୁରୁଦେବ,

ପୂର୍ବ ଜନ୍ମର କିଛି ସୁକୃତରୁ ଆପଣଙ୍କ ପରି ଜଣେ ଅସାଧାରଣ ଶିକ୍ଷକଙ୍କର ଛାତ୍ର ହେବାର ସୁଯୋଗ ମୋ ପରି ଅକିଞ୍ଚନକୁ ମିଳିଛି । ବାଲ୍ୟକାଳରୁ ମୁଁ ଆପଣଙ୍କୁ ଜାଣିଥିଲି ମୋର ଦିବଂଗତ ପିତାଙ୍କର ଅତି ପ୍ରିୟ ଛାତ୍ର ଭାବରେ । ମୋର ଜନ୍ମ ସମୟ ବେଳକୁ ଆପଣ ମ୍ୟାଟ୍ରିକ୍ ପାସ୍ କରିଥିଲେ ପ୍ରଥମ ଶ୍ରେଣୀରେ । ସେତେବେଳେ ତାହା ଥିଲା ସର୍ବୋତ୍କୃଷ୍ଟ ଛାତ୍ରଙ୍କର ପ୍ରଥମ ପରିଚୟ । ବିଜ୍ଞାନରେ ଉପାଧି ଲାଭ କଲାପରେ ଆପଣଙ୍କୁ ଲକ୍ଷ୍ୟ ରଖି ଫତେପୁରରେ ହାଇସ୍କୁଲ ପ୍ରତିଷ୍ଠା ହେଲା । ନିଜ ଅଞ୍ଚଳର ପିଲାମାନଙ୍କର ଶିକ୍ଷାର ଦାୟିତ୍ୱ ଗ୍ରହଣ କରିଥିଲେ ଆପଣ ସ୍ୱେଚ୍ଛାକୃତ ଭାବେ ଏବଂ ସରକାରୀ ଚାକିରିର ପ୍ରଲୋଭନକୁ ତ୍ୟାଗ କରିଥିଲେ । ବିଜ୍ଞାନର ଛାତ୍ର ତଥା ଶିକ୍ଷକ ହେଲେ ବି ଆପଣଙ୍କର ସାହିତ୍ୟରେ ଥିଲା ଅନୁପମ ରୁଚି । ମୋର ସ୍ୱଳ୍ପକାଳୀନ ଫତେପୁର ହାଇସ୍କୁଲରେ ଶିକ୍ଷା ଗ୍ରହଣ ବେଳେ ମୁଁ ଲକ୍ଷ୍ୟ କରିଛି ଆପଣଙ୍କ ଲିଖିତ ଅନେକ ଏକାଙ୍କିକା ଅଭିନୀତ ହୋଇଥିଲା ଛାତ୍ରଛାତ୍ରୀଙ୍କ ଦ୍ୱାରା । ଶିକ୍ଷା ସହିତ ଶିଷ୍ଟାଚାର ଆପଣଙ୍କ ନେତୃତ୍ୱରେ ଫତେପୁର ହାଇସ୍କୁଲର ଛାତ୍ରମାନଙ୍କର ଜୀବନର ଧେୟ ହୋଇ ରହିଛି । ଆପଣଙ୍କ ପରି ନିରହଂକାର ସଦ୍‌ଗୁରୁ ଆଜିକାଲି ବିରଳ । ମୋର ସାମାନ୍ୟ ସାହିତ୍ୟ ଚର୍ଚ୍ଚାରେ ଆପଣଙ୍କର ପ୍ରେରଣା ଅନୁଭବ କରିଛି ।

ମୋର ସପ୍ତମ ସାରସ୍ୱତ କୃତି **'ଗୁଜବର ଡେଣା'** ଆପଣଙ୍କ କରକମଳରେ ଅର୍ପଣ କରି କୃତଜ୍ଞତା ପ୍ରକାଶ କଲାବେଳେ ଅନୁଭବ କରୁଛି ମୋର ଭାଷାର ଅପରିପକ୍ୱତା । ମାତ୍ର ଆପଣଙ୍କର ଶିଷ୍ୟ ହେବାର ଆନନ୍ଦ ଓ ଗୌରବ ମୋ ପାଇଁ ସର୍ବଶ୍ରେଷ୍ଠ ପରିଚିତି ।

। ଇତି ।

ଆପଣଙ୍କର ଶ୍ରଦ୍ଧାରେ

ଚିରକାଳ ଆପ୍ଲୁତ ନିରଞ୍ଜନ

କୃତଜ୍ଞତା ସ୍ୱୀକାର

ଏଇ ପୁସ୍ତକଟି ପ୍ରକାଶିତ ହେବା ପଛରେ ଅଛି ବହୁ ବ୍ୟକ୍ତି ଓ ଅନୁଷ୍ଠାନଙ୍କର ସକ୍ରୀୟ ସହଯୋଗ ଓ ଯୋଗଦାନ। ଦୁଇ ହଜାର ଚବିଶର ପ୍ରଥମ ଆଠମାସ ଲେଖାଲେଖି ହୋଇ ପାରିନଥିବା ବେଳେ ଶେଷ ଚାରିମାସରେ ମୋତେ ଅନୁଭବ ହୋଇଥିଲା ବାରମାସର କାମକୁ ଚାରି ମାସରେ ସାରିବା ପାଇଁ ମୋର ଆବଶ୍ୟକ ମଙ୍ଗଳମୟଙ୍କ ଅପାର କରୁଣା। ପିଲାବେଳେ ପଢୁଥିଲେ - ଭଗବତ କୃପା ମିଳିଲେ ପଙ୍ଗୁ ଗିରି ଲଙ୍ଘିପାରେ। ଏହାକୁ କେହି ଗାଲୁଗପ କରି ତାଚ୍ଛଲ୍ୟ କରିପାରନ୍ତି; ମାତ୍ର ମା ବାଗ୍‌ଦେବୀଙ୍କ ବିନା ଆଶୀର୍ବାଦରେ ଏପରି ପଚାଶ ଗୋଟି ଲେଖା ଏତେ କମ୍ ସମୟରେ ହୋଇପାରିବା ଆଦୌ ସମ୍ଭବ ନୁହେଁ। ତାଛଡ଼ା ଲେଖାଲେଖି ପରି ସୂକ୍ଷ୍ମ କାମକୁ କେବଳ ସମୟର ସ୍ଥୁଳ ପରିସର ସହିତ ଯୋଡ଼ିବା କେତେ ହାସ୍ୟାସ୍ପଦ, ସେକଥା ପାଠକେ କଳନା କରିପାରୁଥିବେ।

ଏହି ଲେଖାଟି ମାନ ଲେଖିବା ପରେ ମୁଁ ବିଳମ୍ବ ନକରି ତାକୁ ମୋର ଜଣେ ପୂର୍ବତନ ସହକର୍ମୀ ଶ୍ରୀମାନ ପ୍ରକାଶ ଚନ୍ଦ୍ର ବେଦାନ୍ତଙ୍କୁ ପଠାଇଦିଏ ଓ ସେ ତାଙ୍କର ସକଳ ଜଞ୍ଜାଳ ସତ୍ତ୍ୱେ ତାକୁ ତୁରନ୍ତ ଡିଟିପି କରି ପଠାନ୍ତି ଏବଂ ସେଗୁଡ଼ିକ ବିଭିନ୍ନ ସମ୍ବାଦପତ୍ରକୁ ମୁଁ ପ୍ରେରଣ କରେ। ସେମାନେ ସେଗୁଡ଼ିକୁ ପ୍ରକାଶ କରିବା ମୋତେ ପ୍ରେରଣା ଦେଇଛି। ଏବଂ ସେ ଲେଖାଗୁଡ଼ିକ ପ୍ରକାଶିତ ହେବାପରେ ବହୁ ପାଠକଙ୍କ ଦୃଷ୍ଟିକୁ ଆସେ। ତେଣୁ ବହୁ ମତାମତ ମନ୍ତବ୍ୟ ମୋ ନଜରକୁ ଆସେ। କିଛି ପାଠକ ରିତିମତ ତାଙ୍କର ମତାମତ ଦେଇ ଲେଖକକୁ ଉତ୍ସାହିତ କରିଛନ୍ତି।

ଯେଉଁ ଦୈନିକ ସମ୍ବାଦପତ୍ରର ସମ୍ପାଦକ ଓ ସମ୍ପାଦନାମଣ୍ଡଳୀ ମୋତେ କୃତଜ୍ଞତା ପାଶରେ ଆବଦ୍ଧ କରିଛନ୍ତି ତାହା ମଧ୍ୟରେ ପ୍ରମୁଖ ହେଉଛନ୍ତି ପ୍ରମେୟ, ଧରିତ୍ରୀ, ପ୍ରଗତିବାଦୀ, ନିତିଦିନ, ଓଡ଼ିଶା ଭାସ୍କର, ସମ୍ବାଦ କଳିକା, ସୂର୍ଯ୍ୟପ୍ରଭା, ସକାଳ, ସର୍କାର, ସମୟ। ଯେଉଁ ପାଠକ ବନ୍ଧୁମାନେ ମୋତେ କ୍ରମାଗତ ଭାବରେ ଉତ୍ସାହିତ କରିଆସିଛନ୍ତି

ସେମାନେ ହେଲେ ସର୍ବଶ୍ରୀ ଗଦାଧର ସାହୁ, ଗଗନ କୁମାର ରାଉତ, ପ୍ରଫୁଲ୍ଲ କୁମାର ମହାପାତ୍ର, ଆଦିକନ୍ଦ ମିଶ୍ର ଏବଂ ଆହୁରି ଅନେକ। ଆଜିକାଲି ହ୍ୱାଟ୍‌ସଆପ୍‌ରେ ବହୁ ଗୋଷ୍ଠୀ ଅଛି, ସେମାନେ ତାଙ୍କ ଗୋଷ୍ଠୀରେ ମୋର ଲେଖାକୁ ଉତ୍ତୋଳନ କରୁଥିବାରୁ ଏହି ଲେଖାଗୁଡ଼ିକ ବୃହତ୍ତର ପାଠକ ସମାଜ ନିକଟକୁ ଯାଇ ପାରିଛି।

ପାଠକେ ଲକ୍ଷ୍ୟ କରୁଥିବେ ପ୍ରକାଶିତ ଲେଖାଗୁଡ଼ିକ ଭିତରୁ କିଛି ମନନଧର୍ମୀ ଏବଂ ଆଉ କିଛି ସାମାଜିକ ସମସ୍ୟା ଉପରେ ଆଧାରିତ। ଏ ସମସ୍ତ ଛଡ଼ା ଆହୁରି କିଛି ଲେଖା; ଯେଉଁଗୁଡ଼ିକ ମନୋଜ ଦାସଙ୍କର 'ସମ୍ବାଦ ଓ ସଂକେତ' ପରି କିଛି ପ୍ରକାଶିତ ସମ୍ବାଦକୁ ଭିତ୍ତିକରି ଲେଖା ହୋଇଛି।

ଏହାକୁ ପୁସ୍ତକ ଆକାରରେ ପ୍ରକାଶିତ କରି ବ୍ଲାକ ଇଗଲ ବୁକ୍‌ସ, ଆମେରିକାର ସତ୍ତ୍ୱାଧିକାରୀ ଶ୍ରୀଯୁକ୍ତ ସତ୍ୟ ପଟ୍ଟନାୟକ ମହୋଦୟ ମୋତେ ତାଙ୍କଠାରେ କୃତଜ୍ଞ କରିଛନ୍ତି। ପୁସ୍ତକର ମୁଖଶାଳା ହେଉଛି ତାର ମଲାଟ ବା ପ୍ରଚ୍ଛଦପଟ। ଏଇ ବହିର ମଲାଟ ଅଙ୍କନରେ ରହିଛି ବନ୍ଧୁ ଶିଳ୍ପୀ ଅଶୋକ କୁମାର ପରିଡ଼ାଙ୍କର ନିପୁଣତା। ସେ ମୋର ଅଜସ୍ର ଧନ୍ୟବାଦର ପାତ୍ର।

ନିରଞ୍ଜନ ସାହୁ

ଲେଖକଙ୍କ ପୃଷ୍ଠା

ଦୁଇ ହଜାର ଚବିଶି ମସିହାରେ ମୋତେ ଗବେଷଣା କାର୍ଯ୍ୟରେ ଅଧିକ ମନୋନିବେଶ କରିବାକୁ ହେଲା ଗାଇଡ୍‌ଙ୍କ ତାଗିଦା କ୍ରମେ। ଲେଖାଲେଖି, ସଭାସମିତି ଉପରେ ଏକରକମର ନିଷେଧାଜ୍ଞାର ଫଳଶ୍ରୁତି ହେଲା ବୃଦ୍ଧକାଳରେ ପୁତ୍ରଲାଭ ପରି। ଚଉଷଠି ବର୍ଷରେ ପି.ଏଚ୍.ଡ଼ି ଲାଭ, ମୋତେ ବିଶେଷ ଆନନ୍ଦ ଦେଇଛି।

ବର୍ଷର ଶେଷ ଚାରି ମାସରେ ପ୍ରାୟ ପଚାଶଟି ଲେଖା ଶେଷ ହେଲା ଯାହା ଭିତରୁ ପ୍ରାୟ ସମସ୍ତ ଏହା ଭିତରେ ବିଭିନ୍ନ ଦୈନିକ ସମ୍ବାଦପତ୍ର ପ୍ରକାଶ କରି ମୋତେ ସେମାନଙ୍କ କୃତଜ୍ଞତା ଫାଶରେ ଆବଦ୍ଧ କରିଛନ୍ତି। ଅବଶ୍ୟ ପୁସ୍ତକ ଆକାରରେ ପ୍ରକାଶ କରିବାବେଳେ କିଛି ବିଷୟରେ ସାମାନ୍ୟ ସଂପାଦନା କରାଯାଇଛି।

ଏଇଠି ଗୋଟିଏ କଥା ମନେ ପଡୁଛି; ଓଡ଼ିଆ ସାହିତ୍ୟର ବିଭିନ୍ନ ଦିଗରେ ଲେଖନୀ ଚାଳନା କରୁଥିବା ବ୍ୟକ୍ତି / ପ୍ରଜ୍ଞା ପୁରୁଷମାନେ ଅନେକ ଗୋଷ୍ଠୀରେ ବିଭକ୍ତ ହୋଇଯାଉଛନ୍ତି। ସେମାନଙ୍କ ଭିତରେ ପରସ୍ପର ପ୍ରତି ଯେଉଁ ସଦିଚ୍ଛା ଓ ଶ୍ରଦ୍ଧା ରହିବା କଥା, ତାର ସାମାନ୍ୟତମ ଅଂଶ ମଧ୍ୟ ପରିଦୃଷ୍ଟ ହେଉନାହିଁ। ଆଜିକୁ ପ୍ରାୟ ଦେଢ଼ଶହ ବର୍ଷ ତଳେ ଯେଉଁମାନେ ଲେଖାଲେଖି କରୁଥିଲେ ସେମାନଙ୍କ ଭିତରେ ସଂପର୍କ ଥିଲା ଖୁବ୍ ମଧୁର। ଏବେ କାହିଁକି ସେଇ ଧାରାର ବ୍ୟତିକ୍ରମ ତାହାହିଁ ଆଜିର ଆଲୋଚନା।

ଆଜିକୁ ଶହେ ଦେଢ଼ଶହ ବର୍ଷ ତଳେ ଯେଉଁମାନେ ସାହିତ୍ୟରେ ମନୋନିବେଶ କରୁଥିଲେ ସେମାନଙ୍କ ଭିତରେ କି ସଦ୍‌ଭାବ ଥିଲା, କି ଆତ୍ମୀୟତା ! ମନେ ପକାନ୍ତୁ ଉତ୍କଳ ଭ୍ରମଣରେ ଫକୀର ମୋହନଙ୍କର ସ୍ମୃତି। ସେ ପଶ୍ଚିମ ଓଡ଼ିଶାର ତାଙ୍କର ଅଭିଳଷିତ ସ୍ଥାନରେ ପହଂଚିଲା ବେଳକୁ ଗଙ୍ଗାଧର କେତେ କ୍ରୋଶ ଅତିକ୍ରମ କରି ତାଙ୍କୁ ସଙ୍ଖୋଳିବାକୁ ସେଠାକୁ ଯାଇଥିଲେ। ଆଜି ସାହିତ୍ୟ ଏକରକମର ଗୋଷ୍ଠୀବାଦରେ ଭରପୂର ହୋଇଯାଇଛି। ସାହିତ୍ୟ ଯେତେବେଳେ ଜଣକର ନହୋଇ ଜନଗଣଙ୍କର ହୋଇଛି ତାହାହିଁ

ସମାଜକୁ କରିଛି ଋଦ୍ଧିମନ୍ତ। କେତେ ପ୍ରଭାବଶାଳୀ ସାହିତ୍ୟ ସମାଜରେ ସୃଜିଛି ବିପ୍ଳବ, କେତେ ଶୋଷଣ ବିରୋଧରେ ଜଗାଇଛି ଜାଗୃତିର ରୋଷଣି, କେତେ ବ୍ୟଥିତ ପ୍ରାଣରେ ଲଗାଇଛି ଶ୍ରଦ୍ଧାର ଚନ୍ଦନ।

ଯେତେବେଳେ ସମାଜ ବହୁଧା ବିଭକ୍ତ, ଯେତେବେଳେ ବିଷମଞ୍ଜି ବୁଣିବାକୁ ଆହୁରି ଅନେକ ଲୋକ ପଲ ପଲ ହୋଇ ମାଡ଼ି ଆସୁଛନ୍ତି ପଟୁଆରରେ, ସେତେବେଳେ ସାହିତ୍ୟିକ ତାର ମୌଳିକ ଧର୍ମ ପାଳନ କରିବ, ସମସ୍ତଙ୍କ ହିତ ସାଧନ କରିବ। ସମସ୍ତଙ୍କ ସହିତ ରହିବ - ସମସ୍ତଙ୍କ ପାଇଁ ହେବ ଆଲୋକବର୍ତ୍ତିକା। ସେ ହିଁ ଦିଗ୍‌ଦ୍ରଷ୍ଟା - ସେ ଭୁଲ୍ କଲେ ଇତିହାସ କ୍ଷମା ଦେବ ନାହିଁ।

ସଂସ୍କୃତରେ କୁହାଯାଉଥିଲା - 'କାବ୍ୟ ଶାସ୍ତ୍ର ବିନୋଦେନ କାଲ ଗଚ୍ଛତି ଧୀମତାମ୍...., ଅର୍ଥାତ୍ ପଣ୍ଡିତ ତଥା ବୁଦ୍ଧିମାନ ଲୋକମାନଙ୍କର ସମୟ ସାହିତ୍ୟ ଶାସ୍ତ୍ର ସମ୍ବନ୍ଧୀୟ ଆଲୋଚନାରେ ବ୍ୟୟ ହୁଏ, ମାତ୍ର ଦୁଷ୍ଟ ଲୋକଙ୍କ ସମୟ ବ୍ୟୟ ହୁଏ ତିନୋଟି କାମରେ। ଆଳସ୍ୟରେ ଶୟନରେ କିମ୍ବା ପରର ମନ୍ଦ ଚିନ୍ତା କରିବାରେ। ଯଦି ସାହିତ୍ୟରେ ଶାସ୍ତ୍ରରେ ରୁଚି ରଖୁଥିବା ଲୋକେ ପରଶ୍ରୀକାତର ହେବେ ତାହେଲେ ଯେ ସମାଜ ଅଧୋପତନ ଆଡ଼କୁ କ୍ଷୀପ୍ର ଗତି କରୁଛି ବୋଲି କହିବା ସାର୍ ହେବ।

ସାହିତ୍ୟିକମାନଙ୍କ ଭିତରେ ପରଶ୍ରୀକାତରତାର ଅନ୍ୟ ଏକ କାରଣ ବୋଧହୁଏ ପୁରସ୍କାର। ସମ୍ମାନିତ ହେବାକୁ ପୁରସ୍କୃତ ହେବାକୁ ଚାହିଁବା ବୋଧହୁଏ ପ୍ରତି ମଣିଷର ଇଚ୍ଛା। ତାହେଲେ ସାହିତ୍ୟିକ ସେଥିରୁ ବାଦ୍ ପଡ଼ିବ କିପରି। ଆଜିକାଲି ଯୁଗରେ କେବଳ ସାହିତ୍ୟ ଲେଖି ପୁରସ୍କାର ଅର୍ଜନ କରିବା ସହଜ ନୁହେଁ। ସେଥିପାଇଁ ଚୟନକର୍ତ୍ତାଙ୍କୁ ପ୍ରଭାବିତ କରିବା ପାଇଁ ବହୁ ମାର୍ଗ ଅନ୍ୱେଷଣ କରାଯାଉଛି। ପୁରସ୍କାର ପାଇଁ ସାହିତ୍ୟିକମାନଙ୍କୁ ଅନେକ ଜାଗାରେ ନିଜେ ଦରଖାସ୍ତ କରିବାକୁ ପଡୁଛି। ପୁରସ୍କାର ଘୋଷଣା ହେଉ ହେଉ ତା ଉପରେ କୋର୍ଟରେ ମାଲି ମୋକଦ୍ଦମା ଚାଲୁଛି। ଯାହା ଫଳରେ ସରକାରୀ ସ୍ତରରେ ନିୟମିତ ଭାବରେ ପୁରସ୍କାର ଚୟନ ମଧ୍ୟ ସମ୍ଭବ ହେଉନାହିଁ। ବିଭିନ୍ନ ପୁରସ୍କାର ପାଇବା ପରି ଯେପରି ସାହିତ୍ୟିକମାନେ ପରସ୍ପର ଭିତରେ ପ୍ରତିଦ୍ୱନ୍ଦ୍ୱିତା କରୁଛନ୍ତି, ନିଜ ନିଜର କିଛି ପୁସ୍ତକକୁ ସ୍କୁଲ କଲେଜର ପାଠ୍ୟକ୍ରମରେ ସ୍ଥାନ ଦେବା ପାଇଁ ମଧ୍ୟ ବହୁ ଘର୍ମାକ୍ତ ହେଉଛନ୍ତି। ଏହା ମୋଟା ମୋଟି ଭାବରେ ଏକ ପ୍ରଦୁଷିତ ଓ କଳୁଷିତ ବାତାବରଣ ସୃଷ୍ଟି କରୁଛି। କ୍ଷମତାସୀନମାନଙ୍କର ପଦଲେହନ କରିବାକୁ ବି ସାହିତ୍ୟିକ ପଶ୍ଚାତ୍‌ପଦ ହେଉନି। ଏହାଠାରୁ ଅଧିକ ଲଜ୍ଜା ଆଉ କ'ଣ ଥାଇପାରେ। ଆମେ ପଢ଼ିଥିଲେ କୌଣସି ଜଣେ ରାଜା ଜଣେ କବିଙ୍କୁ ଡାକି ନିଜ ପାଇଁ ଭଣତି ଲେଖିବା ପାଇଁ ନିର୍ଦ୍ଦେଶ ଦେଇଥିଲେ। କବି ସେଥିରେ ରାଜି ନହୋଇ କହିଥିଲେ ତାଙ୍କୁ କେବଳ ଚଉବାହାଙ୍କ

ଛଡ଼ା ଆଉ କାହାପାଇଁ ଚଉପଦୀ ଲେଖିବା ଜଣାନାହିଁ। କବିଙ୍କୁ ରାଜା ତାଙ୍କ ରାଜ୍ୟରୁ ବହିଷ୍କାର କରିଥିଲେ। ହେଲେ ସେଇ ଆଦର୍ଶ ପ୍ରତି ଦୃଷ୍ଟି ଦେବା ସାହିତ୍ୟିକ ଓ କବି ଆଜି ମାତ୍ର କତିପୟ। ସାହିତ୍ୟ ଯଦି ସମାଜର ଆଦର୍ଶ ବହନ ନ କରିବ ସେପରି ସାହିତ୍ୟର ମୂଲ୍ୟ ବା କ'ଣ, ସବା ଶେଷରେ ତାହା ଠୁଙ୍ଗା ସାହିତ୍ୟରେ ପରିଣତ ହେବ - କବି ରବି ସିଂଙ୍କର ଭାଷାରେ।

ମୋତେ ଜଣେ ବନ୍ଧୁ ଥରେ ଟିକିଏ ଶାଣିତ ଢଙ୍ଗରେ କହିଲେ, ଆରେ ଭାଇ ତମେ କାହିଁକି ସେ ସ୍ତମ୍ଭ ଭିତରେ ମାତିଛ - ତାହା ପରା ଏପର୍ଯ୍ୟନ୍ତ ସାହିତ୍ୟର ଗୋଟିଏ ବିଭାଗ ଭାବରେ ଗଣା ହେଉ ନାହିଁ। ପ୍ରବନ୍ଧକୁ ଟିକିଏ ଛୋଟକାଟର କରି ତାକୁ ପାଠକଙ୍କୁ ଟିକିଏ ପରିବେଷଣ ସୁଲଭ ଶୈଳୀରେ ପେଶ କରିବାକୁ ଯଦି ଲଳିତ ନିବନ୍ଧ କୁହାଗଲା ତାହେଲେ କଣ ବା ଭୁଲ୍ ସେଥିରେ। ଯେତେବେଳେ ମଣିଷକୁ ବେଶି ଅଭାବ ସମୟର, ସେତେବେଳେ ଆଉ ମହାଭାରତ ପରି ବିଶାଳ ନୂତନ ଗ୍ରନ୍ଥ ମାନଙ୍କର ପ୍ରସ୍ତୁତିର ଅବକାଶ ବା କେଉଁଠି! ତାଛଡ଼ା ସାହିତ୍ୟ ଯେପରି ବେଳେ ବେଳେ ବ୍ୟାକରଣକୁ ଅତିକ୍ରମ କରିପାରେ, ସେହି କ୍ରମରେ ସ୍ତମ୍ଭ ବା ଆଲେଖ୍ୟ ସାହିତ୍ୟର ଏକ ପ୍ରକରଣ ହେବାରେ ଅସମୀଚୀନତା କେଉଁଠି ? ଗତାନୁଗତିକ ଭାବନାର ଉତ୍ତରଣ ସିନା ଆଧୁନିକତା।

ମଣିଷକୁ ବିବିଧ ଜ୍ଞାନ ଆହରଣ କରିବାକୁ ପଡ଼ିବ। କେତେବେଳେ କର୍ମ ଜଞ୍ଜାଳରୁ ନିବୃତ୍ତି ନେବାକୁ ହେବ। ସେତେବେଳେ ସାହିତ୍ୟ ତାକୁ ସାଥୀ ନଦେଲେ ଆଉ କିଏବା ଦେବ, ପୁସ୍ତକ ମେଳା ବୁଲିଲା ବେଳେ ଏତେ ନୂଆ ଲେଖକ ବାହାରୁଛନ୍ତି ଦେଖିଲେ ଖୁସି ଲାଗୁଛି। ସନ୍ତୋଷ ଲାଗୁଛି ଯେ ବହୁ ବହି ବିକ୍ରୀ ହେଉଛି - ପାଠକ ପଢୁଛନ୍ତି ବା ପଢ଼ିବେ - ସେଇଆ ହେଉ।

ବିନୀତ ଲେଖକ

ସୂଚିପତ୍ର

ଅପରାଧୀଙ୍କୁ ଜଗିବ ସି.ସି.ଟି.ଭି.

ଏମନ୍ତ ଶୀର୍ଷକର ସମ୍ବାଦଟିଏ ବିଭିନ୍ନ ସମ୍ବାଦପତ୍ରର ଶିରୋନାମା ପାଲଟୁଛି ବାରମ୍ବାର। ଯେ ସମ୍ପର୍କରେ ପିଲାଦିନେ ପଢ଼ିଥିବା କୌଣସି ଲଘୁକଥା ମନେ ପଡ଼ିବା ସ୍ୱାଭାବିକ। କଥାଟି ଏହିପରି - ଦିନେ ଗୋଟିଏ ଗୁଡ଼ିଆ ଦୋକାନରେ ମାଲିକଟି ମିଠା ତିଆରି କରି ସାରି ପାଖ କୋଠରୀକୁ ଗଲା ଖାଇବା ପାଇଁ ଆଉ ଯିବା ପୂର୍ବରୁ ତାର ପ୍ରାଥମିକ ଶ୍ରେଣୀରେ ପଢୁଥିବା ପୁଅକୁ (ସମ୍ଭବତଃ ମନ୍ଦ ବୁଦ୍ଧି) କହିଦେଇଗଲା - 'ଟିକିଏ ଦେଖୁଥିବୁ ମିଠାକୁ - ମୁଁ ଖୁବ୍‌ଶୀଘ୍ର ଫେରି ଆସିବି'। କିଛି ସମୟ ପରେ ଅନ୍ତଲ ପେଟିଆ ଲୋକଟେ ଆସି ସେଇ ମିଠାରୁ ଦୁଇଚାରିଟା ଉଠାଇ ଖାଇଲା ଓ କହିଲା ବାପା ଫେରିଲେ କହି ଦେବୁ - 'ମାଛି ଆସିଥିଲା ଆଉ ମିଠା ଖାଉଥିଲା।' କିଛି ସମୟ ପରେ ବାପଟି ଖାଇସାରି ଆସି ଦେଖିଲା ବେଳକୁ ପୁଅଟି ସେଇଠି ବସିଛି। ବାପକୁ ଦେଖୁ ଦେଖୁ କହିଲା, "ବାପା ମାଛି ଆସିଥିଲା ଆଉ ମିଠା ଖାଇଲା, ସେ କୁଆଡ଼େ ସବୁଦିନ ଆସି ମିଠା ଖାଏ ବୋଲି କହୁଥିଲା।" ବାପର ଅକଲ ଗୁଡ୍ଡୁମ।

ସିସିଟିଭି ଆସିଲା ପରେ ସେଇ ଯନ୍ତ୍ରଟି ଉପରେ ଦାୟିତ୍ୱ ଦିଆହୋଇଛି ଅପରାଧ ନିୟନ୍ତ୍ରଣ କରିବାକୁ। ସିସିଟିଭି ଗୋଟିଏ ଯନ୍ତ୍ର ଯାହାକି ଘଟିଯାଇଥିବା ଘଟଣାଟିକୁ ରେକର୍ଡ଼ କରି ରଖି ଦେଇପାରିବ; ମାତ୍ର ଅପରାଧୀମାନେ କଣ ସ୍ନୋ ପାଉଡ଼ର ମାରି ନିଜର ଫଟୋ ଉଠେଇବା ପାଇଁ ସିସିଟିଭି ସାମ୍‌ନାକୁ ଆସିବେ ? ସେମାନଙ୍କ ପାଖରେ ସବୁ ଖବର ଅଛି କେଉଁ ଜାଗାରେ ସିସିଟିଭିମାନ ଲାଗିଛି ଏବଂ ସେଇ ବାଟ ଦେଇ ଗଲାବେଳେ ନିଜ ନିଜର ଚେହେରା ଯେମିତି ସେଇଠି ନ ପଡ଼ିବ, ସେଥି ପ୍ରତି ସେମାନେ ଭାରି ସତର୍କ ଓ ସଚେତନ।

ଆପଣମାନେ ଆଜିକାଲି ଯଦି କେତେବେଳେ ଜାତୀୟ ରାଜପଥରେ ଯାଉଥିବେ, ତାହେଲେ ଲକ୍ଷ୍ୟ କରିପାରୁଥିବେ ଅନେକ ସ୍ଥାନରେ ସିସିଟିଭି ଲାଗିଛି ଯାନମାନଙ୍କର

ଗତି ଉପରେ ନଜର ଦେବାକୁ। ଆପଣ ଲକ୍ଷ୍ୟ କରିପାରିବେ ସେଇ ସ୍ଥାନରେ ପହଞ୍ଚିବାର ଠିକ୍ ପୂର୍ବରୁ ଆପଣଙ୍କର ଡ୍ରାଇଭର ଗତି କମେଇଦେବ ପଚାଶ କିଲୋମିଟର ବେଗକୁ ଆଉ ସୁଧୀର ପିଲାଟି ପରି ଅତିକ୍ରମ କରିଯିବ ଆଉ କିଛି ବାଟ। ପୁଣି ତାପରେ ଶହେ କିଲୋମିଟରକୁ ବା ତଦୁର୍ଦ୍ଧ୍ୱ ସ୍ତରକୁ ବଢ଼େଇ ଦେବ ଗତି। ଅବଶ୍ୟ ଏହା ଫଳରେ ଆପଣ ଶହେ କିଲୋମିଟର ଅତିକ୍ରମ କରିବା ଭିତରେ ଡ୍ରାଇଭର ଦଶଟି ଜାଗାରେ ବେଗ କମେଇଦେବ; ମାତ୍ର ସେଇ ଜାଗା ଅତିକ୍ରମ କଲାପରେ ଆଉ ଲଗାମ ନାହିଁ।

ଆଗ କାଳରେ କୁହାଯାଉଥିଲା ଷୋଳକଳାରେ ରାଜା, ବତିଶ କଳାରେ ମନ୍ତ୍ରୀ ମାତ୍ର ଚଉଷଠୀ କଳାରେ ଚୋର। ଅର୍ଥାତ୍ ଯେଉଁମାନେ ଦୁଷ୍ଟଲୋକ ତାଙ୍କର ତଥାକଥିତ ବିଷୟ ବୁଦ୍ଧି ଅତ୍ୟନ୍ତ ପ୍ରବଳ। ଏବେ ପରିଚାଳନାଗତ ଜ୍ଞାନ ଓ କମ୍ପ୍ୟୁଟର ତଥା ଏ.ଆଇ.ର ପ୍ରୟୋଗ ଆଉ କାହା ପାଖରେ ଏକଚାଟିଆ ଅଧିକାର ହୋଇ ନାହିଁ। ଅପରାଧୀମାନେ ତାକୁ ବ୍ୟବହାର କରି ସେମାନଙ୍କ କାମ ସୁରୁଖୁରୁରେ କରିପାରୁଛନ୍ତି।

ପୁଲିସର ଯେତେ ଦାୟିତ୍ୱ ଅଛି, ତାହା ଭିତରେ ଅତ୍ୟନ୍ତ ଗୁରୁତ୍ୱପୂର୍ଣ୍ଣ ହେଲା ଅପରାଧ ନିୟନ୍ତ୍ରଣ। ତା ଅର୍ଥ ହେଲା, କୌଣସି ଅପରାଧ ସଂଘଟିତ ହେବା ପୂର୍ବରୁ ତାକୁ ନିୟନ୍ତ୍ରଣ କରିବା। ଆମେ ଯେତେ ସିସିଟିଭି ଲଗେଇଲେ ବି ତାହା କଣ ଅପରାଧକୁ ନିୟନ୍ତ୍ରଣ କରିବାରେ ସମର୍ଥ ହେବ ! ଅବଶ୍ୟ ଅପରାଧୀର ଗତିବିଧିକୁ ଏହା ଫଳରେ ନଜର କରିହେବ ଏବଂ ଅପରାଧ ପରେ ଏହା ଅପରାଧୀର ଗତିବିଧି ବିଷୟରେ କିଛି ଖବର ଦେଇପାରେ, ହେଲେ ଆଜିକାଲି ହାଇଟେକ ଯୁଗର ଅପରାଧୀ ତ ଅପରାଧ ଘଟେଇଲା ପରେ ଖୋଲାଛାତିରେ ଖୋଲା ଜିପ୍‌ରେ ଯିବନାହିଁ କିମ୍ବା ସେ ଯେଉଁ ଗାଡ଼ି ବ୍ୟବହାର କରୁଥିବ ତାର ଯେ ରେଜିଷ୍ଟ୍ରେସନ ନମ୍ବର ନକଲି ତାହା ବିନା ଖୋଳତାଡ଼ରେ ବି କୁହାଯାଇପାରେ। ସିସିଟିଭିରେ ରହୁଥିବା ତଥ୍ୟ ସବୁଦିନ ପାଇଁ ସେଇ ଡିସ୍କରେ ରହେ ନାହିଁ। ସେଥିପାଇଁ ପନ୍ଦରଦିନ ବା ମାସେ ବା ଦୁଇମାସର ଅବଧି ଅନୁସାରେ ସେଥିରେ ବ୍ୟବସ୍ଥା ହୋଇଥାଏ। ଯଦି କେତେବେଳେ ବିଳମ୍ବରେ କିଛି ଘଟଣାର ଖୋଳତାଡ଼ ଦରକାର ପଡ଼େ ସେତେବେଳେ ସେଥିରୁ କିଛି ସୁରାକ ମିଳେ ନାହିଁ। ଇଏତ ହେଲା ସାଧାରଣ କଥା; ମାତ୍ର ସବୁଠୁ ଗୁରୁତ୍ୱପୂର୍ଣ୍ଣ କଥା ହେଲା ଇଚ୍ଛାକୃତ ଭାବରେ ବେଳେବେଳେ ସିସିଟିଭିରୁ ରେକର୍ଡ଼ିଂକୁ ନିଭେଇ ଦିଆଯାଏ। ନିକଟରେ କୋଟିଏ ସ୍ୱର୍ଣ୍ଣକାତର ଘଟଣାରେ ଦେଖାଗଲା ଯେ ଅଘଟଣଟି ରାଜଧାନୀର ଗୋଟିଏ ସଂଭ୍ରାନ୍ତ ଥାନା ଭିତରେ ହୋଇଥିଲେ ବି ସିସିଟିଭି ସେଥିରେ କିଛି ଯୋଗଦାନ କରିପାରିନଥିଲା। ଆମେ ଯଦି ମେସିନକୁ ଜାଣିଶୁଣି ବିଗାଡ଼ିଦେବା, ତାର ହାର୍ଡ଼ଡିସ୍କକୁ ନଷ୍ଟ କରିଦେବା ତାହେଲେ ଖାଲି ଯନ୍ତ୍ରଟିଏ ବା କି ସହାୟତା ଦେଇ ପାରିବ ଆମକୁ ?

ନିକଟରେ ପ୍ରକାଶିତ ଏକ ସମ୍ବାଦରୁ ଜଣାଯାଏ ସିସିଟିଭିମାନ ଗୃହ ବିଭାଗର ସିଧାସଳଖ ଅଧୀନରେ ରହିବା କଥା; ମାତ୍ର ସେଗୁଡ଼ିକ କ୍ରାଇମବ୍ରାଞ୍ଚ ଅଧୀନରେ ରହୁଥିବା ଫଳରେ ସେଥିରେ ଥିବା ତଥ୍ୟ ନିର୍ଭୁଲ ବୋଲି କହିହେବ ନାହିଁ।

ପୁରାଣରେ ମୃତ୍ୟୁର ଦେବତା ଯମଙ୍କ ନିକଟରେ ଚିତ୍ରଗୁପ୍ତଙ୍କ ଉପସ୍ଥିତି ଥାଏ ବୋଲି କୁହାଯାଏ। ଅର୍ଥାତ୍ କୌଣସି ଅପକର୍ମ ପାଇଁ ସଂପୃକ୍ତ ବ୍ୟକ୍ତିଙ୍କୁ ଦଣ୍ଡ ଦେବା ପୂର୍ବରୁ ତାହାର ସଠିକତା ବିଷୟରେ ପଚରାଯାଏ ବ୍ୟକ୍ତିଟିକୁ, ଯଦି ସିଏ ଅସ୍ୱୀକାର କରନ୍ତି, ତାହେଲେ ସଂପୃକ୍ତ ଘଟଣାଟି କିପରି ଘଟିଥିଲା ତାହା ବିଷଦ ଭାବରେ ବିବୃତ୍ତ କରନ୍ତି ଚିତ୍ରଗୁପ୍ତ ମହାଶୟ। ଅର୍ଥାତ୍ ଗୁପ୍ତରେ ଚିତ୍ର ଉତ୍ତୋଳନ କରି ସେ ରଖିଥାନ୍ତି, ଯାହାକୁ ଭିଡ଼ିଓ ଭଳି ପ୍ରମାଣ ଦିଅନ୍ତି ସେ। ସେଇ ତଥ୍ୟକୁ କେହି ଅସ୍ୱୀକାର କରିବା କଥା ନୁହେଁ। ଭିଡ଼ିଓ କ୍ୟାମେରା ହୁଏତ ଶହେ ବର୍ଷ ପୂର୍ବରୁ ବିଜ୍ଞାନର ଉପଲବ୍ଧି ଭାବରେ ସମାଜକୁ ଆସିଛି; ମାତ୍ର କାହିଁ କେତେ ସୁଦୂର ଅତୀତରୁ ଏକ ତତ୍ତ୍ୱ ଭାବରେ ରହିଛି ଭାରତୀୟ ପୁରାତନ ଚିନ୍ତା ଚେତନାରେ।

ଯେ ସବୁ ଆଲୋଚନାରୁ ଅମ ସମସ୍ତଙ୍କର ହୁଏତ ହୃଦ୍‌ବୋଧ ହେବ ଯେ ସିସିଟିଭି ପ୍ରକୃତରେ ଅପରାଧୀଙ୍କୁ ଜଗିପାରିବ ନାହିଁ, ଯଦିଓ ଅପରାଧୀଙ୍କ ଖୋଲା ମେଲା ଗତିବିଧିକୁ କିଛି ପରିମାଣରେ ସଂକୁଚିତ କରିପାରେ।

ଆମର ପୁଲିସମାନେ ବାସ୍ତବରେ ଏତେ କାର୍ଯ୍ୟବ୍ୟସ୍ତ ସେମାନେ ଅନେକ ସମୟରେ ବିଶ୍ରାମ ଚାହୁଁଥାନ୍ତି। ଅଣପୁଲିସ କାମରେ ସେମାନଙ୍କୁ ଦିନ ଦିନ ଧରି ମୁତୟନ କରାଯାଏ, ତାଛଡ଼ା ରାଜନୈତିକ ହସ୍ତକ୍ଷେପ ଫଳରେ ପୁଲିସ ସବୁବେଳେ ନିଜର କର୍ତ୍ତବ୍ୟ ଠିକ୍ ରୂପେ ତୁଲେଇ ପାରେ ନାହିଁ। ତେଣୁ ଯାହା ପୁଲିସର କାର୍ଯ୍ୟ ତାହାକୁ କୌଣସି ଯନ୍ତ୍ର ଅବିକଳ ଭାବରେ କରିବା ସମ୍ଭବ ନୁହେଁ। ହୁଏତ କିଛି ପରିମାଣରେ ଏହା ସେମାନଙ୍କର କାମକୁ ସୁଗମ କରିପାରେ। ଅନ୍ତତଃ ଏଇ ଆଲୋଚନା ପରେ ଆମେ ଭାବିବା କଥା ନୁହେଁ ଯେ ବାସ୍ତବରେ ସିସିଟିଭି ଉପରେ ଚୋର ଧରିବା ଦାୟିତ୍ୱ ଦେଇ ପୁଲିସ ନିଘୋଡ଼ ନିଦରେ ଶୋଇପଡ଼ିଛି – ଏହା କେହି ଚତୁର ସାମ୍ବାଦିକଙ୍କର ଲୋକଙ୍କ ଆଖିରେ ପଡ଼ିବା ଭଳି କିଛି ଚାଞ୍ଚଲ୍ୟ ସୃଷ୍ଟିକାରୀ ଶିରୋନାମା ହୁଏତ ହୋଇପାରେ।

(ସମୟ-ତା ୧୬.୧୦.୨୪ ରିଖ)

■

ଅପମିଶ୍ରଣ : ଆଉ ଏକ ମହାମାରୀ

ଚତୁର୍ଥ ଶ୍ରେଣୀରେ ପଢୁଥିବା ପିଲାଟିଏ ଗୋଟିଏ ଗଣିତ ପ୍ରଶ୍ନର ସାମ୍ନା କଲାବେଳେ ଗଣିତ ବାହାରେ ବି କିଛି ଚିନ୍ତା କରିବା ସ୍ୱାଭାବିକ । ଧରି ନିଅନ୍ତୁ ଲାଭକ୍ଷତି ସଂପର୍କିତ ପ୍ରଶ୍ନଟିଏ ଏଇଭଳି - ଜଣେ ଅସାଧୁ ବ୍ୟବସାୟୀ ପାଞ୍ଚ ଲିଟର କ୍ଷୀରରେ ଏକ ଲିଟର ପାଣି ମିଶାଇ ବିକ୍ରି କରନ୍ତି । ତାଙ୍କର ଶତକଡ଼ା ଲାଭ ପରିମାଣ କେତେ ? ଛୋଟ ପିଲାଟି ଭାବିବ ଲାଭ ପାଇବାକୁ ହେଲେ ଅପମିଶ୍ରଣ ବୋଧହୁଏ ଅପରିହାର୍ଯ୍ୟ । ଅବଶ୍ୟ ଧର୍ମକୁ ଆଖିଠାର ଭଳି ପ୍ରଶ୍ନରେ ଥିବା ବ୍ୟବସାୟୀ ଅସାଧୁ କାହିଁକି ସେ କଥା କ'ଣ ବୁଝିବ ସେ ! ଅତଏବ ପିଲାବେଳୁ ସେ ଗୋଟିଏ ନୂତନ ମୂଲ୍ୟବୋଧ ଗ୍ରହଣ କରିନେବ ଯେ ଅପମିଶ୍ରଣ ହିଁ ଜୀବନରେ ତଥାକଥିତ ଆର୍ଥିକ ଉନ୍ନତିର ଏକ ପ୍ରମୁଖ କାରଣ ।

ଅପମିଶ୍ରଣ ଆମ ସମସ୍ତଙ୍କ ପାଇଁ ଏକ ବିଶାଳ ସମସ୍ୟା ହୋଇ ଛିଡ଼ା ହୋଇଛି । ନିମ୍ନମାନର ଚିଜକୁ ଉଚ୍ଚମାନ ସହିତ ସମତୁଲ କରି ବ୍ୟବସାୟ କରିବା ପାଇଁ ବ୍ୟବସାୟୀମାନେ ଅପମିଶ୍ରଣକୁ ଏକ ଅଭିନବ ବ୍ୟାବସାୟିକ କଳା ବୋଲି ଧରିନେଲେଣି । ଆପଣ ଯଦି କୌଣସି ବସ୍‌ଷ୍ଟାଣ୍ଡରେ ଥିବା ଫଳ ଦୋକାନରୁ ଫଳ କିଣୁଛନ୍ତି ଏବଂ ପଇସା ଦେଲାବେଳେ ସାମାନ୍ୟ ଅସାବଧାନତାର ଶିକାର ହୋଇଛନ୍ତି, ତାହେଲେ ଆପଣ ଘରେ ପହଞ୍ଚି ଲକ୍ଷ୍ୟ କରିବେ ଆପଣ ଛଳନାର ଶିକାର ପାଲଟି ଯାଇଛନ୍ତି । ଦୋକାନୀ ଆଗରୁ ଓଜନ କରି ସେଓ ମାନ ରଖିଥିବ । ଯେଉଁଥିରେ ଅନ୍ତତଃ ଦୁଇଟି ନ୍ୟୂନମାନର ସେଓ ମିଶାଇ ଦେଇଦେବ; ଆପଣ ପଇସା ବାହାର କଲାବେଳେ ସେ ଯାଦୁକର ଭଳି ଆପଣଙ୍କ ଆଗରେ ଓଜନ କରିଥିବା ସେଓକୁ ଅନ୍ୟ କେଉଁଠି ଥୋଇଦେଇ ପୂର୍ବରୁ ରହିଥିବା ସେଓ ଧରେଇ ଦେବ ଏବଂ ବିନା ସଂକୋଚ ଓ ସଂଶୟରେ ଆପଣ ତାକୁ ନେଇ ଘରେ ପହଞ୍ଚିଲା ପରେ ଯାଇ ଜଣାପଡ଼ିବ କଥାର ଗୁମର ।

ଯେଉଁ ଦ୍ରବ୍ୟର ମିଶ୍ରଣରେ ମୌଳିକ ଜିନିଷର ଗୁଣବତ୍ତା ହ୍ରାସ ହୋଇଥାଏ, ତାହାକୁ ଅପମିଶ୍ରଣ ବୋଲି କୁହାଯାଏ। କେବଳ ସେତିକି ନୁହେଁ ଏପରି କିଛି ରାସାୟନିକ ପଦାର୍ଥ ରହିଛି ଯାହାକୁ ମିଶାଇ ଦେଲେ ବାସି ଚିଜ ସତେଜ ଦିଶେ। ପଚା ମାଛ ଲାଗେ ତଟକା। ଏହା ଫଳରେ ଜିନିଷଟି ସିନା ଆଖିକୁ ରୁଚେ; ମାତ୍ର ପ୍ରକୃତପକ୍ଷେ ଜିନିଷଟିର ଗୁଣବତ୍ତା ହ୍ରାସ ପାଇଥାଏ ଏବଂ ଅନେକ ସମୟରେ ଏହି ଅପମିଶ୍ରଣ ଯୋଗୁଁ ଦ୍ରବ୍ୟଟି ଖାଦ୍ୟ ଅନୁପଯୋଗୀ ପାଲଟି ଯାଇଥାଏ। ଏହିପରି ରସାୟନ ପ୍ରୟୋଗ ଫଳରେ ହାଟରେ ତଟକା ଦିଶୁଥିବା ଫଳ ବା ପନିପରିବା କେବଳ ଆଖିକୁ ଚିକ୍‌କଣ ଦିଶେ ସିନା, ବାସ୍ତବରେ ତାହା ସ୍ୱାସ୍ଥ୍ୟ ପକ୍ଷରେ ଅତୀବ ଅହିତକର ହୋଇଥାଏ।

ପନିପରିବା ହାଟ ଭିତରକୁ ପଶି ଆପଣ ଯଦି ସରଜମିନ ତଦନ୍ତ କରିବେ ତାହେଲେ ହୁଏତ ଲକ୍ଷ୍ୟ କରିପାରିବେ ଲୋକ ଭିଡ଼ର ବିପରୀତ ଦିଗରେ କେତେଗୁଡ଼ିଏ ପକ୍କା କୁଣ୍ଡ କରାଯାଇଛି। ସେଇ କୁଣ୍ଡରେଏପରି ରସାୟନ ପଡ଼ିଛି ଯାହା ସହିତ ପୁରୁଣା ପୋକରା ପରିବାକୁ ଘାଣ୍ଟିଦେଲେ ତାହା ଯେମିତି ନବ ଯୌବନ ପ୍ରାପ୍ତ ହୋଇଥାଏ। ଛନ୍‌ଛନ୍ ଦିଶୁଥିବା ସେଇ ପରିବାକୁ ଆମେ ପ୍ରତିଯୋଗୀତା କରି ନିଜ ଘରକୁ ବହି ଆଣୁ। ସେମିତି ଫଳ ଦୋକାନରେ କିଛି ଫଳ ଉପରେ ବିଶେଷତଃ ସେଓ ଉପରେ ମହମର ଏକ ପତଳା ଆସ୍ତରଣ ଯୋଡ଼ି ଦିଆଯାଏ। କେତେକ ସ୍ଥଳରେ ସେଥିରେ ରଙ୍ଗ ବୋଳି ଦିଆଯାଏ ଯାହା ଗ୍ରାହକଙ୍କୁ ଆକୃଷ୍ଟ କରେ।

କେବଳ ଦ୍ରବ୍ୟର ଶେଷ ପର୍ଯ୍ୟାୟରେ ହେଉଥିବା ଅପମିଶ୍ରଣ ନୁହେଁ ପ୍ରସ୍ତୁତି ପର୍ବରେ ମଧ୍ୟ ଅନେକ ଅପମିଶ୍ରଣ ହୁଏ ଯାହାକି ଜି.ଏମ୍.ପି. ବା good manufacturing processର ପରିପନ୍ଥୀ। ଉଦାହରଣସ୍ୱରୂପ ପନିପରିବା ବା ଫଳରେ ମାତ୍ରାଧିକ ହର୍‌ମୋନ୍ ସ୍ପ୍ରେ କରିବା କିମ୍ବା କୁକୁଡ଼ା କିମ୍ବା ମାଛ ତ୍ୱରିତ ବଡ଼ ଆକାର କରିବା ପାଇଁ ବର୍ଜନୀୟ ରାସାୟନିକ ବ୍ୟବହାର କରିବା ଏଥିରେ ଅନ୍ତର୍ଭୁକ୍ତ। ତରଭୁଜକୁ ଲୋଭନୀୟ କରିବା ପାଇଁ ଇଞ୍ଜେକସନ୍ ଦେଇ ତାର ଭିତର ଅଂଶକୁ ସଂପୂର୍ଣ୍ଣ ଲାଲ୍ କରାଇବା ବି ଏଇ ପର୍ଯ୍ୟାୟର। ଏଗୁଡ଼ିକୁ ନିରୀକ୍ଷଣ କରି ନିରୋଧ କରିବା ପାଇଁ ଆବଶ୍ୟକ ସରକାରୀ ବ୍ୟବସ୍ଥା ନିଷ୍ପ୍ରଭ, ନଗଣ୍ୟ ଓ ପ୍ରଭାବଶୂନ୍ୟ।

ଖାଦ୍ୟ ପଦାର୍ଥରେ ହେଉଥିବା ଅପମିଶ୍ରଣକୁ ରୋକିବା ପାଇଁ ଭାରତ ସରକାର ପ୍ରଥମେ ୧୯୫୪ ମସିହାରେ ଖାଦ୍ୟ ଅପମିଶ୍ରଣ ନିରୋଧ ଆଇନ (Prevention of Food Adulteration Act, 1954) ପ୍ରଣୟନ କରିଥିଲେ। ଅନୁରୂପ ଭାବରେ ଫଳ ଏବଂ ତୈଳ ଜାତୀୟ ଦ୍ରବ୍ୟରେ ଅପମିଶ୍ରଣ ରୋକିବା ପାଇଁ ବିଭିନ୍ନ ନିୟନ୍ତ୍ରଣ ନିୟମାବଳୀ ଭିନ୍ନ ଭିନ୍ନ ସମୟରେ କାର୍ଯ୍ୟକାରୀ ହୋଇଥିଲା; ମାତ୍ର ସବୁ ଗୁଡ଼ିକର ଏକତ୍ରୀକରଣ

ଏବଂ ବିନ୍ୟାସ ଫଳରେ ୨୦୦୬ ମସିହାରେ ଆସିଲା FSSA (Food Safety and Standards Act, 2006)

ଭାରତୀୟ ଦଣ୍ଡ ସଂହିତା ବା IPCର ଧାରା ୨୭୨ ଅନୁସାରେ ଅପମିଶ୍ରଣ ଏକ ଅପରାଧ ଏବଂ ଏଥିରେ ପ୍ରଥମେ ଛଅମାସ ଜେଲଦଣ୍ଡ ଓ ଏକହଜାର ଟଙ୍କାର ଜୋରିମାନା ବ୍ୟବସ୍ଥା ଥିଲା; ମାତ୍ର ୨୦୦୬ରେ ଲାଗୁ ହୋଇଥିବା ନୂତନ ଆଇନ (FSSA) ଅନୁସାରେ ଜେଲ ଓ ଜୋରିମାନା ପରିମାଣ ବୃଦ୍ଧି କରାଯାଇଛି। ଆଗରୁ ପ୍ରଚଳିତ ବ୍ୟବସ୍ଥା ଅନୁସାରେ ଖାଦ୍ୟ ସୁରକ୍ଷା ଅଧିକାରୀମାନେ ତଲାସୀ ବେଳେ ଅପମିଶ୍ରଣ ଥିବା ସୂଚନା ପାଇଲେ ନମୁନା ଗ୍ରହଣ କରି ତାକୁ ପରୀକ୍ଷାଗାରକୁ ପଠାଉଥିଲେ ଏବଂ ସେଠାରୁ ପ୍ରତିକୂଳାତ୍ମକ ମନ୍ତବ୍ୟ ଆସିଲେ ନ୍ୟାୟାଳୟରେ କେଶ ଦାୟର କରୁଥିଲେ। ନିକଟରେ ଭାରତ ସରକାର ଆଇ.ପି.ସି. ବଦଳରେ ଭାରତୀୟ ନ୍ୟାୟ ସଂହିତା ପ୍ରଚଳନ କରିଛନ୍ତି ଏବଂ ଆଇ.ପି.ସି.ର ଧାରା ୨୭୨ ଭାରତୀୟ ନ୍ୟାୟ ସଂହିତାର ଧାରା ୨୭୪ ସହିତ ସମତୁଲ।

ନୂତନ ଆଇନ ଆସିବା ପରେ ପରୀକ୍ଷାଗାରରୁ ନମୁନା ଉପରେ ଆସୁଥିବା ମନ୍ତବ୍ୟ ଯଦି 'ସବ୍‌ଷ୍ଟାଣ୍ଡାର୍ଡ୍‌' ଥାଏ ତାହେଲେ ଅତିରିକ୍ତ ଜିଲ୍ଲାପାଳଙ୍କ କୋର୍ଟରେ ଫୁଡ୍‌ ଇନିସ୍‌ପେକ୍ଟର କେଶ୍‌ ଦାୟର କରନ୍ତି। ଏହି ପ୍ରାଧିକୃତ କାର୍ଯ୍ୟନିର୍ବାହୀ କୋର୍ଟ ସଂପୃକ୍ତ ପକ୍ଷଙ୍କୁ ନୋଟିସ କରି ଶୁଣାଣି କରିବା ପରେ ଜୋରିମାନା କରିପାରନ୍ତି; ମାତ୍ର ଅତିରିକ୍ତ ଜିଲ୍ଲାପାଳ ବହୁ ଦାୟିତ୍ୱରେ ଥିବାରୁ ଏହି କୋର୍ଟଗୁଡ଼ିକ ନିୟମିତ ଭାବରେ ବସି ପାରୁନାହିଁ ଏବଂ କେଶ୍‌ ଫଇସଲା ମଧ୍ୟ ଆଶାନୁରୂପ ହୋଇପାରୁନାହିଁ। ଖାଉଟିମାନେ ଏହି ଆଇନରୁ ସାମାନ୍ୟ ସୁବିଧା ପାଉଥିବାର ହୃଦ୍‌ବୋଧ ହୁଏନାହିଁ, ଏହାକୁ ପୁନର୍ବିନ୍ୟାସ କରିବା ଜରୁରୀ।

୨୦୦୬ର ଆଇନ ଅନୁସାରେ ଏବେ ପରୀକ୍ଷାଗାରରୁ ବିପରୀତାତ୍ମକ ରିପୋର୍ଟ ଆସିଲେ ବି ସିଧାସଳଖ କେଶ୍‌ ସଂପୃକ୍ତ ବ୍ୟବସାୟୀଙ୍କ ବିରୋଧରେ କରାଯାଇପାରିବ ନାହିଁ, ପ୍ରଥମେ ତାଙ୍କୁ ସତର୍କ କରିବାକୁ ହେବ, ଏବଂ ସେଥିରେ କିଛି ଗୁଣବତ୍ତାର ପରିବର୍ତ୍ତନ ନହେଲେ ଯାଇ କୋର୍ଟରେ କେଶ୍‌ ଦାୟର କରିବାକୁ ହେବ। ଯେଉଁ ନମୁନାରେ ପରୀକ୍ଷାଗାରର ରିପୋର୍ଟରୁ ତାହା ସ୍ୱାସ୍ଥ୍ୟ ପକ୍ଷେ କ୍ଷତିକାରକ ବା ବିଷାକ୍ତ ବୋଲି ଲେଖାଯାଇଥାଏ ସେଇ କେଶ କୋର୍ଟ (ନ୍ୟାୟାଳୟ)ରେ ଦାୟାର ହୁଏ। କୋର୍ଟରେ ଏହି କେଶ୍‌ ବର୍ଷ ବର୍ଷ ଧରି ପଡ଼ିରହେ ଯାହା ଫଳରେ ଅପମିଶ୍ରଣ କରୁଥିବା ବ୍ୟବସାୟୀଙ୍କ ବିରୋଧରେ ତ୍ୱରିତ୍‌ କାର୍ଯ୍ୟାନୁଷ୍ଠାନ ହୋଇପାରୁନାହିଁ। ବଡ଼ ଦୁଃଖର କଥା ଏହି ମାମଲାଗୁଡ଼ିକ କେବଳ ବହୁ ବର୍ଷ ଧରି ଅଦାଲତରେ ଗଡ଼ୁ ନାହିଁ, ତା ସହିତ ଏଥିରେ ଦଣ୍ଡ ପାଉଥିବା ଲୋକଙ୍କ ସଂଖ୍ୟା ଖୁବ୍‌ ନଗଣ୍ୟ। ଆମେ ସମସ୍ତେ ଅପମିଶ୍ରଣ ପ୍ରଭାବରୁ ବହୁ ରୋଗର ଶିକାର ହେଉଥିବା ବେଳେ ଏହା ଅତ୍ୟନ୍ତ ଦୁଃଖଦାୟକ ବାସ୍ତବତା।

୨୦୦୬ ଆଇନ (FSSA)ର ପ୍ରାବଧାନ ଅନୁସାରେ ରାଜ୍ୟରେ ଜଣେ ଖାଦ୍ୟ ସୁରକ୍ଷା କମିଶନର ରହିବାର ବ୍ୟବସ୍ଥା ଅଛି ଯାହାଙ୍କ ଅଧକ୍ଷତାରେ ଏଇ ଆଇନ ରାଜ୍ୟରେ କାର୍ଯ୍ୟକାରୀ ହୋଇଥାଏ; ମାତ୍ର ରାଜ୍ୟ ସରକାରମାନେ ଅନେକ ସମୟରେ ବହୁ ଦାୟିତ୍ୱରେ ଥିବା ଜଣେ ଅଧିକାରୀଙ୍କୁ ଏହି ଦାୟିତ୍ୱ ଅତିରିକ୍ତ ଭାବରେ ନ୍ୟସ୍ତ କରୁଥିବାର ଦେଖିବାକୁ ମିଳେ। ଏହା ଫଳରେ ଏହି ଆଇନ କାର୍ଯ୍ୟକାରୀ ହେବା ପାଇଁ ଯେଉଁ ତତ୍ପରତାର ଆବଶ୍ୟକତା ତାହା ଦେଖାଯାଏ ନାହିଁ। ଦୃଢ଼ ରାଜନୈତିକ ଇଚ୍ଛାଶକ୍ତି ହେଲେ ଫୁଡ୍ ସେଫ୍‌ଟି ଓ ଷ୍ଟାଣ୍ଡାର୍ଡ୍ ଆକ୍ଟ ପରି ଏକ ସମ୍ବେଦନଶୀଳ ଆଇନ ଠିକଣା ବାଟରେ ଯାଇ ସମାଜରେ ଉପକାର କରିପାରିବ।

ଏହି ପ୍ରଚଳିତ ଆଇନର କାର୍ଯ୍ୟକାରିତା ଉପରେ କ୍ୱଚିତ ସମୀକ୍ଷା ବୈଠକ ହୁଏ ଶୀର୍ଷ ସ୍ତରରେ। ବର୍ତ୍ତମାନ ଏହା ଯେମିତି ଚାଲିଛି ତାକୁ ଦେଖିଲେ ଲାଗିବ 'ସାପ ମରିବନି ବାଡ଼ି ଭାଙ୍ଗିବନି' ହିଁ ଏକମାତ୍ର ପ୍ରଯୁଜ୍ୟ ବିଶେଷଣ।

■

(ସୂର୍ଯ୍ୟପ୍ରଭା - ତା ୨୬.୦୯.୨୦୨୪ରିଖ)

ଅସମାନତାର ଅଶ୍ଳୀଳ କାହାଣୀ

ସାମ୍ୟତା ହେଉଛି ଆମର ସମ୍ବିଧାନର ସର୍ବଶ୍ରେଷ୍ଠ ଉପାଦାନ । ଆମର ସୁପ୍ରିମକୋର୍ଟ ନାଗରିକଙ୍କ ଅଧିକାରର ସଂଜ୍ଞାକୁ ବ୍ୟାପକ କରିଛନ୍ତି ତାଙ୍କର ଧୂରୀଣ ବ୍ୟାଖ୍ୟାଦ୍ୱାରା – ହେଲେ ସରକାରଙ୍କ ନାକତଳେ ଏତେଦିନଯାଏ ଏମିତି ଅସମାନତାର ଦାଗଟାଏ ଏକ ପ୍ରମୁଖ ବିଭାଗରେ ଅଭ୍ୟାସରେ ପଡ଼ିପଡ଼ି ଅଲିଖିତ ଆଇନ ପାଲଟି ଯାଇଥିଲା, ତାହା ଭାବିଲେ ଲଜ୍ଜାବନତ ହେବାକୁ ପଡ଼େ । ଯାହାହେଉ, ମାନ୍ୟବର ସୁପ୍ରିମକୋର୍ଟଙ୍କ ନଜରକୁ କେହି ସମ୍ବେଦନଶୀଳ ବ୍ୟକ୍ତି ଏହା ନେବାରୁ ସେଇ ପରମ୍ପରାକୁ କୋର୍ଟ ସମ୍ପୂର୍ଣ୍ଣ ଭାବରେ ବାତିଲ କରିଛନ୍ତି ଏବଂ କେହି ତାକୁ ପୁନର୍ବାର ଜାଗ୍ରତ କଲେ କଠିନ ଦଣ୍ଡର ଆହ୍ୱାନ ଦେଇଛନ୍ତି ।

ସ୍ୱାଧୀନତାର ଏତେ ବର୍ଷ ପରେ ବି ଭାରତୀୟ ଜେଲମାନଙ୍କରେ ଯେଉଁ ପରମ୍ପରା ସୃଷ୍ଟି ହୋଇଥିଲା ତାହା ଅତ୍ୟନ୍ତ ବେଦନାଦାୟକ । ଜାତି ପ୍ରଥା ନାହିଁ ବୋଲି ଯେତେ କହିଲେ ବି ତାହା ଯେମିତି ତଥାକଥିତ ଉପର ଶ୍ରେଣୀୟ ଲୋକମାନେ ଛାଡ଼ିବାକୁ ପ୍ରସ୍ତୁତ ନଥିଲେ । ଏହା ଫଳରେ ଜେଲମାନଙ୍କରେ କେବଳ ନିର୍ଦ୍ଦିଷ୍ଟ ଜାତିର ଲୋକଙ୍କୁ ରୋଷେଇ ପ୍ରସ୍ତୁତ କରିବାକୁ କୁହାଯାଉଥିଲା ଏବଂ ଶୌଚାଳୟ ଆଦି ପରିଷ୍କାର ଦାୟିତ୍ୱ ସେହିପରି ନିର୍ଦ୍ଦିଷ୍ଟ ଜାତିର ଲୋକଙ୍କ ପାଇଁ ସଂରକ୍ଷିତ ହୋଇ ରହିଥିଲା । ବଡ଼ ଆଶ୍ଚର୍ଯ୍ୟର କଥା ହେଲା ଏହା କେବଳ କୌଣସି ନିର୍ଦ୍ଦିଷ୍ଟ କାରାଗାର ଭିତରେ ସୀମିତ ନଥିଲା । ପରିବ୍ୟାପ୍ତ ଥିଲା ଭାରତର ବିଭିନ୍ନ ଜେଲରେ – ସବୁ ଅଞ୍ଚଳରେ !

ହିନ୍ଦୁ ସମାଜକୁ ବ୍ୟାଧିଗ୍ରସ୍ତ ଓ ବିଭାଜିତ କରିବା ପାଇଁ କଣ ଜାତିପ୍ରଥା ସୃଷ୍ଟି ହୋଇଥିଲା ? ବୋଧହୁଏ ନୁହେଁ । ତତ୍କାଳୀନ ସମାଜରେ ବିଭିନ୍ନ କର୍ମର ବଣ୍ଟନ ସହିତ ବିଭିନ୍ନ ପ୍ରାକୃତିକ ସାଧନ (Resources)ର ନ୍ୟାୟିକ ବିତରଣ ଏହା ଫଳରେ ବୋଧହୁଏ ସମ୍ଭବ ହୋଇପାରିଥିଲା । ଶ୍ରୀମଦ୍ ଭଗବତ୍ ଗୀତାରେ ଭଗବାନ ଶ୍ରୀକୃଷ୍ଣଙ୍କ ମୁଖରେ କୁହାଯାଇଥିଲା–

'ଚାତୁର୍ବର୍ଣ୍ଣଂ ମୟା ସୃଷ୍ଟଂ ଗୁଣକର୍ମ ବିଭାଗଶଃ'

ଅର୍ଥାତ୍ ମଣିଷ ଭିତରେ ଥିବା ଗୁଣକର୍ମ ବିଭାଗ ହେତୁ ଚାରିବର୍ଣ୍ଣ ସୃଷ୍ଟି ହୋଇଛି; ମାତ୍ର ଏଇ ଗୁଣକର୍ମର ବିଭାଗ ଜନ୍ମ ପରେ ଜନ୍ମ ଚାଲିଥିବ ଏହା କେଉଁଠି ବି କୁହାଯାଇନାହିଁ। ପରନ୍ତୁ କୁହାଯାଇଥିଲା – "ଜନ୍ମନା ଜାୟତେ ଶୁଦ୍ର...."

ପରବର୍ତ୍ତୀ କାଳରେ ଜାତି ଜନ୍ମଗତ ହୋଇ ଯିବା ଫଳରେ ସମାଜରେ ବ୍ୟାପକ ଦୁର୍ଗତି ସୃଷ୍ଟିହେଲା ଏବଂ ବ୍ରାହ୍ମଣ୍ୟ ଧର୍ମ ବିରୋଧରେ ବୌଦ୍ଧଧର୍ମର ଉଦ୍ଭବ ହୋଇଥିଲା। ଜାତିପ୍ରଥାର ଉତ୍କଟ ପ୍ରଭାବରୁ ସମାଜ ମୁକ୍ତ ହେବାତ ଦୂରର କଥା ବରଂ ଜାତିଗତ ଜନଗଣନା ହେବକି ନାହିଁ ତାକୁ ନେଇ ଆମ ଦେଶର ଦୁଇ ପ୍ରମୁଖ ରାଜନୈତିକ ଦଳ ଭିତରେ ପ୍ରବଳ ମତାନ୍ତର ରହିଛି। ଯେଉଁମାନେ ଜାତିଗତ ଜନଗଣନା ସପକ୍ଷରେ ଅଛନ୍ତି ସେମାନଙ୍କର ଧାରଣା ଦେଶର ସମସ୍ତ ସମସ୍ୟା ବୋଧହୁଏ ସମାହିତ ହୋଇଯିବ ସେଇ ଗୋଟିଏ ଚୁଟ୍‌କିରେ ! ମାତ୍ର ସେଇ ମତବାଦର ବିରୋଧ କରୁଥିବା ଗୋଷ୍ଠୀଙ୍କର ମତ ହେଲା ହିନ୍ଦୁ ସମାଜକୁ ବିଭକ୍ତ କରି ଭୋଟ ହାତେଇବା ପାଇଁ ଏହା ଏକ ଷଡ଼ଯନ୍ତ୍ର।

ତଥାକଥିତ ନୀଚ୍ଚଜାତିର ଜନ୍ମ ହେଉଥିବା ଲୋକମାନଙ୍କୁ ସାରା ଜୀବନ ଅକଥନୀୟ ନିର୍ଯ୍ୟାତନାର ଶିକାର ହେବାକୁ ପଡୁଥିଲା। ଅସ୍ପୃଶ୍ୟତା ଏପରି ଏକ କଳଙ୍କମୟ ପ୍ରଥା ଥିଲା ଯାହା ଆମେରିକାର ବର୍ଣ୍ଣବୈଷମ୍ୟଠାରୁ କୌଣସି ଗୁଣରେ କମ୍ ନୁହେଁ। ସେମାନଙ୍କର ଆତ୍ମସମ୍ମାନ ବୋଲି କିଛି ନଥିଲା କହିଲେ ଚଳେ। ଆଇନତଃ ଅସ୍ପୃଶ୍ୟତା ବନ୍ଦ ହୋଇଯାଇଛି ଏହା ସତ, ମାତ୍ର ଏପର୍ଯ୍ୟନ୍ତ ଲୋକଙ୍କ ମନ ଭିତରେ ଥିବା ବୈଷମ୍ୟରେ ପରିବର୍ତ୍ତନ ହୋଇନାହିଁ। ତଥାକଥିତ ଉଚ୍ଚଜାତିର ଲୋକେ ସେମାନଙ୍କର ପୂର୍ବପୁରୁଷ କିପରି ଦଳିତମାନଙ୍କୁ ନିଜର ଚାକର ବାକରଠାରୁ ହୀନ ଦୃଷ୍ଟିରେ ଦେଖୁଥିଲେ ସେ କଥା କହି ଏକ ମିଛ ଗୌରବରେ ନିଜକୁ ମଣ୍ଡନ କରୁଥିବା ବେଳେ ସେଇ ଅତୀତ ଦିନର ତିରସ୍କାର ଓ ଅବମୂଲ୍ୟାୟନକୁ ଯେ ପର୍ଯ୍ୟନ୍ତ ଭୁଲିପାରିନାହାନ୍ତି ନିମ୍ନବର୍ଗର ଉତ୍ତରପୁରୁଷମାନେ ଏବଂ ଏବେବି ସେମାନଙ୍କଠାରେ ଆତ୍ମବିଶ୍ୱାସର ଘୋର ଅଭାବ – ନିଜର ଜାତିଗତ ପରିଚିତିକୁ ଲୁଚାଇବା ପାଇଁ ଏକ ଆତ୍ମଦହନ ରହିଛି ଅଧିକାଂଶଙ୍କ ଭିତରେ।

ଭାରତର କେତେକ ରାଜ୍ୟରେ ତଥାକଥିତ ଉଚ୍ଚଜାତିର ଲୋକେ ଏପର୍ଯ୍ୟନ୍ତ ନିମ୍ନ ବର୍ଗକୁ ଅଧୀନସ୍ଥ କରୁଛନ୍ତି ବା କରିବାକୁ ଉଦ୍ୟମରତ। ବହୁ ସଂଘର୍ଷ, ରକ୍ତପାତ, ଗୃହଦାହ, ଦୁଷ୍କର୍ମ ଏବଂ ହତ୍ୟା ପରି ଅମାନବୀୟ ହିଂସା ଓ ଅପରାଧ ସଂଘଟିତ ହୋଇଛି ବାରମ୍ବାର।

ଜାତିପ୍ରଥା କେବଳ ସାମାଜିକ ବିଭେଦ ସୃଷ୍ଟି କରିନାହିଁ, ଏହା ତିଆରି କରିଛି ଅନେକ ପ୍ରଭେଦ ଆର୍ଥିକ, ଶିକ୍ଷାଗତ, ନିଯୋଜନଜନିତ ଏବଂ ଉଭୟ ଶାରୀରିକ ଓ

ମାନସିକ ସ୍ୱାସ୍ଥ୍ୟ ସମ୍ବନ୍ଧୀୟ। ଏଇ ଭୟଙ୍କର ପରିସ୍ଥିତିର ଅନେକ ପ୍ରତିଫଳନ ଦିଶିଛି କାଳଜୟୀ ସାହିତ୍ୟରେ। କେତେବେଳେ ନିଚ୍ଚ ଜାତିର ପୁଅ ଉଚ୍ଚ ସମାଜରୁ ବାଛନ୍ଦ ଝିଅକୁ ପ୍ରେମ କରି ନିଜେ ଜୀବନ ଦେଇଛି ତ କେବେ ତାର ବାପମାଆଙ୍କୁ ଜୀବନ ଦେବାକୁ ପଡ଼ିଛି। ଜାତିର ମିଛ ଦାମ୍ଭିକତା ପାଇଁ ବେଳେବେଳେ ସଂପୃକ୍ତ ଝିଅକୁ ମାରିଦେବାକୁ ପଛଘୁଞ୍ଚା ଦେଇନାହାନ୍ତି ନିଜର ପରିବାର। ଯେ ସବୁ ସତ୍ତ୍ୱେ ଜାତିର ବ୍ୟବହାର ବିଶେଷ କମିନି। ଏକ ଜାତିହୀନ ଶୋଷଣମୁକ୍ତ ସମାଜ କେବଳ କିଛି ସ୍ୱପ୍ନାଭିଳାଷୀଙ୍କର ଅତୃପ୍ତ ସ୍ୱପ୍ନ ପାଲଟିଛି। ଜାତି ଜାତି ଭିତରେ ସଂଘର୍ଷ ଫଳରେ ମାନବ ଜାତି ହୋଇଛି ଅଧୋପତିତ।

ଜାତି ଏକ କୁସଂସ୍କାର ଏବଂ ଶିକ୍ଷାର ପ୍ରସାର ହେଲେ ତାହା ଆପେ ଆପେ ଲୋପ୍ ପାଇବ ବୋଲି ଯେଉଁ ଧାରଣା ଥିଲା ତାହା ଫଳବତୀ ହୋଇନାହିଁ। ବୋଧହୁଏ ସମାଜ ଶିକ୍ଷିତ ହୋଇପାରିନାହିଁ କେବଳ ଅନେକ ଡିଗ୍ରୀଧାରୀଙ୍କୁ ସୃଷ୍ଟି କରିଛି ଏବଂ ତାଙ୍କ ଭିତରୁ ଅନେକ ଏତେ ବାକପଟୁ ଯେ ଏହି ବ୍ୟବସ୍ଥାର ଭଲଦିଗ ବିଷୟରେ ଘଣ୍ଟା ଘଣ୍ଟା ବକ୍ତୃତା ଦେବାରେ ସକ୍ଷମ। ଏବେବି ବିବାହ ବଜାରରେ ଜାତି ଏକ ମାନଦଣ୍ଡ ଭାବରେ ମୋଟାମୋଟି ଗୃହୀତ ହୋଇଛି। ଆଧୁନିକ ଯୁଗର କମ୍ପ୍ୟୁଟର ବିପ୍ଳବର ଗୋଟିଏ ଭଲଦିଗ ହୋଇଛି ଯେ ଏହା କିଛି ପରିମାଣରେ ଜାତିଗତ ଦ୍ୱେଷକୁ ପ୍ରଶମିତ କରିପାରିଛି।

ଓଡ଼ିଶାରେ ଜାତିପ୍ରଥାର ପ୍ରାଦୁର୍ଭାବ କମ୍ ବୋଲି ବିଶେଷ ଆଲୋଚିତ ହୁଏ। ଏଥିପାଇଁ ପୁରପଲ୍ଲୀରେ ପ୍ରସାରିତ ବଳରାମ ଦାସଙ୍କର ରଚିତ ଲକ୍ଷ୍ମୀପୁରାଣର ଭୂମିକା ଥାଇପାରେ ବୋଲି କୁହାଯାଏ। ଏପରିକି ପିଲାବେଳେ ଆମେ ଶୁଣିଥିଲୁ – 'କଲିକତାରେ ରାତି ନାହିଁ କି ପୁରୀରେ ଜାତି ନାହିଁ' – ଏହା କେତେ ସୀମିତ ତାହା କାହାକୁ ଅଜଣା ନୁହେଁ। ଅନୁସୂଚିତ ଜାତି ଓ ଜନଜାତିଙ୍କ ଉପରେ ହେଉଥିବା ନିର୍ଯ୍ୟାତନାକୁ ଧର୍ତ୍ତବ୍ୟ ଅପରାଧ ବୋଲି ଗ୍ରହଣ କରାଯାଇଥାଏ। ଓଡ଼ିଶାରେ ଗତ ପାଞ୍ଚବର୍ଷରେ ଘଟିଥିବା ଏପରି ଅପରାଧକୁ ଲକ୍ଷ୍ୟ କଲେ ଆପଣ ଜାଣିବେ ବାସ୍ତବରେ ଏହା ସେତେ କମ୍ ନୁହେଁ, କାରଣ ବାର୍ଷିକ ଦୁଇ ହଜାରରୁ ତିନି ହଜାର ଭିତରେ ମାମଲା ଦାୟର ହେବା ସୂଚାଇ ଦେଉଛି ଯେ ମାନସିକ ସ୍ତରରେ ତଥା ବାସ୍ତବରେ ଆମେ ଜାତି ମାମଲାରେ ପରିପକ୍ୱ ହୋଇନାହାନ୍ତି, ଆମର ହୀନମନ୍ୟତା ପୂର୍ବପରି ରହିଛି।

ଏକ ଶ୍ରେଣୀହୀନ, ଶୋଷଣମୁକ୍ତ, ଦ୍ୱେଷ ବିରହିତ ସମାଜର ପରିକଳ୍ପନା ଜାତି ବିଭକ୍ତ ଦେଶରେ ସମ୍ଭବ ନୁହେଁ। ଅତୀତରେ ଯେତେବେଳେ ପୁରୁଷାନୁକ୍ରମିକ ଦକ୍ଷତା ବିକାଶର ଅନ୍ୟମାର୍ଗ ନଥିଲା, ସେତେବେଳେ ଜାତିର ଆବଶ୍ୟକତା ଥିଲା, ସେତେବେଳେ

ଉଚ୍ଚ ଜାତି ଓ ନୀଚଜାତିର ଭେଦ ନଥିଲା । ଏବେ ଦକ୍ଷତା ବିକାଶର ପ୍ରଶସ୍ତ ମାର୍ଗମାନ ଉନ୍ମୋଚିତ ହୋଇଛି । ଆଗରୁ ଜାତିଭିତ୍ତିକ ସମାଜ ବ୍ୟକ୍ତିର ଅସହାୟତା ବେଳେ କିଛି ସେବା ଯୋଗାଇ ଦେଉଥିଲେ, ଯେହେତୁ ଅନ୍ୟମାନେ ଆଗେଇ ଆସୁନଥିଲେ । ଏବେବି ସେଇ ଧାରା କେତେକାଂଶରେ ଅବ୍ୟାହତ ରହିଛି । ମାନସିକ ପରିବର୍ତ୍ତନ ପାଇଁ ଆହୁରି କେତେ ଯୁଗ ଲାଗିବ କେଜାଣି ! ମାନ୍ୟବର ସୁପ୍ରିମକୋର୍ଟଙ୍କ ଆଦେଶ ସାରା ଦେଶର ଜାତିବାଦୀମାନଙ୍କ ନିଦ୍ରିତ ବିବେକକୁ ଜାଗ୍ରତ କରନ୍ତା ସିନା ! ମହାତ୍ମା ଫୁଲେଙ୍କ ପରି କେତେ ମହାତ୍ମା ଅଶାନ୍ତିରେ ଅନେଇଛନ୍ତି ଆକାଶରୁ; କେବେ ତାଙ୍କ ସ୍ୱପ୍ନର ଦିନ ଆସିବ ?

■

(ପ୍ରଗତିବାଦୀ - ତା ୧୨.୧୧.୨୦୨୪ରିଖ)

ଅଭିନବ ପ୍ରତିବାଦ

ନିକଟରେ ସରକାରଙ୍କ କୌଣସି ବିଭାଗ ଅଧୀନରେ କାର୍ଯ୍ୟ କରୁଥିବା କିଛି ସ୍ୱଳ୍ପ ବେତନଭୋଗୀ କର୍ମଚାରୀ ସେମାନଙ୍କର କାରୁଣ୍ୟ ଓ ଦାରିଦ୍ର୍ୟର ଅପନୋଦନ ପାଇଁ ରାଜଧାନୀରେ ପ୍ରତିବାଦ କରିଥିଲେ। ନିତିଦିନ ବହୁସଂଖ୍ୟକ ଅନୁଷ୍ଠାନ ଓ ଗୋଷ୍ଠୀ ସେମାନଙ୍କର ଦାବୀ ପୂରଣ ପାଇଁ ପ୍ରତିବାଦ ସଭା କରନ୍ତି; ମାତ୍ର ଏତେସଂଖ୍ୟକ ଲୋକଙ୍କ ପ୍ରତିବାଦ ସରକାରଙ୍କ ଉପରେ ପ୍ରଭାବ ପକେଇବା ସମ୍ଭବ ହୁଏନାହିଁ। ତେଣୁ ଆଜିକାଲି ସେମାନେ ନୂତନ ଢଙ୍ଗରେ କିଛି ଅଭିନବ ଶୈଳୀରେ ପ୍ରତିବାଦ କରିବାକୁ ଚାହୁଁଛନ୍ତି। ଉପରଲିଖିତ ସଂଘର କର୍ମକର୍ତ୍ତା ଓ କର୍ମଚାରୀମାନେ ସେଦିନ ଆଣ୍ଠେଇ ଆଣ୍ଠେଇ ସେମାନଙ୍କର ପ୍ରତିବାଦ ସ୍ଥଳରେ ପହଞ୍ଚିଥିଲେ ଯାହାକି ଦୃଶ୍ୟ ଶ୍ରାବ୍ୟ ଗଣମାଧ୍ୟମର ପ୍ରମୁଖ ଖବର ପାଲଟିଥିଲା।

ଖବର ବିଷୟରେ କେହିଜଣେ ବିଶିଷ୍ଟ ବ୍ୟକ୍ତି କହିଥିଲେ – ମିଷ୍ଟର ଅମୁକ ଯାହାଙ୍କୁ ବି କେବେବି ଲୋକେ ତାଙ୍କ ଜୀବଦ୍ଦଶାରେ ଜାଣି ନଥିଲେ ସେ ଆଜି ମରିଗଲେ ବୋଲି ଜଣାଇବା ହିଁ ସମ୍ବାଦ। ଆଉ କେହି ଜଣେ କହିଥିଲେ କୁକୁର ମଣିଷକୁ କାମୁଡ଼ିବା ଗୋଟିଏ ସମ୍ବାଦ ନୁହେଁ ମଣିଷ କୁକୁରକୁ କାମୁଡ଼ିବା ହିଁ ସମ୍ବାଦ। ଅର୍ଥାତ୍ ସ୍ୱାଭାବିକତାକୁ ଆଜିକାଲି ଆଉ ସମ୍ବାଦର ମାନ୍ୟତା ମିଳୁନାହିଁ, କିଛି ଗୋଟାଏ ଅସ୍ୱାଭାବିକ, କିଛି ଆକସ୍ମିକ ଅଥବା ଉତ୍ତେଜକ ହେଲେ ହିଁ ଘଟଣାଟିଏ ସମ୍ବାଦ ଭାବରେ ଉଭା ହୁଏ। ସେଇ କ୍ରମରେ ଆଜିକାଲିର ଅଭିନବ ପ୍ରତିବାଦ ଅଭିନବ ପ୍ରବଣତାର ବିଭିନ୍ନ ରଙ୍ଗରେ ରଙ୍ଗାୟିତ।

ଆପଣମାନଙ୍କର ମନେଥିବ କେବେ ଡାକ୍ତରମାନେ ଜୋତା ପାଲିସ୍ କଲେ, କେତେବେଳେ ଶିକ୍ଷକମାନେ ମୁହଁରେ ପଟିବାନ୍ଧି ପ୍ରତିବାଦ କଲେ, ପୁଣି କେତେବେଳେ ଆଶାକର୍ମୀମାନେ ଚିତ୍କାର କରି ଆକାଶ କମ୍ପେଇଲେ। କେଉଁଠି ରାଜଧାନୀ ରାଜରାସ୍ତାରେ ମହିଳା ଶିକ୍ଷାକର୍ମୀମାନେ ମାର୍ଗଶିର ଗୁରୁବାର ଓଷା ପାଳିଲେ। ଅନ୍ୟାୟର ପ୍ରତିବାଦ

କରିବା ପାଇଁ ଭାରତୀୟ ସମ୍ବିଧାନ ତାର ନାଗରିକମାନଙ୍କୁ ନାଗରିକ ଅଧିକାର ପ୍ରଦାନ କରିଛି । ହେଲେ ଖାଲି ଚିରାଚରିତ ଢଙ୍ଗରେ ପ୍ରତିବାଦ କଲେ, ତାହା କାହାରି ନଜରକୁ ଆସେ ନାହିଁ, ବେଳେ ବେଳେ ପ୍ରତିବାଦୀମାନେ ଗୋଟାଏ ସ୍କ୍ରିପ୍ଟ ଅନୁସାରେ ସେମାନଙ୍କର ନିଜ ନିଜ ଭୂମିକା ବାଛନ୍ତି ।

ଯେଉଁମାନେ ବୁଲାବିକାଳୀ ସେମାନେ ନିଜର ଚିଜ ବିକ୍ରୀ କରିବା ପାଇଁ ଅନେକ ସମୟରେ ଏକ ଅସ୍ୱାଭାବିକ ରଡ଼ି ଛାଡ଼ନ୍ତି, ଏହାକୁ ଅନେକେ ହକର ହାଉଲିଂ ସାଉଣ୍ଡ ବୋଲି ଇଂରାଜୀରେ କହନ୍ତି – ଏହାର ଅସ୍ୱାଭାବିକତା ଫଳରେ ସେଇ ନିଆରା ପଣ ସମସ୍ତଙ୍କ ନଜରରେ ପଡ଼େ । କେହି କେହି ମନ ଗଢ଼ା କବିତା ଆବୃତ୍ତି କରନ୍ତି, ସେମାନଙ୍କର କ୍ରେତାମାନଙ୍କ ଭିତରେ ଗୋଟେ ଉତ୍ସାହ ସୃଷ୍ଟି କରିବାକୁ; ମାତ୍ର ବାସ୍ତବ କଥା ହେଲା ଏଇ ଅସ୍ୱାଭାବିକତା ହିଁ ସେମାନଙ୍କର ଟ୍ରେଡ୍ ମାର୍କ କିମ୍ବା ୟୁ.ଏସ୍.ପି. (ଇଉନିକ୍ ସେଲିଂ ପ୍ରପୋଜିସନ୍) । ରୋଚକ ପରିବେଷଣ ହିଁ ମନକୁ ଛୁଏଁ, ଖାଲି ବିଷୟବସ୍ତୁ ନୁହେଁ ।

ମ୍ୟାନେଜମେଣ୍ଟ ଜଗତର ଜଣେ ଧୂରୀଣ ସ୍ୱଦେଶୀ ଗୁରୁ ହେଲେ ଶିବ ଖେଡ଼ା । ତାଙ୍କର ଏକ ପୁସ୍ତକର ଆକର୍ଷଣକାରୀ ଧାଡ଼ିଟିଏ ହେଲା – ସଫଳ ଲୋକମାନେ କିଛି ନୂଆ ଜିନିଷ କରନ୍ତି ନାହିଁ; ମାତ୍ର ସେମାନଙ୍କର କାର୍ଯ୍ୟପ୍ରଣାଳୀ ସାଧାରଣଙ୍କଠାରୁ ଭିନ୍ନ । ଅସାଧାରଣ ସେଇମାନଙ୍କୁ କୁହାଯାଏ ଯେଉଁମାନେ ନେତୃତ୍ୱ ନେବା ଶ୍ରେଣୀୟ ଅଥବା ଏମିତି ବିଶେଷତ୍ୱ ଗୁଣର ଅଧିକାରୀ ଯାହା ଖୁବ୍ ବିରଳ ସଚରାଚର । ସେମାନଙ୍କୁ ଖୋଜିବା ପାଇଁ ଉପଯୋଗୀ ଶ୍ଳୋକଟିଏ ଏହିପରି –

‘ଶୈଳେ ଶୈଳେ ନ ମାଣିକ୍ୟଂ ମୌକ୍ତିକଂ ନ ଗଜେ ଗଜେ
ସାଧବଃ ନହି ସର୍ବତ୍ର ଚଂଦନଂ ନ ବନେବନେ ।’

ଅବଶ୍ୟ ବୈଶିଷ୍ଟ୍ୟ ଓ ଅଭିନବତ୍ୱ ଦୁଇଟା ସବୁବେଳେ ସମାନ କଥା ବୁଝାନ୍ତି ନାହିଁ । ଅଭିନବ କହିଲେ ବୋଧହୁଏ ଆମେ ଠଉରାଉ, ଯାହାର ଆଗରୁ ବିଶେଷ ଉଦାହରଣ ନାହିଁ କିମ୍ବା ତାର ଏମିତି କିଛି ମୌଳିକତା ରହିଛି ଯାହାକି ସାଧାରଣ ଲୋକର ଦୃଷ୍ଟି ଆକର୍ଷଣ କରିବାକୁ ସମର୍ଥ । ସେଇ ନ୍ୟାୟରେ ଆଜିକାଲି ପ୍ରତିବାଦ କରିବାକୁ ଚାହୁଁଥିବା ବ୍ୟକ୍ତି ବା ଅନୁଷ୍ଠାନମାନେ ରୀତିମତ ଗବେଷଣା କରୁଛନ୍ତି । କେବଳ ଆମଦେଶରେ ନୁହେଁ ଏହା ସତେ ଯେମିତି ଏକ ଆନ୍ତର୍ଜାତିକ ପ୍ରସଙ୍ଗ ପାଲଟିଛି । ବିଦେଶରେ କେଉଁଠି ମହିଳା ସଂଗଠନର ସ୍ୱେଚ୍ଛାସେବୀମାନେ ନିର୍ବସ୍ତ୍ର ହୋଇ ର୍‍ୟାଲିରେ ଯାଇ ପ୍ରତିବାଦ କରିଥିବା କଥା ମଧ୍ୟ ସମ୍ବାଦର ଶିରୋନାମା ପାଲଟିଛି । ଫ୍ୟାସନ ଦୁନିଆଁରେ କୁହାଯାଏ – Every odd is a style – ଏଇ ଭାବଧାରା ସାଧାରଣ ଜୀବନକୁ ସଂପ୍ରସାରିତ ହୋଇଛି ଯେମିତି, ତା ନହେଲେ ଲୋକେ କ’ଣ ଅଧିକ ପଇସା ଖର୍ଚ୍ଚ କରି ଏତେ ଅସ୍ୱାଭାବିକ କଣା ଫଟା

ପୋଷାକ ପିନ୍ଧିବାକୁ ଆଗ୍ରହ ଦେଖାନ୍ତେ ନା ଲାଳିତ୍ୟ ନଥିବା ଗୀତମାନେ ଏତେ ଲୋକପ୍ରିୟ ହୁଅନ୍ତେ ଆଜିର ଦୁନିଆଁରେ !

ଆଗରୁ ପ୍ରସଙ୍ଗର ଗୁରୁତ୍ୱ ଅନୁସାରେ ସମ୍ବାଦମାନଙ୍କର ବୈଶିଷ୍ଟ୍ୟ ତଉଲ ହେଉଥିଲା । ଏବେ ବୋଧହୁଏ ସେଇ ମାପକାଠି ବିଶେଷ ପ୍ରଯୁଜ୍ୟ ହେଉନାହିଁ ବିଶେଷତଃ ସ୍ଥାନୀୟ ବା ବ୍ୟକ୍ତିଗତ ପ୍ରସଙ୍ଗରେ । ଆଉ ଗୋଟିଏ କଥା ହେଲା ସମ୍ବାଦଟିକୁ ଆଖିଦୃଷ୍ଟିଆ କିମ୍ବା ରସାଳ କରିବା ପଛରେ କିଛି ବ୍ୟାବସାୟିକ ବା ବିଜ୍ଞାପନ ଆହରଣଜନିତ କାରଣ ଥାଇପାରେ । ବୋଧହୁଏ ସବୁଠୁ ଗୁରୁତ୍ୱପୂର୍ଣ୍ଣ ହେଲେ ଆମଭଳି ଦର୍ଶକ । ନାଟକୀୟତା ପ୍ରତି ଆମର ବୋଧହୁଏ ଆବାଲ୍ୟ ଆକର୍ଷଣ ରହିଛି । ସେଇ ରହସ୍ୟକୁ ଉନ୍ମୋଚନ କରନ୍ତି ଆମର ଲୋକେ, ଆମର ରୁଚି ଅନୁସାରେ ସମ୍ବାଦ ସୃଷ୍ଟି ହୋଇଥାଏ । ଏଥିରେ ହାସ୍ୟବ୍ୟଙ୍ଗ ପରି ଉପକରଣମାନ ଥିବାରୁ ଏହା ରସାଳ ଓ ହଠାତ୍ ଆକର୍ଷଣର କେନ୍ଦ୍ରବିନ୍ଦୁ ପାଲଟେ ।

ଥରେ ଜଣେ ଲୋକ ଗୋଟିଏ ପରିତ୍ୟକ୍ତ ମଞ୍ଚ ଉପରକୁ ଉଠିଯାଇ ଡମ୍ବରୁଟିଏ ଧରି ବଜାଇବା ଆରମ୍ଭ କଲେ । ତାଙ୍କ ଭାରଟି ସେ ଥୋଇ ଦେଇଥାନ୍ତି ମଞ୍ଚ ଉପରେ ଯାହା ସୁଚାଉଥିଲା ହୁଏତ ସେଇ ପେଡ଼ି ଭିତରେ ସାପ ଅଛନ୍ତି । କିଛି ସମୟ ଭିତରେ ସେଠାରେ ଲୋକଙ୍କ ଭିଡ଼ ଜମିଲା । ତାପରେ ସେ ଆରମ୍ଭ କଲେ ତାଙ୍କର ବିକ୍ରୀ ଦ୍ରବ୍ୟର ବିଜ୍ଞାପନ । କହିବା ବାହୁଲ୍ୟ ଏହି ଆଉରଣଟି କେବଳ ଏକ ମୁଖବନ୍ଧ ଯାହାର ଉଦ୍ଦେଶ୍ୟ ଲୋକଙ୍କୁ ଆକର୍ଷଣ କରିବା । ଅଭିନବ ପ୍ରତିବାଦମାନେ ବୋଧହୁଏ ସେଇ ଆକର୍ଷଣ ସୃଷ୍ଟିକାରୀ ଉପସ୍ଥାପନା । ଗୋଟିଏ ପ୍ରବନ୍ଧର ପ୍ରଥମ ପାରାଗ୍ରାଫ୍ ଭଳି ପାଠକଙ୍କୁ ଆକର୍ଷଣ କରିବାର ପ୍ରଥମ ପଦକ୍ଷେପ ।

ଥରେ ଗୋଟିଏ ଶାନ୍ତି ଶୃଙ୍ଖଳା ପରିସ୍ଥିତି ବୁଝିବାକୁ ଜଣେ ମାଜିଷ୍ଟ୍ରେଟ୍‌ଙ୍କୁ ଦାୟିତ୍ୱ ଦିଆଯାଇଥାଏ । ସେ ତରବରରେ ତାଙ୍କର କୋର୍ଟ କାମ ସାରି ଗଣ୍ଡଗୋଳ ଆଶଙ୍କା ଥିବା ଅଞ୍ଚଳକୁ ବାହାରୁଥାନ୍ତି । ଏତିକିବେଳେ ଜଣେ ସାମ୍ବାଦିକ କୌଣସି କାମ ନେଇ ମାଜିଷ୍ଟ୍ରେଟ ମହୋଦୟଙ୍କୁ ଦେଖାକଲେ । ମାଜିଷ୍ଟ୍ରେଟ୍ ତରବର ହେଉଥାନ୍ତି । ପୁଲିସ ତାଙ୍କୁ ଖବର ଦେଲେଣି ଗଣ୍ଡଗୋଳ ସ୍ଥାନରେ ପହଞ୍ଚିବାକୁ । ସାମ୍ବାଦିକ ମାଜିଷ୍ଟ୍ରେଟ୍‌ଙ୍କୁ କହିଲେ, ସାର୍ ଆପଣ ଆଦୌ ବ୍ୟସ୍ତ ହୁଅନ୍ତୁ ନାହିଁ । ଯେଉଁ ସମୟରେ ସେମାନେ ରାସ୍ତାରୋକୋ କରିବେ ବୋଲି କହିଥିଲେ ସେଥିରେ କିଛି ପରିବର୍ତ୍ତନ କରିଛନ୍ତି । କିଛି ବ୍ୟଙ୍ଗ କବିତା ପାଠ କରିବାକୁ ଯେଉଁ ବ୍ୟଙ୍ଗ କବିଙ୍କୁ ଡାକିଥିଲେ, ସେ ଆହୁରି ଘଣ୍ଟେ ପରେ ଆସିବେ, ତା ଛଡ଼ା, ଯେଉଁମାନେ ରାସ୍ତାରୋକୋ ବେଳେ ପୁଲିସ ସହିତ କିଛି ଧସ୍ତାଧସ୍ତି କରିବେ ବୋଲି ଭିଡ଼ିଓ କରାଯିବ, ସେମାନେ ଆଗତୁରା ପୁଲିସ ପାଖକୁ ଯାଇଛନ୍ତି କହିବାକୁ ଯେ ସେମାନେ ଏହାକୁ ବ୍ୟକ୍ତିଗତ ସ୍ତରକୁ ନେବେନି, ତାଛଡ଼ା ଦଳୀୟ କାମର ଯେ ସବୁ

ଗୋଟିଏ ଗୋଟିଏ ଅଂଶ। ଆଉ ସବୁଠୁ ବଡ଼ କଥା ହେଲା ମୁଁ ଓ ମୋ ସହିତ ଆଉ ତିନିଗୋଟି ଗଣମାଧ୍ୟମର ପ୍ରତିନିଧି - ଆମେ ଗଲେ ସିନା ସେଇ ନାଟକୀୟତା ସେମାନେ ଦେଖାଇବେ, ଯାହାକି ପ୍ରଚାରିତ ହେବ। ଆପଣ ଆଦୌ ବ୍ୟସ୍ତ ହୁଅନ୍ତୁ ନାହିଁ। ସମ୍ବାଦ ପଛରେ ଏମିତି ପ୍ରାୟୋଜିତ କାର୍ଯ୍ୟକ୍ରମ ଥାଇପାରେ ବୋଲି ସେଦିନ ପ୍ରଥମ କରି ଜାଣିଲେ ମାଜିଷ୍ଟ୍ରେଟ ଓ ଭାବିଲେ ତାଙ୍କର ନାଁ ବାଳକଦ୍ୱ କଟିଗଲା।

ସ୍ୱାଭାବିକ ବୋଲି ଯାହା କୁହାଯାଏ ତାହା ମାମୁଲି ଓ ସର୍ବସାଧାରଣରେ ଉପଲବ୍ଧ; ମାତ୍ର ନିଜକୁ ନିଆରା ଢଙ୍ଗରେ ପ୍ରକାଶ କରିବାକୁ ସମସ୍ତେ ତତ୍ପର। କେତେକ ଏହି ଅସ୍ୱାଭାବିକ ଆଚରଣକୁ ବିକୃତି ବୋଲି ବି କହିପାରନ୍ତି; ମାତ୍ର ଏହା ଆଖିରେ ପଡ଼େ - ନଜରକୁ ଆସେ। ଆଉ କ୍ରମେ ସଂପୃକ୍ତ ବ୍ୟକ୍ତିଟି ପ୍ରଭାବିତ ହୋଇଥାଏ ସକାରାତ୍ମକ ବା ନକାରାତ୍ମକ ଦିଗରେ। ଅର୍ଥାତ୍ ଏକ ଅସ୍ୱାଭାବିକ ବସ୍ତୁ ହିଁ ପ୍ରତିକ୍ରିୟା ସୃଷ୍ଟି କରିବାର ସାମର୍ଥ୍ୟ ରଖେ। ଆଜିକାଲି ଏଇ ମନସ୍ତାତ୍ତ୍ୱିକ ପ୍ରତିବେଦନର ସଫଳ ପ୍ରୟୋଗ କରିବାକୁ ସବୁଠାରେ ନାହିଁ ନଥିବା ଭିଡ଼। ବିଶେଷତଃ କମ୍ ସମୟରେ ପ୍ରଭାବ ସୃଷ୍ଟି କରିବା ପାଇଁ ପ୍ରତିଯୋଗିତା ଅଧିକ। ପ୍ରତ୍ୟେକ ବହୁ କର୍ମ ଜଞ୍ଜାଳରେ ବ୍ୟସ୍ତ ରହୁଥିବାରୁ ସମୟ ହୋଇଛି ସବୁଠାରୁ ମୂଲ୍ୟବାନ - କମ୍ ସମୟ ଭିତରେ ଜଣକ ଉପରେ ପ୍ରଭାବ ବିସ୍ତାର କରିବା ପାଇଁ ଅଭିନବ ଚରିତ୍ରମାନେ ହିଁ ସମର୍ଥ।

ଅର୍ଥାତ୍ ନାଟକୀୟତାରେ ଉଦ୍‌ବୁଦ୍ଧ ହେବା ପୂର୍ବରୁ ଅନୁଭବ କରିବା କି ଏହା ପଛର ବାସ୍ତବତା କେତେ ?

■

(ସମ୍ବାଦକଳିକା - ତା ୨୬.୦୯.୨୦୨୪ରିଖ)

ଅଙ୍ଗୁଳି ପ୍ରବେଶାତ୍ ବାହୁ ପ୍ରବେଶ

ଗୋଟିଏ ସ୍ୱାଧୀନ ରାଷ୍ଟ୍ରରେ ରହିବାର ମୌଳିକ ଅଧିକାର କେବଳ ତାର ନାଗରିକମାନଙ୍କର। ସେମାନଙ୍କ ବାହାରେ ଅନ୍ୟ କୌଣସି ଦେଶରୁ ନିର୍ଦ୍ଦିଷ୍ଟ କାରଣ ପାଇଁ ସୀମିତ ସମୟର ଅବଧି ସହିତ ଅନୁମତି ନେଇ ଅନ୍ୟ କେହି ଆସିପାରନ୍ତି। ବିନା ଅନୁମତିରେ କୌଣସି ଦେଶରେ ରହିବା ଏକ ଗୁରୁତର ବେଆଇନ ବ୍ୟାପାର। ଏଥିପାଇଁ ସଂପୃକ୍ତ ବ୍ୟକ୍ତିଙ୍କୁ ଜେଲଦଣ୍ଡ, ଜୋରିମାନା ଦେବାକୁ ପଡ଼ିଥାଏ ଏବଂ ତାଙ୍କୁ ବାଧ୍ୟତାମୂଳକ ଭାବରେ ତାଙ୍କର ନିଜ ଦେଶକୁ ପଠେଇ ଦିଆଯାଏ।

କେତେକ ରାଷ୍ଟ୍ର ମଧ୍ୟ କିଛି ବାହାର ରାଷ୍ଟ୍ରର ଲୋକଙ୍କୁ ବିଭିନ୍ନ ଐତିହାସିକ କାରଣରୁ ଶରଣାର୍ଥୀର ମାନ୍ୟତା ଦେଇ ନିଜ ଦେଶରେ ରଖିଥାନ୍ତି, ତାଛଡ଼ା ବେଳେବେଳେ କିଛି ରାଜନୈତିକ ନେତୃବୃନ୍ଦଙ୍କୁ ମଧ୍ୟ ରାଜନୈତିକ ଆଶ୍ରୟ ପ୍ରଦାନ କରାଯାଇଥାଏ। ଏଠାରେ ପ୍ରଶ୍ନଉଠେ ବିନାନୁମତିରେ ଅନେକ ଲୋକ ନିଜ ରାଷ୍ଟ୍ର ଛାଡ଼ି ନିର୍ଦ୍ଦିଷ୍ଟ ଦେଶ ଆଡ଼େ ଯାଆନ୍ତି କାହିଁକି, ଯଦିଓ ଧରାପଡ଼ିଲେ ସେମାନେ ବହୁ ବିପଦର ସାମ୍ନା କରନ୍ତି। ଏହାର ମୁଖ୍ୟକାରଣ ହେଲା ଅନେକ ଦେଶରେ ଜୀବନଧାରଣର ମାନ ଅତ୍ୟନ୍ତ ଖରାପ, କେତେବେଳେ ସେମାନେ ଜୀବିକାର ସନ୍ଧାନରେ ଯାଆନ୍ତି ପୁଣି କେତେବେଳେ ସେମାନଙ୍କର ଧାରଣା ହୁଏ ନୂତନ ଦେଶରେ ସେମାନେ ସ୍ୱଚ୍ଛନ୍ଦରେ ଚଳିଯାଇପାରିବେ।

ଆମେରିକା, କାନାଡ଼ା ଓ ଜର୍ମାନୀକୁ ବେଆଇନ ଭାବେ ବହୁ ଲୋକ ଯିବା ପାଇଁ ସୁଯୋଗ ଉଣ୍ଢୁଥାନ୍ତି। ଯେପରି ଯୁଦ୍ଧକ୍ଲିଷ୍ଟ ମଧ୍ୟ ଭୂଖଣ୍ଡରୁ ବିପଦପୂର୍ଣ୍ଣ ନୌଯାତ୍ରା କରି ୟୁରୋପ ଯିବା ପାଇଁ ଅନେକ ଚେଷ୍ଟା କରନ୍ତି। ମେକ୍ସିକୋରୁ ଅନେକ ଲୋକ ଯୁକ୍ତରାଷ୍ଟ୍ର ଯିବାପାଇଁ କଳେବଳେ କୌଶଳ ଲଗାଇ ଦିଅନ୍ତି ଏହାର ମୂଳକାରଣ ହେଲା ମେକ୍ସିକୋରେ ଯାହା ଦୈନିକ ମଜୁରି ଯୁକ୍ତରାଷ୍ଟ୍ରରେ ତାହାର ପରିମାଣ ପ୍ରାୟ ଛ'ଗୁଣ। ପ୍ରବାହମାନ ଜଳଧାରା ଯେପରି ସମତା ରକ୍ଷା କରିବା ପାଇଁ ଉଚ୍ଚ ସ୍ଥାନରୁ ନିମ୍ନ ଭୂମିକୁ

ପ୍ରବାହିତ ହୁଏ ସେହିପରି ଅସ୍ୱଚ୍ଛଳ ଅଞ୍ଚଳରୁ ଅବସ୍ଥା ସମ୍ପର୍ଣ୍ଣ ଅଞ୍ଚଳକୁ ଯିବାକୁ ବ୍ୟାକୁଳ ହୋଇଥାନ୍ତି ଲୋକେ।

ଏବେ ଆମ ଦେଶ ପରିସ୍ଥିତିକୁ ଲକ୍ଷ୍ୟ କରିବା। ଭାରତରେ ଏହି ବେଆଇନ ଅନୁପ୍ରବେଶକାରୀଙ୍କ ସଂଖ୍ୟା ଏବଂ ସମସ୍ୟା ଏକ ବିଶାଳ ସମସ୍ୟା ହୋଇ ଉଭା ହୋଇଛି ସମଗ୍ର ରାଷ୍ଟ୍ର ସମ୍ମୁଖରେ। ଏହାର ଚତୁଃପାର୍ଶ୍ୱ ଭିତରୁ ପ୍ରାୟ ତିନିଦିଗ ସାଗର ବେଷ୍ଟିତ ଯାହାର ଦୈର୍ଘ୍ୟ ପ୍ରାୟ ସାଢ଼େ ସାତ ହଜାର କିଲୋମିଟର। ଏହି ବାଟ ଦେଇ ଅନ୍ୟ ଦେଶର ଲୋକ ଆସିଯିବା ଅପେକ୍ଷାକୃତ ସହଜ। ଅବଶ୍ୟ ଆମର ଭାରତୀୟ ତଟରକ୍ଷୀ ବାହିନୀ ସବୁବେଳେ ଅତିକ୍ରମଣକୁ ପ୍ରତିହତ କରିବାକୁ ଚେଷ୍ଟା କରିଆସିଛି - କିଛି ବର୍ଷ ତଳେ ବମ୍ବେରେ ପାକିସ୍ଥାନ ପ୍ରାୟୋଜିତ ଆତଙ୍କବାଦୀମାନେ ସମୁଦ୍ର ପଥରେ ଆସି ଧ୍ୱଂସର ଲୀଳା ରଚନା କରିଥିଲେ, ଯେଉଁଥିରେ ଶତାଧିକ ନିହତ ହେବା ସଂଗେ ସଂଗେ ତାଠାରୁ ଯଥେଷ୍ଟ ଅଧିକ ମରଣାନ୍ତକ ଆହତ ହୋଇଥିଲେ।

ସ୍ୱାଧୀନତାର ପରବର୍ତ୍ତୀ ସମୟରେ ପାକିସ୍ଥାନ ଅଞ୍ଚଳରୁ ବହୁ ଅନଧିକାର ଅନୁପ୍ରବେଶ ଗୁଜୁରାଟ, ରାଜସ୍ଥାନ ଆଡ଼କୁ ହେଉଥିବା ବେଳେ ପୂର୍ବ ପାକିସ୍ଥାନ ଅଞ୍ଚଳରୁ ଆସାମ ଓ ବେଙ୍ଗଲ ଆଡ଼କୁ ହେଉଥିଲା। କ୍ରମଶଃ ପଶ୍ଚିମାଞ୍ଚଳରେ ପହରା ସମନ୍ୱିତ ହେବା ସହିତ ସେଠାରେ ତାରବାଡ଼ ଦିଆଯିବା ଫଳରେ ସେପଟରୁ ଅନୁପ୍ରବେଶ କମିଛି; ମାତ୍ର ଭାରତ ପାଇଁ ସବୁଠୁ ବଡ଼ ମୁଣ୍ଡ ବିନ୍ଧାର କାରଣ ହୋଇଛି ବାଂଲାଦେଶରୁ ଆସୁଥିବା ଅନୁପ୍ରବେଶକାରୀମାନେ।

ଏବେବି ଅନୁପ୍ରବେଶକାରୀମାନଙ୍କ ପାଇଁ ଜୋରିମାନା ସହିତ ଦୁଇରୁ ଆଠ ବର୍ଷ ଯାଏ ଜେଲଦଣ୍ଡ ଦେବାର ପ୍ରାବଧାନ ରହିଛି ଏବଂ ସେମାନଙ୍କୁ ନିଜ ଦେଶକୁ ଫେରେଇ ଦେବାର ଅଧିନିୟମ ରହିଛି ଆମ ଦେଶରେ। ଯେ ସଂକ୍ରାନ୍ତରେ ଫରେନରସ୍ ଏକ୍ଟ, ୧୯୪୬; ପାସର୍ପୋଟ ଏକ୍ଟ (ଏଣ୍ଟ୍ରି ଇନ୍‌ଟୁ ଇଣ୍ଡିଆ) ଆକ୍ଟ, ୧୯୨୦; ସିଟିଜେନ୍‌ସିପ୍ ଏକ୍ଟ, ୧୯୫୫ ରହିଛି। ଏତେ ପ୍ରବନ୍ଧନ ସତ୍ତ୍ୱେ ବଙ୍ଗଳାଦେଶରୁ କେତେ ଲୋକ ଭାରତରେ ବେଆଇନ ଭାବରେ ଅଛନ୍ତି, ତାହା ଜାଣିଲେ ଆପଣ ବି ଆଶ୍ଚର୍ଯ୍ୟ ହୋଇଯିବେ। ଜାତିସଂଘର ଜଣେ ପ୍ରବକ୍ତାଙ୍କ ଭାଷାରେ ୧୯୯୦ ମସିହାରେ ଏହି ସଂଖ୍ୟା ପ୍ରାୟ ୭୬ ଲକ୍ଷ ଥିଲାବେଳେ ୨୦୨୦ରେ ଏହା କମି ପ୍ରାୟ ୫୦ ଲକ୍ଷରେ ପହଞ୍ଚିଛି।

ବୋଧହୁଏ ଜାତିସଂଘ ଦ୍ୱାରା ଦିଆ ହୋଇଥିବା ତଥ୍ୟ ଏକ ଅତି ଉଦାର ପରିସଂଖ୍ୟାନ। ୨୦୦୧ରେ ଭାରତୀୟ ପାର୍ଲିଆମେଣ୍ଟରେ ତତ୍କାଳୀନ ଗୃହରାଷ୍ଟ୍ର ମନ୍ତ୍ରୀ ଦେଇଥିବା ତଥ୍ୟ ଅନୁଯାୟୀ ବେଆଇନ ଭାବରେ ଭାରତରେ ଥିବା ବଙ୍ଗଳାଦେଶୀ ନାଗରିକଙ୍କର ସଂଖ୍ୟା ପ୍ରାୟ ଏକ କୋଟି କୋଡ଼ିଏ ଲକ୍ଷ ଏବଂ ୨୦୧୬ରେ ଆମର

ପାର୍ଲିଆମେଣ୍ଟରେ ତତ୍କାଳୀନ ରାଷ୍ଟ୍ରମନ୍ତ୍ରୀ କୀରନ୍ ରିଜ୍‌ଜୁ ଦେଇଥିବା ତଥ୍ୟ ଅନୁସାରେ ଏହି ସଂଖ୍ୟା ଦୁଇକୋଟିରୁ ଅଧିକ।

ଏହି ସଂଖ୍ୟା କେବଳ ଏକ ସ୍ଥିର ସଂଖ୍ୟା ନୁହେଁ ଏହା ଏକ କ୍ରମାଗତ ପରିବର୍ଦ୍ଧନଶୀଳ ସଂଖ୍ୟା ଏବଂ ତାହାହିଁ ସବୁଠାରୁ ଚିନ୍ତାର ବିଷୟ। ଭାରତ ଓ ବାଂଲାଦେଶର ସୀମା ଚାରିହଜାର ଛୟାନବେ କିଲୋମିଟର ବ୍ୟାପୀ; ତାହା ଭିତରେ ପୁଣି ଅନେକ ଜଙ୍ଗଲ ଓ ଜଳଭାଗ ଏବଂ ବହୁ ଅଞ୍ଚଳରେ ଦୃଢ଼ ତାରବାଡ଼ ନାହିଁ। ବଙ୍ଗଳାଦେଶରେ ଲୋକସଂଖ୍ୟାର ସାନ୍ଦ୍ରତା ଖୁବ୍ ଅଧିକ, ସେଠାରେ ସେହି ଅନୁପାତରେ ଜୀବିକା ଅର୍ଜନର ସମ୍ଭାବନା ଖୁବ୍ କମ୍। ବୋର୍ଡ଼ର ସିକ୍ୟୁରିଟି ଫୋର୍ସଙ୍କ ଆଖିରେ ଧୂଳି ଦେଇ କିମ୍ବା କିଛି ଅସାଧୁ କର୍ମଚାରୀଙ୍କ ସହାୟତାରେ ସେମାନେ ଅନାୟାସରେ ଆନ୍ତର୍ଜାତିକ ସୀମା ଲଙ୍ଘନ କରି ଭାରତକୁ ପଳାଇ ଆସନ୍ତି। କେବଳ ପଶ୍ଚିମବଙ୍ଗ ନୁହେଁ ଓଡ଼ିଶାର ଉପକୂଳବର୍ତ୍ତୀ ଅଞ୍ଚଳରେ ବହୁ ବଙ୍ଗଳା ଭାଷୀ ଲୋକ ବସବାସ କରୁଥିବାରୁ ପ୍ରଥମେ ସେମାନେ ଅତି ସୁଧୀର ଭଦ୍ରଲୋକ ଭାବରେ ତାଙ୍କର ଜୀବନ ଜୀବିକାରେ ଲାଗନ୍ତି।

ସେମାନେ କଠିନ ପରିଶ୍ରମ କରିବାକୁ ପ୍ରସ୍ତୁତ ଥାଆନ୍ତି ଏବଂ ପ୍ରାଥମିକ ଅବସ୍ଥାରେ କମ୍ ମଜୁରିରେ କାମ କରିବାକୁ ଅନିଚ୍ଛା ପ୍ରକାଶ କରନ୍ତି ନାହିଁ। ଆଜି ଦିନରେ ଭୁବନେଶ୍ୱର ପରି ନଗରୀମାନଙ୍କରେ ଯେଉଁ ହଜାର ହଜାର ବହୁତଳ ବିଶିଷ୍ଟ କୋଠାମାନ ନିର୍ମାଣ ଚାଲିଛି, ଯଦି ଆପଣ ଅନୁଧ୍ୟାନ କରିବେ, ତାହେଲେ ଆପଣ ବିସ୍ମିତ ହେବେ ଯେ ପ୍ରାୟ ସବୁ ଶ୍ରମିକ ବଙ୍ଗଳାଦେଶରୁ ଆସିଛନ୍ତି। ସେମାନେ ଏଠାକୁ ଆସିଲା ପରେ ବିଭିନ୍ନ ଯୋଗାଡ଼ଯନ୍ତ୍ର କରି ସ୍ଥାନୀୟ ନେତୃମଣ୍ଡଳୀ ଏବଂ ପ୍ରଶାସନକୁ କରାୟତ୍ତ କରନ୍ତି ଏବଂ ନିଜ ନାମରେ ଯାବତୀୟ ସରକାରୀ କାଗଜପତ୍ର କରାଇ ନିଅନ୍ତି। ସେମାନଙ୍କ ଭିତରୁ ଅନେକଙ୍କ ନାଁରେ ରେସନ କାର୍ଡ଼, ଲେବର କାର୍ଡ଼, ଭୋଟର କାର୍ଡ଼ ଏପରିକି ଆଧାର କାର୍ଡ଼ ମଧ୍ୟ ରହିଛି। ଯେତେବେଳେ ବି ଭାରତ ତରଫରୁ କୌଣସି ଦ୍ୱିପାକ୍ଷିକ ଆଲୋଚନା ବେଳେ ଏହି କଥା ପ୍ରସଙ୍ଗକୁ ଆସେ, ବଙ୍ଗଳାଦେଶ ସବୁବେଳେ ଅନୁପ୍ରବେଶକୁ ଅସ୍ୱୀକାର କରି ଆସିଛି।

ଭୁବନେଶ୍ୱର ଭଳି ଏକ ସହରରେ ବଙ୍ଗଳାଦେଶୀ ଅନୁପ୍ରବେଶକାରୀଙ୍କ ସଂଖ୍ୟା କେତେ ତାହା କେହି କହିପାରିବେ ନାହିଁ, ଖାଲି ଘର ନିର୍ମାଣସ୍ଥଳ ନୁହେଁ, ରାସ୍ତାଘାଟରେ ଯେତେ ଫେରିବାଲା ଆପଣ ଦେଖିବେ ସେମାନେ ସବୁ ସେଇ ଶ୍ରେଣୀୟ। ଯେ ସମ୍ପର୍କରେ ଜଣେ ବନ୍ଧୁ ଯାହା ଏକ ଅନୌପଚାରିକ କଥାବାର୍ତ୍ତାରେ ପ୍ରକାଶ କଲେ ତାହା ଆପଣଙ୍କର ଲୋମ ଟାଙ୍କୁରାଇ ଦେବ। ସେ କହୁଥିଲେ ଗତବର୍ଷ ବାଲେଶ୍ୱର ଜିଲ୍ଲାର ବାହାନଗାଠାରେ ହୋଇଥିବା ଏକ ଭୟଙ୍କର ରେଳ ଦୁର୍ଘଟଣାର କଥା, ଯେଉଁଥିରେ ପ୍ରାୟ ଚାରିଶହ

ଲୋକଙ୍କର ଜୀବନ ହାନୀ ଘଟିଲା, ତାହା ମଧ୍ୟରେ ଥିଲେ ସତାବନ ଜଣ, ଯେଉଁମାନଙ୍କର କିଛି ଖୋଜ ଖବର ମିଳିଲାନି, ଏପରିକି ସେମାନଙ୍କ ପାଇଁ ଉଦ୍ଦିଷ୍ଟ ଧନରାଶି ନେବାପାଇଁ କେହି ଜ୍ଞାତିକୁଟୁମ୍ବ ବି ଆସିଲେ ନାହିଁ। ବନ୍ଧୁଙ୍କର ପ୍ରଶ୍ନ ଥିଲା – ଏମାନେ ବଙ୍ଗଳାଦେଶୀ ଅନୁପ୍ରବେଶକାରୀ ଛଡ଼ା ଅନ୍ୟ କେହି ହୋଇପାରିବେ କି ? ଯଦି ଏହିପରି ସଂଖ୍ୟାରେ ଦୈନିକ ଲୋକ ଆସୁଥାନ୍ତି ବିଶେଷତଃ ଅନୁପ୍ରବେଶକାରୀ, ତାହେଲେ ଆମ ରାଜ୍ୟର ଭବିଷ୍ୟତ ଅନ୍ଧକାରରେ ନୁହେଁ ତ ଆଉ କ'ଣ ?

ଖାଲି ଆମ ରାଜ୍ୟ ନୁହେଁ ମିଆଁମାରରୁ ଯେଉଁ ରୋହିଙ୍ଗିଆମାନଙ୍କୁ ସେତେବେଳର ଭାରତ ସରକାର ଆଣି ଭାରତରେ ରହିବାକୁ ଅନୁମତି ଦେଇଛନ୍ତି ସେମାନେ ଆଗାମୀ ଦିନରେ ଦେଶପାଇଁ ଭୟଙ୍କର ସାବ୍ୟସ୍ତ ହେବେ ତାହା ଆଜିଠାରୁ ଜଳଜଳ ହୋଇ ଦିଶୁଛି। କେବଳ ଦୃଢ଼ ଆଇନ ନୁହେଁ କଠିନ କାର୍ଯ୍ୟାନ୍ୱୟନ ଦ୍ୱାରା ହିଁ ଏହି ସମସ୍ୟାକୁ କିଛି ପରିମାଣରେ କମେଇ ଦିଆଯାଇପାରେ। ଅନୁପ୍ରବେଶ ଦ୍ୱାରା ବହୁ ଦେଶରେ ନିର୍ଦ୍ଦିଷ୍ଟ ଧର୍ମାବଲମ୍ବୀ ବଢ଼ିଯିବା ଫଳରେ ସେ ଦେଶର ଲୋକଙ୍କ ସହିତ ଅନୁପ୍ରବେଶକାରୀଙ୍କ ଦ୍ୱନ୍ଦ୍ୱ ଲାଗିରହିଛି। ଏଭଳି ପ୍ରମୁଖ ସମସ୍ୟାରେ ଆମେ ସମସ୍ତେ ସଜାଗ ଓ ସତର୍କ ହେବାର ଆବଶ୍ୟକତା ରହିଛି। ସାଧୁ ସାବଧାନ !

■

(ଓଡ଼ିଶା ଭାସ୍କର - ତା ୧୦.୧୨.୨୦୨୪ରିଖ)

ଆସ କଥାହେବା

ମଣିଷର ବିଶେଷତ୍ୱ ଭିତରେ ଅଛି ତାର ନିଜକୁ ପ୍ରକାଶ କରିବାର ଏକ ବଳଶାଳୀ 'ଆକାଂକ୍ଷା', ସେଇଟି ହେଲା କଥା ହେବା। କଥା ହୋଇଗଲେ ଅନେକ ମତଭେଦ ଦୂର ହୋଇଯାଏ, ଏକଲାପଣ କଟିଯାଏ ଆଉ ଭବିଷ୍ୟତ ପାଇଁ କିଛି ଯୁଗ୍ମ ଦାୟିତ୍ୱ ଥିଲେ ତା' ପାଇଁ ଯୋଜନାଟି ହୁଏ ଫଳପ୍ରଦ।

ନିଜକୁ ପ୍ରକାଶ କରିବାର ଅନେକ ମାଧ୍ୟମ ରହିଛି। କଥା ଛଡ଼ା ସେଗୁଡ଼ିକୁ ଅଭିନୟ, ସଙ୍ଗୀତ, ଚିତ୍ରାଙ୍କନ, ଗଳ୍ପ, କବିତା, ଉପନ୍ୟାସରେ ରୂପାନ୍ତର କରାଯାଇପାରେ ଲେଖା ମାଧ୍ୟମରେ, ସଂଗୀତ ମାଧ୍ୟମରେ ମଧ୍ୟ ପ୍ରକାଶ କରାଯାଇପାରେ। ଲେଖାଠାରୁ କଥା ହେବା ଅଧିକ ସରଳ ଏବଂ ସହଜ। ହେଲେ ଭାଷାର ବିଭିନ୍ନତା ସେଥିରେ ବଇରୀ ସାଜେ, ହଜାର ହଜାର ଭାଷା ମଣିଷ ବ୍ୟବହାର କରେ ଆଉ ପ୍ରତ୍ୟେକ ଅନ୍ୟଠାରୁ ଅଲଗା। ଅର୍ଥାତ୍ ଆପଣ ଯଦି ମୋତେ ଧରାଯାଉ ତେଲୁଗୁରେ କିଛି କଥାହେଲେ, ମାତ୍ର ସେଇ ଭାଷା ଯଦି ମୋର ଜ୍ଞାନର ବାହାରେ ତାହେଲେ ସେଇ କଥାଟି ସେଇଠି ହିଁ ଶେଷ ନିଃଶ୍ୱାସ ନିଏ। ଅର୍ଥାତ୍ ଫଳପ୍ରଦ ଭାବ ବିନିମୟ ପାଇଁ ଉଭୟ ପ୍ରତିପକ୍ଷର ଭାଷା ବୁଝିବା ଜରୁରୀ।

କଥାରେ କହନ୍ତି 'କହି ଜାଣିଲେ କଥା ସୁନ୍ଦର' ଅର୍ଥାତ୍ କଥା କହିବା ବି ଗୋଟିଏ ଶୈଳୀ, ଗୋଟିଏ କଳା। ଯିଏ ତାକୁ ଭଲ ଭାବରେ କହିପାରେ ସିଏ ସାବାସୀ ପାଏ। ଯିଏ କଥା କହିବାରେ ତାଳ ମେଳ ରଖି ପାରେନା, ସେ ଅଭିସମ୍ପାତ ଶୁଣେ। କଥା କହିବା ବେଳେ ଗୁରୁ ଚଣ୍ଡାଳ ଦୋଷକୁ ଲକ୍ଷ୍ୟ କରିବା ଜରୁରୀ। ଅର୍ଥାତ୍ ଯେଉଁ କଥାଟି କୁହାଯିବାକୁ ଅଛି ତାହା ଗୁରୁଙ୍କ ନିକଟରେ ପରିବେଷଣ କରିବା ପୂର୍ବରୁ ତାକୁ ପରଖିବାକୁ ପଡ଼ିବ ତାହା ଗୁରୁଙ୍କ ସମୀପରେ ପ୍ରକାଶ କରାଯିବା ଉପଯୋଗୀ କି ନୁହେଁ। ସାଧୁଶବ୍ଦ ଏବଂ ଉନ୍ନତ ମାନର ପ୍ରକାଶଭଙ୍ଗୀ ଶୋଭାପାଏ ବିଜ୍ଞଜନଙ୍କ ନିକଟରେ ଆଲୋଚନା

ବେଳେ। ଠିକ ସେହିପରି ଦେଶଜ ଶବ୍ଦର ବ୍ୟବହାର ମନକୁ ପାଏ ଯଦି ଆପଣଙ୍କୁ ଆଲୋଚନା କରିବାର ଅଛି ସାଧାରଣ ଲୋକଙ୍କ ମେଳରେ।

କଥା ହେବାକୁ ହେଲେ ପ୍ରଥମେ ଏକ ମାନସିକ ପ୍ରସ୍ତୁତି କରିବାକୁ ହେବ। କେତେବେଳେ କଥାବାର୍ତ୍ତା କରିବାକୁ ହେବ କାହା ସହିତ ଏବଂ କେତେ ସମୟ ଧରି କଥାବାର୍ତ୍ତା ଚାଲିବା ଦରକାର। ଏଥିରେ ଉଭୟପକ୍ଷଙ୍କର ସହମତି ବି ଥିବା ଉଚିତ। ଯେଉଁ ବିଷୟରେ ଆଲୋଚନା କରିବାର ଅଛି ତା ସଂପର୍କରେ ସବିଶେଷ ତଥ୍ୟ ପ୍ରତ୍ୟେକ ପକ୍ଷଙ୍କ ନିକଟରେ ରହିବା ଦରକାର। କଥାବାର୍ତ୍ତା ବେଳେ ସୌଜନ୍ୟ ରକ୍ଷା ସର୍ବାଦୌ ଆବଶ୍ୟକ ଏବଂ ନିର୍ଦ୍ଦିଷ୍ଟ ସମୟ ସାରିଣୀ ମଧ୍ୟରେ କଥାବାର୍ତ୍ତାକୁ ସମାପନ କରିବା ଦରକାର। ଉଭୟ ପକ୍ଷଙ୍କ ମଧ୍ୟରେ କଣ କଥାବାର୍ତ୍ତା ହେଲା ଏବଂ ସେଥିରୁ କ'ଣ ନିଷ୍କର୍ଷ ବାହାରିଲା ତାର ଏକ ତଥ୍ୟ ଉଭୟ ପକ୍ଷକୁ ପ୍ରଦାନ କରିବା ବିଧେୟ। ମୁଖ୍ୟତଃ ଯିଏ କଥା ଆରମ୍ଭ କରିଥାନ୍ତି ସେ ହିଁ ଏଇ ଦାୟିତ୍ୱ ସବୁବେଳେ ନେଇଥାଆନ୍ତି। ସରକାରୀ ଆଲୋଚନାରେ ଏଇ ବିଧି ଅନୁସୃତ ହୋଇଥାଏ।

କଥା କହିବା ଏତେ ଗୁରୁତ୍ୱପୂର୍ଣ୍ଣ ଯେ ଦୁଇ ବର୍ଷର ଶିଶୁ ଯଦି ଠିକ୍ ଭାବରେ କଥା ନ କହିଲା, ତେବେ ବାପା ମାଆଙ୍କ ଭିତରେ ଆଶଙ୍କା ସୃଷ୍ଟି ହୁଏ। କାଳେ ତାଙ୍କର ପିଲାଟି ଜଡ଼ଭରତ ପାଲଟି ଯିବ ନାହିଁ ତ ! ଆଗ କାଳରେ ଏଇ ସନ୍ଦେହ ଥିଲା ମାତ୍ର ଆଜିକାଲି ତାଠାରୁ ଆହୁରି ବଡ଼ ଭୟ ବି ସୃଷ୍ଟି ହୋଇଛି, ସେଇଟି ହେଲା ଅଟିଜମ୍ ନାମକ ଏକ ବେମାରୀ। ଯାହା ଏମିତି ଯେ ବାହାରକୁ କୌଣସି ରୋଗର ଉପସର୍ଗ ପରିଦୃଷ୍ଟ ହେବନି; ମାତ୍ର ପିଲାର ମାନସିକ ଅଭିବୃଦ୍ଧି ହେବ ନାହିଁ, ମୋଟରୁ। ସେଇମିତି ପିଲାଙ୍କର ବାପାମାଆଙ୍କ ଦୁଃଖ ବାସ୍ତବରେ କେହି ଜାଣିପାରି ନଥାନ୍ତି। ଏଇ ରୋଗର କିଛି ଉପଶମ ନାହିଁ କହିଲେ ଚଳେ। ସେଇପରି ଦୁଃଖୀ ପିଲାର ଅଭିଭାବକ କହି ପାରିବେ କଥା ହେବା କେତେ ଜରୁରୀ !

ଆମେ ପିଲାବେଳେ ସାଙ୍ଗମାନଙ୍କ ସହିତ କିଛି କଳି ହେଲେ କଥା ବନ୍ଦ କରି ଦେଉଥିଲେ। ତାହା ଥିଲା ଏକ ସାମୟିକ ବିରତି। କିଛି ସମୟ ଭିତରେ ସେଇ କଟିଯାଇଥିବା ସମ୍ପର୍କ ଗଜୁରି ଉଠୁଥିଲା। ନୂଆ ପଲ୍ଲବିତ ସଂପର୍କ ହେଉଥିଲା ଅଧିକ ଗଭୀର। ହେଲେ ବୟସ ବଢ଼ିବା ପରେ ଯେତେବେଳେ ସମ୍ପର୍କ ଛିଡ଼ି ଯାଉଛି ସିଏ ଆଉ ଯୋଡୁନାହିଁ ସତେ ଯେମିତି ଭାଙ୍ଗିଯାଇଥିବା କାଚଟାଏ। ସେତେବେଳେ ପ୍ରତିପକ୍ଷ ନିଜକୁ ଯେମିତି କହନ୍ତି - ମୁଁ କାହିଁକି ଆଗେ କହିବି, ସେ କହୁ ଆଉ ଏଇମିତି ପ୍ରଶ୍ନର ପୁନଃସ୍ମରଣ ଭିତରେ ସମୟ ଗଡ଼ିଯାଏ ଯେ ଆଉ ସମ୍ପର୍କ ଯୋଡ଼ିବା ହୋଇପଡ଼େ କଷ୍ଟ। ସେତେବେଳେ ଆମେ ଅନ୍ୟର ଭୁଲ୍ ବିଚାର କରୁ - ନିଜକୁ ଅଲକ୍ଷ୍ୟରେ ବିଚାରପତି ଆସନରେ ବସେଇ

ଦେଉ। ବିଚାରପତିମାନେ କ୍ୱଚିତ ଭଲ ସାଙ୍ଗ ହୋଇପାରନ୍ତି କାରଣ ସେମାନେ ଖାଲି ଭୁଲ୍ ଦେଖିପାରନ୍ତି।

ଯେତେବେଳେ ବୟସ ବଢ଼ି ବଢ଼ି ଯାଏ ସେତେବେଳେ ଭାରି ମନହୁଏ ଅଧିକ କଥା ହେବାକୁ, ବହୁତ ଅତୀତ କଥା ମନେ ପକେଇବାକୁ, ବିଶେଷତଃ ନିଜର ନାତି ନାତୁଣୀଙ୍କ ସହିତ ମନ ଖୋଲି କଥା ହୋଇ ମନକୁ ଝଲକାଏ ଖୁସି ଆଣିଦେବାକୁ। ହେଲେ ସେତେବେଳେ ସେମାନଙ୍କୁ ବାପାମାଆଙ୍କ ତାଗିଦ୍, ତମେ ପିଲାଏ ଜେଜେଙ୍କ ପାଖକୁ ଯାଇପାରିବନି, ତାଙ୍କ ଘରଟା ଯେତେ ଫିନାଇଲ ପକେଇଲେବି ଦୁର୍ଗନ୍ଧ ହେଉଛି। ତମମାନଙ୍କୁ କାଳେ ଇନ୍‌ଫେକ୍‌ସନ୍ ହେବ। ଯଦି କେତେବେଳେ କେହି ନାତିନାତୁଣୀ ତାଙ୍କ ଘରକୁ ପଶି ଆସିଲା ସେତେବେଳେ ବୁଢ଼ାବୁଢ଼ୀ ବାଦ୍ ଯାଆନ୍ତିନି, 'ତମେ ବାପା ଛୁଆମାନଙ୍କୁ ଖରାପ କରିଦେବ, ତମପାଇଁ ସେମାନେ ପାଠରେ ମନ ଦେଉନାହାନ୍ତି। ତାଙ୍କ ପାଠ ପଢ଼ିବାର ବୟସ, ଗପ ଶୁଣିବା ବୟସ ଆଉ ନାହିଁ,' ମନ କଥା ମନରେ ରଖି କୋହ ବୁହେଇବେ ବୁଢ଼ାବୁଢ଼ୀ। ଯେ କଥା ଆଜି ହେଉଛି ବୁଢ଼ାବୁଢ଼ୀଙ୍କ ପାଇଁ। ଆସନ୍ତାକାଲି ବି ଆସିବ। ଆଉ ଆଜି ଦିନର ପୁଅ ବି ସେଇ ଅବସ୍ଥା ଭୋଗ କରିବ। କଥା କହିବାକୁ ଚାହୁଁଥିବ ଅଥଚ କଥା କହିପାରୁନଥିବ। କଥାକୁହା ନାତିନାତୁଣୀଙ୍କୁ ତାଙ୍କଠାରୁ ଛଡ଼ାଇ ନିଆଯାଉଥିବ। ମନେ ମନେ ଲାଗୁଥିବ କଥା ପଦକ ସତେ କେତେ ସୁଆଦିଆ !

ଜୀବନରେ ଅନେକ କଥା ଅଛି ହେଲେ ସବୁ କଥା କଣ କହିହୁଏ। ବହୁତ କିଛି କଥା ଅଛି ଗୋପନୀୟ। ଯାହା କହିବା ଅର୍ଥ ବିପଦକୁ ହାତଠାରି ଡାକିବା। ଦୂର ଅତୀତର କୁଟନୀତି ବିଶାରଦ ଚାଣକ୍ୟଙ୍କ କଥା କେବେ ଭୁଲିବେନି। ସେ ପରା ସବୁବେଳେ କହୁଥିଲେ ଗୋପନୀୟ କଥା କେବେ ବି କହିବନି ବୋଲି। ନିଜ ଭୁଲ୍‌ବି କେବେ ପ୍ରକାଶ କରିବନି କାହା ଆଗରେ। ଆଜି ଜଣେ ବନ୍ଧୁ ବୋଲି ତା ଆଗରେ ନିଜର ଗୋପନ କଥା ଯଦି କହିଦେଲ, କାଲି ସେ ଶତ୍ରୁ ପାଲଟି ଗଲେ ସେଇ କଥାକୁ ଚାରିଆଡ଼େ କହିବୁଲିବ। ତମର ଅପଯଶ କରିବାକୁ ବିଳମ୍ବ କରିବନି ମୁହୂର୍ତ୍ତେ।

କଥାପଦକ ଭାରି ମହତ ରଖେ। ତେଣୁ କଥା କହିବା ପୂର୍ବରୁ ଅନ୍ତତଃ ତିନିଟା ଜିନିଷ ଭିତରୁ ଯାଞ୍ଚ ହୋଇ ବାହାରୁ। ମାନେ, କଥାଟି ସତ୍ୟ କି ? କଥାଟିର ଦୁଷ୍ପ୍ରଭାବ ଥିଲେ ତାକୁ ସମ୍ଭାଳି ହେବ ତ ? ଆଉ କଥାଟି ନ କହିଲେ କ'ଣ ଚଳନ୍ତା ନାହିଁ ? ଏହି କଥାରୁ ଅନ୍ତତଃ ଆମେ ପିଲାମାନେ ପ୍ରାର୍ଥନା ଗାଉଥିଲେ, 'ସତ କହିବାକୁ କିଆଁ ଡରିବି, ସତ କହି ପଛେ ମଲେ ମରିବି'। ସେତେବେଳେ କେତେ ମନ ଲଗେଇ, ଭାବ ଆଉ ଭକ୍ତିରେ ଗଦ୍‌ଗଦ୍ ହୋଇ ସୁରଧରି ସେଇ ପ୍ରାର୍ଥନା ଗାଇଥିଲେ, ଆଜି ସେଇ କଥାକୁ କାମରେ ଲଗାଅ ବୋଲି କହିଲେ ନିଜ ଭିତରୁ ଯେମିତି କେହି ଜଣେ ବାରଣ କରୁଛି।

ଆଉ କହିବାକୁ ଭିତରୁ ଯେମିତି ନିର୍ଦ୍ଦେଶ ଦେଉଛି ସିଏ ହେଉଛି ପିଲାଦିନର ପ୍ରାର୍ଥନା। ବଡ଼ମାନଙ୍କ ପୃଥିବୀରେ ସିଏ ଏକ ଅଗ୍ରହଣୀୟ ପଂକ୍ତି। କୋର୍ଟ କଚେରୀରେ ଯଦିଓ ସତ କୁହାଯାଉଛି ବୋଲି ଶପଥ କରାଯାଉଛି - ସେଥିରେ ବାସ୍ତବ କେତେ ତାହା କାହାକୁ ବା ଅଜଣା !

କଥାର ଉତ୍ସ ହେଉଛି ଶବ୍ଦ। ଶବ୍ଦ ହିଁ ହେଉଛି ନାଦବ୍ରହ୍ମ। ଆଉ ଜନକ ଓ ଯାଜ୍ଞବଲକ୍ୟଙ୍କ କଥୋପକଥନରେ ଶବ୍ଦ ହିଁ ମୌଳିକ ଭାବରେ କେତେ ଗୁରୁତ୍ୱପୂର୍ଣ୍ଣ, ତାହା ଯଦି ଆପଣଙ୍କୁ ଅଜଣା, ତାହେଲେ ସଂକ୍ଷିପ୍ତ ଭାବରେ କହି ରଖୁଛି ସେ କଥା। ରାଜା ଜନକଙ୍କର ପ୍ରଶ୍ନ ଥିଲା ଋଷି ଯାଜ୍ଞବଲ୍‌କ୍ୟଙ୍କୁ। ଜୀବନ କେଉଁ ଆଲୋକରେ ଉଦ୍‌ଭାସିତ ହୋଇଥାଏ। ଏହାର ଉତ୍ତରରେ ଋଷି କହିଥିଲେ - ସୂର୍ଯ୍ୟ। କ୍ରମାନ୍ୱୟରେ ପ୍ରଶ୍ନୋତ୍ତର ଥିଲା ଏହିପରି।

ରାଜାଜନକ - ରାଜର୍ଷି, ତାହେଲେ ସୂର୍ଯ୍ୟଙ୍କ ଅନୁପସ୍ଥିତିରେ ଆଲୋକ ଆସିବ କେଉଁଠୁ ?

ଯାଜ୍ଞବଲ୍‌କ - ରାଜନ୍, ରାତିରେ ଚନ୍ଦ୍ର ହିଁ ସୂର୍ଯ୍ୟଙ୍କର ପ୍ରତିନିଧି।

ଜନକ - ଯେତେବେଳେ ସୂର୍ଯ୍ୟ କିମ୍ବା ଚନ୍ଦ୍ର କେହି ନାହାନ୍ତି, ସେତେବେଳେ ?

ଯାଜ୍ଞବଲ୍‌କ - ସେତେବେଳେ ସେଇ ଦାୟିତ୍ୱ ନେଇ ପାରିବ ଅଗ୍ନି।

ଜନକ - ଯଦି ସୂର୍ଯ୍ୟ, ଚନ୍ଦ୍ର ଏବଂ ଅଗ୍ନି ସମସ୍ତେ ଅନୁପସ୍ଥିତ ?

ଯାଜ୍ଞବଲ୍‌କ - ସେତେବେଳେ ବାକ୍ ବା ମଣିଷର ସ୍ୱର ହିଁ ସେ ଦାୟିତ୍ୱ ତୁଲେଇବ।

ଜନକ - ଯଦି ସୂର୍ଯ୍ୟ, ଚନ୍ଦ୍ର, ଅଗ୍ନି, ସ୍ୱର ସବୁ ନାହାନ୍ତି ତାହେଲେ ?

ଯାଜ୍ଞବଲ୍‌କ - ସେତେବେଳେ ମଣିଷର ଚେତନା ହିଁ ଆଲୋକ ଭାବରେ ତାକୁ ଦିଶା ନିର୍ଦ୍ଦେଶ କରିପାରିବ।

ଯେ କାହାଣୀ ବହୁ ପୁରାତନ ହେଲେ ବି ତାତ୍ତ୍ୱିକ ଦୃଷ୍ଟିରୁ ଅତ୍ୟନ୍ତ ମୌଳିକ। ଏଥିରୁ ବାକ୍‌ଶକ୍ତିର ଗୁରୁତ୍ୱ ଅନୁମେୟ। ସେଇ ଦୃଷ୍ଟିରୁ କଥା ହେଲା ବେଳେ ଶାନ୍ତ ହୋଇ କଥା ହେବା, କେବେ କାହାର ଅମର୍ଯ୍ୟାଦା କରିବା ନାହିଁ, ଯେତେ ସମ୍ଭବ ଅବାନ୍ତର କଥାରୁ ନିଜକୁ ମୁକ୍ତ ରଖିବା। ଦେଖିବା, କେତେ ଆନନ୍ଦମୟ ହୋଇ ଉଠୁଛି ସମ୍ପର୍କ ସବୁ। ଚାରିଆଡ଼େ ଯେମିତି ସ୍ୱଭାବ କବି ଗଙ୍ଗାଧରଙ୍କ ଅମ୍ଳାନ ପଂକ୍ତି - 'ବିଶ୍ୱ ଦେଖ ମଧୁମୟ...'

■

(ସୂର୍ଯ୍ୟପ୍ରଭା - ତା ୨୬.୧୨.୨୦୨୪ରିଖ)

ଐତିହାସିକ ଯାହା ଲେଖନ୍ତି, ତାହା କ'ଣ ଇତିହାସ ?

ଅତୀତର ଘଟଣାର ନିଛକ ପ୍ରତିଛବି ହିଁ ଇତିହାସ ତାହା ଯେ କେହି କହିବେ ଅନାୟାସରେ। ତାହେଲେ ଇତିହାସର ପୁନର୍ଲିଖନର କଣ ଆବଶ୍ୟକତା ପଡ଼ିଲା ଯେ! ଭାରତୀୟ ଇତିହାସର କିଛି ଏମିତି କଥା ସାଧାରଣ ଲୋକଙ୍କର ଦୃଷ୍ଟି ଆକର୍ଷଣ କରିଛି, ଯାହା ଉପରେ ଆଜିର ଆଲୋଚନା।

ବହୁ ପ୍ରାଚୀନ ଯୁଗରେ ବିଶେଷତଃ ଲିପି ଉଦ୍ଭାବନର ପୂର୍ବରୁ କିଛି ଲିଖିତ ସମସାମୟିକ ଇତିହାସ ନଥିଲା, ତେଣୁ ସେତେବେଳର କିଛି ପ୍ରମାଣଯୋଗ୍ୟ ନଥି, ପଦାର୍ଥ, ପତ୍ନତାତ୍ତ୍ୱିକ ସର୍ବେକ୍ଷଣ ଭିତ୍ତିରେ ପରବର୍ତ୍ତୀ ସମୟରେ ଇତିହାସ ଲେଖାହେଲା। କାର୍ବନ ଡେଟିଂ ପରି ବୈଜ୍ଞାନିକ ପଦ୍ଧତି ମାଧ୍ୟମରେ ପ୍ରତ୍ନତାତ୍ତ୍ୱିକ ବସ୍ତୁର ସମୟ ଆଜିକାଲି ସହଜରେ ଜାଣି ହେଉଛି। ପ୍ରାଚୀନ ଯୁଗରେ ଇତିହାସ ରାଜା ବା ଶାସନମୁଖ୍ୟ କୈନ୍ଦ୍ରିକ ଥିଲା ଯାହାକୁ ମୁଖ୍ୟତଃ ରାଜନୈତିକ ଇତିହାସ ବୋଲି କୁହାଯାଇପାରେ। ଶାସନମୁଖ୍ୟଙ୍କ ଦ୍ୱାରା ନିଯୁକ୍ତି ପ୍ରାପ୍ତ ଐତିହାସିକମାନେ ଆପଣାର ପ୍ରଭୁଙ୍କର କାର୍ଯ୍ୟଧାରାକୁ ଅସାମାନ୍ୟ ଭାବରେ ପ୍ରକାଶିତ କରିବା ଏକ ସାଧାରଣ କଥା। କୁହାଯାଏ ଇତିହାସରେ ବହୁ ଯୁଦ୍ଧର ବର୍ଣ୍ଣନା ରହିଛି। ଇତିହାସ ଯୁଦ୍ଧରେ ଜୟ କରିଥିବା ଶାସକଙ୍କର ପ୍ରଶସ୍ତିରେ ଶତମୁଖ ହୋଇଥିବା ବେଳେ ବିଜିତଙ୍କ ପ୍ରତି ସାମାନ୍ୟ ମାତ୍ର ସହାନୁଭୂତିସମ୍ପର୍ଣ୍ଣ ଦୃଷ୍ଟି ପକେଇ ନଥାଏ। ଏହା ତଦାନୀନ୍ତନ ଐତିହାସିକମାନଙ୍କର ପକ୍ଷପାତିତା ନୁହେଁ ତ ଆଉ କ'ଣ ?

ଦ୍ୱିତୀୟତଃ ଭାରତର ଇତିହାସକୁ ଯଦି ଆମେ ଲକ୍ଷ୍ୟ କରିବା ତାହେଲେ କେତେଗୁଡ଼ିଏ କଥା ଆମ ନଜରକୁ ଆସିବ। ଯେମିତି ଦିଲ୍ଲୀ ବା ତା'ର ପାଖାପାଖି ଅଞ୍ଚଳରେ ଯେମିତି ସବୁ ଘଟଣା ଘଟୁଥିଲା, ବାହାରେ କିଛି ଘଟୁନଥିଲା କିମ୍ବା

ଉଲ୍ଲେଖଯୋଗ୍ୟ କିଛିନଥିଲା । ବିଶେଷତଃ ସ୍କୁଲ ସିଲାବସରେ ଯେଉଁ ଭାରତବର୍ଷର ଇତିହାସ ପଢ଼ାଯାଉଥିଲା ସେଥିରେ ମୋଗଲ ସାମ୍ରାଜ୍ୟକୁ ଗୌରବ ମଣ୍ଡିତ କରାଯାଉଥିଲା । ବ୍ରିଟିଶ ସମୟରେ ବ୍ରିଟିଶ୍ ଶାସକମାନେ ଭାରତୀୟ ସମାଜରେ ନବଜାଗରଣ ଆଣିଥିଲେ ବୋଲି ପ୍ରତିପାଦନ କରାଯାଇଥିଲା, ଅଥଚ ଶିବାଜୀ ଏବଂ ରାଣାପ୍ରତାପ ଆଦି ବୀରମାନଙ୍କର ବୀରତ୍ୱ ବିଷୟରେ ବିଶେଷ କିଛି ଉଲ୍ଲେଖ ନଥିଲା କହିଲେ ଚଳେ । ଚୋଳ, ଚାଲୁକ୍ୟ ଆଦି ରାଜବଂଶର ରାଜାମାନେ ବହୁ ସମୁନ୍ନତ ସାମ୍ରାଜ୍ୟ ଗଢ଼ିଥିଲେ ବି ସେମାନଙ୍କ ବିଷୟରେ ନୀରବତା ରକ୍ଷା କରାଯାଇଥିଲା ଯେମିତି ! ପଞ୍ଚଦଶ ଶତାବ୍ଦୀରେ କପିଳେନ୍ଦ୍ରଦେବ ଗଜପତି ବଂଶର ସ୍ଥାପନା କରି ଗଙ୍ଗା ଠାରୁ ଗୋଦାବରୀ ପର୍ଯ୍ୟନ୍ତ ବିଶାଳ ସାମ୍ରାଜ୍ୟ ସ୍ଥାପନ କରିଥିଲେ, ଯାହାର ଆୟତନ ଥିଲା ଆଜିର ଓଡ଼ିଶାର ପ୍ରାୟ ଚାରିଗୁଣ । ଅଥଚ ସେହି ଇତିହାସକୁ ଆମେ ପଢ଼ିବାର ସୁଯୋଗ ପାଇନଥିଲୁ । ଭାରତ ଇତିହାସରେ ଯେପରି ଓଡ଼ିଶାର କିଛି ଯୋଗଦାନ ନଥିଲା ଏଇଭଳି ଭ୍ରାନ୍ତଧାରଣା ଆମ ଭିତରେ ପୂରେଇ ଦିଆଯିବା ଫଳରେ ଆମେମାନେ ଆତ୍ମବିଶ୍ୱାସର ସଂକଟ ମଧ୍ୟରେ ଗତି କରିଥିଲେ ।

ପ୍ରାଚୀନ ଭାରତୀୟ ସଭ୍ୟତାରେ ବହୁ ଗୌରବମୟ ଉପଲବ୍ଧି ଥିଲେ ମଧ୍ୟ ସେଗୁଡ଼ିକ କାହିଁକି ପାଠ୍ୟ ପୁସ୍ତକରେ ଅନ୍ତର୍ଭୁକ୍ତ କରାଯାଇନଥିଲା, ତାହା ବୁଝିବା ମୁସ୍କିଲ । ଭାରତର ବିଭିନ୍ନ ପ୍ରାଚୀନ ମନ୍ଦିର ଯେଉଁଗୁଡ଼ିକ ହଜାରେ ବର୍ଷ ତଳୁ ନିର୍ମିତ ହୋଇଥିଲା, ସେଗୁଡ଼ିକ ପଛରେ ଏକ ସମୁନ୍ନତ ମନ୍ଦିର ନିର୍ମାଣ ବିଜ୍ଞାନ ନଥିଲା ତାହା କହିବା କେବଳ ଅଜ୍ଞାନତା ନୁହେଁ ବରଂ ଅପରାଧ । ଖ୍ରୀଷ୍ଟଜନ୍ମ ପୂର୍ବରୁ ପ୍ରତିଷ୍ଠା ଅର୍ଜନ କରିଥିବା ତକ୍ଷଶୀଳା ଏବଂ ମୌର୍ଯ୍ୟଶାସନ ସମୟରେ ପ୍ରସିଦ୍ଧ ଥିବା ନାଳନ୍ଦା ପରି ବିଶ୍ୱବିଦ୍ୟାଳୟ ସଂପର୍କରେ ସାଙ୍କେତିକ ଦୁଇଧାଡ଼ି ଲେଖିଦେଇ ଐତିହାସିକ ତାଙ୍କର ଦାୟିତ୍ୱ ଖସେଇ ଦେଇଛନ୍ତି । ଆମେମାନେ ବିଦ୍ୟାଳୟ ଶ୍ରେଣୀରେ ଅଧ୍ୟୟନ କରୁଥିବା ସମୟରେ ପଢ଼ିଥିଲେ ଯେ ବିଦେଶୀ ଗଜନୀର ଶାସକ ମାମୁଦ୍ ସତର ଥର ସୋମନାଥ ମନ୍ଦିର ଆକ୍ରମଣ କରି ଭାରତରୁ ବହୁ ସୁନାରୂପା ଓ ବିଭିନ୍ନ ସମ୍ପଦ ଲୁଣ୍ଠନ କରି ନେଇଥିଲେ । ଅଥଚ ଆମର ଶ୍ରୀଜଗନ୍ନାଥଙ୍କ ମନ୍ଦିର ଅଠରଥର ଆକ୍ରମଣର ଶିକାର ହୋଇଥିଲା ଏବଂ ଶ୍ରୀଜୀଉଙ୍କୁ ଶହଶହ ବର୍ଷ ଧରି ମନ୍ଦିର ବାହାରେ ଗୋପନରେ ରହିବାକୁ ପଡ଼ିଥିଲା, ସେକଥା ଆମେ ସେତେବେଳେ ଜାଣିପାରିନଥିଲୁ ।

ମ୍ୟାକୁଲେଙ୍କ ପ୍ରୋତ୍ସାହନରେ ଊନବିଂଶ ଶତାବ୍ଦୀର ତୃତୀୟ ଦଶକରେ ଲର୍ଡ଼ ଉଇଲିୟମ୍ ବେଣ୍ଟିକ୍ଙ୍କ ସମୟରେ ଭାରତରେ ଇଂଲିଶ୍ ଶିକ୍ଷାର ପ୍ରଚଳନ ହୋଇଥିଲା । ମ୍ୟାକୁଲେ ସାହାବ କହିଥିଲେ ଯେ ସେ ଏପରି ଶିକ୍ଷା ପ୍ରବର୍ତ୍ତନ କରିବାକୁ ଯାଉଛନ୍ତି,

ଯାହା ଏପରି ଭାରତୀୟଙ୍କୁ ସୃଷ୍ଟି କରିବ ଯେଉଁମାନେ ଜନ୍ମରୁ ଭାରତୀୟ ହେବେ ସତ ମାତ୍ର ସେମାନଙ୍କର ବିଦେଶୀ ପ୍ରୀତି ବଢ଼ି ବଢ଼ି ଯିବ। ବୋଧହୁଏ ସେଦିନ ଯେଉଁ ଲକ୍ଷ୍ୟ ପୋଷଣ କରାଯାଇଥିଲା ତାହା ଫଳବତୀ ହୋଇଛି। ନିଜର ସଂସ୍କୃତି ଓ ସଭ୍ୟତାକୁ ଭୁଲିଯାଇ ଇଂଲିଶ୍ ପଢୁଆ ଭାରତୀୟମାନଙ୍କ ଦ୍ୱାରା ବିଭିନ୍ନ ବୈଜ୍ଞାନିକ ଉଦ୍ଭାବନ ଭାରତକୁ ଆସିବା ଫଳରେ ଭାରତ ନୂଆ ଯୁଗରେ ପାଦ ଦେଲା ବୋଲି କହିବାକୁ ଭାରତୀୟ ଐତିହାସିକମାନେ ଭୁଲିନାହାନ୍ତି। ସେତେବେଳେ ପଢ଼ାଯାଉଥିବା କୌଣସି ଇତିହାସ ବହିରେ ଲେଖାନଥିଲା ଯେ ବିଦେଶୀ ଶାସନ ପୂର୍ବରୁ ପ୍ରାୟ ସତର ଶହ ମସିହା ବେଳକୁ ଭାରତର ଜି.ଡ଼ି.ପି. (Gross Domestic Product) ସାରା ବିଶ୍ୱର ସମୁଦାୟ ମୌଳିକ ଉତ୍ପାଦକର ପ୍ରାୟ ଏକ ଚତୁର୍ଥାଂଶ ଥିଲା, ବ୍ରିଟିଶମାନଙ୍କର ଦୁଇ ପ୍ରକାର ଶାସନକୁ ଆମେ ଭାରତୀୟମାନେ ପ୍ରାୟ ଶହେ ନବେ ବର୍ଷ ସହ୍ୟ କଲେ। ତା ଭିତରୁ ପ୍ରଥମ ଶହେ ବର୍ଷ ସତର ଶହ ସତାବନରୁ ଅଠରଶହ ସତାବନ ପର୍ଯ୍ୟନ୍ତ ସମୟ ଥିଲା ବ୍ରିଟିଶ ସାମ୍ରାଜ୍ୟ ଅଧୀନସ୍ଥ ଇଷ୍ଟ ଇଣ୍ଡିଆ କମ୍ପାନୀର ଶାସନ ଓ ପରବର୍ତ୍ତୀ ନବେ ବର୍ଷ ଥିଲା ବ୍ରିଟିଶ ସରକାରଙ୍କର ଅଧୀନରେ ସିଧାସଳଖ ଶାସନ। ଏହି ସମୟ ଭିତରେ ଭାରତୀୟ କୁଟୀର ଶିଳ୍ପକୁ ଧ୍ୱଂସ କରି ଦିଆଗଲା, ଭାରତୀୟ ଚାଷୀମାନଙ୍କୁ ଶୋଷଣ କରିବା ଫଳରେ ଭାରତକୁ ସହିବାକୁ ହେଲା ପ୍ରାୟ ଛବିଶଟି ମହାମାରି ଜାତୀୟ ଦୁର୍ଭିକ୍ଷ ଏବଂ ଏହି କାଳଖଣ୍ଡରେ ଭାରତର ଅର୍ଥନୀତି ଏତେ ଦୁର୍ବଳ ହୋଇଗଲା ଯେ ଉଣେଇଶ ଶହ ମସିହା ବେଳକୁ ଭାରତୀୟ ନିଜସ୍ୱ ଉତ୍ପାଦକ ପରିମାଣ ବିଶ୍ୱ ଉତ୍ପାଦକର ଶତକଡ଼ା ଏକ ଭାଗକୁ ଖସି ଆସିଲା। ଭାରତର ତିନି ଦିଗରେ ସମୁଦ୍ର- ଅତଏବ ପାରମ୍ପାରିକ ଭାବରେ ସ୍ଥାନୀୟ ଲୋକମାନେ ସମୁଦ୍ରତଟରୁ ଲୁଣମାରି ନିଜର ଆବଶ୍ୟକତା ତୁଲାଉଥିଲେ। ତାହା କରିବାକୁ ସେମାନଙ୍କୁ ବାରଣ କରାଗଲା ଏବଂ ଲିଭରପୁର (ବିଲାତ)ରୁ ଲୁଣ ଆମଦାନୀ କରିବାକୁ ବାଧ୍ୟ କରାଗଲା, ବ୍ରିଟିଶ ଶାସନ କାଳରେ ଭାରତରୁ ବ୍ରିଟିଶ ଶାସକମାନେ ପ୍ରାୟ ୪୫ ଲକ୍ଷ କୋଟି ଡଲାର ଲୁଟି ନେଇଛନ୍ତି ବୋଲି ଆକଳନ କରାଯାଇଛି। ଅକ୍ସଫୋର୍ଡ଼ ବିଶ୍ୱବିଦ୍ୟାଳୟରେ ଅନୁଷ୍ଠିତ ଏକ କର୍ମଶାଳାରେ ଭାରତର ପୂର୍ବତନ ବିଦେଶ ରାଷ୍ଟ୍ରମନ୍ତ୍ରୀ ଡକ୍ଟର ଶଶୀଥରୁର ଏହି ତଥ୍ୟ ପରିବେଷଣ କରିଥିଲେ। ଓଡ଼ିଶାରେ ୧୮୬୬ରେ ଯେଉଁ ନଅଙ୍କ ଦୁର୍ଭିକ୍ଷ ପଡ଼ିଥିଲା, ସେହି ସମୟରେ ଜଣେ ପ୍ରାଦେଶିକ ଗଭର୍ଣ୍ଣର ବ୍ରିଟିଶ ସରକାରଙ୍କୁ ଜଣେଇଥିଲେ ଯେ ଧାନଚାଷ ମରିଯାଇ ଘାସ ଉଠିଯାଇଛି। ତହୁଁ ବିଦେଶରୁ ନିର୍ଦ୍ଦେଶ ଆସିଲା – "ଘାସ ବି ଗୋଟିଏ ଭଲ ରାଜସ୍ୱ ସୁଲଭ ବିକ୍ରୀଯୋଗ୍ୟ ଉତ୍ପାଦ - ତାକୁ ବିକି ରାଜସ୍ୱ ପୈଠ କର"। ଆଜିକାଲି ସିନା ବହୁ ପୋଥି – ଚିଠାର ଆଦାନ ପ୍ରଦାନ ଘାଣ୍ଟିବା ବେଳେ ଏତେ ତଥ୍ୟ ପଦାକୁ ଆସୁଛି, ଇତିହାସ ଖାଲି ଶିଖାଉଥିଲା ଭାରତ ଏକ ଅନ୍ଧକାରର

ଭୂଖଣ୍ଡ ଏବଂ ଇଂଲିଶ୍ ଶିକ୍ଷା ତାକୁ ଅନ୍ଧାରୀ ମୁଲକରୁ ମୁକୁଳେଇବା ପାଇଁ ଅଭିପ୍ରେତ।

ପ୍ରଚଳିତ ଇତିହାସକୁ ଅନୁଧ୍ୟାନ କଲେ ଲାଗୁଛି ଅନେକ ପ୍ରମାଦପୂର୍ଣ୍ଣ ତଥ୍ୟ ସେଥିରେ ଥିବାବେଳେ ଗବେଷଣାର ନିଷ୍କର୍ଷ ବୈଜ୍ଞାନିକ ପଦ୍ଧତିରେ ନହୋଇ ପୃଷ୍ଠପୋଷକତା ଭିତ୍ତିକ ହୋଇଯାଇଛି। ତେଣୁ ଗୋଟିଏ ରାଜନୈତିକ ଦଳ ପୂର୍ବର ଇତିହାସ ଚାଲୁ ରହୁ ବୋଲି ଦାବୀ କଲାବେଳେ ବର୍ତ୍ତମାନର କ୍ଷମତାସୀନ ଦଳ ଏଥିରେ ପରିବର୍ତ୍ତନ କରିବାରେ ପକ୍ଷପାତୀ।

ପୁରାତନ କାଳରେ ଆଫ୍ରିକା ମହାଦେଶରେ ଇତିହାସ ବିଷୟରେ ଗୋଟିଏ କୌତୁହଳପୂର୍ଣ୍ଣ କଥା କୁହାଯାଉଥିଲା। ସିଂହମାନଙ୍କ ତରଫରୁ ଐତିହାସିକ ନଥିବା ଯାଏ ଇତିହାସ ସବୁବେଳେ ଶିକାରୀମାନଙ୍କର କାମକୁ ଗୌରବାନ୍ୱିତ ଭାବରେ ପ୍ରଦର୍ଶନ କରୁଥିବ। ଐତିହାସିକମାନେ ଯଦି ପକ୍ଷପାତ କରିବେ ତାହା ଇତିହାସ ନହୋଇ ହୁଏତ ଉପନ୍ୟାସ ହୋଇପାରେ।

ରାଜନୈତିକ ଦଳର ରାଜନୈତିକ ଆଦର୍ଶକୁ ଭିତ୍ତି କରି ପ୍ରକୃତରେ ଇତିହାସ ଲେଖାଯିବା ଉଚିତ ନୁହେଁ। ବରଂ ପ୍ରାଚୀନ ଗ୍ରୀସ୍‌ର ଐତିହାସିକ ଥୁସିଡାଇଡସ୍ (Thucydides) ଯାହା କହିଥିଲେ ତାହା ଅତ୍ୟନ୍ତ ଗୁରୁତ୍ୱପୂର୍ଣ୍ଣ। ତାଙ୍କର ବକ୍ତବ୍ୟକୁ ଭାଷାନ୍ତର କଲେ ବୋଧହୁଏ ଏଇଆ ହେବ ଯେ ଐତିହାସିକମାନେ ଭାବିବା କଥା ନୁହେଁ, ସେମାନଙ୍କର କୌଣସି ଦାୟିତ୍ୱ କିଛି ନିର୍ଦ୍ଦିଷ୍ଟ ଦେଶ ବା ଜାତୀୟତା ପ୍ରତି ରହିଛି ବୋଲି, ବରଂ ସେମାନେ ନିଶ୍ଚିତ ରୂପେ ଦୃଢ଼ ହେବା କଥା ଯେ ଇତିହାସର ଦାୟ ରହିଛି ସତ୍ୟ ଓ ମଣିଷପଣିଆ ପ୍ରତି। ସତ୍ୟର ପରିପ୍ରକାଶ ପାଇଁ ଯଦି ଇତିହାସର ପୁନର୍ଲିଖନ ହେଉଛି ତାକୁ ରାଜନୈତିକ ରଙ୍ଗ ଦିଆଯିବା କେତେଦୂର ଯୁକ୍ତିଯୁକ୍ତ – ପାଠକେ ବିଚାର କରନ୍ତୁ। ମାତ୍ର ରାଜନୈତିକ ଉଦ୍ଦେଶ୍ୟ ସାଧନ ପାଇଁ ଇତିହାସର ପୁନର୍ଲିଖନ ନହେଉ।

■

(ସର୍କାର - ତା ୬.୧.୨୦୨୫ରିଖ)

ଓଡ଼ିଆ କଙ୍କଡ଼ା

ଆପଣମାନେ କେବେ ଶୁଣିଥିବେ, ଆମ ଓଡ଼ିଆମାନେ ସ୍ୱଭାବରେ କଙ୍କଡ଼ା ପରି, ସେମାନଙ୍କ ପ୍ରକୃତିରେ ଗୋଡ଼ଟଣାଭାବ ବାରି ହୋଇପଡ଼େ କୁଆଡ଼େ। ଯଦି ଗୋଟିଏ ପାତ୍ରରେ ଆପଣ କିଛି ପରିମାଣରେ କଙ୍କଡ଼ା ରଖି ଦିଅନ୍ତି, ସେମାନଙ୍କ ଭିତରୁ କିଛି ଚେଷ୍ଟା କରିବେ ସେଇ ପାତ୍ର ଭିତରୁ ବାହାରକୁ ଆସିବା ଲାଗି। ଆଉ ସେତିକିବେଳେ ଯେଉଁମାନେ ତଳେ ରହିଥିବେ ସେମାନେ କୁଆଡ଼େ ସେମାନଙ୍କ ଗୋଡ଼କୁ ତଳୁ ଟାଣି ଧରିବେ। ଯାହା ଫଳରେ କେହି କଙ୍କଡ଼ା ସେଇ ଆବଦ୍ଧ ପାତ୍ର ଭିତରୁ ବାହାରି ପାରିବେ ନାହିଁ। କଙ୍କଡ଼ା ସ୍ୱଭାବ ଯେମିତି ପରଶ୍ରୀକାତରତାର ଆଉ ଏକ ନାଁ।

ଇଂଲିଶ୍‌ରେ ଏହିପରି ମାନସିକତାକୁ 'crab mentality' (କ୍ରେବ୍ ମେଣ୍ଟାଲିଟି) ବା କଙ୍କଡ଼ା ମାନସିକତା ବୋଲି କୁହାଯାଏ; ମାତ୍ର ଏହା ସହିତ ଓଡ଼ିଆ ଚରିତ୍ରର ସମନ୍ୱୟତା କିଏ ଗବେଷଣା କଲେ ସିନା ବାସ୍ତବତା ଜଣାପଡ଼ନ୍ତା ! ମଣିଷ ଭିତରେ ଯେଉଁ ଦୁର୍ଗୁଣ ରହିଛି ତାହା ଭିତରେ ଅଛି ଏଇମିତି କିଛି ଈର୍ଷା, ବିଦ୍ୱେଷ ଓ ଅସହିଷ୍ଣୁତା। ଯାହାକୁ ସେ ନିଜ ଠାରୁ ଅଧିକ ଉନ୍ନତ ଓ ସମୃଦ୍ଧ ବୋଲି ବିବେଚନା କରେ ତାର ଅଗ୍ରଗତିକୁ ସହ୍ୟ କରିପାରେ ନାହିଁ, ସେତେବେଳେ କଳେ ବଳେ କୌଶଳେ ତାର ପତନର ବ୍ୟୁହ ରଚନା କରେ। ଫିଲ୍‌ଫାଇନ୍‌ସର ଲେଖକ ନିନୋଚକା ରୋସ୍‌କା ଏହି ଶବ୍ଦକୁ ପ୍ରଥମେ ସାହିତ୍ୟରେ ପ୍ରୟୋଗ କରିଥିଲେ ବୋଲି କୁହାଯାଏ।

କାହାରି ଅଗ୍ରଗତିକୁ ରୋକିବା ପାଇଁ ତାକୁ ପଛରୁ ଟାଣିବାର ବହୁ ଉଦାହରଣ ରହିଛି, ଯେମିତି ଫୁଟବଲ ଖେଳରେ କେହି ବିରୋଧୀ ପକ୍ଷର ଖେଳାଳୀଙ୍କ ଜର୍ସିକୁ ଜାବୁଡ଼ି ଧରି ତାଙ୍କୁ ଅକାମୀ କରିବାକୁ ଚେଷ୍ଟା କରନ୍ତି, ବିରୋଧୀ ଦଳର କେହି ବ୍ୟାଟ୍‌ସମ୍ୟାନ ଶତକ ଆଡ଼କୁ ମୁହାଁଉଥିଲାବେଳେ ନିଜ ଦଳର ସମର୍ଥକମାନେ ବିକୃତ ଶବ୍ଦ କରି ତାଙ୍କର ଏକାଗ୍ରତା ଭାଙ୍ଗିବାକୁ ବ୍ରତୀ ହୁଅନ୍ତି ସେମିତି, ମାତ୍ର ଜଣକର ଗୋଡ଼କୁ

ଟାଣି ଧରିଲେ ଯଦି ଟାଣୁଥିବା ଲୋକର ଶକ୍ତି ଅଧିକ ହୁଏ ତାହେଲେ ଆର ଲୋକଟି ଆଉ ଆଗେଇ ପାରେନା। ଗୋଡ଼ ହେଉଛି ସ୍ଥାନୀୟ ମାନର ସୂଚନାଙ୍କ। ବହୁ ପୁରାତନ କାଳରୁ ସଂସ୍କୃତରେ ଗୋଟିଏ ଶ୍ଳୋକ ଥିଲା -

"ଗଣକଃ ଗଣିକାଃ ବିପ୍ରାଃ
 ଶ୍ୱାନ ମାର୍ଜାର କୁକ୍କୁଡ଼ା
ଦୃଷ୍ଟିମାତ୍ରେ ପ୍ରଭୁବନ୍ତି
 ସ୍ୱଜାତି ପରହିଂସ୍ରକାଃ।"

ଅର୍ଥାତ୍ ଜ୍ୟୋତିଷ, ବେଶ୍ୟା, ବ୍ରାହ୍ମଣ, କୁକୁର, ବିଲେଇ ଓ କୁକୁଡ଼ା - ଏମାନେ ନିଜ ସଂପ୍ରଦାୟର କାହାକୁ ଦେଖିବା ମାତ୍ରେ ରାଗରେ ଚିଲ୍ଲେଇ ଉଠନ୍ତି। କାରଣ ନିଜ ଜାତିର କାହାକୁ ସେମାନେ ସହି ପାରନ୍ତି ନାହିଁ। ଏଇ ଅସହ୍ୟ ଭାବନା ପଛରେ ସେମାନଙ୍କର କ୍ଷତିର ଆଶଙ୍କାକୁ ଏଡ଼େଇ ଦେଇ ହେବ ନାହିଁ। ଭାରତ ପରି ଦେଶରେ ହଜାର ହଜାର ଜାତିର ସମାବେଶ ଭିତରେ ମାତ୍ର ତିନି ରକମର ମଣିଷ କେବଳ ପରସ୍ପର ପ୍ରତି ବିଦ୍ୱେଷୀ, ଏହା ବିଶ୍ୱାସ କରିହୁଏ ନାହିଁ। ହୁଏତ ସେତେବେଳର ଶ୍ଳୋକବୀରଙ୍କ ଜ୍ଞାନର ଦିଗନ୍ତ ଭିତରେ ସୀମାବଦ୍ଧ ତାଙ୍କର କଳ୍ପନା। ମାତ୍ର ଏହା ସତ ନିଜ ଲୋକଙ୍କ ସହିତ ଶତ୍ରୁତା କରିବା ଭାରତୀୟଙ୍କର ଏକ ସହଜାତ ଅବଗୁଣ।

କଙ୍କଡ଼ା ଏକ ଅଦ୍ଭୁତ ପ୍ରାଣୀ। ଏହା ଦଶଟି ଗୋଡ଼ ବିଶିଷ୍ଟ; ମାତ୍ର ସବୁ ଗୋଡ଼ ଏକ ସମୟରେ ଏକ ଦିଗରେ ଚାଲନ୍ତି। ଦୁଇ ଦିଗରେ ଗୋଡ଼ ମାନ ଥିବାରୁ ଏହା ଆଗକୁ ଓ ପଛକୁ ଏହିପରି ନିଜର ସୁବିଧା ଅନୁସାରେ ଚାଲିପାରେ ଯାହାକି କ୍ୱଚିତ୍ ଅନ୍ୟ ପ୍ରାଣୀଙ୍କ କ୍ଷେତ୍ରରେ ଦେଖାଯାଏ। ସାଧାରଣତଃ ପ୍ରାଣୀଟିର ଆଖି ଯେଉଁ ଆଡ଼କୁ ବାହାରିଥାଏ ସିଏ ସେଇ ଦିଗରେ ଚାଲେ; ମାତ୍ର କଙ୍କଡ଼ାଟିଏ ଏଥିରେ ବ୍ୟତିକ୍ରମ। ସେ ଯେଉଁ ଦିଗକୁ ଦେଖେ ସେଇ ଦିଗକୁ ନଯାଇ ଅନ୍ୟ ଏକ କୋଣରେ ଯାଏ। ରାଜନୀତି ବା କୁଟନୀତିରେ ଏଇମିତି ଗତି ସହିତ ଆମେମାନେ ପରିଚିତ ଅଛନ୍ତି। ଯାହା କୁହାଯାଏ ତାହା କରାଯାଏ ନାହିଁ, ଯାହା ଆଶା କରାଯାଏ ତାହା ହୋଇନଥାଏ।

ଓଡ଼ିଆମାନେ କଣ ସତରେ ଅନ୍ୟ ସଫଳ ଓଡ଼ିଆଙ୍କ ବାଟରେ କଣ୍ଟା ହୋଇ ଠିଆ ହୁଅନ୍ତି ? କେତେକ କହନ୍ତି ଯେତେବେଳେ ଦେବେଗୌଡ଼ା ପ୍ରଧାନମନ୍ତ୍ରୀ ହେଲେ ସେତେବେଳେ ଓଡ଼ିଶାର ବିଜୁବାବୁ ହୁଏତ ସେଇ ଚୌକୀରେ ବସି ପାରିଥାନ୍ତେ,; ମାତ୍ର କିଛି ଓଡ଼ିଆଙ୍କ କାରସାଦିରୁ ତାହା ସମ୍ଭବ ହେଲା ନାହିଁ। ଇତିହାସ ଅବଶ୍ୟ 'ହୋଇଥାନ୍ତେ', 'ପାରିଥାନ୍ତେ' ପରି ଶବ୍ଦ ପ୍ରତି ବିତସ୍ପୃହ ଓ ଉଦାସୀନ।

ପ୍ରତ୍ୟେକ ସଫଳ ଯାତ୍ରା ପଛରେ କିଛି ଖଳନାୟକ ଥାଆନ୍ତି। ସେମାନେ

ବିରୋଧାଭାସ ଜୁଟାନ୍ତି; ମାତ୍ର ନାୟକର ଜୟଯାତ୍ରା ତାହାଦ୍ୱାରା ବ୍ୟାହତ ହୁଏନାହିଁ। ବିଭିନ୍ନ ଆଦର୍ଶ ଯେତେବେଳେ ନୂଆ କରି ପ୍ରକାଶିତ ହେବାକୁ ବାହାରନ୍ତି, ପ୍ରଚଳିତ ଭାବନାମାନେ ତାର ଗତିରୋଧ କରନ୍ତି। ଏଇ ଆଦର୍ଶଗତ ଯୁଦ୍ଧରେ ଯିଏ ବିଜୟୀ ହୁଅନ୍ତି ତାଙ୍କର ଗ୍ରହଣୀୟତା ଚାଲେ କିଛି କାଳଧରି। ଯାହାକୁ ସଂକ୍ଷେପରେ କୁହାଯାଏ ଥିସିସ୍ - ଏଣ୍ଟିଥିସିସ୍ ଓ ସିନ୍ଥେସିସ୍। ତେଣୁ ଏହି କ୍ରମରେ ଗୋଡ଼ଟଣା ଏକ ଏଣ୍ଟିଥିସିସ୍ ଭଳି ବିପରୀତ କ୍ରିୟା। ତାହାକୁ ଓଡ଼ିଶାସହିତ ଯୋଡ଼ିବା ଏକ ନିମ୍ନ ଚିନ୍ତାଧାରା। ସମଗ୍ର ଭାରତୀୟ ଭୂଖଣ୍ଡରେ ଏଇ ଧାରା ଊଣାଅଧିକେ ରହିଥିବା କଥା ଅନସ୍ୱୀକାର୍ଯ୍ୟ।

ଅନ୍ୟର ଗୋଡ଼ଟାଣି ଆମେ ନିଜର ଉନ୍ନତି କରିପାରିବା ନାହିଁ। ଅର୍ଥନୀତିରେ ଗୋଟିଏ କଥା କୁହାଯାଏ। ତାହା ହେଲା ମଣିଷ ଧନୀ ହେବାକୁ ଚାହେଁନା ବରଂ ଚାହେଁ ତାର ପଡ଼ୋଶୀଠାରୁ ସେ ନିଜେ ଅପେକ୍ଷାକୃତ ଅଧିକ ଧନୀ ହେବ (Man does not want to be rich, he wants to be richer) ନିଜକୁ ଅନ୍ୟ ସହିତ ତୁଳନା କଲେ ମଣିଷ ଭିତରେ ଥିବା ଅବଗୁଣମାନେ, ନକାରାତ୍ମକ ଶକ୍ତିମାନେ ପ୍ରତିକ୍ରିୟାଶୀଳ ହୋଇ ଉଠନ୍ତି; ମାତ୍ର ବାସ୍ତବରେ ତାହା ଧରାପଡ଼ିଯାଏ। ସେ ଖଳନାୟକର ଅପବାଦ ପାଏ। ପରନ୍ତୁ ଯିଏ ନିଜ ସହିତ ସମଝୋତା ନକରି ନିଜର ଆରାମ ପର୍ଯ୍ୟାୟରୁ ନିଜକୁ ଉତ୍‌ଥିତ କରେ ସେ ହିଁ ବିକାଶର ମାର୍ଗରେ ଅଗ୍ରସର ହୁଏ।

ପ୍ରଖ୍ୟାତ ବ୍ରାଜିଲ ଦେଶର ସାହିତ୍ୟିକ ପାଓଲୋକୋହ୍ଲେ ତାଙ୍କ ବିଶ୍ୱବିଦିତ ଉପନ୍ୟାସ 'ଆଲକେମିଷ୍ଟ'ରେ ବର୍ଣ୍ଣନା କରିଛନ୍ତି ସେମିତି ଏକ ଯାତ୍ରା - ଯାହା ସାଣ୍ଟିଆଗୋ ନାମକ ଜଣେ ମେଷପାଳକ ପିରାମିଡ୍ ଦେଖିବା ପାଇଁ ଆରମ୍ଭ କରିଥିବା ବିସ୍ମୟକର ଯାତ୍ରା। ଏଇ ଯାତ୍ରା ହେଉଛି ନିଜର ଦୁର୍ବଳତାକୁ ଅତିକ୍ରମ କରିବାର ପ୍ରୟାସ ଯାହାକି ଯାତ୍ରୀର ବ୍ୟକ୍ତିତ୍ୱ ବଢ଼ାଇଛି। ଆଲକେମି ହେଉଛି ରସାୟନ ବିଦ୍ୟାର ସେଇ ଅଧ୍ୟାୟ ଯେଉଁଠି ଗୋଟିଏ ଧାତୁ ରାସାୟନିକ ପ୍ରକ୍ରିୟା ମାଧ୍ୟମରେ ନିଜର ମୂଲ୍ୟ ବଢ଼ାଏ ଏବଂ ଅଧିକ ଗୁରୁତ୍ୱପୂର୍ଣ୍ଣ ମୂଲ୍ୟବାନ ଧାତୁରେ ରୂପାନ୍ତରିତ ହୁଏ। ନିଜର ଗଭୀର ଅବବୋଧ ଆତ୍ମବିଶ୍ୱାସ ଫଳରେ ଜଣେ ଆଗେଇଯିବ। ତାକୁ କାହାର ଶତ୍ରୁତା କରିବାର ଆବଶ୍ୟକତା ନାହିଁ କିମ୍ବା କାହାକୁ ନକଲ କରିବା ବି ଅନାବଶ୍ୟକ।

ଓଡ଼ିଆମାନଙ୍କର ରାଜ୍ୟ ବାହାରେ ଗୋଟିଏ ପରିଚିତି ଅଛି ଯେ ସେମାନେ ଅପେକ୍ଷାକୃତ ନମ୍ର, ଲାଜକୁଳା ଏବଂ ବାଦାନୁବାଦଠାରୁ ଦୂରତା ରକ୍ଷା କରିବାକୁ ଯଥାସମ୍ଭବ ଚେଷ୍ଟା କରନ୍ତି; ମାତ୍ର ଏକ ଦୃଢ଼ ସଂକଳ୍ପ ସମ୍ପନ୍ନ ଜାତି ଭାବରେ ଇତିହାସରେ ସେମାନଙ୍କର ପରିଚିତ ଆଜି ମ୍ଳାନ। 'କଳିଙ୍ଗା ସାହସିକାଃ' କେବଳ ଏକ ଘୋଷଶବ୍ଦ ପାଲଟିଛି। ନିଜ ନିଜ ଭିତରେ କଳି କରୁଥିବାବେଳେ ତାର ସୁଯୋଗ ନେଇଛନ୍ତି ବୈଦେଶିକ ଶତ୍ରୁ,

ଆମର ପଡ଼ୋଶୀ ଭାଇ ଆମର ଭଗାରୀ ପାଲଟିଛି – ଇତିହାସରେ ତାର ବହୁ ଉଦାହରଣ। ତେଣୁ ନିଜର ଦୁର୍ବଳତା ପ୍ରତି ସଜାଗ ହୋଇ ତାକୁ ଅତିକ୍ରମ କରିବା ଆଜିର ପ୍ରମୁଖ ଆହ୍ୱାନ। ଇତିହାସରେ ଅନେକ ଯୁଦ୍ଧର ପରିଣାମ ବଦଳି ଯାଇଛି ଗୃହଶତ୍ରୁମାନଙ୍କ ଯୋଗୁଁ। କଙ୍କଡ଼ାମାନେ ହେଉଛନ୍ତି ସେଇ ଗୃହଶତ୍ରୁମାନଙ୍କର ଗୋଟିଏ ପରିବର୍ତ୍ତିତ ସଂସ୍କରଣ। ସେମାନଙ୍କ ଉପସ୍ଥିତି ଏପରି ପରିସ୍ଥିତି ସୃଷ୍ଟିକରେ – ଯାହାକି ସେଇ ପୁରାତନ ଆପ୍ତବାକ୍ୟର ସମୀପବର୍ତ୍ତୀ।

ଆପଣା ହସ୍ତେ ଜିହ୍ୱା ଛେଦି
କେ ଅଛି ତାର ପ୍ରତିବାଦୀ।

■

(ପର୍ଯ୍ୟବେକ୍ଷକରେ ପ୍ରକାଶିତ)

କହି ଦେଉଥାଉ ପରକୁ

ଆପଣ ଏହିକ୍ଷଣି ପ୍ରଶ୍ନ କରନ୍ତୁ, 'ମୋ ଦେହଟା ଗୁମସୁମ ଲାଗୁଛି, ଖାଇବାକୁ ଇଚ୍ଛା ହେଉନି, କଣ କରିବା କହିଲେ ?' ସାଙ୍ଗେ ସାଙ୍ଗେ ଆପଣଙ୍କୁ ଅନେକ ପରାମର୍ଶ ମିଳିଯିବ। କିଏ କହିବେ, "ଠିକ୍ କିଛିଦିନ ତଳେ ମୋର ଏଇମିତି ହୋଇଥିଲା - ମୁଁ ଡାକ୍ତର ସାମନ୍ତରାୟଙ୍କ ପ୍ରେସ୍‌କ୍ରିପସନ ଅନୁସାରେ ଖାଇବାରୁ ଦିନ ଦୁଇଟାରେ ସବୁ ଛୁ।" ଆଉ କେହି ଆପଣଙ୍କୁ କହିବେ, "ଆଜ୍ଞା, ଖବରଦାର ସେ ଆଲୋପାଥି ଔଷଧ ଖାଆନ୍ତୁ ନି, ଗୋଟେ ରୋଗକୁ ଦବେଇବ ଆଉ କେତେଟା ରୋଗକୁ ନିଦରୁ ଉଠେଇବ, ଆପଣ ଆମର ଦେଶୀ ଆୟୁର୍ବେଦିକ ମୋଦକ ଖାଇଦେଲେ କୁଆଡ଼େ ଯିବ ସେ ବେମାରି ତା ପତ୍ତା ମିଳିବନି।" ଏତେ ପ୍ରସ୍ତାବ ଆପଣଙ୍କ ନିକଟକୁ ଆସିଯିବ ଯେ ଆପଣ ଅଡୁଆରେ ପଡ଼ିଯିବେ, ସତରେ କେଉଁଟିକୁ ଆପଣ ଗ୍ରହଣ କରିବେ !

ପରକୁ ପରାମର୍ଶ ଦେବାରେ ଆମେ କେଉଁ କାଳରେ ପଛୁଆ ନଥିଲେ ଆଉ ସେଇଥିପାଇଁ କେଉଁ ଯୁଗରୁ ଚଳିଆସିଛି, ଏଇ କଥା ପଦକ - 'କହି ଦେଉଥାଉ ପରକୁ, ବୁଦ୍ଧି ନ ଦିଶଇ ଘରକୁ।' ଯେଉଁ ମାନଦଣ୍ଡରେ ଆମେ ଅନ୍ୟ କାହାକୁ କିଛି ବିଷୟରେ ପରାମର୍ଶ ଦିଅନ୍ତି, ନିଜ ଉପରେ ସେଇ ପରିସ୍ଥିତି ପଡ଼ିଲେ ଆମର ପ୍ରତିକ୍ରିୟା ହୋଇଥାଏ ଭିନ୍ନ। ଅନ୍ୟ କାହାରି ସମସ୍ୟା ଉପରେ ଆମର ମତାମତ କେତେବେଳେ ଉପରଠାଉରିଆ ତ କେତେବେଳେ ନ୍ୟାୟମୂର୍ତ୍ତିଙ୍କ ଭାଷଣ ଭଳି କେବଳ ଉପଦେଶାତ୍ମକ।

ଏପରି ଦୁଇଗୋଟି ମାନଦଣ୍ଡ ଆମେ ଅଜ୍ଞେ ବହୁତ ଗ୍ରହଣ କରିଥାଉଁ। ଯଦି ଆପଣ ବିନୋବା ଭାବେଙ୍କ ଗୀତା ପ୍ରବଚନ ଅଧ୍ୟୟନ କରିଥିବେ, ତାହେଲେ ସେ ଯେଉଁ କଥା ଅର୍ଜୁନଙ୍କ ବିଷାଦ ଯୋଗରେ ଅବତାରଣା କରିଛନ୍ତି ତାହା ମନେ ପକାଇ ପାରିବେ। ଜଣେ ବିଚାରପତି ଥିଲେ ଯିଏ କି ଟିକିଟିକି ଭୁଲ ପାଇଁ ଆଖିଦୃଶିଆ ଦଣ୍ଡ ଦେଉଥିଲେ। ତାଙ୍କ ପାଖରେ କେଶ୍ ପଡ଼ିଲେ ମୁଦାଲାମାନେ ପ୍ରମାଦ ଗଣୁଥିଲେ। ଥରେ ତାଙ୍କରି

କୋର୍ଟରେ ଜଣେ ତାଙ୍କର ସଂପର୍କୀୟ ଗୋଟିଏ ମାମଲାରେ ହାଜର ହେଲେ - ସାକ୍ଷ୍ୟ ପ୍ରମାଣ ସବୁ ନିଜ ଲୋକଟି ବିରୋଧରେ ଗଲା; ମାତ୍ର ଦଣ୍ଡାଦେଶ ଦେଲାବେଳେ ସେ କହିଲେ, ଏଇ ଲୋକଟି ପ୍ରଥମ ଥର ଏପରି କାମ କରିଛି, ତାକୁ ଯଦି ସଂଶୋଧନ କରିବାର ସୁଯୋଗ ନ ଦିଆଯିବ ତାହେଲେ ସେ ଗୋଟିଏ ପେଷାଦାର ଅପରାଧୀ ପାଲଟି ଯିବ। ଅତଏବ ତାର ଦଣ୍ଡ କୋହଳ କରିବାକୁ ଆଦେଶ ଦେଲେ ବିଚାରପତି ମହାଶୟ। ଅର୍ଜୁନ ଯେତେବେଳେ ଯୁଦ୍ଧ ଭୂମିରେ ନିଜର ଜ୍ଞାତି ପରିଜନଙ୍କୁ ବିପକ୍ଷରେ ଦେଖିଲେ, ସେତେବେଳେ ସେ କିଂକର୍ତ୍ତବ୍ୟବିମୂଢ଼ ହେଲେ, କେତେ ଯୁକ୍ତି ବାଢ଼ିଲେ ଯେମିତି କି "ଯେଉଁମାନଙ୍କ ପାଇଁ ଯୁଦ୍ଧ କରିବି ସେମାନେ ଯଦି ଯୁଦ୍ଧରେ ମୃତ୍ୟୁବରଣ କରନ୍ତି ତାହେଲେ ଯୁଦ୍ଧର ସୁଫଳ କିଏ ଭୋଗ କରିବ ?" ଆହୁରି ଅନେକ ବିତଣ୍ଡା ଯୁକ୍ତି କଲେ; ମାତ୍ର ଅର୍ଜୁନ ବାସ୍ତବରେ ଥିଲେ ଜଣେ ବହୁ ପୋଖତ ଯୋଦ୍ଧା, ବହୁ ଯୁଦ୍ଧର ଅଭିଜ୍ଞତା ତାଙ୍କର ଥିଲା ଏବଂ ସେ ବହୁ ଯୁଦ୍ଧରେ ବିଜୟୀ ହୋଇଥିଲେ। ଅର୍ଥାତ୍ ତାଙ୍କର ନିଜର ପରିବାରର ଲୋକଙ୍କୁ ଦେଖି ଯେଉଁ ଭାବନା ସୃଷ୍ଟି ହେଲା ତାହା ହେଉଛି ସେଇ ନିଜ ପଣର ବିଚାର। ନିଜ ପର ଭେଦର ଲକ୍ଷଣ।

ନିଜ ଲୋକଙ୍କୁ ଭଲ ପାଇବା, ତାଙ୍କର କଥାକୁ ବାରମ୍ବାର ବିଶ୍ୱାସ କରିବା, ତାଙ୍କର କଥା ଆପାତତଃ ସତ ହୋଇଥିବ ବୋଲି ଧାରଣା କରିବା ଏକ ସାଧାରଣ କଥା। ଠିକ୍ ସେଇମିତି ଯେଉଁମାନଙ୍କୁ ଆମେ ଆମଠୁ ଅଲଗା ବୋଲି ଭାବନ୍ତି ତାଙ୍କ ସହିତ ଦୂରତା ବଜାୟ ରଖନ୍ତି, ତାଙ୍କ କଥାକୁ ସହଜରେ ବିଶ୍ୱାସ କରନ୍ତି ନାହିଁ, ସେମାନେ ଆମ ସହିତ ଘନିଷ୍ଠନେସି ହେବାକୁ ଆମେ ଗ୍ରହଣ କରନ୍ତି ନାହିଁ ସହଜେ, ତାଙ୍କର ପ୍ରତି କଥା କାମ ଉପରେ ଥାଏ ଆମର ସନ୍ଦେହାସ୍ପଦ ନଜର। 'କାଳେ ଆମକୁ ଅଡୁଆରେ ପକେଇ ଦେବକି ଲୋକଟି' ଆମକୁ ବି ଶିଖେଇ ଦିଆଯାଇଛି ପିଲାଦିନୁ। 'ଅଜ୍ଞାତ କୁଳ ଶୀଳସ୍ୟ ବାସୋ ନ ଦେୟ କଦାଚିତ୍।' ଠିକ୍ ଭାବରେ ଜାଣି ନଥିବା ଲୋକଙ୍କୁ ପାଖରେ ନ ପଶେଇବାକୁ କୁହାଯାଇଛି। ଅର୍ଥାତ୍ ଦୁନିଆଁକୁ ଆମ ଅଜାଣତରେ ଦିଭାଗ କରିଦିଆଯାଇଛି। ଜଣା ଦୁନିଆଁ ଆଉ ଅଜଣା ଦୁନିଆଁ। ସତର୍କତା ଅବଲମ୍ବନ କରିବାକୁ କହିବା ନ୍ୟାୟରେ ଏମିତି କଥା ଆମମାନଙ୍କର ଅବବୋଧରେ ପୂରେଇ ଦିଆହୋଇଛି କେଉଁ କାଳୁ। ସେଇ କଥାକୁ ପ୍ରମାଣିତ କରିବା ପାଇଁ କେତେ କଥା କୁହାଯାଇଛି ଗପ ଛଳରେ।

ନିଜ ପର, ଜଣା ଅଜଣା ଏମିତି ଦି ଭାଗରେ ଦୁନିଆଁକୁ ବାଣ୍ଟିଲା ବେଳେ ଆମକୁ କୁହାଯାଇଛି ନିଜର ପକ୍ଷ ନେବାକୁ, ଜଣା ଲୋକର ସାଥୀ ଦେବାକୁ। ପରମାନେ କଣ ସବୁ ଖରାପ ଆଉ ନିଜର ମାନେ ଭଲ ! ପରମାନେ ଆମଠୁଁ କିଛି

ଆଶା କରନ୍ତି ନାହିଁ। ବରଂ ନିଜର କହି ଆମେ ଯେଉଁ ଦୁନିଆଁଟିଏ ଗଢୁ ତାହା ଗୋଟିଏ ଛୋଟିଆ ଇଲାକା, ନିଜକୁ ସଂକୁଚିତ କରିବା ପାଇଁ ଏକ ମାଧ୍ୟମ। କିନ୍ତୁ ଏଇ ସଂକୁଚିତ ପୃଥିବୀରେ ଆମର ଧାରଣା ଥାଏ ମୁଁ ନିଜ ଲୋକଙ୍କୁ ଉପକାର କରିବି ଆଉ ସେମାନେ ବି ମୋତେ ଭଲମନ୍ଦରେ ସାଥୀ ଦେବେ। ନିଜ ଲୋକମାନେ ବିପଦ ବେଳେ ସହାୟ ହେବେ ଭାବିବା ଏକ ମୂର୍ଖାମୀ। ସେମାନେ ବି ଲାଭର ମତଲବ ରଖନ୍ତି। ଯଦି କେତେବେଳେ ତାଙ୍କ ମୁଣ୍ଡରେ ପଶେ ଯେ ଏଇ ଲୋକ ପାଇଁ ଅର୍ଥ କିମ୍ବା ସମୟ ଦେଲେ ତାଙ୍କର କିଛି ଲାଭ ହେବ ନାହିଁ। ତାହେଲେ ସେମାନେ କିଛି ଗୋଟାଏ ବାହାନା ଖୋଜନ୍ତି ଦୂରେଇ ଯିବା ପାଇଁ - ଛଳନାରେ ମଣିଷକୁ କିଏ ବା ପାରିବ ଯେ!

ନିଜ ଲୋକମାନେ ଅନେକ ସମୟରେ ବେଶି ଭୟଙ୍କର ପାଲଟନ୍ତି। ଅନେକ ଗୁପ୍ତକଥା ସେମାନେ ଜାଣିଥାନ୍ତି ଯାହା ଫଳରେ ବାହାର ଲୋକଙ୍କ ତୁଳନାରେ ବେଶି କ୍ଷତି କରିବାର ସାମର୍ଥ୍ୟ ସେମାନଙ୍କର ପାଖରେ ଥାଏ। ତା ଛଡ଼ା ନିଜର ଲୋକେ ଈର୍ଷା ଓ ଦ୍ୱେଷ ରଖନ୍ତି ଖୁବ୍ ସମୟରେ। ତେଣୁ ନିଜର ଲୋକ ଭାବି ସେମାନଙ୍କୁ ପାଖରେ ରଖିବା ନିରୁପଦ୍ରୁତ ନୁହେଁ ସବୁବେଳେ। ମଣିଷର ମନ ବଡ଼ ବିଚିତ୍ର। ଯିଏ ଆଜି ନିଜର ହୋଇ ରହିଥାଏ ସେ ସବୁବେଳେ ସେଇ ଭାବରେ ରହିବ କିଏ ବା କହିପାରିବ? ନିଜ ଲୋକ ପାଖ ଲୋକ ଶତ୍ରୁ ସାଜିଲେ ଅମାପ କ୍ଷତି କରନ୍ତି। ସ୍ୱାର୍ଥରେ ସାମାନ୍ୟ ବ୍ୟାହତ ହେଲେ ନିଜ ଲୋକ ଶତ୍ରୁ ପାଲଟିବା ପାଇଁ ମୁହୂର୍ତ୍ତେ ବିଳମ୍ବ ହୁଏ ନାହିଁ। ଏହାର ଅନେକ ଉଦାହରଣ ଆପଣଙ୍କ ନିଜ ଚାରିପାଖେ ଥିବ ନିଶ୍ଚିତ। ଆଉ ଗୋଟିଏ କଥା ଆପଣ ଲକ୍ଷ୍ୟ କରିଥିବେ। ଧରନ୍ତୁ ଜଣକ ଅନୁପସ୍ଥିତିରେ ଆଉ ଜଣେ ବନ୍ଧୁଙ୍କ ବିଷୟରେ ଗୋଟାଏ ଆଲୋଚନା ହେଉଥିବ। ମାନେ କେହି କେହି ବନ୍ଧୁଙ୍କ ବିଷୟରେ ଭଲ ଭଲ କଥାଟି ମାନ କହୁଥିବେ। ସେତିକି ବେଳେ ତାଙ୍କର ସବୁଠୁ ଅନୁଗତ ବୋଲାଉଥିବା ବନ୍ଧୁଜଣକ ମୁହଁ ଖୋଲିବେ ଆଉ କହିବେ। "ତମେମାନେ କଣ ମୋ ଠାରୁ ତାଙ୍କୁ ବେଶି ଜାଣିଛ? ତା ବିଷୟରେ ଯଦି ମୁଁ ମୁହଁ ଖୋଲିବି ତେବେ ତମେ ଏତେଦିନ ଯାଏ ଯେଉଁ ଧାରଣା ରଖି ବସିଛ ସବୁକୁ ବଦଳେଇବ ଆମୂଳଚୁଳ।" ଅର୍ଥାତ୍ ଆଖିପିଛୁଳାକେ ବନ୍ଧୁ ପାଲଟି ଯାଇପାରିବେ ବନ୍ଧୁକ ପରି ଭୟଙ୍କର।

ପର ଆପଣାର ଭେଦ ଯେଉଁମାନେ ଭୁଲିଛନ୍ତି, ସେଇମାନେ ମଣିଷ ପଣିଆଁର ଉପରକୁ ଯାଇଛନ୍ତି। ଅନ୍ୟମାନଙ୍କ ପାଇଁ ଉଦାହରଣ ପାଲଟିଛନ୍ତି, ଯେଉଁମାନେ ନିଜ ପର ଭେଦ ଭିତରେ ବଂଚିଛନ୍ତି, ସେମାନେ ହେଉଛନ୍ତି ନୀଚମନା। ସେଥିପାଇଁ ବହୁଦିନ କାଳରୁ ସଂସ୍କୃତ ସାହିତ୍ୟରେ ଗୋଟିଏ ଶ୍ଳୋକଥିଲା ଏମିତି।

"ଅୟଂ ନିଜ ପରୋଽବେତି ଗଣନାଂ ଲଘୁଚେତସାମ୍
ଉଦାର ଚରିତାନାଂ ତୁ ବସୁଧୈବ କୁଟୁମ୍ବକମ୍।"

ମୁଁ ଜଣକୁ ପର ଭାବିଲେ ଯେ ସିଏ ମୋତେ ଅଲବତ ସେପରି ଦୃଷ୍ଟିରେ ଦେଖିବ, ଏପରି କିଛି ସିଦ୍ଧାନ୍ତ ନାହିଁ। ଆପଣ ମନେ ପକାନ୍ତୁ ଦ୍ୱାପର ଯୁଗର ଗୁରୁ ଦ୍ରୋଣାଚାର୍ଯ୍ୟଙ୍କ କଥା। ଧନୁର୍ବିଦ୍ୟା ଧୂରୀଣ ସେଇ ଗୁରୁଙ୍କ ନିକଟକୁ ଦିନେ କୁଆଡ଼େ ଆସିଥିଲା ବନବାସୀ ଏକଲବ୍ୟ ନାମକ ପିଲାଜଣେ; ମାତ୍ର ସେ କାଳର ନିୟମ ଅନୁସାରେ ଗୁରୁ ତାଙ୍କୁ ଶିଷ୍ୟ ଭାବରେ ସ୍ୱୀକାର କଲେ ନାହିଁ। ଅର୍ଥାତ୍ ତାଙ୍କ ବିଚାରରେ ସେ ତାଙ୍କର ନିଜର ହେଲା ନାହିଁ; ମାତ୍ର ଏକଲବ୍ୟ ଧରି ନେଇଥିଲା ଦ୍ରୋଣାଚାର୍ଯ୍ୟ ତାର ଗୁରୁ। ତେଣୁ ସେ ଗୁରୁଙ୍କ ପ୍ରତିମୂର୍ତ୍ତି ନିଜେ ତିଆରି କଲା ଏବଂ ମନକୁ ଗୁରୁକରି ତାଙ୍କରି ସାମ୍ନାରେ ବିଦ୍ୟା ଶିଖିବାର ପ୍ରୟାସ କଲା; ମାତ୍ର ଯେତେବେଳେ ପରିସ୍ଥିତି ଓ ସମୟକ୍ରମେ ଦ୍ରୋଣାଚାର୍ଯ୍ୟ ତାର ଧନୁର୍ବିଦ୍ୟାରେ ଅସାଧାରଣ ଦକ୍ଷତା ଜାଣିଲେ ତାକୁ କୌଶଳରେ ଡାହାଣ ହାତର ଅଙ୍ଗୁଳି ମାଗିଲେ ଗୁରୁଦକ୍ଷିଣା। ଯାହାଫଳରେ ସେ ଆଉ ସ୍ୱାଭାବିକ ଧନୁଚାଳନା କରିପାରିବ ନାହିଁ। ଯଦି ଏକଲବ୍ୟକୁ ନିଜର ଭାବିଥାନ୍ତେ ତାହେଲେ କଣ ଏପରି ଛଳନା କରିଥାନ୍ତେ; ମାତ୍ର ନିଜ ପର ଭିତରେ ଏଇ ଭେଦ ସୃଷ୍ଟି କରିଥିବାରୁ କାବ୍ୟିକ ନ୍ୟାୟରେ ସେ ଗୁରୁ ଭାବରେ ଯେଉଁ ମର୍ଯ୍ୟାଦାଜନକ ସ୍ଥାନ ପାଇବା କଥା ତାହା ପାଇ ପାରିଲେ କି ? ଆଜି ଦିନରେ ପଇସା ପାଖରେ ନଥାଇ କେଉଁ ଅନୁଷ୍ଠାନକୁ ଗଲେ ସେମାନେ କଣ ଆପଣଙ୍କ ପିଲାକୁ ଆଡ଼ମିଶନ ଦେବେକି ? ତାଙ୍କ ନଜରରେ ଆପଣ ପର।

ନିମ୍ନ ଦୁଇଟି କଥା ସଂକ୍ଷିପ୍ତରେ ଅବତାରଣା କଲେ ନିଜ ଆଉ ପର ଉପରେ ଥିବା ଆମର ଧାରଣା ପରିପକ୍ୱ ହେବ ବୋଲି ମୋର ବିଶ୍ୱାସ।

ପ୍ରଥମ କଥାଟି ଆମ ଅବବୋଧରେ ଥିବା ଶିଶୁଗପଟିଏ। ଦିନେ ଗୋଟିଏ ଛୁଆର ମାଆ ବୋଲି ନିଜକୁ ଦାବୀକରି ଦୁଇ ସଉତୁଣୀ ରାଜାଙ୍କ ନିକଟରେ ଫେରାଦ ହେଲେ। ଆପୋଷ ମିଳାମିଶାର ସମସ୍ତ ଉଦ୍ୟମ ନିଷ୍ଫଳ ହେଲାପରେ ରାଜା କ୍ରୋଧାନ୍ୱିତ ହୋଇ ଆଦେଶ ଦେଲେ ବର୍ତ୍ତମାନ ଶିଶୁଟିକୁ ଦୁଇଖଣ୍ଡରେ କାଟି ଦିଆଯିବ। ଯିଏ ପ୍ରକୃତ ମାଆ ନୁହେଁ ସେ ବାହାରକୁ ଚୁପ୍ ରହିଲା; ମାତ୍ର ମନେ ମନେ ଭାବୁଥାଏ ଏଇ ଆଦେଶ ହିଁ ସଉତୁଣୀକୁ ସବୁଠୁଁ ବଡ଼ ଦଣ୍ଡ ହେବ। ହେଲେ ପ୍ରକୃତ ମାଆ କାନ୍ଦି କାନ୍ଦି କହିଲା, ମହାରାଜ, ମୋ ଛୁଆଟିକୁ କାଟନ୍ତୁ ନାହିଁ, ସେ ବଂଚିରହୁ। ଏବେ ରାଜା ବୁଝିପାରିଲେ ପ୍ରକୃତ ମାଆ କିଏ ?

ଆଉ ମହାଭାରତ ଯୁଦ୍ଧ ପୂର୍ବରୁ ଦୁର୍ଯ୍ୟୋଧନ ଯାଇଥିଲା ମାତା ଗାନ୍ଧାରୀଙ୍କ ନିକଟକୁ ତାଙ୍କର ଆଶୀର୍ବାଦ ନେବାକୁ। ସେ ଶତ ପ୍ରତିଶତ ଭାବି ନେଇଥିଲା ଯେ ନିଜ ପୁତ୍ରକୁ

କେଉଁ ମାଆ କ'ଣ ଆଶୀର୍ବାଦରେ ଉଣା କରନ୍ତି; ମାତ୍ର ଯାହା କହିଲେ ମାତା ଗାନ୍ଧାରୀ ତାହା ଭାରତୀୟ ସଂସ୍କୃତି ସାହିତ୍ୟ ଓ ଦର୍ଶନର ସମୁଜ୍ଜଳ ମୁକ୍ତା ପାଲଟିଗଲା। ତାଙ୍କ କଣ୍ଠରୁ ବାହାରିଥିଲା - 'ଯତୋଽ ଧର୍ମ ତତୋଽ ଜୟଃ'।

ଏତେ ଆଲୋଚନା ପରେ ବି ଆମେ କ'ଣ ପୁଣି ନିଜ ପର ଆଲୋଚନାରେ ମାତି ରହିବା ?

■

(ସମୟ - ତା ୧୬.୧୦.୨୦୨୪ରିଖ)

ଗରଜିଲା ମେଘ ବରଷେ ନାହିଁ

ଆଜିକାଲି କୌଣସି ଖବରକାଗଜ ଖୋଲିଲା ମାତ୍ରେ ବହୁଳ ବ୍ୟବହୃତ ଶବ୍ଦଟିଏ ଦେଖିବେ 'ବର୍ଷିବା'। ଅମୁକ ବିଚାରପତି ସମୁକ ହାକିମଙ୍କ ଉପରେ 'ବର୍ଷିଲେ'। ଅମୁକ ହାକିମ ତାଙ୍କ ଅଧସ୍ତନଙ୍କ ଉପରେ 'ବର୍ଷିଲେ'। କେବେକେବେ ହଠାତ୍ କ୍ଷେତ୍ର ପରିଦର୍ଶନ କରି ନବନିର୍ବାଚିତ ଲୋକପ୍ରତିନିଧି ଡାକ୍ତର/ଇଞ୍ଜିନିୟର/ବିଡ଼ିଓ/ଶିକ୍ଷକ ଇତ୍ୟାଦିଙ୍କ ଉପରେ 'ବର୍ଷିଲେ'। ଇତିହାସ ବର୍ଣ୍ଣିତ ପ୍ରଭୁ ଓ କ୍ରୀତଦାସ ସମ୍ପର୍କର ଇଏ କ'ଣ ଏକ ନୂତନ ଫର୍ଦ୍ଦ !

ବିରକ୍ତିକୁ ଉଚ୍ଚସ୍ୱରରେ ପ୍ରକାଶ କରିବାକୁ କ'ଣ ତାହେଲେ ବର୍ଷିବା କହିବା କି ? କିମ୍ବା ଭର୍ତ୍ସନାର ନୂଆ ରୂପ ବର୍ଷିବା ? ଅଭିଧାନରେ ବର୍ଷିବା କହିଲେ ବୁଝାଯାଏ ମେଘର ରୂପାନ୍ତରଣ ଆଉ ବୃଷ୍ଟିର ଉଦ୍‌ଗମ। ଅର୍ଥାତ୍ ଚଳନ୍ତି ଶବ୍ଦଟି ଏକ ଅଭିଧାନ ବହିର୍ଭୁତ ଶବ୍ଦ; ମାତ୍ର ବାରମ୍ବାର ବ୍ୟବହାର ହେତୁ ଆଗାମୀ ଦିନରେ ତାହା ଅଭିଧାନ ଅନ୍ତର୍ଗତ ହେବାରେ କିଛି ବାରଣ ନାହିଁ। ଏମିତି ଅନେକ ନୂଆନୂଆ ଶବ୍ଦ ବ୍ୟବହାରିକ ସ୍ତରରୁ ଯାଇ ଅଭିଧାନରେ ପଶନ୍ତି ଓ ଭାଷାକୁ ସମୃଦ୍ଧ କରନ୍ତି। ସେଥିରେ କିଛି ବିସ୍ମିତ ହେବାର ନାହିଁ।

ମାତ୍ର ଆମର ଜିଜ୍ଞାସା ହେଉଛି, ଯେଉଁମାନେ ବିଭିନ୍ନ କାରଣରୁ ଉଚ୍ଚ ସ୍ୱରରେ ଚିତ୍କାର କରନ୍ତି, ଅଧସ୍ତନଙ୍କ ଉପରେ ସେମାନଙ୍କ କ୍ଷଣିକ କୋପ ଝାଡ଼ି ଦିଅନ୍ତି, ସେମାନେ କ'ଣ ସ୍ଥାୟୀ ଭାବରେ ପ୍ରଭାବିତ କରିପାରନ୍ତି ସେଇମାନଙ୍କୁ ! କିଛି ଭୁଲ୍ ଯଦି ସେହି ନିମ୍ନଶ୍ରେଣୀୟ ବ୍ୟକ୍ତି କରିଥାନ୍ତି ତାହାଦ୍ୱାରା ସେ ସଂଶୋଧନ କରନ୍ତି କି ନା କେବଳ ଲୋକଙ୍କ ଆଗରେ ତାଙ୍କର ବଡ଼ପଣିଆ ଦେଖାନ୍ତି ଏବଂ ଅଧସ୍ତନଙ୍କ ଆଗରେ ନିଜର ପ୍ରୌଢ଼ୀ ଦେଖେଇବା ପାଇଁ ଏହା ଏକ କୋଳାହଳମୟ ଅଭିନୟ। ରାଗ ଉଠିଥିବ ପଞ୍ଚମକୁ, କଣ୍ଠରେ ଉଗ୍ରତାର ଭାଷା, ଆଖିରୁ ଅଗ୍ନିସ୍ଫୁଲିଙ୍ଗର ଉଦ୍‌ଗୀରଣ ଆଉ ତା ସାଙ୍ଗକୁ କ୍ଲିଷ୍ଟ

ଭାଷାର ପ୍ରୟୋଗ । ଯେ ସବୁ ସମ୍ମିଳିତ ହୋଇ ଘୋଷଣା କରୁଥିବେ ନୂଆ ବର୍ଷଣମୁଖର ଋତୁ ।

କିଛି ନିର୍ଦ୍ଦେଶ ଠିକ୍‌ରୂପେ ପାଳନ କରାଯାଇନଥିଲେ ନିର୍ଦ୍ଦେଶକଙ୍କ କ୍ଷୋଭ ହେବା ସ୍ୱାଭାବିକ; ମାତ୍ର ତାଙ୍କର ଧୈର୍ଯ୍ୟଶକ୍ତି ଏତେ କମ୍ କାହିଁକି ? ବିରକ୍ତିକୁ କ'ଣ ଅନ୍ୟ କୌଣସି ଭାବରେ ରୂପାନ୍ତରିତ କରିହେବ ନାହିଁ ! ଅଧସ୍ତନମାନଙ୍କୁ ତାଚ୍ଛଲ୍ୟ କରିବା ଉପରିସ୍ଥମାନଙ୍କର ସହଜାତ ଅଧିକାର କିମ୍ବା ସେମାନଙ୍କର ଅଧିକାରର ଦୁରୁପଯୋଗ !

କୁହାଯାଏ କାହାରି କ୍ଷମତା ନାହିଁ ଅନ୍ୟକୁ କଟୁକଥା କହିବାକୁ, କାହାରିକୁ କ୍ଷମତା ଦିଆଯାଇନାହିଁ, ଅନ୍ୟର ଆତ୍ମସମ୍ମାନ ହରଣ କରିବାକୁ । ଏପରି ସ୍ଥଳେ ଯେତେବେଳେ ମୁଖ୍ୟଜଣକ କୁଳ ଲଙ୍ଘିବେ ସେତେବେଳେ ଅଧସ୍ତନର ବା ଚାରା କ'ଣ ! ଜଣକୁ ଅନ୍ୟମାନଙ୍କ ଆଗରେ ଉପହାସର ପାତ୍ର ସଜାଡ଼ିବା, ଜଣକୁ ତାଚ୍ଛଲ୍ୟ କରି ତାଙ୍କର ମାନ ମହତ ପାଣିରେ ପକେଇଦେବା କ'ଣ ବାସ୍ତବରେ କାହାର ଦାୟିତ୍ୱ, କର୍ତ୍ତବ୍ୟ ବା କ୍ଷମତା ହୋଇପାରେ ! ଭାଗବତରେ କୁହାଯାଇଛି,

ଦଣ୍ଡିବା ଶକ୍ତି ଯାର ଥାଇ
ସେ ଯେବେ କ୍ଷମା ଆଚରଇ
ସାଧକ ଶ୍ରେଷ୍ଠ ସେହି ନର
ସୁଖ ଦୁଃଖରୁ ସେ ବାହାର ।

ବେଳେବେଳେ ଦଣ୍ଡ ଦେବା ଶକ୍ତି ଯେଉଁ ଶାସନକର୍ତ୍ତାଙ୍କ ପାଖରେ ଥାଏ, ସେ ଚାହିଁଲେ ମଧ୍ୟ କ୍ଷମା ଦେଇପାରନ୍ତି । ସେପରି କ୍ଷେତ୍ରରେ ସେହି ବ୍ୟକ୍ତି ହୁଏତ କୃତଜ୍ଞତାରେ ବିଗଳିତ ହୋଇପାରନ୍ତି, ନିଜର ଭୁଲ୍‌କୁ ସୁଧାରି ନିଅନ୍ତି, ତାର ପୁନରାବୃତ୍ତି କରନ୍ତି ନାହିଁ; ମାତ୍ର ବେଳେ ବେଳେ ଦେଖାଯାଏ ତାଚ୍ଛଲ୍ୟ କିମ୍ବା ଦଣ୍ଡ ଏତେ ବେଶି ହୋଇଯାଏ ଯେ ଅଧସ୍ତନଟି ଭାଙ୍ଗିପଡ଼େ ମାନସିକ ସ୍ତରରେ, ଉଠିପାରେ ନାହିଁ । ମାନସିକ ଚାପ ତାକୁ ହତୋତ୍ସାହିତ କରେ ପୁଣି ଅଣ୍ଟା ଭିଡ଼ିବାକୁ । ଆହୁରି ଦଳେ ଅଛନ୍ତି ଯେଉଁମାନଙ୍କୁ ଯେତେ କହିଲେ ବି ସେମାନେ ସବୁ ମୁଣ୍ଡପୋତି ଶୁଣିଯାନ୍ତି ହେଲେ ସବୁକଥା ଭୁଲିଯାଆନ୍ତି ଅକ୍ଳେଶରେ ଏବଂ ପୁନର୍ବାର ଭୁଲ୍ କରିବାକୁ ପଶ୍ଚାତ୍‌ପଦ ହୁଅନ୍ତି ନାହିଁ । ସେମାନେ ସବୁବେଳେ ହେଉଛନ୍ତି 'ମୁଁ ସେଇ ଦରପୋଡ଼ା କାଠ' ପର୍ଯ୍ୟାୟର ।

ବାଲ୍ୟ କାଳରେ ବିଭିନ୍ନ ରୁଢ଼ିପ୍ରୟୋଗ ଶିଖିଲାବେଳେ ଗୋଟିଏ ଅତି ପରିଚିତ ହୋଇଯାଇଥିଲା କଥାଟିଏ । ତାହା ଥିଲା ଏମିତି 'ଗରଜିଲା ମେଘ ବରଷେ ନାହିଁ, ଭୁକିଲା କୁକୁର କାମୁଡ଼େ ନାହିଁ ।' ଏତେ ଭୟଙ୍କର ଗର୍ଜନ କରି ଅପରପକ୍ଷକୁ ଅଧସ୍ତନ ମଣୁଥିବାବେଳେ ଯେଉଁ କଥାଗୁଡ଼ିକ ବାହାରି ଆସେ ସେ ସବୁ କ'ଣ ଗରଜିବା ମେଘର

ସେଇ ନାଦ, ଯାହା ହୃତକମ୍ପ ସୃଷ୍ଟି କରିପାରେ; ମାତ୍ର ବର୍ଷା ସୃଜିପାରେ ନାହିଁ। ଅର୍ଥାତ୍ ଆଜିକାଲି ଯେଉଁ ଶବ୍ଦ ପ୍ରୟୋଗ ହେଉଛି 'ବର୍ଷିବା' ତାହା ତାହେଲେ କ'ଣ ଗରଜିବା ସହିତ ସମାନ ନୁହେଁ କି ! ଗର୍ଜନ କରିବା ଅର୍ଥ ଭୟ ପ୍ରଦର୍ଶନ କରିବା, ପ୍ରତିପକ୍ଷକୁ ସଂତ୍ରସ୍ତ କରିବା। ଭୟ ଆସିଲେ ଜଣେ ନିଜର ସାମର୍ଥ୍ୟ ଅନୁସାରେ କାମ କରିପାରେ ନାହିଁ। ସିଂହ ଠାରୁ ହରିଣର ବେଗ ବହୁତ ଅଧିକ, ତଥାପି ସିଂହ ତାକୁ ଶିକାର କରିପାରେ କାରଣ ସେ ଭୟ ଦେଖାଏ ଆଉ ସେଇ ଭୟରେ ହରିଣର ସାମର୍ଥ୍ୟ ହ୍ରାସ ପାଏ। ସେ ସ୍ୱାଭାବିକ ଭାବରେ ଦୌଡ଼ିପାରେ ନାହିଁ। ଏଇ ଗର୍ଜନ ପଛର ରହସ୍ୟ ଜଣେ ଅଧସ୍ତନର ଦମ୍ଭ ଭାଙ୍ଗିବା ନା ତାଙ୍କର ସାମର୍ଥ୍ୟର କଳା ହରଣ କରିନେବା ଭୟ ପ୍ରଦର୍ଶନ କରି। ଏତେ ସବୁ ଚିନ୍ତା କଲେ ଲାଗେ ସତଟା କେଉଁଠି। ପୁଣି ଶୁଣିଛି ସବୁବେଳେ କଣ ସାପକୁ କାମୁଡ଼ିବା ଦରକାର କେତେବେଳେ ଫଁ କରିଦେଲେ ବି କାମ ଚଳିଯିବ ଯେ।

ମୋର ବକ୍ତବ୍ୟ ହେଉଛି ଯେ ସେ ବିଚାରପତି ହୁଅନ୍ତୁ ବା ହୋଇଥାନ୍ତୁ କ୍ଷମତାଧର। ତାଙ୍କର ଯଦି ବିରକ୍ତ ହେବାର ଅଛି ତାହେଲେ ସର୍ବସାଧାରଣ ଉପସ୍ଥିତିରେ ସେଇ ଅଭିନୟ ନକରି ସେ କଣ ତାଙ୍କର ଚାମ୍ବରକୁ ଡାକି ତାଙ୍କୁ ଭୁଲର ସଂଶୋଧନ କରାଇ ପାରନ୍ତେନି ! କଥାରେ ଅଛି ଗୋଟିଏ ଘଟଣା ଘଟିଲେ ତାହା ସେଇଠି ସୀମିତ ହୋଇ ରହେ ନାହିଁ, ତାହା ଗୋଟିଏ କ୍ରମାଗତ ପ୍ରତିକ୍ରିୟା ସ୍ରୋତ (ଚେନ୍ ରିଏକସନ୍) ଭଳି ବହିଯାଏ ନଦୀଟିଏ ହୋଇ। ଉପର ମୁଣ୍ଡର ବର୍ଷା ତଳ ମୁଣ୍ଡରେ ନଦୀରେ ବନ୍ୟା ସୃଷ୍ଟି କଲାଭଳି ଘଟଣାର ପ୍ରଭାବ ବଢ଼ି ବଢ଼ି ଯାଏ। ଆଉ ସେ କେତେ ଗାଁ ଗଣ୍ଡା ଭସେଇ ନେଇଥାଏ।

ଇତିହାସରେ ଆପଣମାନେ ପଢ଼ିଥିବେ Power flows from the barrel of the gun – ଅର୍ଥାତ୍ ବନ୍ଧୁକର ନଳୀ ଭିତରୁ ହୋଇଥାଏ କ୍ଷମତାର ବର୍ଷା, ଯାହା ଖାଲି ଶବ୍ଦର ଆତଙ୍କ ସୃଷ୍ଟି କରିନଥାଏ ବରଂ କେତେ ପ୍ରତିପକ୍ଷଙ୍କ ଜୀବନ ନେଇଥାଏ ଏଇ ଗୁଳି। ଗୁଳିଠାରୁ ଶବ୍ଦର ତାଣ୍ଡବ କ'ଣ କମ୍ ପ୍ରଭାବଶାଳୀ କି ? ଶବ୍ଦମାନେ କମାଣ ପରି ପ୍ରତିପକ୍ଷଙ୍କୁ ଘାଇଲା କରି ପକାନ୍ତି। ତାଙ୍କର ଶରୀର ମନ ଆଉ ସୂକ୍ଷ୍ମ ଇନ୍ଦ୍ରିୟମାନଙ୍କୁ ସଂତ୍ରସ୍ତ କରି ପକାନ୍ତି। କେତେବେଳେ ଭୟାତୁର ମଣିଷ ନିଜର ମାନସିକ ଭାରସାମ୍ୟ ହରେଇ ଦିଏ, କେବେ ପୁଣି ହୋଇପାରେ ପ୍ରତିକ୍ରିୟାଶୀଳ ଅଥବା ପ୍ରତିଶୋଧ ପରାୟଣ।

ସରକାରୀ ଚାକିରୀରେ ଥିବା ବାବୁମାନେ ପ୍ରଭୁମାନଙ୍କୁ ଏତେ ଭୟ କରନ୍ତି ଯେ ସେମାନେ ପ୍ରତିଶୋଧ ନେବାର କ୍ଷମତା ହରେଇଥାନ୍ତି, ହେଲେ ମନ ଭିତରେ ସେଇ ଗ୍ଲାନିକୁ ଧରି ବଂଚୁଥାନ୍ତି ଚିରକାଳ। କେବେ କେବେ କାଳ୍ପନିକ ଭାବରେ ପ୍ରତିଶୋଧ ନିଅନ୍ତି। ମନୋଜ ଦାସଙ୍କ ମେସିନ୍ ଗନ୍ ଗପ ମନେ ପଡୁଛି ଆପଣଙ୍କର ? ସେଥିରେ ବଡ଼ ହାକିମ ତଳ ହାକିମଙ୍କୁ ଡାକି ଏମିତି ବର୍ଷିଗଲେ ତାଙ୍କର କିଛି ଭୁଲ୍ ପାଇଁ। ଆହୁରି

ତଳକୁ ତଳ ବହୁ ପ୍ରସ୍ତର ମଝି, ଛୋଟ ଏମିତି ବହୁ ପ୍ରକାରର ହାକିମମାନଙ୍କ ଉପସ୍ଥିତିରେ ଘଟଣାଟି ଘଟିଗଲା। ହାକିମ ପ୍ରସ୍ଥାନ କଲେ - ମନ ଭିତରେ ଜଳୁଥାନ୍ତି ମଝି ହାକିମ୍ । ସେ କିଛି ସମୟ ପରେ ଅନ୍ୟମାନଙ୍କୁ ଡାକିଲେ ଆଉ ସେମାନଙ୍କ ସାମ୍ନାରେ ଫୋନ୍‌ରେ ଜୋର୍‌ରେ ଶୋଧାଶୋଧି କଲେ ତାଙ୍କର ବସ୍‌ଙ୍କୁ। ସମସ୍ତେ ଆଶ୍ଚର୍ଯ୍ୟ ହେଉଥାନ୍ତି। କ୍ରମେ ସମସ୍ତେ ଜଣକ ପରେ ଜଣେ ଅତିକ୍ରାନ୍ତ ହେଲେ। ଏବେ ମଝି ହାକିମ ଯାଇ ଟେଲିଫୋନ୍‌ର କର୍ଡ଼ ଯେଉଁଠି ଲାଗିଛି ତାହା ଆଉଥରେ ଅନ୍ କଲେ। କହିବା ବାହୁଲ୍ୟ - ନିଜର ସଂଚିତ ଅବସୋସକୁ ମେଣ୍ଟେଇବା ପାଇଁ କାଳ୍ପନିକ ଭାବରେ ସେ ଖାଲି ରିସିଭର୍‌କୁ ଶୁଣାଉଥିଲେ ତାଙ୍କର ବିପ୍ଳବର ବାଣୀ।

ବର୍ଷା ସୃଜନର ଋତୁ। ତାହା ସବୁଜିମା ସୃଷ୍ଟି କରେ। ନବ ଜୀବନର ଉନ୍ମେଷ ଆଣେ, ହେଲେ ଉପର ହାକିମଙ୍କ ତଳଙ୍କ ଉପରେ ଭୀଷଣ ରାଗିବା ଖାଲି ସୃଷ୍ଟି କରେ ବିରକ୍ତି, ଜ୍ୱଳନ ଓ ଉଦ୍‌ବେଗ । ତାହା କାମର ପ୍ରେରଣା ହ୍ରାସ କରେ। ଆମର ତଥାକଥିତ ବଡ଼ହାକିମମାନେ ଗର୍ଜନ ବନ୍ଦ କରନ୍ତୁ। ଆବଶ୍ୟକସ୍ଥଳେ ଦଣ୍ଡ ଦିଆଯାଉ; ମାତ୍ର ସେମାନଙ୍କର 'ବର୍ଷଣ' ବନ୍ଦ ହେଉ।

କିଛି ଅମାନିଆଁ ଅଧିକାରୀଙ୍କୁ ବେଳେବେଳେ ବିଧାନସଭା ସମନ କରନ୍ତି ବିଧାନସଭାର ଗାରିମା ଭଙ୍ଗ କଲେ ଏବଂ ଆଲୋଚନା ପରେ ବିଧାନସଭା ଚାହିଁଲେ ଭର୍ତ୍ସନା କରନ୍ତି। ଭର୍ତ୍ସନାର ଆଭିଧାନିକ ଅର୍ଥ ଗାଳି; ମାତ୍ର ଧାଡ଼ିଟିଏ ଲେଖାଯାଏ ଯେ 'ମାନ୍ୟବର ବିଧାନସଭା ଅମୁକଙ୍କୁ ଭର୍ତ୍ସନା କରୁଛି' - ଏଭଳି ପଦଟିଏ ଲେଖା ଯଥେଷ୍ଟ। ସେଇଥିପାଇଁ କୁହାଯାଇଛି - ଶହେ ଭାଷଣ, ପଦେ ଲେଖା।

■

(ସମ୍ବାଦକଳିକା - ତା ୨୩.୧୨.୨୦୨୪ରିଖ)

ଗୁଜବର ଡେଣା

କିଛି ବର୍ଷ ତଳେ ଗୋଟିଏ ଅପ୍ରତ୍ୟାଶିତ ଓ ଚାଞ୍ଚଲ୍ୟକର ଖବର ସକାଳୁ ସକାଳୁ ଚାରିଆଡ଼େ ଶୁଣିବାକୁ ମିଳିଲା । ଆପଣଙ୍କୁ ଯେମିତି କେହି ନା କେହି କହିଥିବେ, "ଆଜ୍ଞା, ଶୁଣିଲେଣି, ଆଜି ଗୋଟିଏ ବିଶେଷ ଶୁଭ ଦିନ, ଗଣେଶ ଆଜି କ୍ଷୀର ପିଉଛନ୍ତି, ଅନେକ ଲୋକ ସେଥିରେ ସାମିଲ ହେଲେଣି, ଆପଣ ଆଉ କାଳ ବିଳମ୍ବ ନ କରି ଆପଣଙ୍କ ଘରେ ଥିବା ଗଣେଶଜୀଙ୍କୁ କ୍ଷୀର ପିଆନ୍ତୁ ।" କିଛି ସମୟ ଉତ୍ତାରୁ ଯେମିତି ଆଉ କେହି କହିଲେ, "ଆଜ୍ଞା ମୁଁ ପରା ନିଜେ ପିଏଇକି ଆସିଲି, ଆପଣ କଣ ଥଟ୍ଟା ଭାବୁଛନ୍ତି କି, ଇଏ ଗୋଟାଏ ଭଗବାନଙ୍କର ଅଲୌକିକ ଲୀଳା ।"

କେଉଁଠୁ ଆରମ୍ଭ ହୋଇଥିଲା କେଜାଣି ଏଇ ଗୁଜବ । ସାରା ଦେଶକୁ ବ୍ୟାପି ଯିବାକୁ ଘଣ୍ଟାଟିଏ ବି ଲାଗିଲା ନାହିଁ । କେତେ ଖବର ଦୈନିକ ସୃଷ୍ଟି ହୁଏ । ତାକୁ ଲୋକଙ୍କ ପାଖରେ ପହଞ୍ଚେଇବା ପାଇଁ ସମ୍ବାଦପତ୍ର ଟେଲିଭିଜନ ଠାରୁ ଗଣମାଧ୍ୟମମାନେ ଚେଷ୍ଟା କରନ୍ତି । ତା ସତ୍ତ୍ୱେ ଅନେକ ଖବର ରହିଯାଏ ଅପହଞ୍ଚ । ହେଲେ ଗୁଜବର ଡେଣା କେତେ ଅଧିକ ଦୃଢ଼ ଓ ବେଗବାନ ସେକଥା ଆପଣ ଆକଳନ କରିପାରନ୍ତି ! ଏଯାବତ୍ ସବୁଠୁ ବେଗମାନ ମଣିଷ ଭାବରେ ଅଲିମ୍ପିକ ସ୍ୱର୍ଣ୍ଣବିଜେତା ଉସେୟାନ ବୋଲ୍ଟଙ୍କୁ ଧରାଯାଏ, ଯାହାଙ୍କର ସର୍ବଶ୍ରେଷ୍ଠ ବେଗ ପ୍ରାୟ ୪୫ କିଲୋମିଟର ଘଣ୍ଟାପ୍ରତି । ସେହିପରି ଭାବରେ ସବୁଠାରୁ କ୍ଷୀପ୍ର ଗତିରେ ଦୌଡ଼ିପାରୁଥିବା ଚିତାର ବେଗ ଅତିବେଶିରେ ଘଣ୍ଟାକୁ ଶହେ କିଲୋମିଟର ଏବଂ ସବୁଠାରୁ ବେଗଗାମୀ ପକ୍ଷୀ ଇଗଲ ହୁଏତ ଘଣ୍ଟାକୁ ତିନିଶହ ନବେ କିଲୋମଟିର ବେଗରେ ଉଡ଼ିପାରେ । ଆଉ ଆଜିକାଲି ବୁଲେଟ୍ ଟ୍ରେନ୍‌ମାନେ ଘଣ୍ଟାକୁ ଛଅଶହ କିଲୋମିଟର ଯାଏ ଗତି କରିପାରୁଥିବା ଆମେ ଜାଣୁ ଯାହାକି ସୁନାମୀର ଗତି ସହିତ ସମାନ; ମାତ୍ର ଗୁଜବର ଗତି ସହିତ ବୋଧହୁଏ କେହି ସମତୁଲ ନୁହନ୍ତି ଯାହାକୁ କାହା ସହିତ ତୁଳନା କରାଯାଇପାରିବ ? ଯେଉଁଥିପାଇଁ ଆଗ କାଳରୁ ପ୍ରଚଳିତ

ଥିବା କଥାଟି ହେଲା, 'ତୁଣ୍ଡ ବାଇଦ ସହସ୍ର କୋଶ'। ଯେଉଁ କଥା ତୁଣ୍ଡରୁ ବାହାରି କାନକୁ ଯାଏ ଆଉ କାନରୁ କାନକୁ ବ୍ୟାପିବା ପାଇଁ ତୁଣ୍ଡ ହିଁ ଏକମାତ୍ର ବାହକ ପାଲଟେ, ସେଇ କାନକୁହା କଥାଟିମାନ ବେଳେବେଳେ ଘାତକ ସାଜନ୍ତି ସମାଜ ପାଇଁ। ତାକୁ ଶୁଣୁ ଶୁଣୁ ଲୋକେ ଧାରଣା କରି ନିଅନ୍ତି ତାହା ହୁଏତ ସତ ହୋଇଥିବ। ତାକୁ ସନ୍ଦେହ କରନ୍ତି ନାହିଁ ବା ତା'ର ସତ୍ୟାସତ୍ୟ ପରୀକ୍ଷା କରନ୍ତି ନାହିଁ। ଯେମିତି ଆଜିକୁ ପ୍ରାୟ ସତୁରୀ ବର୍ଷ ତଳେ ଅନୁଗୋଳ ନିକଟସ୍ଥ ରନ୍ତଲେଇଠାରେ ଜଣେ ନାବାଳକ ହଠାତ୍ ପ୍ରଚାର କରିଦେଲେ ଯେ ଯେକୌଣସି ସମସ୍ୟା ପାଇଁ, ବେମାର ପାଇଁ ସେ କିଛି ତନ୍ତ୍ର ସମ୍ମତ ଔଷଧ ଦେଉଛନ୍ତି ଯାହାକି ତୁରନ୍ତ ସମସ୍ୟାର ସମାଧାନ କରିଦେଉଛି। ଏଇ ଖବର ବିଜୁଳି ବେଗରେ ଓଡ଼ିଶାର ଚାରିଆଡ଼େ ବ୍ୟାପିଗଲା। ଲୋକେ ବସ୍, ଟ୍ରକ୍, ଜିପ୍, ରେଳଗାଡ଼ି କୌଣସି ଯାନକୁ ଛାଡ଼ିଲେ ନାହିଁ। କେହି ନିଜ ନିଜ ଯାନରେ ଯାଇ ନିଜର ସମସ୍ୟାର ସମାଧାନ ଖୋଜିଲେ। ଏତେ ଲୋକ ସେଠାରେ ଭିଡ଼ କରିବାରୁ ସେଠାକାର ପରିମଳ ବ୍ୟବସ୍ଥା ବିପର୍ଯ୍ୟସ୍ତ ହେଲା ଆଉ ହଜାର ହଜାର ଲୋକ ହଇଜାରେ ରୋଗାକ୍ରାନ୍ତ ହେଲେ। ବହୁସଂଖ୍ୟକ ଅକାଳରେ ଆଖି ବୁଜିଲେ। ଆଉ ତତ୍କାଳୀନ ମୁଖ୍ୟମନ୍ତ୍ରୀଙ୍କ ପତ୍ନୀ ଥିଲେ ମାଳତୀ ଚୌଧୁରୀ। ଯିଏ କି ଏପରି ଅନ୍ଧବିଶ୍ୱାସରେ ଆଦୌ ଭରସା କରୁନଥିଲେ। ସେ ନେପାଳୀ ବାବା ବା ରନ୍ତଲେଇ ବାବାଙ୍କ ଆଶ୍ରମରେ ପଶି ବାବାକୁ ଦୁଇ ଚାପୁଡ଼ା କସିଦେଲେ। ତାଙ୍କୁ ଧକ୍କା ମାରି ସେଠାରୁ ବାହାର କରିଦେଲେ ଏବଂ ଅଳ୍ପଦିନ ଭିତରେ ସେ ଭୀତିର ଅବସାନ ଘଟିଲା ଓ ସମସ୍ୟା ଆପେ ଆପେ ସମାହିତ ହେଲା।

ଏମିତି ଅନେକ ଘଟଣା ବି ଆପଣ ମନେ ପକେଇ ପାରିବେ। ପ୍ରାୟ ତିରିଶ ବର୍ଷ ତଳେ କେନ୍ଦ୍ରାପଡ଼ା ଜିଲ୍ଲାର ମାର୍ଶାଘାଇ ଅଞ୍ଚଳରୁ ଗୋଟିଏ ଖବର ପ୍ରଚାରିତ ହେଲା ଯେ ସେଠାରେ ମାତୃଶକ୍ତି ମା' ଗୋଜବାୟାଣୀ ନାଁରେ ଆବିର୍ଭୂତା ହୋଇଛନ୍ତି। ସେଠାରେ କେହି ଜଣେ ମାଆଙ୍କ ତରଫରୁ ହୁକୁମ ଦେଉଛନ୍ତି ଆଉ ସେହି ନିର୍ଦ୍ଦେଶ ମତେ ଯେକୌଣସି ସମସ୍ୟା ରୋଗବାଗ ଭଲ ହୋଇଯାଉଛି। ଚାହୁଁ ଚାହୁଁ ସେଇଠି ଅନେକ ଭୋଗ ଦୋକାନ, ପୂଜାସାମଗ୍ରୀ ଦୋକାନ ଗଢ଼ି ଉଠିଲା ଏବଂ ଅନେକ ଗଳ୍ପ ପ୍ରଚାରିତ ହେଲା ଯେ ଅମୁକଙ୍କର ପୁଅ ହେଉନଥିଲା, ମାଆଙ୍କ କୃପାରୁ ସେ ପୁତ୍ରସନ୍ତାନ ପ୍ରାପ୍ତ ହେଲେ। ଅମୁକ ତାଙ୍କର କଚେରୀ କେଶ୍‌ରେ ବିଜୟୀ ହେଲେ ଏମିତି କେତେ କ'ଣ ? ଆଉ କେତେ ମାସ ପରେ ସବୁ ଫିକା ପଡ଼ିଗଲା। ଏବେ ସେଇ ଗ୍ରାମଟି ଦିଶେ ଏକ ପ୍ରତ୍ୟାଖ୍ୟାତ ଅଞ୍ଚଳ ଭଳି। ଏହାକୁ ତର୍ଜମା କଲେ ଲାଗିବ ଆମର ଲୋକମାନଙ୍କର ଅଯଥାରେ ବିଶ୍ୱାସ କରିବାର ପ୍ରବଣତା ଏବଂ ପରିଶ୍ରମ ନ କରି କିଛି ଅଲୌକିକ ପ୍ରଭାବରେ ପ୍ରାପ୍ତି ପାଇଁ ରହିଥିବା ମାନସିକ ବ୍ୟଗ୍ରତା।

କଥାରେ କହନ୍ତି, ଅଳସୁଆଙ୍କର ବାରବାଟି ଚାଷ। ଯେଉଁମାନେ ନିକମ୍ମା, ସେମାନେ ଏଇମିତି ପ୍ରଚାର କରି ଖୁସି ପାଆନ୍ତି, କେବେ କେମିତି ସେଥିରୁ ବି କିଛି ଲାଭ ପାଆନ୍ତି। କେହି ଜଣେ କହୁଥିଲେ ଗୁଜବ ଯେମିତି ଏକ ନିର୍ମୁଳି ଗଛ ଯାହାର ଶାଖା ପ୍ରଶାଖା ଚାରିଆଡ଼େ ପ୍ରସାରିତ ହୋଇଥାଏ; ମାତ୍ର ତାର ମୂଳ ଯେତେ ଖୋଜିଲେ ବି ମିଳେ ନାହିଁ। ଆଧାର ସତ୍ୟଭିତ୍ତିକ ହୋଇ ନ ଥିବାରୁ ଏଇ ଗୁଜବ ଗୁଡ଼ିକ ଅଳ୍ପଦିନ ଭିତରେ ଧରାଶାୟୀ ହୁଏ। ଯେମିତି କିଛି ବର୍ଷ ତଳେ ପ୍ରଚାରିତ ହୋଇଥିଲା ଯେ ସାରଥୀବାବାଙ୍କ ଆଶ୍ରମରେ ଥିବା କଂକ୍ରିଟ୍ ଗାଈ କ୍ଷୀର ଦେଉଛି। ଆଉ ଅନ୍ଧ ଭକ୍ତମାନେ ତାକୁ ସତ ଭାବିଥିଲେ କାରଣ ସେମାନଙ୍କ ଭିତରେ ଗୋଟାଏ ଧାରଣା ସୃଷ୍ଟି କରାଯାଇଥିଲା ଯେ ବାବା ଚାହିଁଲେ ଯେ କୌଣସି ଅଘଟଣକୁ ଘଟଣାରେ ରୂପାନ୍ତର କରିପାରିବେ।

ଗୁଜବ ସବୁବେଳେ ଉଦ୍ଦେଶ୍ୟ ପ୍ରଣୋଦିତ। କେତେବେଳେ ତାହା କିଛି ଲୋକଙ୍କ ଭିତରେ ଭୟ ସୃଷ୍ଟି କରେ ପୁଣି କେବେ ଘୃଣା ବା ବିଦ୍ୱେଷ। ଏପରିକି ପ୍ରଭୁ ଶ୍ରୀରାମଚନ୍ଦ୍ର ମଧ୍ୟ ଗୁଜବକୁ ବିଶ୍ୱାସ କରି ନିଜର ପ୍ରାଣପ୍ରିୟା ପତ୍ନୀଙ୍କୁ ବିସର୍ଜନ କରିବାକୁ ନିଷ୍ପତ୍ତି ନେଇଥିଲେ। ତେଣୁ ଗୁଜବକୁ ନ୍ୟାୟିକ ପ୍ରକ୍ରିୟାରୁ ମୁକ୍ତ ରଖାଯାଏ ଏବଂ ଶୁଣାକଥା (Hearsay)କୁ ବିଚାରାଳୟରେ ପ୍ରାମାଣିକ ତଥ୍ୟ ଭାବରେ ଗ୍ରହଣ କରାଯାଏ ନାହିଁ। ଅନ୍ୟଥା ଏହା 'ବିନା ମେଘେ ସୃଜି ପାରଇ କୁଳୀଶ' ପରି ହେବାର ସମ୍ଭାବନା ଅଧିକ।

ଯୁଦ୍ଧ ସମୟରେ ଶତ୍ରୁ ପକ୍ଷର ମନୋବଳକୁ ଦୁର୍ବଳ କରିବା ପାଇଁ ବହୁ ଗୁଜବ ପ୍ରଚାର କରାଯାଇଥାଏ। ଏହା ରଣନୀତିର ଏକ ଅଂଶବିଶେଷ। କେବଳ ପୁରାତନ କାଳରେ ଏହର ସାମାଜିକ ପ୍ରୟୋଗ କରାଯାଉଥିଲା କହିଲେ ଭୁଲ୍ ହେବ। ଆଜିକାଲି ବିଜ୍ଞାନର ଏକ ସମୃଦ୍ଧ ଯୁଗରେ ଆମେ ଯେଉଁ ସାମାଜିକ ଗଣମାଧ୍ୟମ ଭିତରକୁ ପ୍ରବେଶ କରନ୍ତି ତାହା ହେଉଛି ଗୁଜବର ଏକ ଉର୍ବର ପ୍ରଜନନ ସ୍ଥଳ। ନିର୍ବାଚନ ବେଳେ ଆପଣ ଲକ୍ଷ୍ୟ କରିଥିବେ କେହି କହୁଥିବେ ଅମୁକଙ୍କ ଲୋକପ୍ରିୟତା ଆକାଶ ଛୁଇଁଛି ଏବଂ ସେ କେବଳ ଜିତିବାକୁ ହକ୍‌ଦାର; ମାତ୍ର ବାସ୍ତବତା ଥିବ ତାଠାରୁ ଅନେକ ଦୂରରେ। ଅର୍ଥାତ୍ ଆପଣ ହ୍ୱାଟ୍‌ସ ଆପ୍, ୟୁଟୁବ୍ କିମ୍ବା ଇନ୍‌ଷ୍ଟାଗ୍ରାମରେ ଯାହା ଦେଖନ୍ତି ବା ଶୁଣନ୍ତି ତାକୁ ଯଦି ସତ ବୋଲି ଧରି ନେବେ ତାହେଲେ କଥା ସରିଲା।

ପୁରାଣ କାଳରେ ଆମେ ମହୀରାବଣ କଥା ପଢ଼ିଥିଲେ ଯିଏ କି ଛଳନା କରିବାରେ ଥିଲା ଧୁରନ୍ଧର। ଆଜିକାଲି କୃତ୍ରିମ ବୌଦ୍ଧିକତା (AI)ରେ ଯେଉଁ ସବୁ ଭିଡ଼ିଓ ପ୍ରସ୍ତୁତ କରାଯାଉଛି ଯଦି ତାକୁ ଆପଣ ସତ ବୋଲି ଧରି ନିଅନ୍ତି ତାହେଲେ ବହୁ ଅପଦସ୍ଥ ହେବାକୁ ପଡ଼ିବ ଆପଣଙ୍କୁ। ସେଇ ସବୁ ଭିଡ଼ିଓକୁ କୋଟି କୋଟି ଲୋକ ଦେଖିଛନ୍ତି ବା ମତାମତ ଦେଇଛନ୍ତି ବୋଲି ଭାବିନେବା ବି ଆଉ ଗୋଟିଏ ଧୋକା। ଅତିରଞ୍ଜନ ଓ

ମିଥ୍ୟାଚାରର ଭିତ୍ତିଭୂମିରେ ଗଢ଼ି ଉଠିଥିବା ଗୁଜବମାନେ ମଣିଷର ବୁଦ୍ଧିକୁ ଭ୍ରମିତ କରିବା ପାଇଁ ଅଭିପ୍ରେତ। ପ୍ରଶାସନିକ କାର୍ଯ୍ୟରେ ମଧ୍ୟ ଗୁଜବ ଏକ ଗୁରୁତର ବିଲକ୍ଷଣ। ଗୁଜବ ଆମର ସାମାଜିକ ସଂପ୍ରୀତି ଦୋହଲେଇ ଦେବା ପାଇଁ ଯଥେଷ୍ଟ। ଅତୀତରେ ଗୁଜବମାନେ ଯେତିକି କ୍ଷତି କରିଛନ୍ତି, ସାମାଜିକ ଗଣମାଧ୍ୟମ ଜରିଆରେ ତାଠାରୁ ବହୁଗୁଣ କ୍ଷତି ସାଧନ କରିବାର ସାମର୍ଥ୍ୟ ଏବେ ସେମାନଙ୍କ ଠାରେ ରହିଛି। ବିବେକାନୁମୋଦିତ ହୋଇ କାର୍ଯ୍ୟ କରିବା, ତରତରରେ ନିଷ୍ପତ୍ତି ନ ନେବା, ବୁଝି ବିଚାରି ସାଙ୍ଗସାଥୀ ବାଛିବା ଫଳରେ ଆମେ ଗୁଜବ ଠାରୁ ନିଜକୁ ମୁକ୍ତ ରଖି ପାରିବା ଏବଂ ଏହାର କୁପ୍ରଭାବ ଓ ପ୍ରଦୂଷଣରୁ ବର୍ତ୍ତିପାରିବା।

■

(
ନିତିଦିନ - ତା ୧୩.୦୯.୨୦୨୪ରିଖ)

ଚମକାଇଦେବା, ଆସ

ଆପଣ ହୁଏତ ୟୁଟ୍ୟୁବ୍‌ରେ ଉପଲବ୍ଧ ରିଲ୍ସ ଉପରେ ନଜର ପକାଉ ପକାଉ କେବେ ଆଶ୍ଚର୍ଯ୍ୟାନ୍ୱିତ ହୋଇଯାଉଥିବେ ବିଭିନ୍ନ ଅସମ୍ଭବ ବ୍ୟାପାର ଦେଖି ଦେଖି । କେଉଁଠି ଲୋକଟିଏ ହଠାତ୍ ନିଦରୁ ଉଠୁ ଉଠୁ ଦେଖିବ ତା ଘରେ ସମୁଦ୍ର ପରି ଲହଡ଼ି ମାରୁଛି ପାଣି କିମ୍ବା ଭୟଙ୍କର ଭାବରେ ଗତିଶୀଳ ଏକ ଜଳର ଆବର୍ତ୍ତ । ସେ କିଛି ସମୟ ଭିତରେ ପ୍ରକୃତିସ୍ଥ ହେବ ଆଉ ଜାଣିବ ଯେ ଯେ ହେଉଛି ଭର୍ଚୁଆଲ୍ ଦୁନିଆଁର କାରସାଦି । ମଣିଷ ସମ୍ବେଦନଶୀଳତା କମିଯାଉଥିବା ବେଳେ ତାର ମଗଜକୁ ହଠାତ୍ ପ୍ରହାର କରି ଅସ୍ୱାଭାବିକତାର ଆଉ ଏକ ଦୁନିଆଁରେ ପହଞ୍ଚେଇବା ପାଇଁ ଏହା କଣ ବିଜ୍ଞାନର ଏକ ନୂତନ ପ୍ରୟାସ !

କିମ୍ବା ନୂତନ ଯୁଗର ଯୁବପ୍ରାଣଙ୍କ ଭିତରେ ଏମିତି କିଛି ଅସ୍ୱାଭାବିକ ଚିନ୍ତା ଆସୁଛି ଯାହା ସେମାନଙ୍କ କାର୍ଯ୍ୟ ପ୍ରଣାଳୀରେ ପ୍ରସ୍ଫୁଟିତ ହେଉଛି । ସେମାନେ ସରପ୍ରାଇଜ୍ ଦେବା ନାଁରେ ଏମିତି କିଛି କାମ କରୁଛନ୍ତି ଯାହାକି ଅସ୍ୱାଭାବିକ ପର୍ଯ୍ୟାୟର ।

ସେଦିନ ରାତି ବାରଟା ବେଳେ ହଠାତ୍ ଟେଲିଫୋନ୍ ବାଜି ଉଠିବାରୁ ଡାକ୍ତର ପଟ୍ଟନାୟକ ମନେ ମନେ ବିରକ୍ତ ହେଲେ । କିଏ ଏତେ ରାତିରେ କାହିଁକି ତାଙ୍କୁ ଖୋଜୁଛି ଭାବିଲେ ଡାକ୍ତର, ହେଲେ ଏମିତି ଅସମୟ ଫୋନ୍ ଉପରେ ଏତେ ବିରକ୍ତି ଜାହିର କଲେ ହେବନି, ତାଛଡ଼ା ସେ ଆଉ ସରକାରୀ ଚାକିରୀରେ ନାହାନ୍ତି ଯେ କିଏ ତାଙ୍କୁ ଅବେଳରେ ଡାକ ପକେଇବ । ପୁଣି ପନ୍ଦର ସେକେଣ୍ଡ ଯାଇଛି କି ନାହିଁ ପୁଣି ଥରେ ଆସିଲା ଟେଲିଫୋନ୍‌ର ସେଇ କର୍କଶ ଶବ୍ଦ । ଯେ ଥର ଡାକ୍ତର ବାବୁ ଉଠିବା ଆଗରୁ ମିସେସ୍ ପଟ୍ଟନାୟକ କହିଲେ – ଆରେ ଦେଖ କିଛି ଭଲ ମନ୍ଦ ଖବର ହୋଇପାରେ । ଏଥର ଡାକ୍ତର ବାବୁ ଟେଲିଫୋନ ପାଖକୁ ଯାଇ ଦେଖିଲେ ଯେ ତାଙ୍କର ପୁଅର ଫୋନ୍ । ସେ ହଠାତ୍ ତାଜୁବ ହୋଇଗଲେ । ରାତି ଅଧରେ ବାଙ୍ଗାଲୋର୍‌ରେ ଥିବା ପୁଅ କାହିଁକି ଫୋନ୍ କରୁଛି ଯେ ! ସେ କିଛି କହିବା

ପୂର୍ବରୁ ସେ ପଟରୁ ଶୁଭିଲା ପୁଅର କଥା । ମୁଁ ବାହାରେ ଛିଡ଼ା ହୋଇଛି - କବାଟ ଖୋଲ । କି ଅଦ୍ଭୁତ କଥା, ଛୁଆଟା ଏତେ ରାତିରେ ଆସିଛି । ଡାକ୍ତର ପଟ୍ଟନାୟକ ନିଜକୁ ଆଉ ଥରେ ପରୀକ୍ଷା କରିନେଲେ ସେ ସ୍ୱପ୍ନାବିଷ୍ଟ ନୁହନ୍ତି ତ !

ସେ ପଟରେ କବାଟ ଖୋଲିଲେ ମିସେସ୍ ପଟ୍ଟନାୟକ ଆଉ ପୁଅ ଆସି ତାଙ୍କୁ କୁଣ୍ଢେଇ ପକେଇ କହିଲା - ମାମା, ତମ ଦୁହିଁଙ୍କୁ ସରପ୍ରାଇଜ୍ ଦେବାକୁ ମୁଁ ଚାଲି ଆସିଲି ନ ଜଣେଇ । କାଲି ତମର ଦୁହିଁଙ୍କ ମେରେଜ୍ ଏନିଭର୍ସାରୀ - ନୁହେଁ ?

ଆଜିକାଲି ପ୍ରତି ଘରେ ଘରେ ଏଇ କାହାଣୀ । ହଠାତ୍ ଚମକେଇ ଦେଲେ କଣ ମିଳେ ଯେ ! ଯଦି ପୁଅ ଘରକୁ ଆସିବ ତାହେଲେ ଆଗରୁ କହିଦେଇଥିଲେ ଆମେ କ'ଣ ଏଆରପୋର୍ଟ ଯାଇ ତାକୁ ଆଣି ପାରି ନଥାନ୍ତୁ ! ମାତ୍ର ସେସବୁ କଥା ଆଜିକାଲି ଅର୍ଥହୀନ ଯୁବକ ଯୁବତୀଙ୍କ ପାଖରେ : ସେମାନେ ଅପେକ୍ଷା କରୁଥାନ୍ତି କିଛି ଗୋଟାଏ ପରିସ୍ଥିତିକୁ ଯେଉଁଥିରେ ସେମାନେ କାହାକୁ ସରପ୍ରାଇଜ୍ ଦେବେ - ମାନେ ଚମକାଇ ଦେବେ ।

ଯଦି ଚାହୁଁଛ କାହାକୁ ଚମକେଇ ଦେବା ପାଇଁ ତାହେଲେ ଏମିତି କିଛି କାମଟିଏ କର ଯାହାର ଫଳ ସମସ୍ତଙ୍କୁ ଚକିତ କରିବ । ଆଗତୁରା ତମର ଯୋଜନା ବିଷୟରେ ଆଲୋଚନା କରିବା ଦରକାର ନାହିଁ । ହେଲେ ଏଇମିତି ମାମୁଲି ସରପ୍ରାଇଜ୍‌ର କଣ ଅର୍ଥ ବୋଲି ନିଜେ ନିଜକୁ ପଚାରନ୍ତି ଅଭିଭାବକ ମଣ୍ଡଳୀ । ଆମେ କ'ଣ ପରସ୍ପରଠୁଁ ଏମିତି ଦୂରତା ରକ୍ଷା କରୁଥିଲୁ ସେତେବେଳେ । ଯଦି ଘରକୁ ଆସିବୁ ତାହେଲେ ଆଠଦିନ ଆଗରୁ ଚିଠିଲେଖା ହେବ ବାପାଙ୍କ ନିକଟକୁ ଅମୁକ ଦିନ ଘରକୁ ଯାଉଛି ବୋଲି । ଘରେ ଗୋଟାଏ ମାହୋଲ ବନି ଯାଇଥିବ । ଅନେକ ଦିନ ବ୍ୟବଧାନରେ କଲେଜରୁ ଫେରୁଥିବା ପୁଅକୁ ଦେଖିବା ପାଇଁ କେବଳ ନିଜର ପରିବାର ନୁହେଁ ପଡ଼ୋଶୀମାନେ ବି ଭିଡ଼ କରିଥିବେ । ଅମୁକଙ୍କ ପୁଅ ଆଜି ଆସୁଛି ଗାଁକୁ । ସମସ୍ତେ ଶୁଭେଚ୍ଛା ଜଣେଇ ଖୁସି ହେଉଥିଲେ ସେତେବେଳେ । ତାଛଡ଼ା କେହି ଏମିତି ଘଟଣାକୁ ଗୋପନ ରଖିବାକୁ ଚାହୁଁନଥିଲେ ସେତେବେଳେ ।

ମନ ଥିଲା ସ୍ୱଚ୍ଛ । ନଥିଲା ଅସ୍ୱାଭାବିକ ଉଦ୍‌ବେଳନ । ମନ ଭିତରେ କିଛି ଲୁଚେଇବାକୁ କେହି ପସନ୍ଦ କରୁନଥିଲେ । ସିଧା ସିଧା କଥା କହୁଥିଲେ । କେହି ଖରାପ ବି ଭାବୁ ନଥିଲେ । ଏବେ କହିବା ଆଗରୁ ଦୁଇଥର ଭାବିବାକୁ ପଡୁଛି କାଳେ କଥାଟି ଅନ୍ୟ ଲୋକଙ୍କ ଠାରେ କିଛି ପ୍ରତିକୂଳ ମନ୍ତବ୍ୟ ସୃଷ୍ଟି କରିବ ନାହିଁ ତ ! କାଳେ ବ୍ୟକ୍ତିଗତ ସମ୍ପର୍କରେ କିଛି ଫାଟହେବ ନାହିଁତ କିଛି ମନଖୋଲା ମନ୍ତବ୍ୟରୁ !

ଯୁବବର୍ଗଙ୍କ ଭିତରେ ଏଇ ଯେଉଁ ସରପ୍ରାଇଜ୍ ଦେବାର ଉଦ୍ଭଟ ପରମ୍ପରା ସୃଷ୍ଟି ହୋଇଛି ତାହା ବେଶି ଦିନର ନୁହେଁ । ପ୍ରତ୍ୟେକ କିଛି ସନ୍ଧାନରେ ଥାଆନ୍ତି ଯାହାକି

ଅପ୍ରତ୍ୟାଶିତ ମୁହୂର୍ତ୍ତରେ ଖୋଲିଦେବେ; ମାତ୍ର ସେଇଟି ଯଦି ଏକ ସଫଳତା ତାହେଲେ ସିନା ଖୁସି ଖବରଟି କିଛି ଦିନ ସ୍ଥାୟୀ ହେବ ନହେଲେ ମିନିଟ୍ କେଇଟି ଭିତରେ ଖବରଟି ବାସି ହୋଇଯିବା ନିଶ୍ଚିତ।

ଆମର ସାମାଜିକ ଗଣମାଧ୍ୟମର ପ୍ରଭାବ ଫଳରେ ଏମିତି ଘଟୁଛି କି ନା ଆଉ କିଛି ? କିମ୍ବା ନୂତନ ପୀଢ଼ିର ଚିନ୍ତାଧାରା ସହିତ ତାଳ ନଦେଇ ପାରି ଆମ ପରି ବର୍ଷିଆନମାନେ ଏପରି କଥା କହୁଛନ୍ତି ଯାହାକୁ କୁହାଯାଇପାରେ ଜେନେରେସନ ଗ୍ୟାପ୍। ନାଟକୀୟତା ଆମର ଜୀବନ ଉପରେ ବହୁଳ ପ୍ରଭାବ ପକାଉଛି। ଏକ ଅସ୍ୱାଭାବିକ ମାନସିକତାର ଶିକାର ପାଲଟି ଯାଉଛନ୍ତି ଆମର ନୂତନ ପୀଢ଼ି।

ସ୍ୱାଭାବିକତା ଜୀବନର ସାଧାରଣ ନିୟମ। ଅସ୍ୱାଭାବିକତା ଏକ ବିଲକ୍ଷଣ, ଏକ ବିକୃତି ସହିତ ସମାନ। ଚମକେଇଦେବା ପାଇଁ ଯୁବବର୍ଗଙ୍କ ଭିତରେ ଆବେଦନ ରହିବା ଉଚିତ। ହେଲେ ତାହା ହେଉ ଗବେଷଣାର ମାର୍ଗରେ କିମ୍ବା କିଛି ଉପଲବ୍ଧିର ଅନୁସନ୍ଧାନରେ। ମାମୁଲି ଚମକ ଏତେ ଅସ୍ଥାୟୀ ଯେ ତାହା ସାଙ୍ଗେ ସାଙ୍ଗେ ନିଭିଯାଏ, ପ୍ରସଙ୍ଗହୀନ ପାଲଟିଯାଏ। ତାହା ଯୁବପୀଢ଼ିଙ୍କୁ ବୁଝାଇବା କଣ ଆମ ସମସ୍ତଙ୍କର ଦାୟିତ୍ୱ ନୁହେଁ କି ? କାହାକୁ ଅବେଳରେ ନିଜରୁ ଉଠେଇ ନିଜର ଉପସ୍ଥିତି ଜାହିର କରିବା କେବେ ବି ପ୍ରଭାବଶାଳୀ ହୋଇନପାରେ। ଏଭଳି ନିରର୍ଥକ ଖିଆଲ ପଛରେ ପଡ଼ିବା ନିଷ୍ପ୍ରୟୋଜନ ନୁହେଁ କି ?

■

(ସକାଳ - ତା ୨୦.୧୧.୨୦୨୪ରିଖ)

ଜୀବନ ପାତ୍ର ମୋ ଭରିଛ କେତେ ମତେ

ଶୀର୍ଷକ ପ୍ରାର୍ଥନାକୁ ଅନେକ ଥର ଆମେ ଆବୃତ୍ତି କରିଛନ୍ତି ଆମ ଜୀବନ କାଳରେ। ସବୁଜ କବି ବୈକୁଣ୍ଠ ପଟ୍ଟନାୟକଙ୍କର ଏଇ ମର୍ମସ୍ପର୍ଶୀ କବିତାକୁ ତାଙ୍କର ସୁପୁତ୍ରୀ ସୁନନ୍ଦା ପଟ୍ଟନାୟକ ଗାନ କରିଛନ୍ତି ସୁଲଳିତ କଣ୍ଠରେ। ତାକୁ ବି ଅନେକ ସମୟରେ ବିମୁଗ୍ଧ ହୋଇ ଶୁଣିଛନ୍ତି ଆମେ। ଜୀବନ ପାତ୍ର ଆମର ଉଚ୍ଛୁଳି ପଡ଼ିଥିବାର କ୍ଷଣିକ ଅନୁଭବ ଭିତରେ କୃତଜ୍ଞତା ପ୍ରକାଶ କରିଛନ୍ତି ବିଶ୍ୱନିୟନ୍ତାଙ୍କ ପାଖରେ। ମାତ୍ର ଆମକୁ ଯଦି କେହି ପ୍ରଶ୍ନ କରିବ ଆମର ସବୁ ଲକ୍ଷ୍ୟ କ'ଣ ପୂରଣ ହୋଇଗଲା, ସବୁ ଇଚ୍ଛାଟିମାନ କଣ ସଫଳ ହୋଇଗଲା। ତେବେ ଆମେ କୁଣ୍ଠ କୁଣ୍ଠ ହେବା? ଜୀବନର ଅନେକ ଦିଗ ଅପୂରଣୀୟ ହୋଇ ରହିଗଲା ବୋଲି ଭାବିବା ନା ଆଉ କ'ଣ?

ମୃତ୍ୟୁର ସନ୍ନିକଟରେ ଥିବା ବହୁ ଲୋକଙ୍କର ଜୀବନର ଲକ୍ଷ୍ୟ କେତେ ପୂରଣ ହୋଇଛି ବୋଲି ଗୋଟିଏ ବିରାଟ ଡାକ୍ତରଖାନାରେ ଜଣେ ଗବେଷକ ତାଙ୍କର ଅନୁସନ୍ଧାନ ଜାରି ରଖିଥିଲେ। ଅଧିକାଂଶ ଲୋକ କହୁଥିଲେ ସେମାନଙ୍କର କିଛି ଅବସୋସ ରହିଗଲା ଯେ ସେମାନେ ଅମୁକ କାମ କଲେ ନାହିଁ, କରିପାରିଲେ ନାହିଁ। ସେମାନେ କାମ କରୁଥିବା ବେଳେ ଲକ୍ଷ୍ୟ କରିପାରିଲେ ନାହିଁ ଯେ ତାଙ୍କର ସମୟଗୁଡ଼ାକ ଠିକଣା ଭାବରେ ଉପଯୋଗ କରିପାରିଲେ ନାହିଁ। ମଣିଷ ଜୀବନରେ ବହୁ ଶ୍ରମ ସମୟ ସାମର୍ଥ୍ୟ ଦେଇ ବହୁ କୃତ୍ରିମ ଚିଜ ଆହରଣ କରେ ଏବଂ ଶେଷ ସମୟରେ ସେଇ ସମ୍ପତ୍ତିମାନ ଅସାର ଲାଗନ୍ତି। ଯତ୍ନରେ ଆହରଣ କରାଯାଇଥିବା ଜିନିଷଟିମାନ ପ୍ରତି ଆସକ୍ତି ନଥାଏ।

ନିଜର ଜୀବନର କୃତିତ୍ୱ ଉପରେ ଖୁସିଥିବା ଲୋକ କ୍ୱଚିତ୍। ଆପଣ ନିଜ ଉପରେ ଖୁସି ଅଛନ୍ତି କହିଲେ ପୁଣି ଆପଣଙ୍କୁ କେହି କହିବେ ସେଇ ଖୁସିଟିମାନ ହେଉଛି ଚେତନାର ନିମ୍ନ ସ୍ତରର ଖୁସି ଯାହାକୁ କୁହାଗଲା Pig's satisfaction ନୈତିକତାର ଆଉ ଗୋଟିଏ ପର୍ଯ୍ୟାୟରେ ଆପଣଙ୍କୁ ଏମିତି ବୁଝାଇ ଦିଆଗଲା।

ଆପଣ ଖୁସି ହୋଇଗଲେ ମାନେ ଆପଣଙ୍କର ଯାତ୍ରା ସେଇଠି ରହିଗଲା। ଆପଣଙ୍କର ଆଉ ବିକାଶ ନାହିଁ It is better to be a man dissatisfied than to be a pig satisfied ପଙ୍କରେ ଘାଣ୍ଟି ଚକଟି ହେଉଥିବା ଘୁଷୁରୀଟି ଦୁଃଖୀ ବୋଲି ଆମେ କହୁଛନ୍ତି ହେଲେ, ସେ ଦୁଃଖୀକି ନୁହେଁ ସେ କଥା ତାକୁ କେତେ ଜଣା ଅଛି ! ତାର ମନସ୍ତତ୍ତ୍ୱ ଜାଣିବାକୁ ପ୍ରଯତ୍ନ ହୋଇଛି ନା ତାକୁ ନୀଚ ସ୍ତରର ଦେଖେଇବାକୁ ଯାଇ ଏମିତି କୁହାଯାଇଛି। ଏସବୁ ପ୍ରଶ୍ନର ନିର୍ଦ୍ଦିଷ୍ଟ ଉତ୍ତର ହୁଏତ ମିଳିବ ନାହିଁ।

ଜୀବନ ପାତ୍ର କେତେବେଳେ ପୂର୍ଣ୍ଣ ହୋଇଯିବ ତାର କିଛି ନିଧାର୍ଯ୍ୟ ନଥାଏ । ତାହାହିଁ ଜୀବନର ସବୁଠୁ ବଡ଼ ଆଶ୍ଚର୍ଯ୍ୟ। ସେ ଅନେକ କାମ କାଲି କରିବ ବୋଲି ରଖିଦେଇଥାଏ; ମାତ୍ର ସତରେ କ'ଣ କେହି ଆସନ୍ତାକାଲିକୁ ଦେଖିଛନ୍ତି ? ଆସନ୍ତାକାଲିତ ଦୂରର କଥା ପରବର୍ତ୍ତୀ ମୁହୂର୍ତ୍ତରେ କଣ ଘଟିବ ତାହାବି କହିବା ମୁସ୍କିଲ। କେବଳ ଆକସ୍ମିକ ଦୁର୍ଘଟଣା ନୁହେଁ ହୃଦ୍‌ଘାତରେ ମରିଥିବା କୌଣସି ଯୁବକ ବା ମଧ୍ୟବୟସ୍କର କୌଣସି ପାରିବାରିକ ସଦସ୍ୟ ବା ଅନ୍ତରଙ୍ଗ ବନ୍ଧୁଙ୍କୁ ଏକଥା ପଚାରିଲେ ଗଭୀର ଭାବରେ ସେ ବୁଝେଇ ଦେଇ ପାରିବେ ଯେ ଭବିଷ୍ୟତ ଉପରେ ଆମର କାହାର କିଛି ଅଧିକାର ନାହିଁ। ଜୀବନ ରୂପକ ସଳିତାଟି କେତେବେଳେ ନିଭିଯିବ ତାର ଇୟତ୍ତା ନାହିଁ।

ଯେତେବେଳେ ମଣିଷ କୃତଜ୍ଞ ହୁଏ ଭଗବାନଙ୍କ ନିକଟରେ ସେତେବେଳେ ସେ ମଥାନତ କରି ତାର ସମସ୍ତ ପ୍ରାପ୍ତିର ପରମେଶ୍ୱର କାରଣ ବୋଲି ଦର୍ଶାଏ । ନିଜର ଜ୍ଞାନ, ଅଭିଜ୍ଞତା, ଐଶ୍ୱର୍ଯ୍ୟର କିଛି ଭୂମିକା ଥାଏ ବୋଲି କହେ ନାହିଁ। ଭଗବାନ କେବଳ ଆମକୁ ସୁଖ ପ୍ରଦାନ କରନ୍ତି ବୋଲି ଭକ୍ତ ଭାବେ ନାହିଁ ଯେତେବେଳେ ଦୁଃଖ ଦିଅନ୍ତି ସେ ଅନୁଭବ କରେ ଯେ ତାହାହିଁ ତାର କର୍ମଫଳ କିମ୍ବା ପରବର୍ତ୍ତୀ ଜୀବନର କିଛି ମହାର୍ଘ ପ୍ରାପ୍ତି ପାଇଁ ଆଉ ଏକ ସାଧନାର ପୁନଶ୍ଚ ପରୀକ୍ଷା।

ମାତ୍ର ଅନେକ ସମୟରେ ଦେଖାଯାଏ ମଣିଷ ନିଜର କର୍ମ ପାଇଁ ଭଗବାନଙ୍କୁ ବି ଦୋଷ ଦେଇଥାଏ, ଯେପରିକି ଦୁର୍ଯ୍ୟୋଧନ ଭଗବାନ ଶ୍ରୀକୃଷ୍ଣଙ୍କୁ କହିଥିବା କଥା ଆପଣଙ୍କୁ ହୁଏତ ଜ୍ଞାତ ଥାଇପାରେ –

ଜାନାମି ଧର୍ମଂ ନ ଚ ମେ ପ୍ରବୃତ୍ତି
ଜାନାମି ଅଧର୍ମଂ ନ ଚ ମେ ନିବୃତ୍ତି
ତ୍ୱୟା ହୃଷିକେଶ ହୃଦି ସ୍ଥିତେନ
ଯଥା ନିଯୁକ୍ତୋଽସ୍ମି ତଥା କରୋମି।

ଦୁର୍ଯ୍ୟୋଧନଙ୍କର ଅହଂ ପରିବର୍ଦ୍ଧିତ ହୋଇ ଏପରି ସ୍ତରରେ ପହଞ୍ଚିଛି ଯେ ସେ କହୁଛନ୍ତି ସେ ହେଉଛନ୍ତି କର୍ତ୍ତା। ତାଙ୍କୁ ଧର୍ମ ଜଣାଅଛି ଅଥଚ ସେଥିରେ ତାଙ୍କର ଆଗ୍ରହ ନାହିଁ।

ଅଧର୍ମ ବି ତାଙ୍କୁ ମାଲୁମ ଅଛି ମାତ୍ର ସେଥିରୁ ସେ ମୁକୁଳି ପାରୁନାହାନ୍ତି। ଭଗବାନ ତାଙ୍କୁ ଯେମିତି ପରିଚାଳନା କରୁଛନ୍ତି ସେ ସେମିତି ପରିଚାଳିତ ହେଉଛନ୍ତି। ଏହା ହେଉଛି ନିଜେ ଦୁଷ୍କର୍ମ କରି ଅନ୍ୟ ଉପରେ ଦୋଷ ଲଦିବାର ପ୍ରକ୍ରିୟା । ଯିଏ ଭଗବାନଙ୍କୁ ନିଜ ହୃଦୟରେ ବସାଏ ସେ କିପରି ବିବେକ ଦ୍ୱାରା ପରିଚାଳିତ ନହେବ ? ଯେମିତି କୁହାଯାଏ ଯେଉଁ ବିଦ୍ୟା ଭଲ ଲୋକ ନିକଟରେ ଥିଲେ ସେ ଜ୍ଞାନର ସଦୁପଯୋଗ କରି ଅନ୍ୟର ଉପକାର କରେ ମାତ୍ର ତାହା ଅଧମ ପାଖରେ ପହଞ୍ଚିଲେ ତାକୁ ଅହଂକାରୀ କରି ଜ୍ଞାନଦ୍ୱାରା ଯୁକ୍ତି କରି ବିରୋଧୀକୁ ପରାଭୂତ କରିବାକୁ ଚେଷ୍ଟା କରେ (ବିଦ୍ୟା ବିବାଦାୟ ଧନଂ ମଦାୟ..... ଖଳସ୍ୟ ସାଧୁର୍ବିପରୀତମ୍ ଏତତ୍)

ଶୀର୍ଷକ କବିତାରେ କବି ତାଙ୍କର ଜୀବନରେ ସବୁ ପ୍ରାପ୍ତିକୁ ଯେମିତି ଭଗବାନଙ୍କଠାରୁ ବୋଲି ସ୍ୱୀକାର କରିଛନ୍ତି ଠିକ୍ ସେଇ କ୍ରମରେ ଆମ ଆଉ ଜଣେ ଯୋଗଜନ୍ମା କବି ଭଗବାନ ତାଙ୍କର ସବୁ ନେଇଯାଇଥିବାର ବି ଅଭିଯୋଗ କରିଛନ୍ତି – 'ସବୁଥିରୁ ବଂଚିତ କରି, କେଉଁ ଯଶବାନା ଉଡ଼ାଇବ ହେ - ଯାହା ଦେଇଥିଲ ସବୁ ତ ନେଲଣି ଆଉ କିଶ ଅବା ଛଡ଼ାଇବ ହେ....।'

ଭଗବାନ ଯଦି ସବୁ ଦେଇଦେବେ ପୁଣି ସବୁ ନେଇଯାଇପାରିବେ ତାହେଲେ ମଣିଷ ଜୀବନର କଣ କିଛି ମାନେ ନାହିଁ, ଏଇ ପ୍ରଶ୍ନ ମଣିଷ ନିଜକୁ ପଚାରିଛି ବାରମ୍ବାର । ମଣିଷ ଜନ୍ମ ତ ଏକ ମହାର୍ଘ ବିଭୂତି। ମଣିଷର ସବୁ ପ୍ରାପ୍ତି ଅପ୍ରାପ୍ତି ସହିତ ଭଗବାନଙ୍କୁ ଯୋଡ଼ାଯାଇଛି ବୋଧହୁଏ ଏଇଥିପାଇଁ ଯେ ଜଣେ ମୁରବୀ, ସବୁକୁ ଲକ୍ଷ୍ୟ କରୁଥାନ୍ତୁ। ତାଙ୍କର ଉପସ୍ଥିତିକୁ ଅନୁଭବ କଲେ ମଣିଷକୁ ଏକୁଟିଆ ଲାଗିବ ନାହିଁ ଦୀର୍ଘ ଯାତ୍ରା ପଥରେ। ସବୁ ଉନ୍ନତି ଓ ଅଭ୍ୟୁଦୟ ପଛରେ ତାଙ୍କର ଆଶୀର୍ବାଦ ରହିଛି ବୋଲି ଜ୍ଞାନ କଲେ ମଣିଷର ଅଧୋପତନ ହେବ ନାହିଁ।

■

(ନିତିଦିନ - ତା ୧.୧୦.୨୦୨୪ରିଖ)

ଜୀବେମ ଶରଦଃ ଶତମ୍

ଶୀର୍ଷକ ପରି ଏକ ପ୍ରାର୍ଥନା ସଭ୍ୟତାର ପ୍ରାକ୍ କାଳରେ ଈଶ୍ୱରଙ୍କ ଉଦ୍ଦେଶ୍ୟରେ ଆବୃତ୍ତି କରାହୋଇଥିବ କେତେବେଳେ। ଆଜି ଦିନରେ କିଛି ସୃଷ୍ଟି ସର୍ଜନା ହେଲା ମାତ୍ରେ କିଏ ତା ପଛର ନାୟକ ଖୋଜା ପଡ଼େ। ସେ କବି ସାହିତ୍ୟିକ, ଶିଳ୍ପୀ କିମ୍ବା ବୈଜ୍ଞାନିକ ହୋଇପାରନ୍ତି। ବୌଦ୍ଧିକ ଅଧିକାର ନିୟମ ଅନ୍ତର୍ଭୁକ୍ତ କପି ରାଇଟ୍ ଏକ୍ଟ ଅନୁଯାୟୀ ଏହା ଜରୁରୀ ହୋଇ ପଡ଼ିଛି ଆଜିର ଦିନରେ; ମାତ୍ର ପୁରାତନ କାଳରେ ମୁନିଋଷିମାନେ ଭାବୁଥିଲେ ସେମାନଙ୍କ ଭାବନା ବା କଳ୍ପନା ସ୍ତରକୁ ଯାହା ଆସୁଥିଲା ତାହାର ମାଲିକାନା ତାଙ୍କ ପାଖରେ ନାହିଁ, ସେଗୁଡ଼ିକ ପଛରେ କିଛି ଆଧ୍ୟାତ୍ମିକ ପ୍ରେରଣା ଥିବାରୁ ତାହା ପଛରେ ନିଜର ନାଁ ଲେଖି ମାଲିକାନା ଜାହିର କରୁ ନଥିଲେ ସେମାନେ। ଏହି କ୍ରମରେ ଆପଣମାନେ ଲକ୍ଷ୍ୟ କରୁଥିବେ ଶହ ଶହ ପୁରାତନ ଆପ୍ତବାକ୍ୟ ଯାହା ହଜାର ହଜାର ବର୍ଷ ତଳେ ଆମ ଦେଶର ମନିଷୀମାନେ ଲେଖିଥିଲେ ବା କହିଥିଲେ, ସେଗୁଡ଼ିକୁ ଶହେ ଦୁଇଶହ ବର୍ଷତଳେ କୌଣସି ପାଶ୍ଚାତ୍ୟ ପଣ୍ଡିତ କହିଥିବାର ଉଦ୍ଧୃତି ମାନ ବହୁଧା ପ୍ରସାରିତ ହେଉଛି।

ଏବେ ଆଜି ଦିନର ଆଲୋଚ୍ୟ ପ୍ରସଙ୍ଗକୁ ଆସିବା। ଶହେଟି ଶରତ ଜୀଇଁବା ପାଇଁ ଆଶୀର୍ବାଦ କଥା ଚିନ୍ତା କଲାବେଳେ ଦୀର୍ଘଜୀବନ କାମନା କଥା ଆମେ ବାରମ୍ବାର ଆଲୋଚନା କରିଥାଉ; ମାତ୍ର ଭୁଲିଯାଉ ଯେ ଏହି ଶ୍ଳୋକରେ ଖାଲି ଶହେ ବର୍ଷର ଆୟୁ ଯାଚଞ୍ଚା କରାଯାଇ ନ ଥିଲା, ତା ସହିତ ଶରତକାଳକୁ ଯୋଡ଼ା ଯାଇଥିଲା ଅର୍ଥାତ୍ ଜୀବନ କେବଳ ଦୀର୍ଘ ହେଲେ ଚଳିବ ନାହିଁ, ତାହା ଶରତ ପରି ସ୍ୱଚ୍ଛ ହେବା ମଧ୍ୟ ଦରକାର।

ଶରତ ଯୁଗେ ଯୁଗେ ଶ୍ରଦ୍ଧାଳୁମାନଙ୍କର ଆକର୍ଷଣର ବିନ୍ଦୁ ହୋଇଆସିଛି, ବର୍ଷା ଋତୁ ଯାଇଥିବ, ଜଳ କଷ୍ଟ ନଥିବ; ନଥିବ ଗ୍ରୀଷ୍ମ ବା ଶୀତର ପ୍ରାଦୁର୍ଭାବ, ପରନ୍ତୁ ସ୍ୱଚ୍ଛତା ବିଦ୍ୟମାନ ଥିବ ଅତ୍ର ତତ୍ର ସର୍ବତ୍ର। ସ୍ୱଚ୍ଛତା ଥିଲା ଜୀବନର ଆଦର୍ଶ। ଛଳନା ମାଧ୍ୟମରେ

ଧନାଗମକୁ ପାପାଚାର ବୋଲି ଗଣ୍ୟ କରାଯାଉଥିଲା, ଆଜିକାଲି ସ୍ୱଚ୍ଛତା ବିଷୟରେ ଆମେ ବହୁ ଆଲୋଚନା ଶୁଣୁ, ବହୁ ଲିଖିତ ପାଠ୍ୟ ମଧ୍ୟ ପାଠ କରିବାର ସୁଯୋଗ ପାଉଁ, ଯେଉଁପରି କୁହାଯାଉଥିଲା, 'ସତ୍ୟଂ ବଦ ଧର୍ମଂ ଚର, ନାନ୍ୟ ପନ୍ଥା ବିଦ୍ୟତେ ଅୟନାୟ'। ସେହିପରି ସ୍ୱଚ୍ଛତା ଏପରି ଏକ ଭାବ ଯାହା ଉଭୟ କଥା ଓ କାମରେ ହିଁ ପ୍ରତିପାଦନ କରାଯାଇପାରେ। ସ୍ୱଚ୍ଛତା ଉପରେ ବହୁ ଭାଷଣ ବାଜି ଚାଲିଛି ନିରନ୍ତର, ଶୁଣିଶୁଣି ଆମର ଓ ଆପଣମାନଙ୍କର କାନ ବଧିରା ଧରିଲାଣି। ସ୍ୱଚ୍ଛତା କଥା କହୁଥିବା ଲୋକମାନଙ୍କ ଭିତରୁ ଅନେକ ସ୍ୱଚ୍ଛ ଆଚରଣ କରୁନଥିବାରୁ ଆମମାନଙ୍କ ଭିତରୁ ଅନେକ ନିରାସକ୍ତ ପାଲଟି ଗଲେଣି।

ଆନ୍ତର୍ଜାତିକ ସ୍ତରରେ ଗୋଟିଏ ବିଖ୍ୟାତ ସଂସ୍ଥା ଅଛି ଯାହାର ନାଁ ହେଲା ଟ୍ରାନ୍ସପରେନ୍ସି ଇଣ୍ଟରନେସନାଲ (Transparency International) କୌଣସି ଦେଶରେ ଦୁର୍ନୀତିର ପରିସ୍ଥିତି ଓ ଲୋକମାନଙ୍କର ସ୍ୱଚ୍ଛତା ପ୍ରତି ଥିବା ଦୃଷ୍ଟିଭଙ୍ଗୀ ଆଧାରରେ ଏହି ଆନ୍ତର୍ଜାତିକ ସଂସ୍ଥା ବିଭିନ୍ନ ଦେଶକୁ କ୍ରମିକ ତାଲିକାରେ ଅନ୍ତର୍ଭୁକ୍ତ କରିଛନ୍ତି। ଶହେ ଅଶୀ ଗୋଟି ଦେଶର ତାଲିକାରେ ସର୍ବାଗ୍ରେ ଡେନମାର୍କ, ଫିନଲାଣ୍ଡ, ନ୍ୟୁଜିଲାଣ୍ଡ ପରି ଦେଶ ଥିଲାବେଳେ ସିରିଆ, ଭେଞ୍ଜୁଆଲା ଓ ସୋମାଲିଆ ସର୍ବଶେଷରେ ରହିଛନ୍ତି। ଆମ ଦେଶର ସ୍ଥାନ ମଝାମଝି କହିଲେ ଅତ୍ୟୁକ୍ତି ହେବ ନାହିଁ। ସଦ୍ୟ ପ୍ରକାଶିତ ଏହି ତାଲିକାରେ ସ୍ପଷ୍ଟ ଭାବରେ କହିଲେ ଏହାର ସ୍ଥାନ ତେୟାନବେ। ଅନ୍ୟ ପ୍ରମୁଖ ଦେଶ ଯଥାକ୍ରମେ ଚୀନ, ଯୁକ୍ତରାଷ୍ଟ୍ର, ଗ୍ରେଟ ବ୍ରିଟେନ ଏବଂ ଜାପାନ ଏହି ତାଲିକାରେ ଯଥାକ୍ରମେ ୭୬, ୨୪, ୨୦ ଏବଂ ୧୬ ସ୍ଥାନରେ ଅଛନ୍ତି। ଦୁର୍ନୀତି ପ୍ରତି ଶୂନ୍ୟ ସହନଶୀଳତା ଏକ ରାଷ୍ଟ୍ରନୀତିରେ ପରିଣତ ନ ହେବା ଯାଏ ଏବଂ ପରିପକ୍ୱ ରାଜନୈତିକ ଇଚ୍ଛାଶକ୍ତି ବ୍ୟତିରକେ ଏହି ପରିସ୍ଥିତି ବଦଳିବାର ସମ୍ଭାବନା ନାହିଁ। ଏହି ତାଲିକାରେ ବିଶେଷତ୍ୱ ହେଲା ଗଣତନ୍ତ୍ରର ଅନୁପସ୍ଥିତି ସତ୍ତ୍ୱେ କିଛି ଦେଶଙ୍କର ପ୍ରଦର୍ଶନ ଆମ ଦେଶଠାରୁ ଢେର ଆଗରେ।

ଆମ ଦେଶରେ ଆଗରୁ ଅଫିସିଆଲ ସିକ୍ରେଟ୍ ଆକ୍ଟର ପ୍ରଚଳନ ଥିବାରୁ ସରକାରୀ କାର୍ଯ୍ୟ ପ୍ରଣାଳୀରେ ସ୍ୱଚ୍ଛତା ଥିଲା ସୁଦୂର ପରାହତ। ପ୍ରାୟ ଗତ କୋଡ଼ିଏ ବର୍ଷ ତଳେ ଆର.ଟି.ଆଇ ବା ସୂଚନା ଅଧିକାର ଆଇନ ପ୍ରଚଳନ ହେବା ପରେ ପରିସ୍ଥିତିର ବିଶେଷ ପରିବର୍ତ୍ତନ ହୋଇଛି। ତଥାପି ସରକାରୀ କର୍ମକର୍ତ୍ତାମାନଙ୍କର ଦୃଷ୍ଟିଭଙ୍ଗୀରେ ବିଶେଷ ପରିବର୍ତ୍ତନ ଘଟିନାହିଁ। ସୂଚନା କର୍ମୀମାନଙ୍କୁ ସରକାରଙ୍କ ଦୃଷ୍ଟିରେ ଦେଶବିରୋଧୀ ତତ୍ତ୍ୱ ଭାବରେ ପ୍ରମାଣ କରିବା ପାଇଁ ଯୋଜନା ଚାଲିଛି, କିଛି ସୂଚନା ଅଧିକାର କର୍ମୀ ମଧ୍ୟ ବେଳେବେଳେ ବ୍ୟକ୍ତିଗତ ଆକ୍ରୋଶ ବା ଉଦ୍ଦେଶ୍ୟ ରଖି ଆଇନକୁ ହାତକୁ ନେବାକୁ

ଚାହୁଁଛନ୍ତି । ମୋଟ୍ ଉପରେ ଏକ ଅନୁକୂଳ ପରିବେଶ କ୍ରମେ ଅନ୍ତର୍ହିତ ହେବାକୁ ବସିଛି ସାରା ଦେଶରେ ।

କେନ୍ଦ୍ର ସରକାର କିଛି ବର୍ଷତଳେ ପରିବେଶର ଉନ୍ନତିକୁ ଲକ୍ଷ୍ୟ ରଖି ସ୍ୱଚ୍ଛ ଭାରତ ମିଶନ ନାମରେ ଗୋଟିଏ ଦୂରଦର୍ଶୀ ଯୋଜନା ଆରମ୍ଭ କରିଥିଲେ । ଏଥିରେ ବହୁସଂଖ୍ୟକ ପାଇଖାନା ଉଭୟ ଗ୍ରାମାଞ୍ଚଳ ଓ ସହରାଞ୍ଚଳରେ ନିର୍ମିତ ହେଲା । ତା ସତ୍ତ୍ୱେ କିଛି ଲୋକ ସେମାନଙ୍କର ପୂର୍ବରୁ ଥିବା ପାଇଖାନାକୁ ନୂତନ କରି ନିର୍ମାଣ କରିଥିବା ଦର୍ଶାଇ ସରକାରୀ ଅର୍ଥ ହଡ଼ପ କଲେ ଓ ଏହି କ୍ରମରେ ସରକାରୀ କଳ ମଧ୍ୟ ସାମିଲ୍ ହେଲେ । ଆମ ଦେଶର କୌଣସି ଯୋଜନା ଏକ ସାମାଜିକ ଆନ୍ଦୋଳନରେ ପରିଣତ ହୋଇନପାରିବା ଏବଂ ସବୁ ସାଧାରଣ ଲୋକ ସେଥିରେ ନିଜକୁ ଅନ୍ତର୍ଭୁକ୍ତ କରି ନ ପାରିବା ଏକ ବିଡ଼ମ୍ବନା । ପରିସ୍ଥିତି ଦିନକୁ ଦିନ ତଳକୁ ଯାଉଥିବା ମଧ୍ୟ ଶୁଭ ସୂଚନା ନୁହେଁ ଯାହାକି ଭାରତର ଆନ୍ତର୍ଜାତିକମାନକର ସ୍ଥିତି ସୂଚନାଙ୍କରୁ ସୁସ୍ପଷ୍ଟ । ମୁଁ ଏକୁଟିଆ ସ୍ୱଚ୍ଛ ହେଲେ ଚଳିବ କି ? କିମ୍ବା ଅନ୍ୟମାନେ ସ୍ୱଚ୍ଛତାକୁ ନିଜର ଜୀବନ ପରିସରରୁ ବିସର୍ଜନ କରିଥିବାବେଳେ ମୁଁ ଏକୁଟିଆ କ'ଣ ବା କରିପାରିବି ? ଏଇଭଳି ପ୍ରଶ୍ନମାନ ବି ଆପଣଙ୍କ ମନରେ ଉଙ୍କିବା ଅସମ୍ଭବ ନୁହେଁ । ମାତ୍ର ଆପଣ ଜାଣନ୍ତି ଆପଣ ନିଜଠାରୁ ଯେକୌଣସି ଉଦାହରଣ ଆରମ୍ଭ କରିପାରିବେ, ତାହେଲେ ଯାଇ ଅନ୍ୟମାନେ ହୁଏତ ତାକୁ ଗ୍ରହଣ କରିପାରନ୍ତି, ସେହିପରି ସ୍ୱଚ୍ଛତା କାମରେ ଆମେ ନିଜେ କାମ ଆରମ୍ଭ କରିବା ଦରକାର ଆଉ ତାହା ଏବେଠାରୁ ହେଲେ ଭଲ ।

ଥରେ ଗୋଟିଏ ଜଙ୍ଗଲରେ ନିଆଁ ଲାଗିଥିଲା ବେଳେ ଛୋଟ ଚଢ଼େଇଟିଏ ତାର ଥଣ୍ଟରେ ଟିକିଏ ଟିକିଏ ପାଣି ଆଣି ସେଥିରେ ପକାଉଥାଏ । ଅନେକ ତାକୁ ଥଟ୍ଟା ପରିହାସ କରୁଥାନ୍ତି; ମାତ୍ର ତାର ମନରେ ଦୃଢ଼ତା ଥାଏ ଯେ ସେ ଯେଉଁ କାମ କରୁଛି ତାର ଫଳ କଣ ହେବ ନ ଜାଣି ସେ ଆଗେଇ ଯିବା ଦରକାର । ସବୁ କାମର ଫଳ ସାଙ୍ଗେ ସାଙ୍ଗେ ମିଳିଯାଏନି । ଆଜିକାଲି ସ୍ୱଚ୍ଛତା କେବଳ ଏକ ପ୍ରଚାରର ମାଧ୍ୟମ ପାଲଟି ଯାଇଛି, ଏହା ବାସ୍ତବତାରେ ପରିଣତ ହେଲେ ସମାଜର ମଙ୍ଗଳ ହେବ ।

କେବଳ ର୍‍ୟାଙ୍କିଙ୍ଗ୍ ବଢ଼େଇବା ଆମର ଧ୍ୟେୟ ହୋଇ ନପାରେ; ମାତ୍ର ସ୍ୱଚ୍ଛତା ଯଦି ସବୁଠି ରହିବ ତାହେଲେ କେବଳ ସମ୍ଭବ ହୋଇ ପାରିବ 'ସର୍ବେ ଭବନ୍ତୁ ସୁଖିନଃ', ଯେଉଁଠି ସ୍ୱଚ୍ଛତାର ଅଭାବ ସେଠାରେ ଶହେ ବର୍ଷ ବଞ୍ଚିବା ଦୂରର କଥା, ସେଠାରେ କେଇ ମୁହୂର୍ତ୍ତ ତିଷ୍ଠିବା ବି ମୁସ୍କିଲ । ତେଣୁ ଯେତେବେଳେ 'ଶରଦଃ' ଶବ୍ଦଟି ପ୍ରୟୋଗ କରାଯାଇଥିଲା, ତା ପଛରେ ଯେ ବହୁ ସତ୍‌ଚିନ୍ତାର ପ୍ରେରଣା ନିହିତ ଥିଲା, ତାହା ଅନସ୍ୱୀକାର୍ଯ୍ୟ ।

ଜୀବନରେ ସବୁବେଳେ ସୁଖଠାରୁ ଦୁଃଖର ପରିମାଣ ଅଧିକ ଭାବରେ ମଣିଷ ଅନୁଭବ କରିଆସିଛି। ସୁଖ ମୁହୂର୍ତ୍ତଟିଏ ଭାବରେ ଉଭା ହୋଇ କେଉଁଠି ଅଦୃଶ୍ୟ ହୋଇଯାଏ। କବିବର ରାଧାନାଥଙ୍କ ଭାଷାରେ – "ସୁଖ ବୋଲି ଯାହା ଜନନେତ୍ରେ ଦିଶେ, ହାତୁ ଆସେ ହାତ ପଡ଼ିବା ପାଇଁ ସେ, ସୁଖ ନୁହଁଇ ସେ ଅଟଇଟି ଧୂମ, ଅନ୍ୟ ନାମ ତାର ଆକାଶ କୁସୁମ।" ସୁଖର ବ୍ୟାପ୍ତି ଅତ୍ୟନ୍ତ ନିରୁତ୍ସାହ ଜନକ ହୋଇଥିବା ବେଳେ ଶହେ ବର୍ଷ ଯାଏ ସୁଖ ଲାଭ କରିବା ମଣିଷର ଏକ ବୃହତ୍ତର ପରିକଳ୍ପନା।

■

(ସକାଳ – ତା ୨.୧୧.୨୦୨୪ରିଖ)

ଟାଡ଼ା କୋର୍ଟର ଫଇସଲା ଓ ନାଗରିକଙ୍କ କ୍ଷୋଭ

ନିକଟର ସମ୍ବାଦପତ୍ର ଓ ଇଲେକ୍‌ଟ୍ରୋନିକ୍ ଗଣମାଧ୍ୟମରେ ପ୍ରକାଶିତ ଗୋଟିଏ ସମ୍ବାଦ ଅତ୍ୟନ୍ତ ପୀଡ଼ାଦାୟକ। ଆଜକୁ ଏକତିରିଶ ବର୍ଷ ତଳେ ବମ୍ବେରେ ସଙ୍ଘଟିତ ହୋଇଥିବା ସିରିଏଲ ବ୍ଲାଷ୍ଟ ଓ ତଜ୍ଜନୀତ ବିଭୀଷିକାର ମୁଖ୍ୟ ଖଳନାୟକ ବୋଲି ଆରୋପ କରାଯାଉଥିଲା ଯାହାଙ୍କୁ, ତାଙ୍କୁ ମାନ୍ୟବର ବିଚାରାଳୟ ଦୋଷମୁକ୍ତ କରିବା ସଙ୍ଗେ ସଙ୍ଗେ କାରାଗାରରୁ ଖଲାସ କରିବାକୁ ଆଦେଶ ଦେଇଛନ୍ତି। ଏଇ ଦୀର୍ଘ ସମୟ ଭିତରେ ଭାରତୀୟ ଜନମାନସରୁ ସେ ଦିନର ଦୁଃଖଦାୟକ ଖବର ଅନ୍ତର୍ହିତ ହୋଇଛି। ମାତ୍ର ଏଇ ଚୁଡ଼ାନ୍ତ ରାୟ ଭାରତୀୟ ନ୍ୟାୟ ବ୍ୟବସ୍ଥାକୁ କାଠଗଡ଼ାରେ ଠିଆ କରେଇଛି କହିଲେ ଅତ୍ୟୁକ୍ତି ହେବ ନାହିଁ।

ଟାଡ଼ା (Terrorist And Disruption Activists' (Prevention) Act କୋର୍ଟଙ୍କ ପାଇଁ ଏହା ଚୁଡ଼ାନ୍ତ ରାୟ କୁହାଯାଉଥିଲେ ବି ମାନ୍ୟବର ସୁପ୍ରିମକୋର୍ଟରେ ସମସ୍ତ ଅପିଲ ବା ରିଭିଜନର ଶୁଣାଣି ନ ସରିବା ପର୍ଯ୍ୟନ୍ତ ତାହା ସର୍ବୋଚ୍ଚ ସ୍ତରରେ ନିଷ୍ପତ୍ତି ହୋଇସାରିଛି ବୋଲି କୁହାଯାଇପାରିବ ନାହିଁ। ଗୋଟିଏ ନ୍ୟାୟିକ ପ୍ରକ୍ରିୟା ସରୁ ସରୁ ତିନି ଦଶନ୍ଧିରୁ ଅଧିକ କାଳ ଲାଗିଯିବା ଅତ୍ୟନ୍ତ ଲଜ୍ଜାଜନକ। କେତେ ଯୁଗରୁ କୁହାଯାଇଛି, justice delayed is justice denied ଅର୍ଥାତ୍ ବିଳମ୍ବିତ ନ୍ୟାୟ ଧର୍ମକୁ ଆଖିଠାର। ନ୍ୟାୟକୁ ଆନୁପାତିକ ସମୟ ଭିତରେ ଉପଲବ୍ଧ କରିବା ପାଇଁ ବହୁ ପ୍ରଚେଷ୍ଟା କରାଯାଇଛି ଆଉ ତା ସହିତ କୁହାଯାଇଛି ତରତରରେ ନ୍ୟାୟ ମିଳେ ନାହିଁ - Justice hurried is justice burried. ଏମିତି ଦୁଇ ପରସ୍ପର ବିରୋଧୀ ତତ୍ତ୍ୱ ଭିତରେ ନ୍ୟାୟ ଖୋଜୁ ଖୋଜୁ ତାହେଲେ କଣ ତିନି ଦଶନ୍ଧି ଧରି ଅପେକ୍ଷା କରିବାକୁ ପଡ଼ିବ!

ବିଳମ୍ବିତ ନ୍ୟାୟ ହିଁ ବିଡ଼ମ୍ବିତ ନ୍ୟାୟ; ସେଇ ନ୍ୟାୟରେ କୁହାଯାଉଥିଲା, ଆମର ଦେଶରେ ମାମଲା ଗୁଡ଼ିକର ସଂଖ୍ୟା ବୃଦ୍ଧି ହେଉଛି ଏଥିରେ ପ୍ରଥମ ପ୍ରତିବନ୍ଧକ। କୋର୍ଟ ସଂଖ୍ୟା ଯେତେ ବୃଦ୍ଧି କଲେ ମଧ୍ୟ ଫଳ ଯେଉଁ ତିମିରେ କୁ ସେଇ ତିମିରେ। ଅର୍ଥାତ୍, କୋର୍ଟ ସଂଖ୍ୟା ବଢ଼ାଇ କେଶ୍ ସଂଖ୍ୟା କମାଇବା ଭଳି ସରଳ ଗଣିତ ଉପରେ ଆମର ଜଟିଳ ସମସ୍ୟାଟି ନିର୍ଭରଶୀଳ ନୁହେଁ, ଅର୍ଥାତ୍ ଆମେ ଅନେକ ସମୟରେ ଆମର ପୁଲିସ ଉପରେ ଅପବାଦ ଦେଉ ଯେ ଯେ ଦେଶରେ ଏଫ୍.ଆଇ.ଆର୍.ଟିଏ ରୁଜ୍ଜୁ କରିବା ଏତେ ସହଜ ପ୍ରକ୍ରିୟା ନୁହେଁ। ବହୁ ଛୋଟ ମୋଟ ମାମଲାକୁ ଲୋକ ଅଦାଲତ ମାଧ୍ୟମରେ ମଝିରେ ମଝିରେ ଫଏସଲା କରାଯାଇଥିବା ଯାହା ଦାବୀ କରାଯାଏ ତାହା ମଧ୍ୟ ଅତିରଞ୍ଜିତ। ସଂଖ୍ୟାର ଭୂତ ସମସ୍ତଙ୍କୁ ଗ୍ରାସ କଲାବେଳେ ଏଥିରୁ କେହି ମୁକ୍ତ ନୁହନ୍ତି।

ସମ୍ବେଦନଶୀଳ ଘଟଣା ଘଟିଲେ ସେଥିପାଇଁ ସ୍ପେଶାଲ କୋର୍ଟ ମାଧ୍ୟମରେ କେଶ୍ ବିଚାର ହୋଇଥାଏ। ଅବଶ୍ୟ ଆଜିକାଲି ଏହିପରି ସ୍ପେଶାଲ କୋର୍ଟମାନଙ୍କର ସଂଖ୍ୟା ଅଧିକ। ଟାଡ଼ା କୋର୍ଟ ଅତ୍ୟନ୍ତ ଜଘନ୍ୟ ହିଂସାତ୍ମକ ଘଟଣାର ମାମଲାମାନ ବିଚାର କରିଥାଏ। କେଉଁ ପରିସ୍ଥିତିରେ ସଂପ୍ରତି ଆଲୋଚିତ ମାମଲାର ଫଏସଲା ହେବାକୁ ଏତେ ବିଳମ୍ବ ହେଲା, ତାହା ଲୋକଙ୍କ ଜାଣିବାର ଅଧିକାର ରହିଛି। ଯେଉଁ ଅଭିଯୁକ୍ତ ଏତେ ବର୍ଷ କାରାଗାର ଭିତରେ ଆବଦ୍ଧ ରହିଲେ ତାଙ୍କର ସେହି ହଜିଯାଇଥିବା ବୟସକୁ ଫେରାଇ ଦେବ କିଏ ? ଏ ପ୍ରଶ୍ନ ଚିରକାଳ ଉତ୍ତର ଖୋଜିବ !

ଗୋଟିଏ ବଡ଼ ହିଂସାତ୍ମକ ଘଟଣା ଘଟିବା ପରେ ଆସାମୀକୁ ଗିରଫ କରିବା ପାଇଁ ପୋଲିସ ଉପରେ ମାନସିକ ଚାପ ସୃଷ୍ଟିହୁଏ। ପୋଲିସର ତୁଙ୍ଗ ଅଧିକାରୀମାନେ ତଳମାନଙ୍କ ଉପରେ ମାତ୍ରାଧିକ ଚାପ ଦିଅନ୍ତି, ତାହା ଫଳରେ ପ୍ରକୃତ ଆସାମୀକୁ ଧରିବା ବଦଳରେ ଯାହାକୁ ତାହାକୁ ଗିରଫ କରି ଜନମତକୁ ପ୍ରଭାବିତ କରିବାକୁ ପ୍ରଚେଷ୍ଟା ହୋଇଥାଏ। ଏହାର ବହୁ ଉଦାହରଣ ଆମେ ଦେଖିଛନ୍ତି। ପୂର୍ବତନ ଓଡ଼ିଶା ଡି.ଜି.ପି. ଶ୍ରୀଯୁକ୍ତ ପ୍ରକାଶ କୁମାର ମିଶ୍ର ଏକ ପୁସ୍ତକରେ ତାଙ୍କର ଗୋଟିଏ ଅନୁଭୂତି ବର୍ଣ୍ଣନା କରିଛନ୍ତି।

ଗ୍ରାହାମ୍ ଷ୍ଟେନ୍‌ସଙ୍କ ହତ୍ୟାକାଣ୍ଡ ଥିଲା ଅତ୍ୟନ୍ତ ଅମାନୁଷିକ ଓ ବର୍ବରୋଚିତ। ଏହା ଆନ୍ତର୍ଜାତିକ ସ୍ତରରେ କମ୍ପନ ସୃଷ୍ଟି କରିଥିଲା, ଦାରା ସିଂ ଯେ ସେହି ଘଟଣାର ମୁଖ୍ୟ ଖଳନାୟକ ତାହା ସମସ୍ତେ ଜାଣିଥିଲେ ମାତ୍ର ସେ ଏତେ ସହଜରେ ଧରା ପଡ଼ି ନଥିଲା। ପୁଲିସ ଉପରେ ଯେଉଁ ଚାପ ଥିଲା ତାହା ଏତେ ପ୍ରବଳ ଥିଲା ଯେ ପଚାଶରୁ ଅଧିକ ଲୋକଙ୍କୁ ଗିରଫ କରି କାରାଗାରର କଳା କୋଠରୀ ଭିତରେ ନିକ୍ଷେପ କରାଯାଇଥିଲା। ଯେତେବେଳେ ତତ୍କାଳୀନ ଡି.ଆଇ.ଜି. ପ୍ରକାଶ ମିଶ୍ର ସେଇ କେଶ୍‌ର ସୁପରଭିଜନ୍ କଲେ ସେ ଜାଣିପାରିଥିଲେ ଯେ ଏକାବନ ଜଣ ନିରୀହ ଲୋକଙ୍କୁ ସେଇ କେଶ୍‌ରେ ଗିରଫ

କରାଯାଇଛି । ସେ ଦୃଢ଼ତାର ସହିତ ତାଙ୍କର ମତାମତ ଉପସ୍ଥାପନା କରିଥିଲେ ଯାହାଫଳରେ ଫାଇନାଲ୍ ଚାର୍ଜସିଟ୍‌ରୁ ସେମାନଙ୍କୁ ମୁକ୍ତି ମିଳିଥିଲା । ଏହିଭଳି ଘଟଣା ଯେ ଅନ୍ୟ କେଶ୍‌ରେ ହେଉ ନଥିବ, ତାହା କେବଳ ନ୍ୟାୟମୂର୍ତ୍ତିମାନେ ଜାଣନ୍ତି । ଏବଂ ସେମାନେ ବିଚାର କଲାବେଳେ ଖବର କାଗଜରେ କଣ ଲେଖା ହୋଇଥିଲା ବା ଗଣମାଧମରେ କଣ ପ୍ରଚାରିତ ହୋଇଥିଲା ତାହା ମନ ଭିତରେ ପୂରାନ୍ତି ନାହିଁ, ଯାହା ଫଳରେ ନିରୀହ ଲୋକମାନେ ଅନେକ ସମୟରେ ବର୍ତ୍ତିଯାଆନ୍ତି ।

୧୯୯୩ରେ ବମ୍ବେରେ ଘଟିଯାଇଥିବା ବେଦନାଦାୟକ କ୍ରମାନ୍ୱୟ ବିସ୍ଫୋରଣରେ ବହୁ ଲୋକଙ୍କ ଜୀବନ ହାନି ଘଟିଥିଲା ଏବଂ ଏହା ପ୍ରାକିସ୍ଥାନ ପ୍ରାୟୋଜିତ ବୋଲି ବହୁଧା ଆଲୋଚିତ ହୋଇଥିଲା, ସେତେବେଳର ଆସାମୀମାନେ ସଂଖ୍ୟାଲଘୁ ସଂପ୍ରଦାୟର ହୋଇଥିବାରୁ ଗୋଟିଏ ଧାରଣା ଜମାଟ ବାନ୍ଧିଥିଲା ଯେ ଏହା ଆପାତତଃ ସତ ହୋଇଥିବ; ମାତ୍ର ଏବର ନ୍ୟାୟାଳୟର ରାୟ ତାହାକୁ ଭୁଲ୍ ପ୍ରମାଣିତ କରିଛି । କିଛି ଗଣମାଧମ ଯେ କୌଣସି ହିଂସାତ୍ମକ କାର୍ଯ୍ୟକଳାପ ପଛରେ ଗୋଟିଏ ସଂପ୍ରଦାୟକୁ ଦୋଷୀ ଠଉରାଇବା ଏକ ଶୁଭ ସଂକେତ ନୁହେଁ। ଦୁଷ୍ଟ ଓ ବିଭାଜନକାରୀ ଯେକୌଣସି ସଂପ୍ରଦାୟର ହେବା ସମ୍ଭବ । ତେଣୁ ଏପରି ଅନୁମାନ ଜାତୀୟ ସଂହତିର ପରିପନ୍ଥୀ । ଅପରାଧୀର କୌଣସି ଜାତି ବା ଧର୍ମ ନଥାଏ । ଅବଶ୍ୟ ଏଇ ଆଧାରରେ ସଂପୂର୍ଣ୍ଣ ନିରୀହ ଲୋକଙ୍କୁ କାରାଗାରରେ ନିକ୍ଷେପ କରି ଏକ ରାଜନୈତିକ ଆଦର୍ଶର ପ୍ରତିପାଦନ କରିବା ବି ଏକ ଭୟଙ୍କର ବ୍ୟଖ୍ୟାନ ।

ନ୍ୟାୟାଳୟରେ କେହି ଦୋଷୀ ସାବ୍ୟସ୍ତ ନ ହେବା ଯାଏ ତାଙ୍କୁ ଅପରାଧୀ ବୋଲି କୁହାଯାଇପାରିବ ନାହିଁ; ମାତ୍ର ଆମର ନ୍ୟାୟ ବ୍ୟବସ୍ଥାରେ ବହୁ ଅପରାଧୀ ଦିନ ଦି ପହରେ ଖସିଯାଉଥିବା ଆମେ ଦେଖୁଛନ୍ତି । ଏହାର କାରଣ ହେଉଛି ବିଳମ୍ବିତ ପ୍ରକ୍ରିୟା । ଏଇ ବିଳମ୍ବ ଭିତର ଦେଇ ବହୁ ସାକ୍ଷୀ ନିଜର ମତ ପରିବର୍ତ୍ତନ କରନ୍ତି ଏବଂ ସମୟକ୍ରମେ ଘଟଣାର ଗୁରୁତ୍ୱ କମିଯାଏ । କେତେବେଳେ ସାକ୍ଷୀମାନଙ୍କୁ ଭୟ ପ୍ରଦର୍ଶନ କିମ୍ବା ଲୋଭ ଦେଖାଇ ସେମାନଙ୍କର ମତାମତକୁ ବଦଳାଇ ଦିଆଯାଏ । ସେମାନେ ପୋଲିସ ନିକଟରେ ଯାହା ପ୍ରାଥମିକ ଅବସ୍ଥାରେ ବୟାନ ଦେଇଥାନ୍ତି ସେଥିରୁ ନିଜକୁ ଓହରେଇ ନିଅନ୍ତି । ଆମର ବହୁ ଦିନ ପୂର୍ବରୁ ଚାଲିଆସିଥିବା ଅପରାଧିକ ଆଇନରେ ପୁଲିସ ନିକଟରେ ଦିଆଯାଇଥିବା ବୟାନ କୋର୍ଟରେ ଗ୍ରହଣଯୋଗ୍ୟ ହେବା ନିଶ୍ଚିତ ନୁହେଁ।

ବହୁ ବର୍ଷ ହେଲା ଆମ ଦେଶରେ ପ୍ରଚଳିତ ଥିବା ଭାରତୀୟ ଦଣ୍ଡ ସଂହିତା, ଅପରାଧିକ ଆଇନ, ପ୍ରମାଣ ଆଇନରେ ଏମିତି କିଛି ରହିଥିଲା ଯାହାକି ବିଳମ୍ବ ସୃଷ୍ଟି କରୁଥିଲା ବୋଲି ଅଭିଯୋଗ ହୋଇ ଆସୁଥିଲା । ନିକଟରେ ଭାରତୀୟ ପାର୍ଲିଆମେଣ୍ଟରେ

ଏଇ ଆଇନଗୁଡ଼ିକର ସମ୍ୟକ୍ ପରିବର୍ତ୍ତନ ମଞ୍ଜୁରି ପାଇଛି। ଖୁବ୍ ଶୀଘ୍ର ହୁଏତ ନୂଆ ଆଇନ ଆସିବ; ମାତ୍ର ସେଗୁଡ଼ିକର ବିଷୟରେ ଯେତିକି ଆଲୋଚନା ହେବା କଥା ତାହା ନ ହୋଇ ଥିବାରୁ ଏ ପର୍ଯ୍ୟନ୍ତ ଅନେକଙ୍କ ମନରେ ସନ୍ଦେହ ରହିଛି। ଆଶା ନୂଆ ଆଇନ ମାନ ଆସିଲେ ନ୍ୟାୟ ବ୍ୟବସ୍ଥା ବିଳମ୍ବ ଉପସର୍ଗରୁ ମୁକ୍ତି ପାଇବ।

ଆମ ପରି ସାଧାରଣ ଲୋକ ସିନା କୋର୍ଟମାନଙ୍କୁ ନ୍ୟାୟର ମନ୍ଦିର ଭାବନ୍ତି ମାତ୍ର ନ୍ୟାୟାଧୀଶଙ୍କୁ ଆପଣ ଯଦି ସେଇ ପ୍ରଶ୍ନ କରିବେ; ସେ ହୁଏତ କହିବେ ସେମାନେ ହେଉଛନ୍ତି ଆଇନର କୋର୍ଟ। Court of law ଆଉ କୋର୍ଟ ଅଫ୍ ଜଷ୍ଟିସ୍ ଭିତରେ କଣ ତଫାତ୍ ଅଛି ତାହା ବୁଝିଲେ ଆପଣଙ୍କ ମୁଣ୍ଡ ଗରମ ହୋଇଯିବ।

ଆସାମୀ ଦଣ୍ଡ ନ ପାଇ ଖସିଯିବାମାନେ ନୁହେଁ ଯେ ସେ ଦୋଷ କରିନାହାନ୍ତି, ଯେହେତୁ ପ୍ରୋସିକ୍ୟୁସନ ଅର୍ଥାତ୍ ସରକାରଙ୍କ ତରଫରୁ ତାଙ୍କର ଅପରାଧ ପ୍ରମାଣ କରାଯାଇପାରିଲା ନାହିଁ, ସେଥିପାଇଁ ସେ ମୁକୁଳିଗଲେ। ଅର୍ଥାତ୍ ସରକାରଙ୍କ ଦାୟିତ୍ୱ ଥାଏ ଅନେକ କେଶ୍‌ରେ ଅପରାଧ ପ୍ରମାଣ କରିବାକୁ। ସେଇ ଦାୟିତ୍ୱ ନେଇଥିବା ଅଧିକାରୀମାନେ ନିଜର ଦାୟିତ୍ୱ ଠିକ୍ ଭାବରେ ନ ତୁଲେଇବା ଫଳରେ ଫଳ ଏମିତି ଦିଗହୀନ ଆଦେଶ ହୋଇଥାଏ। ପ୍ରମାଣଗୁଡ଼ିକୁ ଅନେକ ସମୟରେ ଜାଣିଶୁଣି ନଷ୍ଟ କିମ୍ବା ବିକୃତ କରିଦିଆଯାଏ, ଯାହା ଫଳରେ ନ୍ୟାୟମୂର୍ତ୍ତି ଦଣ୍ଡ ଦେବା ପୂର୍ବରୁ ଦୃଢ଼ ନିଶ୍ଚିତ ହୋଇ ପାରନ୍ତି ନାହିଁ। ବଡ଼ ବଡ଼ ଓକିଲ ମଧ୍ୟ ଅନେକ ଜିରାରୁ ଶିରା କାଢ଼ି ନ୍ୟାୟ ପ୍ରକ୍ରିୟାକୁ ଦିଗ୍ଭ୍ରାନ୍ତ କରାନ୍ତି। ଅନୁଶୀଳନରୁ ଜଣାଯାଏ ବିଳମ୍ବ ହେଲେ ନ୍ୟାୟ ଚାହୁଁ ନଥିବା ପକ୍ଷର ଲାଭ ହୁଏ। ବିଳମ୍ବ ପଛରେ ଏହା ମଧ୍ୟ ଏକ କାରଣ ଯାହା କ୍ୱଚିତ୍ ଆଲୋଚିତ ହୁଏ।

ଥରେ ଜଣେ ଅବସରପ୍ରାପ୍ତ ନ୍ୟାୟାଧୀଶ କହୁଥିଲେ ପକ୍ଷ ଓ ପ୍ରତିପକ୍ଷର ଓକିଲ ସବୁବେଳେ ଜାଣିଥାନ୍ତି ପ୍ରକୃତ କଥା କ'ଣ ? କୋର୍ଟରେ ଯେଉଁ ମୋକଦ୍ଦମା ଚାଲେ ତାହା କେବଳ ଜଜ୍‌ସାହେବଙ୍କ ବୁଦ୍ଧି ପରୀକ୍ଷା ପାଇଁ। ବିଳମ୍ବ ପାଇଁ ଭାରତୀୟ ନ୍ୟାୟ ବ୍ୟବସ୍ଥା ସାରା ବିଶ୍ୱରେ ଚର୍ଚ୍ଚାରେ ରହୁଛି। ଆଶା କରିବା ନୂତନ ଦଣ୍ଡ ସଂହିତା ଏଇ ଧାରା ବଦଳେଇବାରେ ସହାୟକ ହେବ।

■

(ଓଡ଼ିଶା ଭାସ୍କର - ତା ୧୬.୧୦.୨୦୨୪ରିଖ)

ଟ୍ରକ୍ ଡାଲାରେ ସନାତନ

ଟ୍ରକ୍ କହିଲେ ଆମ ଆଖି ଆଗରେ ନାଚିଯାଏ କିଛି ଚାରିଚକିଆଠୁଁ ଆରମ୍ଭ କରି ଦଶବାର ଚକିଆ ଯାନ ଯାହା ବିଭିନ୍ନ ବସ୍ତୁ ବା ଦ୍ରବ୍ୟ ପରିବହନ କରେ। ସାଧାରଣତଃ ଏଇ ଜାତୀୟ ଯାନ ମାନେ ଯାତ୍ରୀ ପରିବହନ ପାଇଁ ଅନୁପଯୁକ୍ତ। ଏହାର ଉପରେ ନଥାଏ ଛାତ କିମ୍ବା ଅନ୍ୟ କିଛି ଉପବେଶନ ବ୍ୟବସ୍ଥା ଯାହା ଫଳରେ ଚଳମାନ ଯାନଟି ହଠାତ୍ ବ୍ରେକ୍ ଦେଲେ କିମ୍ବା ଗତି ବଢ଼େଇଲେ ନାହିଁ ବିନା ଅସୁବିଧାରେ ଯାଇପାରିବ ଯାତ୍ରୀଟିଏ। ଟ୍ରକ୍ ଡାଲାରେ ଯାଉଥିବା ସନାତନମାନେ ହେଉଛନ୍ତି ଅଗଣିତ ଶ୍ରମିକ ଯେଉଁମାନେ ତାଙ୍କର ଅଜ୍ଞାତ କର୍ମକ୍ଷେତ୍ରକୁ ସାମୟିକ ମାଲିକଙ୍କର ଇଙ୍ଗିତରେ ବାଲି, ସିମେଣ୍ଟ ବସ୍ତା ପରି ବୁହାହୋଇ ଯାଆନ୍ତି। ସେମାନଙ୍କ ଆରାମ'ତ ବହୁ ଦୂରର କଥା ତାଙ୍କର ନିରାପତ୍ତା ପାଇଁ ନ୍ୟୁନତମ ବ୍ୟବସ୍ଥା ନ ଥାଏ ସେଥିରେ। ଟ୍ରକ୍ ଡାଲାରୁ ଖସିପଡ଼ି କେହି କେବେ ଅକାଳ ମୃତ୍ୟୁବରଣ କଲେ ଇନ୍‌ସ୍ୟୁରେନ୍‌ସ ତରଫରୁ ବି କିଛି ସୁବିଧା ମିଳେନା କାରଣ ଏପରି ବିପଜ୍ଜନକ ଯାତ୍ରା ଆଇନ ବହିର୍ଭୂତ।

କିଏ ଖଣିରେ କାମ କରେ ତ କିଏ ବିଲରେ କାମ କରେ। କିଏ କଳକାରଖାନାରେ କାମ କରେ ତ କିଏ ଦପ୍ତରରେ, ହେଲେ ଏଇ ହରେକରକମ୍‌ର ଶ୍ରମିକମାନଙ୍କୁ ମୁଖ୍ୟତଃ ଦୁଇ ଭାଗରେ ବିଭକ୍ତ କରାଯାଇଥାଏ। ସଂଗଠିତ ଶ୍ରମିକ ଶ୍ରେଣୀ ଓ ଅଣସଂଗଠିତ ଶ୍ରମିକ ଶ୍ରେଣୀ। ସଂଗଠିତ ଶ୍ରମିକ ସେଇମାନଙ୍କୁ ବୁଝାଏ, ଯେଉଁମାନେ ଗୋଟିଏ ନିର୍ଦ୍ଦିଷ୍ଟ ସଂଗଠନ ଅଧୀନରେ କାର୍ଯ୍ୟ କରନ୍ତି ଏବଂ ସେମାନଙ୍କର ଚାକିରୀ କେତେକାଂଶରେ ସ୍ଥାୟୀ ତଥା ସେମାନଙ୍କର ଏକ ନିର୍ଦ୍ଦିଷ୍ଟ ମାସିକ ବେତନ ଥାଏ ଅଥବା ପ୍ରାପ୍ତିର ଆଶା ଥାଏ। ଏମାନେ ମାଲିକ ବା କର୍ତ୍ତୃପକ୍ଷଙ୍କ ଠାରୁ ଦରମା ଛଡ଼ା ବିଭିନ୍ନ ଛୁଟି ପାଇଥାନ୍ତି, ନିର୍ଦ୍ଦିଷ୍ଟ ଶିକ୍ଷା ନ ଥିଲେ ବି କାମର ଅଭିଜ୍ଞତା ଅନୁସାରେ ସେମାନେ ବାର୍ଷିକ ବଢ଼ା ଦରମା ବି ପାଆନ୍ତି। ବେଳେବେଳେ ଏମାନେ ଲେବର ୟୁନିଅନ ଗଢ଼ି ସଂଗଠନର କର୍ମକର୍ତ୍ତାଙ୍କୁ ଆହ୍ୱାନ

କରନ୍ତି। ବିଭିନ୍ନ ସମୟରେ ଆନ୍ଦୋଳନର ଡାକରା ଦିଅନ୍ତି ଏବଂ ଏହି କ୍ରମରେ ସେମାନଙ୍କର ଚାକିରୀ ସର୍ତ୍ତାବଳୀ କ୍ରମେ ଉନ୍ନତ ସ୍ତରକୁ ଯାଏ।

ଆମେ ବିଭିନ୍ନ ନିର୍ମାଣସ୍ଥଳରେ ଦେଖୁଥିବା ଶ୍ରମିକ, ଘରେ ନିୟୋଜିତ ହୋଇଥିବା ଶ୍ରମିକ, କର୍ମସଂସ୍ଥାନ ଆଶାରେ ନିରୁଦ୍ଦିଷ୍ଟ ଭାବରେ ଯାଉଥିବା ଶ୍ରମିକମାନେ ହେଉଛନ୍ତି ଆଉ ଏକ ଗୋଷ୍ଠୀ - ଯାହାଙ୍କୁ କୁହାଯାଏ ଅଣସଂଗଠିତ ଶ୍ରମିକ ଗୋଷ୍ଠୀ। ଏମାନେ କେବେ କେଉଁଠି କାମ କରିବେ ତାହା ନିର୍ଦ୍ଦିଷ୍ଟ ନଥାଏ, ବରଂ ଏମାନଙ୍କୁ କେତେ ମଜୁରୀ ମିଳିବ ତାର ମଧ୍ୟ ସଠିକତା ନଥାଏ। ଏମାନେ ପ୍ରକୃତରେ ହେଉଛନ୍ତି ସମାଜର ଏକ ଦୁଃଖୀ ଅଂଶୀଦାର। ଆର୍ଥିକ ଅନଗ୍ରସରତାର ସବୁଠୁଁ ତଳ ସ୍ତରରେ ଥିବା ଏଇ ଶ୍ରେଣୀର ଲୋକମାନେ ସାଧାରଣତଃ ମାମୁଲି ଶିକ୍ଷା ପାଇଥାନ୍ତି ଏବଂ ପରବର୍ତ୍ତୀ ସମୟରେ ସେମାନେ ଡ୍ରପଆଉଟ ହୋଇଥାନ୍ତି। ଉଦର ଜ୍ୱାଳା ଉପଶମ ପାଇଁ ଏମାନଙ୍କୁ ବିଭିନ୍ନ ସ୍ଥାନକୁ ଯିବାକୁ ପଡ଼ିଥାଏ ଆଉ ଦାରିଦ୍ର୍ୟ ହେତୁ ସେମାନଙ୍କର ବିଶେଷ କିଛି ସ୍ୱାଭିମାନ ନଥାଏ କହିଲେ ଚଳେ।

ନିଜ ନିଜ ଅଞ୍ଚଳରେ କର୍ମସଂସ୍ଥାନର ବିଶେଷ ସୁଯୋଗ ନଥିବାରୁ ଆମ ରାଜ୍ୟର ପଶ୍ଚିମାଞ୍ଚଳରୁ ବହୁ ଶ୍ରମିକ ଦାଦନ ଖଟିବାକୁ ବାହାର ରାଜ୍ୟକୁ ପ୍ରତିବର୍ଷ ଯାଆନ୍ତି। ଏହି ଜାତୀୟ ଶ୍ରମିକଙ୍କର ସ୍ୱାର୍ଥକୁ ଦୃଷ୍ଟିରେ ରଖି ଇଣ୍ଟରଷ୍ଟେଟ୍ ମାଇଗ୍ରେଣ୍ଟ୍ ଲେବର ଏକ୍ଟ ଅନେକ ଦିନରୁ ପ୍ରଚଳିତ ଅଛି। ଏହାର ପ୍ରାବଧାନ ଅନୁସାରେ ଯେଉଁ ଶ୍ରମିକ କଣ୍ଟ୍ରାକ୍ଟର ଶ୍ରମିକମାନଙ୍କୁ ନେବା କଥା ସେମାନଙ୍କର ପଞ୍ଜୀକରଣ ଜରୁରୀ। ମାତ୍ର ପଞ୍ଜୀକରଣଠାରୁ ବହୁ ଅଧିକ ଲୋକ ଦାଦନ ପାଇଁ ବାହାର ରାଜ୍ୟକୁ ଯାଉଥିବା କଥା କୋଭିଡ୍ ମହାମାରୀ ବେଳେ ଲୋକଲୋଚନକୁ ଆସିଲା। କର୍ମସଂସ୍ଥାନ ପାଇଁ ଯେକୌଣସି ରାଜ୍ୟକୁ ଜଣେ ଯାଇପାରିବ ଏହା ସଂପୃକ୍ତ ବ୍ୟକ୍ତିଙ୍କର ସମ୍ବିଧାନ ପ୍ରଦତ୍ତ (Fundamental Right) ମୌଳିକ ଅଧିକାର; ମାତ୍ର ସେ ଯେପରି ବାହାର ରାଜ୍ୟରେ ଶୋଷଣର ଶିକାର ହେବନାହିଁ। ସେଠାରେ ଶ୍ରମିକ ଓ ତାର ପରିବାର ପାଇଁ ଉପଯୁକ୍ତ ସ୍ୱାସ୍ଥ୍ୟ ଓ ଶିକ୍ଷାର ସୁଯୋଗ ମିଳିବ। ତାକୁ ସୁନିଶ୍ଚିତ କରିବା ପାଇଁ ଏଇ ଆଇନ ରହିଛି। ଆମ ରାଜ୍ୟରୁ ପ୍ରାୟ ବାର୍ଷିକ ଦଶଲକ୍ଷ ଲୋକ ବାହାର ରାଜ୍ୟକୁ ଦାଦନ ଶ୍ରମିକ ଭାବରେ ଯାଉଥିବା ଆମ ପାଇଁ ଲଜ୍ଜାଜନକ। କିପରି ଆମର ଶ୍ରମିକମାନେ ବାହାର ରାଜ୍ୟକୁ ନଯାଇ ନିଜ ରାଜ୍ୟରେ କାମ କରିବର ସୁଯୋଗ ପାଇବେ ଏଥିପାଇଁ ସରକାରଙ୍କ ତରଫରୁ ବହୁ ବ୍ୟବସ୍ଥା କରାଯାଇଛି। ଶ୍ରମ ବିଭାଗର ସଂଯୋଜନାରେ ପଞ୍ଚାୟତିରାଜ ବିଭାଗ, ଗ୍ରାମ୍ୟ ଉନ୍ନୟନ ବିଭାଗ, ବିଦ୍ୟାଳୟ ଓ ଗଣଶିକ୍ଷା ବିଭାଗ ଏବଂ ପୁଲିସ ବିଭାଗ ସମନ୍ୱୟରେ ଅନେକ କାର୍ଯ୍ୟକ୍ରମ ହାତକୁ ନିଆଯାଇଛି।

କର୍ମସଂସ୍ଥାନ ପାଇଁ ମହାତ୍ମାଗାନ୍ଧୀ ନରେଗା (MGNREGA) ମାଧ୍ୟମରେ ପ୍ରତି ଶ୍ରମିକଙ୍କୁ ଅନ୍ତତଃ ଶହେ ଦିନର କାମ ଯୋଗାଇ ଦେବା ପାଇଁ ବ୍ୟବସ୍ଥା ରହିଛି। ନରେଗା ମଜୁରି କମ୍‌ଥିବାରୁ ତାକୁ ରାଜ୍ୟ ସରକାରଙ୍କ ଅଣକୁଶଳୀ ଶ୍ରମିକଙ୍କ ଦୈନିକ ମଜୁରି ସହିତ ସମାନ ମଜୁରି ଦିଆଯିବାକୁ ବ୍ୟବସ୍ଥା ରହିଛି; ମାତ୍ର ପ୍ରଶାସନିକ ଶୃଙ୍ଖଳା ଅଭାବରୁ ଜଣେ ନରେଗାରେ କାମ କଲେ ମଜୁରି ପାଉ ପାଉ ପନ୍ଦରଦିନ ବା ମାସେ ବିଳମ୍ବ ହେଉଛି। ଶ୍ରମିକମାନଙ୍କର ଭରସା ପାଉନାହିଁ ଯେ ସେମାନେ ଦାଦନ ନ ଗଲେ ଏଠାରୁ ମଜୁରି ନେଇ ଘର ଚଳାଇ ପାରିବେ।

ଯେଉଁ ଶ୍ରମିକମାନେ ବାହାର ରାଜ୍ୟରେ ଦାଦନ ଶ୍ରମିକ ଭାବରେ କାମ କରୁଛନ୍ତି, ସେମାନଙ୍କ ଜବ୍‌କାର୍ଡ଼ ବିନିଯୋଗ କରାଯାଇ କେତେକ ବ୍ଲକରେ ମେସିନ୍ ଦ୍ୱାରା ନରେଗା କାମ କରାଯାଉଛି ବୋଲି ଅଭିଯୋଗ ହେଉଛି। ତାହା ଅନେକାଂଶରେ ସତ।

ଦାଦନ ପାଇଁ ଯାଉଥିବା ଶ୍ରମିକଙ୍କର ବଡ଼ ପ୍ରେରଣା ହେଉଛି ଯେ ସେମାନଙ୍କୁ ଅଗ୍ରୀମ ଅର୍ଥ ମିଳୁଛି। ଜଣକୁ କୋଡ଼ିଏ ହଜାର ଟଙ୍କା ଲେଖାଏଁ। ତା ବାହାରେ ମଧ୍ୟସ୍ଥମାନେ ଜଣକ ପିଛା ପ୍ରାୟ ଦଶ ହଜାର ପାଉଛନ୍ତି। ନୂଆଖାଇ ପର୍ବରେ ସେମାନେ ଏତେ ବ୍ୟୟବହୁଳ ଖର୍ଚ୍ଚମାନ କରନ୍ତି ଯାହା ସେମାନଙ୍କୁ ବିପଦକୁ ଡାକି ଆଣୁଛି। ପ୍ରଶାସନିକ କଳରେ ଥିବା ଅନେକ ଏଥିରୁ ଲାଭ ପାଉଥିବାରୁ ବୋଧହୁଏ ଏଇ ଦାଦନଯାତ୍ରା ଥମିବାର ନାଁ ଧରୁନାହିଁ। କେବେ କେମିତି ଲୋକଦେଖାଣିଆ ଭାବରେ ଷ୍ଟେସନରୁ ଦାଦନ ଯାଉଥିବା ଲୋକଙ୍କୁ ଟ୍ରେନ୍‌ରୁ ଓହ୍ଲାଇ ଦିଆଯାଉଛି। କେବେ ପୁଣି ଠିକାଦାରମାନଙ୍କୁ ପୋଲିସ କାଁ ଭାଁ ଆରେଷ୍ଟ କଲେ ବି ସପ୍ତାହକ ଭିତରେ ସେମାନେ ଜାମିନ୍ ପାଇ ଫେରି ଆସି ଦ୍ୱିଗୁଣିତ ଉତ୍ସାହରେ ସେମାନଙ୍କ କାମ ଜାରି ରଖୁଛନ୍ତି। ସରକାରଙ୍କ ରାଜନୈତିକ ଇଚ୍ଛାଶକ୍ତି କମ୍ ଥିବାରୁ ଏହି କାର୍ଯ୍ୟରେ ପ୍ରଶାସନିକ ସଫଳତା ମିଳୁନାହିଁ। ମାଗାସେସେ ପୁରସ୍କାରପ୍ରାପ୍ତ ସାମ୍ବାଦିକ ପି. ସାଇନାଥଙ୍କର ଗୋଟିଏ ବିଖ୍ୟାତ ବହି ଅଛି ଯା'ର ନାଁ ହେଲା 'ମରୁଡ଼ି ହେଲେ ସଭିଏଁ ଖୁସି' ଠିକ୍ ସେଇମିତି କଥା ଏଇଟି !

ଦାଦନ ଯାଉଥିବା ଲୋକମାନେ ଅନେକ ସମୟରେ ବାହାର ରାଜ୍ୟରେ ଅକଥନୀୟ ନିର୍ଯ୍ୟାତନାର ଶିକାର ହୁଅନ୍ତି। ଶାରୀରିକ ଶୋଷଣ ମଧ୍ୟ ତା ଭିତରେ ଅନ୍ତର୍ଭୁକ୍ତ। ଏହା ଗୋଟିଏ ରାଜ୍ୟର ସମ୍ମାନର ପରିପନ୍ଥୀ, କିପରି ଲୋକମାନେ ବାହାର ରାଜ୍ୟକୁ ଶାରୀରିକ କାମ ମୁଖ୍ୟତଃ ଇଟା ତିଆରିରେ ନିୟୋଜନ ପାଇଁ ନଯାଇ ନିଜ ରାଜ୍ୟରେ କାମ କରି ଗୁଜୁରାଣ ମେଣ୍ଟେଇ ପାରିବେ, ତାହା ସରକାରଙ୍କ ଦୃଷ୍ଟି ଆକର୍ଷଣ କରିଥିଲା। ସରକାର ଏଥିପାଇଁ ଏକ ଦଶଦଫା କାର୍ଯ୍ୟକ୍ରମ ଘୋଷଣା କରିଥିଲେ, ତାହା ସହିତ ନୋବେଲ ପୁରସ୍କାରପ୍ରାପ୍ତ ଅର୍ଥଶାସ୍ତ୍ରୀ ଅଭିଜିତ୍ ମୁଖାର୍ଜୀଙ୍କର ଏକ ସଂସ୍ଥା ସହିତ ଦାଦନ

ଦୂରୀକରଣ ପାଇଁ ଏକ ଚୁକ୍ତିନାମା ସ୍ୱାକ୍ଷର କରିଥିଲେ। ଯେହେତୁ କିଛି ଫଳପ୍ରଦ ନିଷ୍କର୍ଷ ଏଥିରୁ ମିଳିନାହିଁ, ତାହା କେବଳ ଏକ ପ୍ରଚାର ସର୍ବସ୍ୱ ଅଭିଯାନ ଭିତରେ ସୀମିତ ହୋଇଗଲା ବୋଲି କହିଲେ ଅତ୍ୟୁକ୍ତି ହେବ ନାହିଁ।

ଦାଦନ ଯାଉଥିବା ଶ୍ରମିକମାନଙ୍କୁ ନିର୍ମାଣ ଶ୍ରମିକ ଭାବରେ ଅନ୍ତର୍ଭୁକ୍ତ କରାଯାଇ ସେହି ଯୋଜନାରେ ମିଳୁଥିବା ବିଭିନ୍ନ ସୁବିଧା ସୁଯୋଗ ସେମାନଙ୍କୁ ଉପଲବ୍ଧ କରାଯାଇଛି। ସେମାନଙ୍କର ପିଲାମାନଙ୍କୁ ମାଗଣାରେ ହଷ୍ଟେଲରେ ରହିବାର ବ୍ୟବସ୍ଥା କରାଯାଇଛି। ଦଳୀୟ କୁଜିନେତାଙ୍କ ଚକ୍ରବ୍ୟୁହରେ ଅନେକ ସରକାରୀ ଯୋଜନା ଆଶାନୁରୂପ ଅଗ୍ରଗତି ନହେବା ପରି ଏହି ଯୋଜନା ମଧ୍ୟ ଲକ୍ଷ୍ୟଠାରୁ ବହୁ ଦୂରରେ; ଫଳତଃ ହୀନିମାନ ସନାତନମାନେ ଫୁଙ୍ଗୁଳା ଦେହରେ ଟ୍ରକ୍ ଡାଲାରେ ଆଜିବି ବସିଛନ୍ତି ଏକ ନିରୁଦ୍ଦିଷ୍ଟ ଭବିଷ୍ୟତର ସନ୍ଧାନରେ।

'ଟ୍ରକ୍ ଡାଲାରେ ସନାତନ' ବିଶିଷ୍ଟ ଓଡ଼ିଆ କବି ପ୍ରସନ୍ନ କୁମାର ମିଶ୍ରଙ୍କର ଏକ ଅନବଦ୍ୟ କବିତା ସଂକଳନ, ଯେଉଁଥିରେ କବି ମେହେନତି ମଣିଷଙ୍କର କଥା କହିଛନ୍ତି - ସେମାନେ ଜୀବନ ସାରା ଖାଲି ସଂଗ୍ରାମ କରନ୍ତି କେବଳ ବଂଚିରହିବା ପାଇଁ। ସେମାନଙ୍କର ଉଦାସ ଚାହାଣୀ, ଅଳ୍ପ ଦାମ୍‌ରେ କିଣା ହୋଇଥିବା ଗେଞ୍ଜି ଓ ଗାମୁଛା, କେବେ ଥରେ ଅଧେ ଖୁସିରେ ଆମିଷ ଖାଇଦେଇ ଆତ୍ମସନ୍ତୋଷ ଆପଣେଇବାର ଅଭିବ୍ୟକ୍ତି ଭିତରେ ବିତୁଥିବା ଦିନମାନେ କ୍ୱଚିତ୍ ସମବେଦନା ସୃଷ୍ଟି କରନ୍ତି। ତାଙ୍କରି ଶ୍ରମରେ ମାଲିକ ହୁଏ ମାଲାମାଲ୍ ଅଥଚ ସେମାନେ ଚିରକାଳ ଅପପୁଷ୍ଟି ଓ ଅପବାଦର ଅଙ୍କାବଙ୍କା ଗଳିରେ। ସତରେ କେବେ ବଦଳିବ ସନାତନମାନଙ୍କର ଭାଗ୍ୟ ଓ ଭବିଷ୍ୟତ! ନା ଏମାନେ ଚିରକାଳ ଉପହାସ କରୁଥିବେ ଇତିହାସକୁ। ଯେମିତି ଲକ୍ଷ୍ୟ କରିଛନ୍ତି କବି ସଚ୍ଚି ରାଉତରା 'କୋଣାର୍କ' କବିତାରେ!

"ଅମର ହୋଇବ କାଳର କରାଳେ ଯେଣୁ ଜଣକର ନାମ
ଲକ୍ଷ ବେନାମୀ ଜୀବନରେ ତେଣୁ ଗଢ଼ାହେଲା ସମଶାନ।"

■

(ପ୍ରମେୟ - ତା ୭.୧୧.୨୦୨୪ରିଖ)

ତେଲ ମାଲିସ

ଆକ୍ଷରିକ ଅର୍ଥରେ ତେଲ ମାଲିସ କାହାକୁ ବା ଭଲ ନ ଲାଗେ ! ଏହା ରକ୍ତ ସଂଚାଳନ ଉପରେ ଅନୁକୂଳ ପ୍ରଭାବ ପକାଏ, କ୍ଳାନ୍ତି ଅପନୋଦନ କରେ ଏବଂ ମନ ଓ ଶରୀର ଉଭୟକୁ ସତେଜ କରେ । ପ୍ରାଚୀନ ଭାରତୀୟ ଆୟୁର୍ବେଦରେ ମଧ୍ୟ ଏହା ବିଷୟରେ ବିଶେଷ ଉଲ୍ଲେଖ ରହିଛି ଏବଂ କେରଳରେ ବହୁ ଆୟୁର୍ବେଦ କ୍ଲିନିକ୍‌ମାନ ରହିଛି, ଯେଉଁଠିକୁ ଅନେକ ଲୋକ ଯାଇ ଉପଶମ ପାଇଥାନ୍ତି । ବହୁ ପଞ୍ଚତାରକା ହୋଟେଲରେ ମଧ୍ୟ ବିଭିନ୍ନ ନାଁରେ ମାଲିସ ରହିଛି ଯାହା ଖୁବ୍ ବ୍ୟୟବହୁଳ । ଥାଇଲାଣ୍ଡ ଏପରି ଦେଶ ଯେଉଁଠି ପର୍ଯ୍ୟଟନ ଏତେ ଅଗ୍ରଗତି କରିଛି ଏବଂ ଏହାର ମୌଳିକ ସେବା ହେଲା ମାଲିସ ।

ବିଜ୍ଞାନର ଅଭିବୃଦ୍ଧି ଓ ଗବେଷଣା ପଦ୍ଧତି ଅନୁସୃତ ହୋଇ ତେଲ ମାଲିସ ଏକ ବିଶାଳ ଅବସର ବିନୋଦନ ଉପଚାର ପାଲଟିଛି । କେତେବେଳେ ସୁଗନ୍ଧିତ ତୈଳର ବ୍ୟବହାର ତ କେତେବେଳେ ଏକ୍ୟୁପ୍ରେସର କିମ୍ବା ଏକ୍ୟୁପଙ୍କ୍‌ଚରର ପ୍ରୟୋଗ ଏହାକୁ ବିଶେଷ ଆମୋଦଦାୟକ କରି ଗଢ଼ିତୋଳିଛି । ତେଲ ମାଲିସ କରୁଥିବା ସହଯୋଗୀ ବହୁ ପରିଶ୍ରମ କଲେ ବି ମାଲିସ୍ ଖାଉଥିବା ଖାଉନ୍ଦ କର୍ମଜୀବିଟିର ଦୁଃଖ ଅନୁଭବ କରିପାରେ ନାହିଁ । ଶାସକ ଓ ଶୋଷିତଙ୍କର ଜୀବନ ଧାରା ଦୁଇଟି ସମାନ୍ତରାଳ ରେଖା ପରି ଚାଲେ, କେହି କାହାକୁ ମାଲିସ ସମୟ ପରେ ଚିହ୍ନନ୍ତି ନାହିଁ ।

ହେଲେ ଆଜିକାଲି ତେଲ ମାଲିସ କହିଲେ ଆପଣ କ'ଣ ଏଇ ମସାଜ ନେବାକୁ ବୁଝିବେ ? ଆପଣ ଠିକ୍ ବୁଝିସାରିବେଣି ଏହାର ଅର୍ଥ ! ପ୍ରକାରାନ୍ତରେ ଏହା ତୋଷାମଦର ଏକ ପ୍ରତିରୂପ ପାଲଟି ଯାଇଛି । ଯେଉଁ କାମ ସିଧା ସଳଖ ଭାବରେ ହୋଇପାରେନା ତେଲ ମାଲିସରେ ସିଦ୍ଧହସ୍ତ ଯେଉଁମାନେ ସେମାନଙ୍କ ପାଇଁ ତାହା ହୁଏ ବାଁ ହାତର ଖେଳ । ସେମାନେ କଥା କହିବାରେ ଏତେ ଓସ୍ତାଦ ଏବଂ ସେମାନଙ୍କ

କଥାରେ ଏତେ ମହକ ଏତେ ଲାଳିତ୍ୟ ଥାଏ ଯେ ଅନେକ ସେଇଥିରେ ବଶ ହୋଇଯାଆନ୍ତି। ଖାଲି ଖୁସି ହୁଅନ୍ତି ନାହିଁ ସବୁ କୃପା ଆଉ ଅନୁକମ୍ପା ଅଜାଡ଼ି ଦିଅନ୍ତି।

ମୌଳିକ ଆବଶ୍ୟକତା ବାହାରେ ମଣିଷର ଆହୁରି ଅନେକ ଚିଜ ଦରକାର ପଡ଼େ ମନସ୍ତାତ୍ତ୍ୱିକ ସ୍ତରରେ। କେତେବେଳେ ନିଜକୁ ଗୁରୁତ୍ୱପୂର୍ଣ୍ଣ ମନେ କରି ସେ ଖୁସି ହୁଏ ପୁଣି କେବେ ନିଜର ପ୍ରଶଂସା ଶୁଣି। ରାଜା ରାଜୁଡ଼ା ସମୟରେ ରାଜାଙ୍କ ଦରବାରରେ କିଛି ଲୋକ ଖାସ୍ ନିଯୁକ୍ତ ହେଉଥିଲେ ରାଜାଙ୍କୁ ଖୁସି କରିବା ପାଇଁ। ରାଜା ଦିନରାତି କାମକରି ଯେତେବେଳେ କ୍ଳାନ୍ତ ଅଥବା ଅବସାଦ ଗ୍ରସ୍ତ ହୋଇଯାଉଛନ୍ତି ତାଙ୍କ ମନରେ ଖୁସି ବାହାଲ କରିବା ପାଇଁ ତାହା ବୋଧହୁଏ ଥିଲା ଏକ ସୁଚିନ୍ତିତ ପଦକ୍ଷେପ। ଯେତେବେଳେ ମନୋରଞ୍ଜନର ବିବିଧ ମାଧ୍ୟମ ଉପଲବ୍ଧ ନଥିଲା; ମାତ୍ର ଅଧଃପତନର କ୍ରମରେ ତୋଷାମଦି କେବଳ ପ୍ରଶଂସାରେ ସୀମିତ ନ ରହି ମିଛ ପ୍ରଶଂସା ଦିଗରେ ପ୍ରସାରିତ ହେଲା। ସତର ସିନା ଗୋଟାଏ ରୂପ ଥାଏ ହେଲେ ମିଛର ବା ସୀମା କାହିଁ ! ତେଣୁ କ୍ରମେ କ୍ଷମତାସୀନ ଲୋକମାନେ ପ୍ରଶଂସା ଶୁଣିବାକୁ ବ୍ୟାକୁଳ ହେଲେ ଆଉ କ୍ଷମତା ବା ଅର୍ଥରୁ କାଣିଚାଏକୁ ଆଶା କରୁଥିବା ଲୋକ ତାହା ଯୋଗାଇ ଦେବାରେ କାର୍ପଣ୍ୟ କରନ୍ତେ ବା କିଆଁ !

ପୂର୍ବତନ ଗଡ଼ଜାତ ରାଜ୍ୟ ନୀଳଗିରିର ରାଜାଙ୍କର ମାଛ ଧରିବା ଥିଲା ଗୋଟାଏ ସଉକ, ରାଜନଅର ପାଖ ଶଙ୍କରାଖୁଣ୍ଟା ପୋଖରୀରେ ହୁଇଲ୍ ବନ୍‌ଶୀ ପକାଇ ମାଛ ଧରିବାରେ ସେ ଥିଲେ ପାରଙ୍ଗମ। ତାଙ୍କ ମାଛ ଧରା ଦେଖିବାକୁ ଲୋକଙ୍କ ଭିଡ଼ ଲାଗେ। ଥରେ ଗୋଟିଏ ମାଛ ତାଙ୍କ ବନ୍‌ଶୀରେ ଲାଗିଲା। ବହୁ ଛକାପଞ୍ଝା ପରେ ମାଛଟିକୁ ସେ ଉପରକୁ ଆଣିଲେ ଓ ତାଙ୍କ ଓଠରେ ଥିଲା ଦିଗ୍‌ବିଜୟର ହସ। ତାଙ୍କଠାରୁ କିଛି ଦୂରରେ ଥିବା ସ୍କୁଲ ସବ୍ ଇନିସ୍‌ପେକ୍ଟରଙ୍କୁ ପଚାରିଲେ – ହଇହୋ ମାଷ୍ଟ୍ରେ, କେତେ ଓଜନ ହେବ ମାଛଟି ? ସବ୍‌ଇନିସ୍‌ପେକ୍‌ଟର କହିଲେ – ସାର୍ ବଡ଼ ରୋହି ମାଛ, ଓଜନ ପ୍ରାୟ ତିନି କେଜି ହେବ। ରାଜା ଗମ୍ଭୀର ଦିଶିଲେ, ଏତିକି ବେଳେ ଅଦୂରରେ ଠିଆ ହୋଇଥିବା ଚାଟୁକାରଟି କହିଲା, ମହାପ୍ରଭୁ, ମାଷ୍ଟର ଲୋକ ମାଛର ଓଜନ କାହୁଁ ଜାଣିବେ ? ଆପଣ ଯେଉଁ ମାଛଟି ଧରିଲେ ତାହା ପ୍ରାୟ ଦେଢ଼ ମହଣ ହେବ। ରାଜାଙ୍କ ଅପହୃତ ହସଟି ପୁନର୍ବାର ଉକୁଟି ଉଠିଲା। ତା' ପରଦିନ ଜଣାପଡ଼ିଲା ତୋଷାମଦକାରୀଙ୍କୁ ମିଳିଛି କିଛି ପୁରସ୍କାର ଏବଂ ଏକଦମ୍ ସତ୍ୟ ତଥ୍ୟ ପ୍ରଦାନ ପାଇଁ ସବ୍‌ଇନିସ୍‌ପେକ୍ଟରଙ୍କ ବଦଳି ହୋଇଛି ପନ୍ଦର କିଲୋମିଟର ଦୂରକୁ। ରାଜାଙ୍କୁ ସର୍ବସାଧାରଣରେ ନିନ୍ଦିତ କରିଥିବା ଅଭିଯୋଗରେ, ଏହା ସ୍ୱାଧୀନତା ପୂର୍ବର କଥା।

ରାଜ ଦରବାରରେ ମଧ୍ୟ କବି ରହୁଥିଲେ ଯେଉଁମାନେ ରାଜାଙ୍କ ପାଇଁ ଭଣିତି ଲେଖୁଥିଲେ। ପ୍ରଶଂସାରେ ପୋତି ପକାଉଥିଲେ ତାଙ୍କୁ ଏବଂ ରାଜାଙ୍କୁ ଧାରଣା ଦେଉଥିଲେ ଯେ ଅକ୍ଷରରେ କେବେ କ୍ଷୟ ହୁଏ ନାହିଁ, ଅର୍ଥାତ୍ ରାଜାଙ୍କ ବିଷୟରେ ଯେଉଁ କବିତା ଲେଖାହେଲା ତାହା ଯାବତ୍ ଚନ୍ଦ୍ରାର୍କେ ରହିଥିବ; ମାତ୍ର ମିଛ ପ୍ରଶଂସାସୂଚକ ସେଇ ଲେଖାମାନ ଯେ ରାଜାଙ୍କ ଅବର୍ତ୍ତମାନରେ ବି ତାଙ୍କୁ ତାଛଲ୍ୟ କରୁଥିବେ ସେ କଥା କ'ଣ ରାଜା କେବେ ଚିନ୍ତା କରିଥିବେ? ସ୍ୱାଧୀନଚେତା ଜଣେ କବିଙ୍କୁ ଜଣେ ପୁରୀର ରାଜା ଡକାଇ ତାଙ୍କ ପାଇଁ ଚଉପଦୀ ଲେଖିବାକୁ ଅନୁରୋଧ କରନ୍ତେ ତାହାକୁ ସେ ନମ୍ରତାର ସହ ପ୍ରତ୍ୟାଖ୍ୟାନ କରିଥିଲେ ଏବଂ କହିଥିଲେ ଯେ ସେ କେବଳ ଚଉବାହାଙ୍କ ପାଇଁ ଚଉପଦୀ ଲେଖନ୍ତି। ରାଜା ଏଥିରେ ଉତ୍କ୍ଷିପ୍ତ ହୋଇ ତାଙ୍କୁ ତୁରନ୍ତ ରାଜ୍ୟରୁ ବହିଷ୍କାର କରିଥିଲେ। ଭକ୍ତକବି ଦୀନକୃଷ୍ଣ ମଧ୍ୟ ଏହିପରି ଭାବରେ ରାଜକୃପା ପରିବର୍ତ୍ତେ ରାଜରୋଷର ଶିକାର ହୋଇଥିଲେ ବୋଲି କୁହାଯାଏ। ତୋଷାମଦ ପଛରେ ଏକ ସୁଚିନ୍ତିତ ମିଥ୍ୟା ଷଡ଼ଯନ୍ତ୍ର ରହିଥାଏ ବୋଲି ଅନେକ ସମୟରେ ରାଜନ୍ୟ ବର୍ଗ ଜାଣି ପାରନ୍ତି ନାହିଁ। ତାହାହିଁ ପରବର୍ତ୍ତୀ ସମୟରେ ସେମାନଙ୍କ ପାଇଁ କାଳ ହୋଇଥାଏ।

ରାଜତନ୍ତ୍ର ପରେ ଅଧିକାଂଶ ଦେଶରେ ଗଣତନ୍ତ୍ର ପ୍ରତିଷ୍ଠିତ ହୋଇଛି; ମାତ୍ର ଗଣତନ୍ତ୍ରରେ ଯେଉଁମାନେ ଦେଶର ଶାସକ ବା ପ୍ରଶାସକ ସେମାନଙ୍କ ଭିତରୁ ଅନେକ ତୋଷାମଦକୁ ଭଲ ପାଆନ୍ତି। ତୋଷାମଦକାରୀମାନେ ଏତେ ବୁଦ୍ଧିମାନ ଯେ ସେମାନେ ତାଙ୍କର ପ୍ରଭୁଙ୍କ ରୁଚିକୁ ଲକ୍ଷ୍ୟକରି ନିଜର କୌଶଳ ପ୍ରୟୋଗ କରିଥାନ୍ତି ଓ ସବୁବେଳେ ସଫଳକାମ ହୁଅନ୍ତି। କର୍ମବୀରମାନେ ବାକ୍ୟବୀରମାନଙ୍କ ଐନ୍ଦ୍ରଜାଲିକ ବାକ୍‌ପଟୁତା ଆଗରେ ଫେଲ୍ ମାରନ୍ତି।

ବହୁ ବର୍ଷତଳେ କଲେଜ ଅଧ୍ୟୟନ କାଳରେ ଜଣେ ଧୂରୀଣ ଅଧ୍ୟାପକ ଗୋଟିଏ କଥା କହିଥିଲେ ଯାହା ସେତେବେଳେ ବୁଝିପାରି ନଥିଲି। ସେ କଥାଟି ହେଲା – Blood is thicker than water। ଧରନ୍ତୁ ଦୁଇଜଣ ଏକା ଅଫିସ୍‌ରେ ସମାନ କାମ କରୁଛନ୍ତି ଏବଂ ସେମାନଙ୍କର କାର୍ଯ୍ୟ ଫଳାଫଳ ଏକାରକମର; ମାତ୍ର ଯିଏ କାମ ସହିତ ହାକିମଙ୍କ ପାଖରେ ବସା ଉଠା କରି ତାଙ୍କର ଖୁବ୍ ଛୋଟ ଛୋଟ କାମକୁ ତାରିଫ୍ କରନ୍ତି ସେ ଆଉଜଣକ ଠାରୁ ସି.ସି.ଆର ଲେଖାବେଳେ ଯଥେଷ୍ଟ ଉପରେ ଥାଆନ୍ତି। ସେତେବେଳେ ମୋର ଅଧ୍ୟାପକ ମହୋଦୟଙ୍କ କଥା ମନେ ପଡ଼ିଲା ଆଉ ସେଇ ଅବୁଝା କଥାଟି ସଙ୍ଗେ ସଙ୍ଗେ ହୃଦ୍‌ବୋଧ ହୋଇଗଲା।

ବିଭିନ୍ନ ଧର୍ମଶାସ୍ତ୍ରରେ ତୋଷାମଦକୁ ତ୍ୟାଗ କରିବା ପାଇଁ ପରାମର୍ଶ

ଦିଆଯାଇଛି । ବାଇବେଲରେ ତୋଷାମଦକୁ ଘୃଣା କରାଯାଇଛି ଏବଂ ଏହା ପରିତ୍ୟଯ୍ୟ ଭାବରେ ଦର୍ଶାଯାଇଛି । ହିନ୍ଦୁଧର୍ମର ବହୁ ଗ୍ରନ୍ଥରେ ତୋଷାମଦ ଅକାର୍ଯ୍ୟ ଭାବରେ ପ୍ରଦର୍ଶିତ । ଶ୍ରୀମଦ୍ ଭଗବତ୍ ଗୀତାର ଦ୍ୱାଦଶ ଅଧ୍ୟାୟରେ ଭଗବାନ କେଉଁମାନଙ୍କୁ ଭଲ ପାଆନ୍ତି ତା'ର ଏକ ବିବରଣୀ ଦିଆଯାଇଛି । ତା' ଭିତରେ ଅଛନ୍ତି ସେଇମାନେ ଯେଉଁମାନେ ନିନ୍ଦା ବା ପ୍ରଶଂସାକୁ ସମାନ ଭାବରେ ଦେଖନ୍ତି । ଅର୍ଥାତ୍ ସେମାନେ ନିନ୍ଦା ପାଇଲେ ଯେମିତି ଦୁଃଖିତ ହୁଅନ୍ତି ନାହିଁ ପୁନର୍ବାର ପ୍ରଶଂସା ଶୁଣିଲେ ବି ଖୁସି ହୁଅନ୍ତି ନାହିଁ । ତା' ଅର୍ଥ ଭଗବାନଙ୍କ ପ୍ରିୟମାନଙ୍କ ଭିତରେ ତୋଷାମଦକାରୀ ଏବଂ ସେମାନଙ୍କ ମୁନିବମାନେ ନଥାନ୍ତି କେବେ । ଏତେସବୁ ଐତିହାସିକ ଆଉ ପୌରାଣିକ ଯୁକ୍ତି ସତ୍ତ୍ୱେ କଳିଯୁଗରେ ତୋଷାମଦକାରୀମାନଙ୍କ ପଲାଭାରି । ଆପଣଙ୍କ ପରି ସାଦାସିଧା ଲୋକଟିର ବାପା ମରିଗଲେ ବି ହାକିମ ଶୁଦ୍ଧିକ୍ରିୟା ପାଇଁ ଛୁଟି ଦେବାକୁ କୁନ୍ଥକୁନ୍ଥ ହେଉଥିବେ ଅଥଚ ତାଙ୍କ ଚାରିକଡ଼ରେ ଘିରିଘିରି ହୋଇ ବୁଲୁଥିବା ତୋଷାମଦିଆମାନେ ଯେକୌଣସି କାମର ଦ୍ୱାହି ଦେଇ ମନ ଇଚ୍ଛା ଛୁଟି ନେଇ ଫୁର୍ତ୍ତି କରୁଥିବେ ।

ଚାଟୁକାରମାନଙ୍କୁ କେତେ କଡ଼ା କଥାରେ ତାଚ୍ଛଲ୍ୟ କରାଯାଇଛି ଇତିହାସରେ ବୋଧହୁଏ ମଧୁବାବୁଙ୍କ ଠାରୁ କିଏ କ'ଣ ଅଧିକ କଡ଼ା ଶବ୍ଦରେ କହିଥିବେ ! "ତୁ ବୋଧେ ଭାବିଛୁ ତୋଷାମଦ କରି ବଢ଼ାଇବୁ ଜାତି ମାନ, ତୋଷାମଦିଆର କୁକୁର ପ୍ରକୃତି ଅଇଁଠା ପତରେ ସ୍ଥାନ ।" ମଧୁବାବୁଙ୍କ ପରି ଜଣେ ଉଚ୍ଚକୋଟିର ସ୍ୱାଭିମାନୀ ତୋଷାମଦିଆକୁ 'ତୁ' ବୋଲି ସମ୍ବୋଧନ କରିଛନ୍ତି; କିନ୍ତୁ କଥାରେ କହନ୍ତି ଯାହା, 'ବାୟା ଚଢ଼େଇର କି ଯାଏ, ବାଆ ହେଲେ ବସା ଦୋହଲୁ ଥାଏ' : ସେମାନେ ନିର୍ଲ୍ଲଜତାର ସବୁ ସୀମା ସରହଦ ଅତିକ୍ରମ କରି ଯାଇଥାନ୍ତି, କିଛି ସୁଖ ସୁବିଧା ହାତେଇବା ପାଇଁ ସେମାନେ ଅତି ନୀଚ ସ୍ତରକୁ ଚାଲିଯାଇ ପାରନ୍ତି, ବିଶ୍ୱକବି ସେଇ ଭଳି ଲୋକମାନଙ୍କ ଉଦ୍ଦେଶ୍ୟରେ କହିଥିଲେ – "ଯାର ମୁଖେ ଲଜ୍ଜା ନାୟଁ ତାକୁ ଆମି ଡରି" ଆପଣମାନେ ଯେତେ ଯାହା କହନ୍ତୁ ପଛେ ସେମାନଙ୍କୁ କିଛି ଫରକ ପଡ଼େନି । ସେମାନେ କ୍ଷମତା ଅଳିନ୍ଦର ପାଖ ଲୋକ, ସବୁ ସୁଖ ସୁବିଧା ତାଙ୍କ ହାତ ପାଆନ୍ତାରେ । ଜୀବନର ପ୍ରେକ୍ଷାପଟରେ ସେମାନଙ୍କର ପ୍ରାଥମିକତା ହେଉଛି ଲାଭ ଆଉ ଲାଭ । ଆଗରୁ ଗଣତାନ୍ତ୍ରିକ ସରକାରମାନେ ସେମାନଙ୍କର କାର୍ଯ୍ୟର ବିବରଣୀ ଲୋକଙ୍କ ସାମ୍ନାରେ ବଢ଼େଇ କରି କହିବାକୁ ନିଜର ଗୋଟିଏ ବିଭାଗ ଖୋଲିଥିଲେ ଲୋକ ସମ୍ପର୍କ ବିଭାଗ ନାଁରେ, ଏବେ ସବୁ ବିଭାଗର କାମ ହେଉଛି ସରକାରଙ୍କ ଜୟଗାନ କରିବା । ଯିଏ ଯେତେ ତୈଳମର୍ଦ୍ଦନ କରିପାରିଲା, ତା'ର ସେତେ ବଢ଼ତି ।

ଅବଶ୍ୟ ତୋଷାମଦ କେବଳ ଆଧୁନିକ ଯୁଗର ପାଠ ନୁହେଁ। ଆମ ପିଲାବେଳେ ଆମକୁ ଗଣେଶ-କାର୍ତ୍ତିକଙ୍କ ପୃଥିବୀ ପରିକ୍ରମା କଥା କୁହାଯାଇଛି, କାର୍ତ୍ତିକ ପୃଥିବୀ ପରିକ୍ରମା କଲେ; ମାତ୍ର ଗଣେଶ ନିଜ ପିତାଙ୍କ ଚାରିକଡ଼େ ବୁଲିଲେ। ହେଲେ ଗଣେଶ ଜୟଯୁକ୍ତ ହେଲେ ବୋଲି ପୁରସ୍କାର ପାଇଲେ। ଏହା କ'ଣ ସେଇ ତୋଷାମଦକୁ ଗୁରୁତ୍ୱ ଦେବାକୁ ପିଲାବେଳୁ ଶିଖାଉନାହିଁ ? ବିଚାର ଆପଣମାନଙ୍କର।

■

(ସମୟ - ତା ୨୫.୦୯.୨୦୨୪ରିଖ)

ତୋ ପେଁକାଳି ବଜେଇ ଦେବି

ନିର୍ବାଚନ ପୂର୍ବରୁ ଓ ନିର୍ବାଚନ ପରେ ନେତାମାନଙ୍କର ଲୋକଙ୍କ ପ୍ରତି ବ୍ୟବହାର ଭିତରେ ଏତେ ଫରକ ହେବ ବୋଲି ଆଗରୁ ସାଧାରଣ ଲୋକେ ଭାବିପାରୁନଥିଲେ । ସ୍ୱାଧୀନତାରେ ଠିକ୍ ପରେ ଯେଉଁମାନେ ନେତୃସ୍ଥାନୀୟ ବ୍ୟକ୍ତି ଥିଲେ ସେମାନେ ଥିଲେ ପ୍ରାୟତଃ ନୀତିବାନ୍ ଏବଂ ଲୋକଙ୍କୁ ମିଛ ପ୍ରତିଶ୍ରୁତି ଦେବାରେ ବିଶ୍ୱାସ କରୁନଥିଲେ । କ୍ରମଶଃ ରାଜନୀତି ଏପରି ଅଧଃପତନର ସ୍ତରକୁ ଆସିଲା ଯେ କୁହାଗଲା 'ଚନ୍ଦ୍ରମଣ୍ଡଳରୁ ମାଟି ଆଣିଦେବେ କି' ବୋଲି ପ୍ରଶ୍ନ କଲେ ତାର ଉତ୍ତର ବି ହେଉଥିଲା ହଁ ସୂଚକ । ଅର୍ଥାତ୍ ନିର୍ବାଚନ ପୂର୍ବରୁ ଯାହା କହୁଥିଲେ ଭୋଟରମାନେ ସେଥିରେ ଭୋଟ୍ ଆଶାୟୀଙ୍କର ଅସମ୍ମତିର ପ୍ରଶ୍ନହିଁ ଉଠୁନଥିଲା । ଯାହାକୁ ଲକ୍ଷ୍ୟକରି ଉପରୋକ୍ତ ଶୀର୍ଷକଟି ଲୋକମୁଖରେ ଭାସି ଉଠୁଥିଲା - "ହାତୀଦେବି ଘୋଡ଼ା ଦେବି; ତୋ ପେଁକାଳି ବଜେଇ ଦେବି ।"

ରାଜାଙ୍କର ପ୍ରଥମ ଓ ପ୍ରଧାନ ଦାୟିତ୍ୱ ହେଲା ପ୍ରଜାନୁରଞ୍ଜନ । ପ୍ରଭୁ ଶ୍ରୀରାମଚନ୍ଦ୍ରଙ୍କ ଉଦାହରଣରୁ ଏଇ କଥା ଅନ୍ତତଃ ଭାରତବର୍ଷର ଲୋକମୁଖରେ ଚଳି ଆସିଛି । ଆଗ କାଳର ରାଜା ଯିଏ ଆଧୁନିକ ଯୁଗର ରାଜନେତା ହିଁ ସିଏ । ଆଗ କାଳରେ ରାଜମାନେ ବଂଶାନୁକ୍ରମିକ ଶାସନ ଭାର ନେଉଥିଲେ ଆଉ ଗଣତନ୍ତ୍ରରେ ପାଞ୍ଚ ବର୍ଷରେ ଥରେ ଭୋଟ ଦେଇ ନେତାଙ୍କୁ ରାଜଗାଦିରେ ବସେଇ ଦିଆ ହେଉଛି ପ୍ରଜାମାନଙ୍କ ତରଫରୁ ।

ପ୍ରାଥମିକ ଅବସ୍ଥାରେ ରାଜନେତାମାନେ ଥିଲେ ସମ୍ବେଦନଶୀଳ, ସେମାନେ ଲୋକଙ୍କ ସୁଖ ଦୁଃଖରେ ସମଭାଗୀ ହେଉଥିଲେ ତାଙ୍କ ସମସ୍ୟାର ସମାଧାନ କରୁଥିଲେ ଏବଂ ଲୋକଙ୍କୁ ସମାନ ଭାବରେ ଦେଖୁଥିଲେ । ଏବେ ଯଦିଓ ଲୋକଙ୍କର ସମସ୍ୟା ସମାଧାନ କରିବା ଏବଂ ସେମାନଙ୍କ ସୁଖଦୁଃଖରେ ସାଥୀ ଦେବାରେ ନେତାମାନେ ହେଳା କରୁନାହାନ୍ତି, କେବଳ ପାର୍ଥକ୍ୟ ହେଉଛି ଯେ ଲୋକମାନଙ୍କୁ ସେମାନେ ଦି' ଭାଗରେ ବିଭକ୍ତ କରିଦେଇଛନ୍ତି । ମାନେ ଗୋଟିଏ ହେଲେ ନିଜ ଦଳ ସମର୍ଥିତ ଓ ଆରେକ

ହେଲେ ପ୍ରତିପକ୍ଷଙ୍କ ସମର୍ଥନରେ ଥିବା ଲୋକେ। ଆଉ ପ୍ରତ୍ୟେକଙ୍କ ପାଇଁ ମାନଦଣ୍ଡ ଅଲଗା।

ପ୍ରାଥମିକ ସ୍ତରରେ ନେତୃମଣ୍ଡଳୀ ଭାବୁଥିଲେ ସାମୁହିକ କାମ କରିବା ସେମାନଙ୍କର ମୌଳିକ ଦାୟିତ୍ୱ। କ୍ରମେ କ୍ରମେ ଅନୁଭୂତ ହେଲା ଯେ କେବଳ ସାମୁହିକ ଉନ୍ନତିରେ ଲୋକଙ୍କର ଏତେ ରୁଚିନାହିଁ। ବ୍ୟକ୍ତିଗତ ଲାଭ ତାଙ୍କୁ ହାତ ଠାରି ଡାକୁଥିଲା। ସର୍ବସାଧାରଣ ଉନ୍ନତିର ସଂକଳ୍ପ କ୍ରମେ ମଳିନ ଦିଶିଲା ଏବେ ବ୍ୟକ୍ତିଗତ ସୁଖ ସୁବିଧା କିଏ ଅଧିକ ଦେଇପାରିବ ତାହା ପାଲଟିଲା ରାଜନୈତିକ ପ୍ରେକ୍ଷାପଟ।

ଉଣେଇଶିଶହ ଅଶୀ ଦଶକର ପ୍ରାରମ୍ଭରେ ଅବିଭକ୍ତ କୋରାପୁଟ ଜିଲ୍ଲାରେ ଭୋଟ୍‌ବେଳେ ଘଟୁଥିବା ଏକ ସାଧାରଣ ଦୃଶ୍ୟ ବଖାଣୁଥିଲେ ସେତେବେଳେ ରାଜ୍ୟ ପ୍ରଶାସନରେ କାର୍ଯ୍ୟ କରିଥିବା ଜଣେ ଅଧିକାରୀ। କୌଣସି ଭୋଟ କେନ୍ଦ୍ରରେ ପହଞ୍ଚିବା ପୂର୍ବରୁ ଭୋଟରମାନେ କିଛି ଦୂରରୁ ଅଟକି ଯାଉଥିଲେ। ସେମାନେ ସେଇଠି ବସି ରହୁଥିଲେ ବେଶ୍ ସମୟ। ସେ ଖବର ପହଞ୍ଚିଯାଉଥିଲା ତତ୍କାଳୀନ ଶାସନରେ ଥିବା ଦଳର ନେତୃମଣ୍ଡଳିଙ୍କ ପାଖରେ। ସେମାନଙ୍କ ତରଫରୁ କିଛି ପ୍ରତିନିଧି ଯାଇ ସେଠାରେ ପହଞ୍ଚି ଯାଉଥିଲେ। ସେଇଠି ଅଟକି ଯାଇଥିବା ଭୋଟର ଏବଂ ସେମାନଙ୍କୁ ମନେଇବା ପାଇଁ ଯାଇଥିବା ରାଜନୈତିକ ଦଳର ପ୍ରତିନିଧିଙ୍କ ଭିତରେ ବେଶ୍ କିଛି ଆଲୋଚନା ହେଉଥିଲା। ଆଉ ଶେଷରେ କଥା ଛିଡୁଥିଲା କେତେଗୋଟି ଛେଳି ବା ମେଣ୍ଢା ସେମାନେ ଭୋଜି ପାଇଁ ଦେବାକୁ ଯାଉଛନ୍ତି। ତାପରେ ସେହି ଲୋକମାନେ ଭୋଟ୍ କେନ୍ଦ୍ରକୁ ଯାଉଥିଲେ। ସେତେବେଳେ ଲୋକଙ୍କୁ ପ୍ରଭାବିତ କରିବାକୁ ଯାହାକିଛି ଦିଆଯାଉଥିଲା ତାହା ନିର୍ଦ୍ଦିଷ୍ଟ ପାର୍ଟି ତରଫରୁ କିମ୍ବା ପ୍ରାର୍ଥୀଙ୍କ ତରଫରୁ ବ୍ୟବସ୍ଥାପିତ ହେଉଥିଲା। ପ୍ରଥମେ ଲୋକଙ୍କୁ ପ୍ରଭାବିତ କରିବାକୁ ଶାଢ଼ୀ, ଲୁଗା, ସାବୁନ, ଛତା ଆଦି ଦିଆଯାଉଥିଲା; ମାତ୍ର ଅର୍ଥନୈତିକ ପ୍ରଗତିର କ୍ରମରେ ସେଇ ଜିନିଷ ପ୍ରତି ଆଉ କାହାରି ନଜର ପଡ଼ିଲା ନାହିଁ। କାଳକ୍ରମେ ସେହିପରି ଛୋଟ ଛୋଟ ଚିଜ ନିଜ ପତିଆରା ହରାଇଲେ, କ୍ରମେ ପାଲଟିଗଲେ ନିଷ୍ପ୍ରଭ ଓ ଅଦରକାରୀ।

ମନେ ପଡୁଛି ଆଉ ଗୋଟିଏ କଥା - କିଛି ବର୍ଷ ତଳେ ଅନୁସୂଚିତ ଜାତି ଓ ଜନଜାତି ଉନ୍ନୟନ ବିଭାଗ ତରଫରୁ ଯେଉଁ ଅଞ୍ଚଳଭିତ୍ତିକ କାର୍ଯ୍ୟକ୍ରମ କାର୍ଯ୍ୟକାରୀ ହେଉଥିଲା ତା' ଭିତରେ ରହୁଥିଲା, ମୁଖ୍ୟତଃ ଦୁଇ ପ୍ରକାରର କାର୍ଯ୍ୟକ୍ରମ - ଗୋଟିଏ ସି.ବି.ଓ.ଏସ୍. (Community Benefit Oriented Scheme) ଅର୍ଥାତ୍ ଗୋଷ୍ଠୀଭିତ୍ତିକ କାର୍ଯ୍ୟକ୍ରମ ଆଉ ଅନ୍ୟଟି ହେଉଛି ଆଇ.ବି.ଓ.ଏସ୍ (Individual Benefit Oriented Scheme) । ଗୋଷ୍ଠୀଭିତ୍ତିକ କାର୍ଯ୍ୟରେ ଶତକଡ଼ା ପଞ୍ଚସ୍ତରୀ ଭାଗ ବ୍ୟୟବରାଦ ଥିଲା

ବେଳେ ବ୍ୟକ୍ତିଗତ ଉନ୍ନୟନ ପାଇଁ ତା'ର ପରିମାଣ ଥିଲା ବାକୀ ପଚିଶ ପ୍ରତିଶତ । ତାହା ପୁଣି ବ୍ୟକ୍ତିକୁ ସିଧାସଳଖ ପଇସା ଦିଆନଯାଇ କେତେବେଳେ ଗଛ ଚାରା, ଔଷଧ, ସାର ଇତ୍ୟାଦି ଦିଆଯାଉଥିଲା । ବ୍ୟୟବରାଦ ଅତ୍ୟନ୍ତ ନଗଣ୍ୟ ଥିବାରୁ ଏହା ଫଳ କେବେବି ଆଖିରେ ପଡୁନଥିଲା । ସଂକ୍ଷେପରେ ଫଳ ଥିଲା ନଗଣ୍ୟ ଓ ନୈରାଶ୍ୟଜନକ । ଅର୍ଥନୀତିର ମୂଳ ପିଢ଼ିର ଦାର୍ଶନିକ ଆଡ଼ାମ୍‌ସ୍ମିଥ୍‌ଙ୍କ କଥା ମାନୁଥିଲେ ସେବେଳର ସରକାରମାନେ । ଅର୍ଥାତ୍ ବିନା କାମରେ କିଛି ମିଳୁ ନଥିଲା ।

'ଗଡ଼ିଆରେ ଜଳ ଥିଲେ କୂଳକୁ ଶୀତଳ' - ଏଇ ପ୍ରବାଦ କ୍ରମଶଃ ପ୍ରଭାବଶୂନ୍ୟ ହେଉଥିଲା ବ୍ୟକ୍ତିବାଦର ଅଭ୍ୟୁଦୟ ହେଲାରୁ । ଅର୍ଥାତ୍ ସମସ୍ତେ ଚାହୁଁଥିଲେ ସରକାରଙ୍କ ଠାରୁ କିଛି ସୁବିଧା ଆଉ ତାହା ତାଙ୍କ ହାତରେ ଗୁଞ୍ଜିଦେବା ଚାହି । ବିଜ୍ଞାନର ଅଗ୍ରଗତି ଯୋଡ଼ିଦେଲା ଏଇ ଅଭାବର ନିଦାନ - DBT ବା Direct Benefit Transfer ଆସିବା ପରେ ସିଧାସଳଖ ସଂପୃକ୍ତ ବ୍ୟକ୍ତିଙ୍କର ଜମାଖାତାକୁ ଚାଲିଗଲା ଟଙ୍କା । ଦାତା ଓ ଗ୍ରହୀତା ଉଭୟେ ଏଥିରେ ଆମୋଦିତ ହେଲେ । ମାତ୍ର ରାଜନୈତିକ ଦଳମାନଙ୍କ ଭିତରେ ପ୍ରତିଦ୍ୱନ୍ଦ୍ୱିତା ଲାଗି ରହିଲା । କିଏ କେତେ ଅଧିକ ଦେଇପାରିବ ନାଗରିକମାନଙ୍କୁ । ପ୍ରତ୍ୟେକ ଦଳ ତରଫରୁ ଆରମ୍ଭ ହେଲା ଲୋଭନୀୟ ଉପହାର ଦେବାର ପ୍ରତିଯୋଗୀତା । ସ୍କିମ୍‌ମାନେ କେବଳ ଲୋକ ଦେଖାଣିଆ ମାତ୍ର ବାସ୍ତବ କଥା ହେଲା କେତେଟଙ୍କା କିଏ ଦେଇ ପାରୁଛି ଲୋକଙ୍କ ବ୍ୟାଙ୍କରେ ଥିବା ଜମାଖାତାକୁ । କ୍ଷମତାସୀନ ଦଳର ଲୋକଙ୍କ ପାଇଁ ଏହାଠାରୁ ଅଧିକ ସୁଯୋଗ ମିଳିନଥାନ୍ତା ବୋଧହୁଏ । ନିର୍ବାଚନର କିଛିଦିନ ଆଗରୁ ଗୋଟିଏ କ୍ଷମତାସୀନ ଦଳ ତରଫରୁ ବାହାରିଥିବା ଗୋଟିଏ କାର୍ଯ୍ୟକ୍ରମ ଥିଲା ଏଇଭଳି, "ଆଜ୍ଞା ଆପଣ କେବେ ଅତୀତରେ ଇନ୍ଦିରା ଆବାସ କିମ୍ବା ଅନ୍ୟ କୌଣସି ନାଁରେ କିଛି ଘର ପାଇଥିଲେ କି - ଆପଣଙ୍କର ଉତ୍ତର ଯଦି ହଁ ତାହେଲେ ଆପଣ ଏଇ ଯୋଜନାର ହିତାଧିକାରୀ । ଘର ମରାମତି କରିବାକୁ / ରଙ୍ଗ କରିବାକୁ ଆପଣଙ୍କୁ ମିଳିବ ପାଞ୍ଚ ହଜାର ଟଙ୍କାର ସହାୟତା ।" ସତେଇଶ ଲକ୍ଷ ହିତାଧିକାରୀଙ୍କ ଜମାଖାତାକୁ ହସ୍ତାନ୍ତରିତ ହୋଇଗଲା ଅମାପ ଟଙ୍କା ମୁହୂର୍ତ୍ତକ ଭିତରେ । ହିତାଧିକାରୀଙ୍କ ଠାରୁ ଦରଖାସ୍ତ ଗୋଟେଇବା, ଉପଯୁକ୍ତ ହିତାଧିକାରୀ ଚୟନ କରିବାର ଆବଶ୍ୟକତା ନଥିଲା ବୋଧହୁଏ । ନିର୍ବାଚନ ଠିକ୍ ଆଗରୁ ଏଇଭଳି ଟଙ୍କା ବାଣ୍ଟିବାକୁ କେହି ନିର୍ବାଚନ କମିଶନ ବା କୋର୍ଟ ଏପର୍ଯ୍ୟନ୍ତ ବେଆଇନ୍ ବୋଲି କହିନାହାନ୍ତି । ଏହିଭଳି ଅନେକ ଟଙ୍କା ବଣ୍ଟା ସ୍କିମ୍ କାଲି ଥିଲା ଓ ଆଜି ଅଛି । ରାଜ୍ୟର ବିରୋଧୀଦଳ ଏହିପରି ବଣ୍ଟାବଣ୍ଟି ପରମ୍ପରା (Freebies culture) ଅର୍ଥନୀତିର ପରିପନ୍ଥୀ କହୁଥିବାବେଳେ, ଯେଉଁ ରାଜ୍ୟରେ ଶାସନ ଭାର ଚଳାଉଛନ୍ତି ସେଠାରେ ତାକୁ ହିଁ ଅନୁସରଣ କରୁଛନ୍ତି, ତାହାହିଁ ସବୁଠୁ ବଡ଼ ସମସ୍ୟା ଓ ଆହ୍ୱାନ ।

ଭିତ୍ତିଭୂମିର ବିକାଶ ନିହାତି ଜରୁରୀ; ମାତ୍ର ବ୍ୟକ୍ତିଗତ ଉନ୍ନୟନ ପାଇଁ ଯଦି ଅର୍ଥରାଶି ଦେବାର ପ୍ରାବଧାନ ରହିବ ତାହେଲେ ବଜେଟରେ ତାର ସର୍ବୋଚ୍ଚ ସୀମା ନିର୍ଦ୍ଧାରଣ ଅତ୍ୟନ୍ତ ଆବଶ୍ୟକ। ପାର୍ଲିଆମେଣ୍ଟ ପକ୍ଷରୁ ଯେ ସଂକ୍ରାନ୍ତରେ ଆଲୋଚନା କରାଯାଇ ନୀତି ନିର୍ଦ୍ଧାରିତ ହେଲେ ଦେଶ ପାଇଁ ମଙ୍ଗଳକର ହେବ। ନହେଲେ ସମଗ୍ରଦେଶ ଭୀଷଣ ବିଭୀଷିକା ଆଡ଼କୁ ଦ୍ରୁତ ପଦକ୍ଷେପରେ ଗତି କରୁଛି ବୋଲି ଧରିବାକୁ ହେବ। ଯଦି ପାର୍ଲିଆମେଣ୍ଟ ଏପରି ଆଇନ କରିବା ପାଇଁ ଅସମ୍ମତ କିମ୍ବା ଅକ୍ଷମ, ତାହେଲେ ସୁପ୍ରୀମ କୋର୍ଟ ସମ୍ବିଧାନ ପ୍ରଦତ୍ତ କ୍ଷମତା ପ୍ରୟୋଗ କରି କିଛି ନିୟମ ଜାରି କରନ୍ତୁ। ତାହା ହୁଏତ ଦେଶକୁ ଭବିଷ୍ୟତରେ ବଡ଼ ଆର୍ଥିକ ଦୁରବସ୍ଥାରୁ ବଂଚେଇପାରିବ। ନହେଲେ - ଏବେଠାରୁ ସାଧୁ ସାବଧାନ !

■

(ଧରିତ୍ରୀ - ତା ୨୬.୧୨.୨୦୨୪ରିଖ)

ଦାନର ପରମ୍ପରା ଓ ସାମ୍ପ୍ରତିକ ଅବମୂଲ୍ୟାୟନ

ପ୍ରାଚୀନ ଭାରତର ବହୁ କଥା, କାହାଣୀ, କିମ୍ବଦନ୍ତୀକୁ ଅଧ୍ୟୟନ ଓ ଅନୁଧ୍ୟାନ ନ କଲେ ଭାରତର ଆତ୍ମାକୁ ଚିହ୍ନିବା ସହଜ ହୁଏ ନାହିଁ। ସେଇମିତି ଗୋଟିଏ କଥା ଆଜିର ଆଲୋଚ୍ୟ।

କୁହାଯାଉଥିଲା ଶହେ ଲୋକ ଭିତରେ ଜଣେ ସାହସୀ ଲୋକର ଆବିର୍ଭାବ ହୁଏ, ହଜାରେ ସାହସୀଙ୍କ ମଧ୍ୟରୁ ଜଣେ ହୁଏତ ଜ୍ଞାନୀ ଲୋକ ଥାଇ ପାରନ୍ତି, ଶହେ ଜ୍ଞାନୀଙ୍କ ଗହଣରେ ଜଣେ ଦରଦୀ ଲୋକଙ୍କୁ ହୁଏତ ଚିହ୍ନଟ କରାଯାଇପାରେ; ମାତ୍ର ଖୁବ୍ କମ୍ ସମୟରେ ପୃଥିବୀରେ ପାଦ ଥାପନ୍ତି ସେଇମାନେ ଯାହାଙ୍କୁ କୁହାଯାଇପାରିବ 'ଦାତା'। କେବଳ ଭାରତୀୟ ପୁରାଣ ଅଥବା ଆଧ୍ୟାତ୍ମ ସାହିତ୍ୟରେ ଆମେ ବଳୀ କିମ୍ବା କର୍ଣ୍ଣଙ୍କ ପରି ଦାତାଙ୍କ ସମ୍ପର୍କରେ ଅବହିତ ହୋଇଛନ୍ତି। ନିଜର ଶରୀରକୁ ଦାନ କରିଦେଇଥିବା ଦଧିଚିଙ୍କ ବିଷୟରେ ମଧ୍ୟ ଅଧ୍ୟୟନ କରିଛନ୍ତି। ରାଜା ହରିଶ୍ଚନ୍ଦ୍ର ସତ୍ୟ ପାଇଁ କିପରି ନିଜର ସର୍ବସ୍ୱ ତ୍ୟାଗ କରିଥିଲେ ସେ ବିଷୟରେ ମଧ୍ୟ କିଛି କିଛି ଆମର ଅବବୋଧ ହୋଇଛି। କେତେ ଶହୀଦ ମଧ୍ୟ ନିଜର ଜୀବନକୁ ଦାନ କରି ଦେଇଛନ୍ତି ଦେଶାତ୍ମବୋଧର ଦୀକ୍ଷାରେ, ମାତୃଭୂମିର ରକ୍ଷାରେ....

କେବଳ ସ୍ଥୁଳ ଦାନ ନୁହେଁ ବହୁ ତାତ୍ତ୍ୱିକ ଦିଗଦ୍ରଷ୍ଟା ମଧ୍ୟ ସେମାନଙ୍କର ଜ୍ଞାନ ଓ ଗବେଷଣାଲବ୍ଧ ତଥ୍ୟ ଦାନ କରିଯାଇଛନ୍ତି ମାନବର କଲ୍ୟାଣ ପାଇଁ ଏବଂ ଦାନ କରିଥିବା ସମସ୍ତ ସତ୍‌ପୁରୁଷମାନେ ଦାତା ପର୍ଯ୍ୟାୟର।

ମାତ୍ର ଏକ ଦୁର୍ବଳ ବିଲକ୍ଷଣର ମୁହୂର୍ତ୍ତରେ ଦାନ ଏକ ପ୍ରଚାର ସର୍ବସ୍ୱ ଶବ୍ଦ ପାଲଟି ଯାଇଛି ଯାହା ତଥାକଥିତ ଦାତାଙ୍କର ସୁଗୁଣ ପ୍ରଚାର ପାଇଁ ଉଦ୍ଦିଷ୍ଟ। ରାଜନୈତିକ ଦଳମାନଙ୍କୁ ନିର୍ବାଚନ ପାଣ୍ଠି ଦାନ କରିବା ପାଇଁ ବହୁ ଦାତା ଆଗେଇ ଆସନ୍ତି ନିର୍ବାଚନ

ସମୟରେ । ନିର୍ବାଚନ ଏକ ବ୍ୟୟବହୁଳ ବ୍ୟବସ୍ଥା ପାଲଟିଛି ଏବଂ ନିର୍ବାଚନ ପରିଚାଳନା ପାଇଁ ଆବଶ୍ୟକ ଅର୍ଥ ରାଷ୍ଟ୍ର ପ୍ରଦାନ କରୁ ବୋଲି ଅନେକ ଦିନ ହେଲା ଏକ ଦାବୀ ରହିଆସିଛି; ମାତ୍ର ଭାରତ ପରି ରାଷ୍ଟ୍ରରେ ତାହା ସମ୍ଭବ ହୋଇପାରିନାହିଁ। ବିଭିନ୍ନ ରାଜନୈତିକ ଦଳ ଏବଂ ବ୍ୟକ୍ତିବିଶେଷଙ୍କୁ ଯେଉଁମାନେ ଦାନ କରିଥାନ୍ତି ତାହାକୁ ଚାନ୍ଦା ବୋଲି ସର୍ବସାଧାରଣରେ କୁହାଯାଏ । ତାହାର କିଛି ହିସାବପତ୍ର ଆଗରୁ ଆଦୌ ନ ଥିଲା । ଅର୍ଥାତ୍ ଯାହା ଥିଲା ତାହା କେବଳ ଧର୍ମକୁ ଆଖି ଠାର । ତାହାଠାରୁ ଗୋଟିଏ ପାଦ ଆଗକୁ ଯାଇ ଏନ୍.ଡ଼ି.ଏ. ସରକାର ନିର୍ବାଚନ ପାଣ୍ଠି ପରିଚାଳନା ପାଇଁ ଯେଉଁ ନିର୍ବାଚନୀ ବଣ୍ଡ ସଂକ୍ରାନ୍ତ ନିୟମାବଳୀ ଆଣିଥିଲେ ଗତ କିଛିଦିନ ତଳେ ମାନ୍ୟବର ସୁପ୍ରିମକୋର୍ଟ ତାକୁ ଅସାମ୍ବିଧାନିକ କହି ଖାରଜ କରିଦେଇଛନ୍ତି। ଯେହେତୁ ଦାତାମାନଙ୍କର ନାଁ ଜଣେଇଦେବା ପାଇଁ ସେହି ଆଇନରେ ବ୍ୟବସ୍ଥା ନ ଥିଲା ଏବଂ ତାହା Right to Information Act ବା ସୂଚନା ଅଧିକାର ଆଇନକୁ ଠିକଣା ରୂପେ ପ୍ରତିପାଦନ କରିପାରୁନଥିଲା, ସେଇ ଆଧାରରେ ତାକୁ ଅସାମ୍ବିଧାନିକ ଘୋଷଣା କରି ଦିଆଯାଇଛି।

ଅର୍ଥାତ୍ ବର୍ତ୍ତମାନ ପାଇଁ ଯେଉଁମାନେ ନିର୍ବାଚନ ପାଣ୍ଠିକୁ ଦାନ କରିବେ ସେମାନେ କୌଣସି ସିଧାସଳଖ ନିୟମ ଅଧିନରେ ନାହାନ୍ତି, ଯାହା କେବଳ ଆମର କମ୍ପାନୀ ଅଧିନିୟମ ଓ ଆୟକର ନିୟମ ଭିତରେ ସେମାନଙ୍କର ଦାୟିତ୍ୱ ଓ କର୍ତ୍ତବ୍ୟ ସୀମାବଦ୍ଧ।

ନିର୍ବାଚନ ପାଣ୍ଠିକୁ ଦାନ ଦେଉଥିବା ବ୍ୟକ୍ତିମାନଙ୍କ ଭିତରେ ମୁଖ୍ୟତଃ ଥାଆନ୍ତି ଶିଳ୍ପପତି, ଠିକାଦାର ଗୋଷ୍ଠୀ ଏବଂ ଧନୀକ ବ୍ୟବସାୟୀମାନେ। ଯେହେତୁ ସେମାନେ ସରକାରୀ ଦଳକୁ ଅଧିକ ଦାନ ଦେଇଥାନ୍ତି ତାହା ଫଳରେ ଅନୁପାତିକ ହିସାବରେ ଲାଭ ଉଠାଇ ଥାଆନ୍ତି। କୌଣସି ଲାଭର ଆଶା ରଖି କିଛି ଅର୍ଥ ବା ପ୍ରଲୋଭନ ସାମଗ୍ରୀ ବ୍ୟୟ କରିବାକୁ ଇଂରାଜୀରେ 'କୁଇଡ଼ ପ୍ରକୋ' - Quid Proquo ବୋଲି କୁହାଯାଏ। ଏହି ପରମ୍ପରା ଦେଶ ପାଇଁ ବିପଜ୍ଜନକ ହୋଇଥିଲେ ମଧ୍ୟ ଦିନକୁ ଦିନ ବଢ଼ି ବଢ଼ି ଯାଉଥିବା ଅତ୍ୟନ୍ତ ଚିନ୍ତାଜନକ। ଅର୍ଥାତ୍ ନିର୍ବାଚନ ପରିଚାଳନା ପାଇଁ ଯେଉଁମାନେ ଅର୍ଥ ବା ସହାୟତା ପ୍ରଦାନ କରୁଛନ୍ତି ତାହାକୁ କଦାପି ଦାନ ବୋଲି କୁହାଯାଇ ପାରିବ ନାହିଁ। ତାହା କେବଳ ଚାନ୍ଦା ପର୍ଯ୍ୟାୟର, ଯେଉଁଠି କେବଳ କେରାଣ୍ଡୀ ଗୁଣ୍ଡି ବାଳିଆ ଧରିବାର ପରିକଳ୍ପନା କରାଯାଇଥାଏ।

ଆଜିକାଲି ଚାରିଆଡ଼େ ଟ୍ରାନ୍ସପରେନ୍ସି ବା ସ୍ୱଚ୍ଛତା ବିଷୟରେ ଭାଷଣରେ ଯେତେ ବେଶି କୁହାଯାଉଛି ସେତେ ଅଧିକ ସ୍ୱଚ୍ଛତାର ଉଲ୍ଲଂଘନ କରାଯାଉଛି। ବିଦେଶରେ ବିଶେଷତଃ ପାଶ୍ଚାତ୍ୟ ଜଗତରେ ଲୋକେ ସେମାନଙ୍କର ଟ୍ୟାକ୍ସ ଦେବାବେଳେ ଅନୈତିକ ଉପାୟ ଅବଲମ୍ବନ ପ୍ରାୟ କରନ୍ତି ନାହିଁ। ଆମ ଦେଶରେ

ଟିକସ ବ୍ୟବସ୍ଥାରେ ଏତେ ଫନ୍ଦି ଫିକର ଅଛି ଯେ ଦାନ ଶବ୍ଦର ବହୁ ଅପବ୍ୟବହାର ହେଉଛି ।

ବିଦ୍ୟା ଦାନ କରନ୍ତି ବୋଲି ଗୁରୁଜୀମାନଙ୍କୁ ଶ୍ରେଷ୍ଠ ଆସନ ଦିଆ ଯାଇଛି ଯୁଗେ ଯୁଗେ ଏବଂ ଶିକ୍ଷାନୁଷ୍ଠାନମାନଙ୍କୁ ମାଆ ସଦୃଶ ତୁଳନା କରାଯାଇଛି । ବିଦେଶର ବହୁ ନାମୀଦାମୀ ଶିକ୍ଷାନୁଷ୍ଠାନକୁ ପୂର୍ବତନ ଛାତ୍ରଛାତ୍ରୀମାନେ ଏତେ ଦାନ କରନ୍ତି ଯେଉଁ ଦାନ (Endowments)ରୁ ଅନେକ ଛାତ୍ରବୃତ୍ତି ବ୍ୟବସ୍ଥା କରାଯାଇଥାଏ । ମାତ୍ର ଆମ ଦେଶରେ ଦାନର ପ୍ରବୃତ୍ତି ଏବଂ ପରମ୍ପରା ଉଭୟ ଦୁର୍ବଳ ହୋଇଯାଇଥିବା ପରି ଜଣାଯାଏ । କିଛି ବର୍ଷ ତଳେ ଆମ ରାଜ୍ୟରେ ବି ମୋ ସ୍କୁଲ ଅଭିଯାନ ପରି ଏକ ପ୍ରେରଣାଦାୟୀ ଯୋଜନା ଆରମ୍ଭ କରାଯାଇଥିଲା; ମାତ୍ର ସେଥିରେ ଜଣାପଡ଼ିଲା ଯେ ପ୍ରାକ୍ତନ ଛାତ୍ରଛାତ୍ରୀଙ୍କର ଦାନ ପରିମାଣ ସେତେ ଆଖିଦୃଶିଆ ନୁହେଁ ଅଳ୍ପ କେତେକ ସ୍କୁଲକୁ ଛାଡ଼ି ।

ପରିମାଣ ଅନୁସାରେ ଆମର ସମାଜ ଦାନୀମାନଙ୍କର ବିଭକ୍ତିକରଣ କରୁଥିବାରୁ ଅନେକ ଲୋକ ସେଥିରେ ସାମିଲ ହୋଇ ପାରୁନାହାନ୍ତି । ଯିଏ ଦାରିଦ୍ର୍ୟ ଭିତରେ ଅଛି କିମ୍ବା ଉପଯୁକ୍ତ କର୍ମସଂସ୍ଥାନ ପାଇନି ତାଙ୍କଠାରୁ ଦାନ ଆଶା କରିବା ଅନୁଚିତ; ମାତ୍ର ଆମର ସମାଜ ଆଶା କରେ କଳା ବଜାରୀ କିମ୍ବା ଶଠ ଠିକାଦାରଠାରୁ ଅଧିକ ଦାନ । ଏପରି ଆଶା କେବଳ ଦାନ ପରି ଏକ ପବିତ୍ର ଶବ୍ଦର ଅବମୂଲ୍ୟାୟନ ଛଡ଼ା କିଛି ନୁହେଁ ।

ଦାନର ମହତ୍ତ୍ୱକୁ ବୃଦ୍ଧି କରିବା ପାଇଁ କିଛି ବ୍ୟକ୍ତି ବା ଅନୁଷ୍ଠାନ Art of giving ପରି ବିଶେଷ ବ୍ୟବସ୍ଥାମାନେ କରନ୍ତି; ମାତ୍ର ସମାଜ ଉପରେ ତାର ପ୍ରଭାବ ଯେତିକି ହେବା କଥା ତାହା ହୋଇପାରିନାହିଁ । ଏହାର ବଡ଼ କାରଣ ହେଲା କୌଣସି ଉଦ୍ଦେଶ୍ୟ ନ ରଖି କେବଳ ନିଜର ସତକର୍ମର ସଂଚୟରୁ ଦାନ ଦିଆଯାଉନାହିଁ । ନଗଣ୍ୟ ପ୍ରଭାବର ଅନ୍ୟ ପ୍ରମୁଖ କାରଣ ହେଲା ପିଲାବେଳୁ ନୈତିକ ଶିକ୍ଷାର ଅଭାବ । ଆମକୁ ରୋଜଗାରର ଶିକ୍ଷା ଦିଆଯାଉଛି; ମାତ୍ର ସଂସ୍କାର ଓ ଶିଷ୍ଟାଚାରର ଶିକ୍ଷା ଦିଆଯାଉନାହିଁ । ଜାପାନରେ ପ୍ରଥମରୁ ଚତୁର୍ଥ ଶ୍ରେଣୀଯାଏ ପରୀକ୍ଷା ନଥାଏ, ସେଠାରେ ସେମାନଙ୍କଠାରୁ ଶିଷ୍ଟାଚାର ଏବଂ ସୁନାଗରିକ ହେବାର ବିଭିନ୍ନ ଧାରଣା ରୋପଣ କରାଯାଏ । ଆମେ କଣ ସେପରି ଗୋଟିଏ ମଡ଼େଲକୁ ଗ୍ରହଣ କରିପାରନ୍ତେ ନାହିଁ ?

(ପ୍ରଗତିବାଦୀ- ତା. ୧୭.୧୦.୨୦୨୪ରିଖ)

■

ଦୁର୍ନୀତିର କିଛି ମୌଳିକ କାରଣ : ଅଙ୍ଗେ ନିଭା କଥା

('ଦୁର୍ନୀତି ମୁକ୍ତ ଓଡ଼ିଶା' ତରଫରୁ ଲେଖକଙ୍କୁ ଚଳିତ ବର୍ଷ (୨୦୨୪) ଆନ୍ତର୍ଜାତିକ ଦୁର୍ନୀତି ବିରୋଧୀ ଦିବସରେ ସମ୍ବର୍ଦ୍ଧନା ଓ ମାନପତ୍ର ପ୍ରଦାନ ଅବସରରେ ପ୍ରଦତ୍ତ ଭାଷଣର କିୟଦଂଶ)

"ଦୁର୍ନୀତି ଏକ ଅବାରିତ ମହାସ୍ରୋତରେ ପରିଣତ ହୋଇଛି ଏବଂ ଭାରତର ଗଣତନ୍ତ୍ର ଭ୍ରଷ୍ଟାଚାର ପୁଷ୍ଟ ହୋଇଥିବା ବେଳେ ଏଠାରେ ଦୁର୍ନୀତି ମୁକ୍ତ ଏକ ବର୍ଗଫୁଟ ଅଞ୍ଚଳ ଠାବ କରିବା ବି କଷ୍ଟସାଧ୍ୟ" – ଏହା କହିଥିଲେ ଭାରତର ପୂର୍ବତନ ମୁଖ୍ୟ ନିର୍ବାଚନ କମିଶନର ସ୍ୱର୍ଗତ ଟି.ଏନ୍. ଶେଷାନ।

ଭ୍ରଷ୍ଟାଚାରର ଶ୍ରେଣୀକରଣ କରିଛନ୍ତି ବିଶିଷ୍ଟ ବ୍ୟଙ୍ଗକବି ପ୍ରଫେସର ଅଶୋକ ଚକ୍ରଧର ଏବଂ ତାଙ୍କର 'ଭ୍ରଷ୍ଟାଚାର ମହୋତ୍ସବ' ବ୍ୟଙ୍ଗ କବିତା ଶୁଣିବାକୁ ଆପଣ ଖୁସି ପାଇବେ ନିଶ୍ଚୟ। ଏହା ସାମାଜିକ ଗଣମାଧ୍ୟମ ୟୁଟ୍ୟୁବ୍‌ରେ ଉପଲବ୍ଧ ଏବଂ ସରକାରୀ ଦପ୍ତରରେ ହେଉଥିବା ଭ୍ରଷ୍ଟାଚାରକୁ ଚାରି ଭାଗରେ ବିଭକ୍ତ କରିଛନ୍ତି କବି - ଯଥା - ନଜରାନା, ସୁକ୍‌ରାନା, ହକ୍‌ରାନା ଏବଂ ଜବ୍‌ରାନା। ଏହି ହିନ୍ଦୀ ଶବ୍ଦଗୁଡ଼ିକର ସମତୁଲ ଓଡ଼ିଆ ପ୍ରତିଶବ୍ଦ ଖୋଜି ପାଇବା ଆପଣଙ୍କୁ କଷ୍ଟ ହେବନାହିଁ ଭାବୁଛି।

ଜଣେ ପ୍ରଶାସକ ଭାବରେ ଭ୍ରଷ୍ଟାଚାରକୁ ଦେଖିଛି ଖୁବ୍ ନିକଟରୁ। ୧୯୮୬ ମସିହା ପ୍ରାରମ୍ଭରେ ବ୍ୟାଙ୍କ୍ ପ୍ରୋବେସନାରୀ ଅଫିସର ଚାକିରୀ ଛାଡ଼ି ମୁଁ ଯୋଗଦେଇଥିଲି ଓଡ଼ିଶା ପ୍ରଶାସନିକ ସେବାରେ। ତାଲିମ ଅଧ୍ୟାୟ ପରେ ମୋତେ ନିଯୁକ୍ତି ମିଳିଥିଲା ଗୋଟିଏ ତହସିଲ୍‌ରେ। ମୋତେ ଛଅଟି ରାଜସ୍ୱ ନିରୀକ୍ଷକଙ୍କ କାର୍ଯ୍ୟ ତଦାରଖ କରିବା ସହିତ ସଂପୃକ୍ତ ଅଞ୍ଚଳର ରାଜସ୍ୱ ମାମଲାଗୁଡ଼ିକର ଫଏସଲା କରିବା ଦାୟିତ୍ୱ ମିଳିଲା। ଅଫିସରେ

ଥିବା ସମୟରେ ମୁଖ୍ୟ କାମ ଥିଲା ଛାତ୍ରଛାତ୍ରୀମାନଙ୍କୁ ସେମାନଙ୍କର ପଢ଼ାପଢ଼ି ପାଇଁ ଆବଶ୍ୟକ ଥିବା ବାର୍ଷିକ ଆୟ, ଜାତି, ବାସସ୍ଥାନ ଇତ୍ୟାଦି ସମ୍ପର୍କୀୟ ହରେକ୍ ରକମର ସାର୍ଟିଫିକେଟ ପ୍ରଦାନ କରିବା । ସେତେବେଳେ ତହସିଲଗୁଡ଼ିକ ବ୍ଲକ ତୁଳନାରେ ଥିଲେ ଆକାରରେ ବଡ଼ ଅର୍ଥାତ୍ ବହୁ ସଂଖ୍ୟକ ଲୋକଙ୍କର ଭିଡ଼ ଲାଗିରହୁଥିଲା ସାର୍ଟିଫିକେଟ ପ୍ରଦାନ କରିବା ପାଇଁ । ମୋ ପାଖକୁ ବିବିଧ ସାର୍ଟିଫିକେଟ ସମ୍ପର୍କୀତ ଫାଇଲଟି ଜଣେ ବରିଷ୍ଠ କିରାଣୀ ଦ୍ୱିପହର ପରେ ପଠାନ୍ତି । ମୁଁ ଅବିଳମ୍ବେ ସେ ଫାଇଲରେ ମନ ଦିଏଁ । ଯେତେ ଶୀଘ୍ର ସମ୍ଭବ ତାକୁ ଅନୁମୋଦନ କରେ । କିଛି ଦିନ ଭିତରେ ଏହା ଗୋଟିଏ ଧାରାରେ ପରିଣତ ହୋଇଗଲା । ଦିନେ ମୋତେ ତହସିଲଦାର କହିଲେ, "ମୁଁ ଆପଣଙ୍କୁ କିଛି କଥା କହିବି ବୋଲି ଭାବୁଛି ।" ତାଙ୍କ କଥାର ଶୈଳୀରୁ ଅନୁଭବ କରୁଥିଲି ଯେମିତି ମୁଁ କିଛି ଭୁଲ୍ କାମ କରୁଛି, ଆଉ ମୋର ସିନିଅର ଭାବରେ ସେ ବଡ଼ଭାଇ ଭୂମିକା ତୁଲେଇବା ନ୍ୟାୟରେ ମୋତେ ପରାମର୍ଶ ଦେବାକୁ ଚାହୁଁଛନ୍ତି । ମୁଁ ସାଙ୍ଗେ ସାଙ୍ଗେ କହିଲି – ସାର୍ କୁହନ୍ତୁ, ଯଦି ଅଜଣାତରେ ସେମିତି କିଛି ଅସଙ୍ଗତି ଥାଏ ମୋ କାମରେ, ତାହେଲେ ସୁଧାରି ନେବି । ସେ ଆଉ ଗୋଟେ କାମର ବ୍ୟସ୍ତତା କଥା କହି ମୋତେ ବୁଝେଇଦେଲେ ।

ଦୁଇତିନିଦିନ ପରେ ମୁଁ ପୁଣି ତାଙ୍କୁ ପଚାରିଲି – ସାର୍ ମୋତେ ଦୟାକରି କୁହନ୍ତୁ – କଣ ମୋର ଭୁଲ୍ ହେଉଛି - ନବାଗତ ଭାବରେ ମୋର ଦାୟିତ୍ୱ ଆପଣଙ୍କ ଅଭିଜ୍ଞତାରୁ ଶିକ୍ଷା ଲାଭ କରିବା, 'ଠିକଣା ସମୟରେ କହିବି, କିଛି ବ୍ୟସ୍ତ ହୁଅନ୍ତୁ ନାହିଁ' କହି ସେ ପୁଣି ମହଲତ ନେଇଗଲେ । ମନ ଭିତରେ ମୋର ଦ୍ୱନ୍ଦ୍ୱ ସୃଷ୍ଟି ହେଲା, କାଳେ କିଛି ଗର୍ହିତ କାମ କରିଦେଲି କି ? ମୋ ପରିବାରରୁ କେହି ପ୍ରଶାସନିକ ଚାକିରୀରେ ନାହାନ୍ତି ଯାହାଠାରୁ କିଛି ପରାମର୍ଶ ପାଇ ପାରିବି – ଏମିତି ଭାବି ଭାବି ଭାରି ନିରାଶ ଅନୁଭବ କରୁଥିଲି ।

ପ୍ରାୟ ସପ୍ତାହବ୍ୟାପୀ ସେଇ ଅଶାନ୍ତି ମୋର ଶିରା ପ୍ରଶିରାରେ ବ୍ୟାପିଗଲା । ମୁଁ ଅନୁଭବ କରୁଥିଲି ଏକ ରକମର ଉଦ୍‌ବିଗ୍ନତା ଯାହା ଯୁଗପତ୍ ମୋ ଭିତରେ ଅସ୍ଥିରତା ଓ ଆଶଙ୍କା ଏବଂ ଅଶାନ୍ତିର ଲଘୁଚାପ ସୃଷ୍ଟି କରୁଥିଲା । ଏକ ଘୂର୍ଣ୍ଣିବଳୟ ଯେମିତି ଦାନା ବାନ୍ଧୁଥିଲା ହତାଶାର ! ଗୋଟେ ଦିନ ମୁଁ ନିର୍ଣ୍ଣୟ ନେଲି, ଆଜି ଯେମିତି ହେଲେ ତହସିଲଦାରଙ୍କ ଠାରୁ କଥାର ଖିଅ ଆଦାୟ କରିବି । ସେ ନ କହିଲେ ଅନୁନୟ କରିବି । ତାଙ୍କ ଅଫିସ୍ ଛାଡ଼ିବି ନାହିଁ । ସେ ଦ୍ୱିପହର ଭୋଜନ ପରେ କିଛି ସମୟ ବିଶ୍ରାମ ନେଇ ଅଫିସରେ ପହଞ୍ଚୁ ପହଞ୍ଚୁ ମୁଁ ଯାଇ ତାଙ୍କ ପାଖରେ ପହଞ୍ଚି ଗଲି ଏବଂ ତାଙ୍କୁ ନେହୁରା ହୋଇ କହିଲି - ଆପଣ ମୋର ଭୁଲ୍‌ଟି ମୋତେ ନ କହିବା ଫଳରେ ମୁଁ ଭାରି ଅବସାଦଗ୍ରସ୍ତ ଅନୁଭବ କରୁଛି । ସେ ମୋତେ କହିଲେ, "ଆପଣ ପିଲାଲୋକ, ଏତିକି କଥାରେ ବ୍ୟସ୍ତ ହୋଇ ପଡୁଛନ୍ତି ?

ମୁଁ କ'ଣ କହୁଥିଲି କି - ଆପଣତ XXXଙ୍କୁ ଚିହ୍ନିଛନ୍ତି !" ମୁଁ ମୁଣ୍ଡ ଟୁଙ୍ଗାରି ମୋର ସମ୍ମତି ଜଣାଇଲି, ଆଉ କହିଲି, ସେ ପରା ପିଲାମାନଙ୍କର ମିସ୍‌ସେଲେନିୟସ୍ ସାର୍ଟିଫିକେଟ କରୁଛନ୍ତି। ତାପରେ ସେ କହିଲେ – "ସେ କଣ କରୁଛନ୍ତି ଜାଣନ୍ତି ?" ମୁଁ ସେଇ ପ୍ରଶ୍ନ ତାଙ୍କୁ ପଚାରିଲି – ସେ କହିଲେ, ପ୍ରତି ଦରଖାସ୍ତରେ ସେ ଲୋକଙ୍କ କାନମୋଡ଼ି ଦିଟଙ୍କା ନିଏ। ଟଙ୍କା ନ ପାଇବା ଯାଏ ଫାଇଲ୍ ପୁଟ୍‌ଅପ୍ କରେନି। ଆଉ ପାଇଗଲା ପରେ ସବୁ ସାର୍ଟିଫିକେଟ ଏକା ସାଙ୍ଗରେ ପେଶ୍ କରେ, ଆଉ ପିଲାମାନଙ୍କୁ କହିକି ପଠେଇଦିଏ। "ନୂଆ ହାକିମ ଭାରି ଭଲଲୋକ, ସେ ଡେରି କରିବେ ନାହିଁ ।" ସେ ତାପରେ ସେ ଦିନର ଖବରକାଗଜ ଆଡ଼େ ଆଖି ପକେଇଲେ। ମୁଁ ବୁଝିପାରିଲି ନାହିଁ ମୋର ଭୁଲ୍‌ଟି କେଉଁଠି। ମୁଁ କିଛି ସମୟ ପରେ କହିଲି, ସାର୍ ତାକୁ ବଦଳେଇ ଦିଅନ୍ତୁ ସେଇ ସିଟ୍‌ରୁ। ସେଇଠୁ ସେ କହିଲେ, "ସିଏ ଯେତିକି ପିଲା/ଲୋକଙ୍କୁ ଡିସ୍‌ପୋଜ୍ କରି ପାରୁଛି, ସେତିକି କଣ ଆଉ କେହି କରିପାରିବେ ? ହେଲେ, ମୋର କହିବାର କଥା ହେଲା, ଧଳବୁଢ଼ା ଦିଟଙ୍କା ନ ପାଇବା ଯାଏ ତାଙ୍କୁ ହାମୁଡ଼େଇ ଦଉଛି – ଘଣ୍ଟା ଘଣ୍ଟା ଧରି ତାରି ଚାରିପଟରେ ଚକ୍କର କାଟୁଛନ୍ତି ଲୋକ, ହେଲେ ଆପଣଙ୍କ ନିକଟକୁ ଫାଇଲ ଯାଉଁ ଯାଉଁ ଆପଣ ତାଙ୍କୁ ତୁରନ୍ତ ଦସ୍ତଖତ କରିଦେଉଛନ୍ତି। ଏତେ ଶୀଘ୍ର ଫାଇଲ କରିଦେଲେ କଣ ଅଫିସରଙ୍କର ଗୁରୁତ୍ୱ ରହିବ ?" ମୁଁ ଏତେବେଳେ ବୁଝିଗଲି କ'ଣ ସେ କହିବାକୁ ଚାହୁଁଥିଲେ। ମୁଁ ତାଙ୍କୁ ନମସ୍କାର କରି ଫେରି ଆସିଲି ମୋ ରୁମକୁ, ଦୁନିଆଁଟା ମୋତେ ଯେମିତି ଲାଗୁଥିଲା ଏକୁଟିଆ ଓ ନିଛାଟିଆ। ମୁଁ ମୋ ଭିତରେ ବସିଥିବା ଶିଶୁଟିକୁ ନିରେଖି ଦେଖିବାକୁ ଚେଷ୍ଟା କରୁଥିଲି। ତାକୁ କହୁଥିଲି – "ତୁ କଣ ଏଇ ଚାକିରୀକୁ ଆସିଥିଲୁ ଏଇଆ କରିବାକୁ। ଫାଇଲ ଉପରେ ବସି ପଡ଼ିବୁ। କିଛି ଗୋଟାଏ ଆପତ୍ତି ଲଗେଇଦେବୁ। ବିଳମ୍ବର ଗୋଟେ ନୂଆ ବାଟ ଖୋଜିବୁ ଲୋକମାନେ ହଇରାଣ ହେବେ। ତୋତେ କୁତକୁତ ଲାଗିବ - ନୁହେଁ ?" ଭିତରୁ ଯେମିତି କିଏ କହୁଥିଲା - ନା, କେବେ ନୁହେଁ। ମୋର ଦୃଢ଼ ଧାରଣା ହେଲା 'ବିଳମ୍ବ' ହିଁ ଦୁର୍ନୀତିର ଉତ୍ସ। ଲୋକଙ୍କୁ ଟିକିଏ ବୁଲେଇଦେବା, ଭ୍ରମିତ କରିବା ପାଇଁ ସମ୍ବଲପୁରୀ ଭାଷାରେ ଗୋଟିଏ ଚମତ୍କାର ମଧୁର ଶବ୍ଦ ରହିଛି 'କିନ୍ଦ୍ରେଇବା' – ତାକୁ ମୋର ଦୂରୁ ଜୁହାର।

ଶ୍ରୀମଦ୍ ଭଗବତ୍ ଗୀତା ପ୍ରତି ମୋର ଅତୁଟ ବିଶ୍ୱାସ ପିଲାଟି ଦିନୁ। ତୃତୀୟ ଅଧ୍ୟାୟର ଗୋଟେ ଶ୍ଳୋକ ମୋତେ ସବୁବେଳେ ଯେମିତି ଜଗିକି ରହିଥାଏ। ସେଇ ଶ୍ଳୋକଟି ହେଲା –

'ଯେ ହି ସଂସ୍ପର୍ଶଯାଃ ଭୋଗା ଦୁଃଖ ଯୋନୟ ଏବତେ, ଆଦ୍ୟନ୍ତ ବନ୍ତ କୌନ୍ତେୟ ନ ତେଷୁ ରମତେ ବୁଧଃ।'

ଯାହା ବିଷୟ ସୁଖ ଦିଏ ତାହା ସୁଖ ନୁହେଁ ବରଂ ବାସ୍ତବ ଦୁଃଖର କାରଣ ଆଉ ବୁଦ୍ଧିମାନ ବ୍ୟକ୍ତିମାନେ ତା କବଳରେ କେବେବି ପଡ଼ନ୍ତି ନାହିଁ। ସବୁ ପ୍ରଲୋଭନ ବେଳେ ଏଇଟି ମୋତେ ମନେ ପଡ଼ିଯାଏ, ମୁଁ ବଂଚିଯାଏ।

ଦିନକୁ ଦିନ ଦୁର୍ନୀତି ଓ ଭ୍ରଷ୍ଟାଚାରର କାୟା କଳେବର ବୃଦ୍ଧି ପାଉଛି ବୋଲି ସମସ୍ତେ ସହମତ। ଆଧୁନିକ ଯୁଗରେ ପ୍ରଯୁକ୍ତି ବିଦ୍ୟାର ବହୁଳ ଦୁରୂପଯୋଗ ଏବଂ ବିଷୟବୁଦ୍ଧି ଓ ଅପରାଜ୍ଞାନର ବହୁଳ ବିକାଶ ଦୁର୍ନୀତିକୁ ଆକାଶଛୁଆଁ କରୁଛି। ବାଲ୍ୟକାଳରୁ ନୈତିକ ଶିକ୍ଷା, ନାଗରିକମାନଙ୍କର ସକାରାତ୍ମକ ସଂଗୋଷ୍ଠୀ କେବଳ ଏଇ ଲେଲିହାନ ଶିଖାକୁ ନିର୍ବାପିତ କରିପାରିବେ। ଏଥିପାଇଁ ଦୃଢ଼ତାର ପ୍ରଚଣ୍ଡ ଆବଶ୍ୟକତା ରହିଛି। ଯେପରି ପୁରୁଷୋତ୍ତମ ଯୋଗ (ପଞ୍ଚଦଶ ଅଧ୍ୟାୟ)ରେ ଭଗବାନ ଶ୍ରୀକୃଷ୍ଣ କହିଛନ୍ତି-

"ଅଶ୍ୱତ୍‌ଥମେନମ୍ ସୁବିରୁଢ଼ ମୂଳଂ
ଅସଙ୍ଗ ଶସ୍ତ୍ରେଣ ଦୃଢ଼େନ ଛିତ୍ୱା....।"

ଅଶ୍ୱତ୍ଥ ଗଛର ମୂଳ ଏତେ ଦୃଢ଼ ଯେ ତାକୁ ଛିଣ୍ଡାଇବା ପାଇଁ ଦୃଢ଼ତାର ସହିତ ଆଘାତ କରିବାକୁ ହେବ। କେବଳ ଆଳଙ୍କାରିକ ଆଲୋଚନା ବା ଆନୁଷ୍ଠାନିକ ଉତ୍ସବ ଭିତରେ ସୀମିତ ରଖି ଦୁର୍ନୀତି ବିରୋଧ ଯୁଦ୍ଧ ଜିତାଯାଇପାରିବ ନାହିଁ।

■

(ଓଡ଼ିଶା ଭାସ୍କର - ତା. ୮.୧.୨୦୨୫ରିଖ)

ଧଳା ହାତୀର ଦେଶ

ପିଲାବେଳେ ପଢ଼ିଥିଲୁ ଥାଇଲାଣ୍ଡକୁ କୁହାଯାଏ ଧଳାହାତୀର ଦେଶ ବୋଲି । ତେଣୁ ଥାଇଲାଣ୍ଡ ଭ୍ରମଣ ବେଳେ ମୋର ଜଣେ ବନ୍ଧୁ ଆଶା କରିଥିଲେ ସେଇ ଧଳାହାତୀମାନଙ୍କୁ ଦେଖିବାକୁ; ମାତ୍ର ଭ୍ରମଣ ସମୟରେ ପର୍ଯ୍ୟଟକମାନଙ୍କ ପାଇଁ ଧଳାହାତୀ ଦେଖିବା ଭଳି କୌଣସି ବ୍ୟବସ୍ଥା ନ ଥିଲା । ଏପରିକି ସେମାନଙ୍କ ପ୍ରମୁଖ ବନ୍ୟଜନ୍ତୁ ପରିଦର୍ଶନ ସ୍ଥଳରେ ମଧ୍ୟ ଧଳାହାତୀଙ୍କ ଅନୁପସ୍ଥିତି ବନ୍ଧୁଙ୍କ ମନରେ ଘୋର ନିରାଶା ସୃଷ୍ଟି କରିଥିଲା, ପିଲାଦିନର ସ୍ମୃତିକୁ ଉଖାଡ଼ିଲେ ମନେ ପଡ଼ିଯାଉଛି ଥାଇଲାଣ୍ଡର ପୂର୍ବ ନାଁ ଥିଲା ଶ୍ୟାମ ଦେଶ । ତେଣୁ କେହି କେବେ କହି ନ ଥିଲେ ବି ମନ ଭିତରେ ଧାରଣାଟିଏ ଜମାଟ ବାନ୍ଧି ଯାଇଥିଲା, ଥାଇଲାଣ୍ଡ ଭାଷାରେ 'ଶ୍ୟାମ' ବୋଧହୁଏ ଧଳା ହାତୀକୁ ବୁଝାଉଥିବ । ତା ନହେଲେ ଶ୍ୟାମ ଦେଶ କହିଲେ ଧଳା ହାତୀର ଦେଶ କୁହାଯାଉଛି ବା କାହିଁକି ! ଏଇ ବିଭ୍ରାନ୍ତି ଦୂର ହେଲା ବହୁ ଅନୁସନ୍ଧାନ ପରେ । ଶ୍ୟାମ ସହିତ ଧଳା ହାତୀର ସମ୍ପର୍କ ନାହିଁ, ବରଂ ଶ୍ୟାମ ହେଉଛି ମୂଳ ସଂସ୍କୃତରୁ ଅଣାଯାଇଥିବା ଶବ୍ଦ ଯାହାର ଅର୍ଥ ସବୁଜ ଅଥବା ଶ୍ୟାମଳ – ଅର୍ଥାତ୍ ଦେଶର ସବୁଜିମା ଭରା ପରିବେଶ ପାଇଁ ଦେଶଟିଏ ଏମିତି ନାଁ ବାଛି ନେଇଥିଲା ବହୁ ଶତାବ୍ଦୀ ତଳେ । ଅର୍ଥାତ୍, ଶ୍ୟାମଦେଶ ଓ ଧଳାହାତୀର ଦେଶ କହିଲେ ଯଦିଓ ଥାଇଲାଣ୍ଡକୁ ବୁଝାଏ; ମାତ୍ର ଶ୍ୟାମ ଅର୍ଥ ଧଳାହାତୀ ନୁହେଁ ।

ବେଶ୍ କିଛି ବର୍ଷ ହେଲା ଭାରତ ସମେତ ତୃତୀୟ ବିଶ୍ୱର ବହୁ ଦେଶରେ ପ୍ରଶାସନିକ କଳ ଦାୟିତ୍ୱରେ ଥିବା ବ୍ୟକ୍ତିମାନଙ୍କୁ ଧଳାହାତୀ ବୋଲି କୁହାଯାଉଛି । ହାତୀକୁ ପୋଷିବା ଭାରି ବ୍ୟୟ ବହୁଳ ବ୍ୟାପାର । ତାଛଡ଼ା ଏଇ ଦେଶମାନଙ୍କରେ ପ୍ରଶାସନିକ ବ୍ୟବସ୍ଥା ଏତେ ବଡ଼ ଯେ ତାହାକୁ ହାତୀ ଭଳି ବିଶାଳକାୟ ପ୍ରାଣୀ ସହିତ ତୁଳନା କରିବା କିଛି ମନ୍ଦ ନୁହେଁ । ମାତ୍ର ସେମାନଙ୍କଠାରୁ ଯାହା ଆଶା କରାଯାଏ ତାହା ମିଳେ ନାହିଁ । ସେମାନଙ୍କୁ ହାତୀ କୁହାଗଲେ ଚଳିଥାନ୍ତା ମାତ୍ର ଧଳାହାତୀ କହିବାର ତାତ୍ପର୍ଯ୍ୟ କଣ

ହୋଇପାରେ ! ସେମାନେ ଧୋବ ଧବଳିଆ, ସମାଜର ଉଚ୍ଚବର୍ଗ ବୋଲି ପ୍ରତୀୟମାନ ହୁଅନ୍ତି । ଧଳାହାତୀ ସେଇମାନେ, ଯାହାଙ୍କ ପାଇଁ ବହୁତ ଖର୍ଚ୍ଚ କରିବାକୁ ପଡ଼େ; ମାତ୍ର ସେମାନଙ୍କ କାମ ଆଖିଦୃଷ୍ଟିଆ ନୁହେଁ – ଯାହାକୁ କହନ୍ତି – ନାମ ବଡ଼ା ଦର୍ଶନ ଥୋଡ଼ା !

ଭାରତୀୟ ହିନ୍ଦୁ ପୁରାଣ ଅନୁସାରେ ଦେବରାଜ ଇନ୍ଦ୍ରଙ୍କ ବାହନ ହେଲେ ଗୌର ବର୍ଣ୍ଣର ହସ୍ତୀ ଯାହାର ନାଁ ଐରାବତ । ଏହା ହସ୍ତୀ ହୋଇଥିଲେ ବି ପକ୍ଷୀ ପରି ଉଡ୍ଡୟନ କ୍ଷମତା ବିଶିଷ୍ଟ । ଅବଶ୍ୟ କେହି ଧଳାହାତୀ ଉପରେ ଚର୍ଚ୍ଚା କଲାବେଳେ ଐରାବତଙ୍କୁ ସ୍ମରଣ କରନ୍ତି ନାହିଁ । ଶ୍ରୀମଦ୍ ଭଗବତ୍ ଗୀତାର ଦଶମ ଅଧ୍ୟାୟରେ ଭଗବାନ ଶ୍ରୀକୃଷ୍ଣ ବିଭିନ୍ନ ବର୍ଗରେ ଶ୍ରେଷ୍ଠମାନଙ୍କର ଉଦାହରଣ ଦେଲାବେଳେ ହସ୍ତୀମାନଙ୍କ ଭିତରେ ଐରାବତ ଶ୍ରେଷ୍ଠ ବୋଲି କହିଛନ୍ତି । ଅର୍ଥାତ୍ ଧଳାହାତୀମାନେ ଐରାବତଙ୍କ ବଂଶଜ ବୋଲି ଅନୁମାନ କରିବା ବି ନିହାତି ଅସଂଗତ ଓ ହାସ୍ୟାସ୍ପଦ ।

ହାତୀ ଗୋଟିଏ ତୃଣଭୋଜୀ ପ୍ରାଣୀ । ଯଦିଓ ବିଶାଳକାୟ, ସେ କାହା ଉପରେ ନିଜ ଆଡୁ ଔଦ୍ଧତ୍ୟ ଦେଖାଏ ନାହିଁ; ମାତ୍ର କେହି ଆକ୍ରମଣ କଲେ ସେ ପ୍ରତିଶୋଧ ନେବାକୁ ଭୁଲେ ନାହିଁ । ମାତ୍ର ଆଲୋଚିତ ପ୍ରସଙ୍ଗର ଧଳାହାତୀମାନେ କେବଳ ତୃଣଭୋଜୀ କିମ୍ବା ମାଂସାହାରୀ ନୁହନ୍ତି ସେମାନେ ସର୍ବଭକ୍ଷ ଆଉ ପ୍ରୋଟକଲ ପରିବେଷ୍ଟିତ ଧଳାହାତୀମାନେ ସେମାନଙ୍କ ବେଭାରରେ ସାମାନ୍ୟ ବିଚ୍ୟୁତିକୁ କ୍ଷମା ଦିଅନ୍ତି ନାହିଁ ।

ଥାଇଲାଣ୍ଡ ଆଗରୁ ଏକକ ନରପତିଙ୍କ ଅଧୀନରେ ଥିଲା । ଯଦିଓ ଆଜି ଦିନରେ ଏହା ଏକ ଗଣତନ୍ତ୍ର ମାତ୍ର ସେମାନଙ୍କର ସାମ୍ବିଧାନିକ ମୁଖ୍ୟ ହେଉଛନ୍ତି ରାଜା । ପ୍ରାଚୀନ ଯୁଗରେ ଥାଇଲାଣ୍ଡର ଶାସକମାନେ ଯେଉଁ ସଂଭ୍ରାନ୍ତମାନଙ୍କୁ ନିଜର ପ୍ରତିଦ୍ୱନ୍ଦ୍ୱୀ ଭାବରେ ଦେଖୁଥିଲେ ସେମାନଙ୍କୁ ସଂଭ୍ରାନ୍ତ ବେଭାର ଭାବରେ ଶ୍ୱେତହସ୍ତୀ ଦାନ କରୁଥିଲେ । ଏକ ପକ୍ଷରେ କୁହାଯାଉଥିଲା ଯେ ତାହା ଥିଲା ସାମ୍ରାଜ୍ୟର ପ୍ରତୀକ; ମାତ୍ର ପ୍ରକାରାନ୍ତରେ ସେଇ ବିଶାଳ ହସ୍ତୀ ପାଇଁ ଖାଦ୍ୟ ଯୋଗାଡ଼ କରି କରି ପ୍ରାପକ ଦିନକୁ ଦିନ ହୀନିମାନ ହେଉଥିଲେ । କୌଶଳରେ ପ୍ରତିପକ୍ଷଙ୍କୁ ଧନହୀନ କରିବାର ଏହା ଥିଲା ଏକ ସୁଚିନ୍ତିତ ପ୍ରକ୍ରିୟା, ଥାଇଲାଣ୍ଡରେ ଆଜି ଦିନରେ ବଂଚିଥିବା ଧଳାହାତୀଙ୍କ ସଂଖ୍ୟା ଖୁବ୍ କମ, ଗୋଟିଏ ଆକଳନ ଅନୁସାରେ ତାହା ତିରିଶ ଭିତରେ ସୀମିତ; ମାତ୍ର ଆଲୋଚିତ ଧଳାହାତୀମାନେ କେତେ ସଂଖ୍ୟାରେ ଦିନକୁ ଦିନ ବଢୁଛନ୍ତି ତାହା ଆପଣମାନେ ଲକ୍ଷ୍ୟ କରିପାରୁଥିବେ ।

ଧଳାହାତୀ କହିଲେ କଣ ଖାଲି ପଦବୀରେ ଥାଇ ମୁନିବଙ୍କୁ ଖର୍ଚ୍ଚାନ୍ତ କରାଉଥିବା ଅଧିକାରୀ ? ପ୍ରାଇଭେଟ୍ କମ୍ପାନୀମାନେ ଖୋଜନ୍ତି ସେହିପରି ଅଧିକାରୀ ଯେଉଁମାନେ କମ୍ପାନୀକୁ ଅଧିକରୁ ଅଧିକ ଲାଭ ଆଣିଦେଇପାରିବ । ଅର୍ଥାତ୍ ସଂପୃକ୍ତ ଅଧିକାରୀ ଯଦି କମ୍ପାନୀ ପାଇଁ ଲାଭଦାୟକ ନ ହୋଇ ପ୍ରକାରାନ୍ତରେ କ୍ଷତି ପହଞ୍ଚାନ୍ତି ବା କମ୍ପାନୀର ଲାଭ

ପରିମାଣ ହ୍ରାସର କାରଣ ପାଲଟନ୍ତି ତାଙ୍କୁ ତଡ଼ିବା ପାଇଁ ମଶା ମାଛିକୁ ନିଜ ଶରୀରଠାରୁ ତଡ଼ିବାକୁ ଯେତିକି ସମୟ ଦରକାର ସେତିକି ସମୟ ବି ଲାଗେ ନାହିଁ ମୁନୀବମାନଙ୍କୁ। ସେହି କାରଣରୁ ପ୍ରାଇଭେଟ୍ ଚାକିରୀ କରିଥିବା ବ୍ୟକ୍ତିଟି ଧଳାହାତୀ ପାଲଟିବା ସମ୍ଭବ ହୁଏ ନାହିଁ। ତାର କାମର ମୂଲ୍ୟାୟନ ପ୍ରତିଦିନ ହେଉଥାଏ, ଦକ୍ଷତାର ପରିଚୟ ପ୍ରତିପାଦନ କରିବାକୁ ପଡ଼ିଥାଏ ପ୍ରତିନିୟତ।

ସରକାରୀ ଚାକିରୀରେ ଥରେ ପଶିଗଲେ ସେଠାରୁ ଜଣକୁ ତୁରନ୍ତ ବାହାର କରିବା ଏତେ ସହଜ ନୁହେଁ। ସରକାରୀ ଚାକିରୀରେ ଲାଭ କ୍ଷତିର ହିସାବ ନଥାଏ। କେବଳ ଉପରିସ୍ଥ ହାକିମଙ୍କୁ ହାତରେ ରଖିପାରିଲେ ଜଣେ ସହଜରେ ଚାକିରୀ କାଳ କଟେଇ ଦେଇ ପାରେ। କାର୍ଯ୍ୟଦକ୍ଷତା ତୁଳନାରେ ଚାଟୁକାରିତାର ଆଦର ଅଧିକ ଥିବାରୁ ପ୍ରତିଦିନ ନୂଆ ନୂଆ ଧଳାହାତୀମାନେ ଜନ୍ମ ନିଅନ୍ତି।

ବାବୁତନ୍ତ୍ରକୁ ଅଧିକ ସମନ୍ୱିତ କରିବା ପାଇଁ ଆମ ଦେଶରେ ଅନେକ ପ୍ରଶାସନିକ ସଂସ୍କାର କମିଶନ ବସିଛି; ମାତ୍ର ସେଗୁଡ଼ିକରୁ ଆଶାନୁରୂପ ଫଳ ନମିଳିବାର ପ୍ରମୁଖ କାରଣ ହେଲା ରାଜନୈତିକ ଇଚ୍ଛା ଶକ୍ତିର ଅଭାବ ଏବଂ ରାଜନୈତିକ ନେତୃତ୍ୱ ଅନେକ ସମୟରେ ବାବୁମାନଙ୍କ ଆୟତ୍ତରେ। ବାବୁ ସଂସ୍କୃତିରେ ଏତେ ଅଧିକାରୀଙ୍କ ବାଟ ଦେଇ ନିଷ୍ପତ୍ତି ନିଆଯାଏ ଯେ, ସେଥିରେ ଜଣକୁ ଦାୟୀ କରିବା ସମ୍ଭବ ହୁଏ ନାହିଁ, ଏବଂ ଏଇ ବ୍ୟବସ୍ଥାରେ ଖସି ଯାଆନ୍ତି ଗୋଳମାଳ କରୁଥିବା ବାବୁମାନେ।

ସବୁ ବାବୁମାନେ ଧଳାହାତୀ ନୁହନ୍ତି ତାହା ହିଁ ଆଶ୍ୱାସନାର ବିଷୟ। ଦେଶର ଅଗ୍ରଗତିରେ ଆମ ଦେଶର ଅମଲାମାନଙ୍କର ଯୋଗଦାନକୁ ନ୍ୟୁନ କରିବା ଉଚିତ ନୁହେଁ, ଦେଶର ଅତ୍ୟନ୍ତ ମେଧାବୀ ପିଲାମାନେ ପ୍ରଶାସନିକ ସେବାରେ ଯୋଗ ଦିଅନ୍ତି। ସେମାନେ ସର୍ଦ୍ଦାର ପଟେଲଙ୍କ ଭାଷାରେ ଆମ ଦେଶର ଷ୍ଟିଲ ଫ୍ରେମ୍, ଲୌହ ନିର୍ମିତ ଛାଞ୍ଚ ସଦୃଶ। ଆମ ଦେଶରେ ଆଇନ କଡ଼ାକଡ଼ି ପ୍ରୟୋଗ ହେଉନଥିବାରୁ ଯେଉଁ ସାମାଜିକ ବିଶୃଙ୍ଖଳା ସୃଷ୍ଟି ହେଉଛି ତାହା ପରୋକ୍ଷରେ ଧଳାହାତୀମାନଙ୍କ ସଂଖ୍ୟା ବଢ଼ାଉଛି ବୋଲି ଅନେକଙ୍କର ମତ। ଆଇନ ରହିଛି ଯଦି କେହି ବ୍ୟକ୍ତି ସରକାରୀ କାମରେ ଲାଏବିଲିଟି ବା ବିପଦ ପାଲଟୁଛି ତାଙ୍କୁ ପଚାଶ ବର୍ଷରେ ବାଧ୍ୟତାମୂଳକ ଅବସର ଦେବାକୁ। ଏହାକୁ ଆମେ ଏତେ ଢିଲା ଭାବରେ ପ୍ରୟୋଗ କରୁଛନ୍ତି ଯେ ନିକମ୍ମାମାନେ ପୁନର୍ଜନ୍ମ ପାଇଯାଉଛନ୍ତି। ଧଳାହାତୀଙ୍କ ସଂଖ୍ୟା ଯେତେ କମିବ, ସେତେ ମଙ୍ଗଳ ସାଧାରଣ ଜନତାଙ୍କ ପାଇଁ।

■

(ଧରିତ୍ରୀ - ତା ୨୪.୧୦.୨୦୨୪ରିଖ)

ନଅଙ୍କ ଦୁର୍ଭିକ୍ଷ : ଇତିହାସରୁ ଶିକ୍ଷା

ଓଡ଼ିଶା ଇତିହାସର ସବୁଠୁ କ୍ଳେଶପୂର୍ଣ୍ଣ ଅଧ୍ୟାୟ କହିଲେ ଏବେବି ଆମେ ବିନା ଚିନ୍ତା କରି ନଅଙ୍କ ଦୁର୍ଭିକ୍ଷ ଆଡ଼କୁ ଅଙ୍ଗୁଳି ନିର୍ଦ୍ଦେଶ କରୁ। ଗଜପତି ତୃତୀୟ ଦିବ୍ୟସିଂହ ଦେବଙ୍କ ରାଜତ୍ୱର ନବମ ଅଙ୍କରେ ଘଟିଥିବା ଏଇ ଦୁର୍ଭାଗ୍ୟପୂର୍ଣ୍ଣ ଘଟଣା ୧୮୬୬ରେ ଘଟିଥିଲା। ଏହା ଭିତରେ ପ୍ରାୟ ୧୫୮ ବର୍ଷ ବିତି ଯାଇଛି; ମାତ୍ର ଏହାର ଭୟାବହତା ଅନେକ ଭୁଲିନାହାନ୍ତି।

ସେତେବେଳେ ଓଡ଼ିଶା କହିଲେ ଆଗରୁ ଥିବା ତିନିଟି ଜିଲ୍ଲା ବାଲେଶ୍ୱର କଟକ ଓ ପୁରୀକୁ ବୁଝାଉଥିଲା। ସେତେବେଳର ମୂଳ ତିନିଟି ଜିଲ୍ଲାର ଲୋକସଂଖ୍ୟା ପ୍ରାୟ ୨୭ ଲକ୍ଷ ଥିଲା ଏବଂ ଏହି ଦୁର୍ଭିକ୍ଷ ଫଳରେ ପ୍ରାୟ ଦଶଲକ୍ଷ ଲୋକଙ୍କର ପ୍ରାଣହାନୀ ଘଟିଥିଲା।

ନଅଙ୍କ ଦୁର୍ଭିକ୍ଷର ପ୍ରେକ୍ଷାପଟରେ ଥିଲା ପାଣିପାଗର ଏକ ଅଲିଖିତ ଅବିଚାର - ସେ ବର୍ଷ ଭାଦ୍ରବ ଚାରିଦିନ ଅର୍ଥାତ୍ ସେପ୍ଟେମ୍ବର ୧୯/୨୦ରେ ଅସରାଏ ବର୍ଷା ହେବା ପରେ ଆଉ ବର୍ଷା ହୋଇନଥିଲା। ଭାରତର ସେତେବେଳେ ଗୋଟିଏ ମୌସୁମୀ ବାୟୁ ପ୍ରବାହ ପ୍ରବଣ ଦେଶ ଥିଲା ଆଉ ଏବେ ବି ଅଛି। ସେଇ ଗୋଟିଏ ବର୍ଷ ଭାଦ୍ରବ ଆରମ୍ଭର ବର୍ଷା ପରେ ଆଉ ବର୍ଷା ନ ହେବାରୁ ମରୁଡ଼ି ପଡ଼ିଲା, ଯାହା ପ୍ରଶାସନିକ ଅଦୂରଦର୍ଶିତା ହେତୁ ଦୁର୍ଭିକ୍ଷରେ ପରିଣତ ହେଲା।

ଆଗଠାରୁ ଏବେ ଜଳବାୟୁ ଅଧିକ ଅନୁଦାର। ଏକଥା ସମସ୍ତେ ସ୍ୱୀକାର କରିବେ। ମାଳିକାରେ କୁହାଯାଇଥିଲା ଏପରି ଭବିଷ୍ୟତ ଆସୁଛି ଯେତେବେଳେ ହଳ କରୁଥିବା ଗୋଟିଏ ବଳଦ ବର୍ଷାରେ ତିନ୍ତି ଯିବ; ମାତ୍ର ଆରଟି ଉପରେ ଟୋପାଏ ବର୍ଷା ବିନ୍ଦୁ ପଡ଼ି ନଥିବ। ତୀର୍ଯ୍ୟକ ଭାବରେ କୁହାଯାଇଥିବା ଏହି କଥାଟି ହେଲା ବୃଷ୍ଟିରେ ଥିବା ଅସନ୍ତୁଳନ। ଆଜି ଯଦି ଆପଣ ବୃଷ୍ଟିପାତର ପରିସଂଖ୍ୟାନକୁ ଲକ୍ଷ୍ୟ କରିବେ ତାହେଲେ ଜାଣି ପାରିବେ ଆମର ବାର୍ଷିକ ବୃଷ୍ଟିପାତରେ ବିଶେଷ ଫରକ ପଡ଼ିନଥିଲେ ବି ବାର୍ଷିକ ବୃଷ୍ଟିପାତ ଦିନ

ବହୁତ ସଂକୁଚିତ ହୋଇଛି, ଅର୍ଥାତ୍ ବେଳେବେଳେ ଏକାଦିକ୍ରମେ ଅତ୍ୟଧିକ ବୃଷ୍ଟିପାତ ହେବା ଫଳରେ ସେହି ବୃଷ୍ଟି କୃଷି କାର୍ଯ୍ୟରେ ଲାଗିପାରୁନାହିଁ।

ନଅଙ୍କ ଦୁର୍ଭିକ୍ଷ ସମୟ ବେଳକୁ ଆମର ଜଳସେଚନ ବ୍ୟବସ୍ଥା ନଥିଲା କହିଲେ ଚଳେ। ଏବେ ତାର ପରିମାଣ ଯାହା ଅଛି ତାହା ମଧ୍ୟ ଅଳ୍ପ ଏବଂ ଜଳସେଚିତ ଅଞ୍ଚଳ ଭିତରେ ଚାଷଜମିକୁ ନିର୍ବିଚାରରେ ଘରଡ଼ିହ କରିବା ପାଇଁ ଅନୁମତି ଦେବା ଫଳରେ ଦିନକୁ ଦିନ ଆମର ଜଳସେଚିତ ଅଞ୍ଚଳ କ୍ରମଶଃ କମିବାରେ ଲାଗିଛି।

ଅଧିକ ଅମଳ ହେଲେ ଦୁର୍ଭିକ୍ଷ ଭୟ ରହିବ ନାହିଁ ବୋଲି ଏକ ସାଧାରଣ ଧାରଣା ଥାଏ; ମାତ୍ର ଇତିହାସ ଏହାକୁ ଭୁଲ୍ ବୋଲି ପ୍ରମାଣିତ କରିଛି। ଯେତେବେଳେ ଅଧିକ ଅମଳ ହୁଏ, ସେତେବେଳେ ଅଧିକ ମଧ୍ୟ ରପ୍ତାନି ହୁଏ। ଅଧିକ ରପ୍ତାନି ବି ସୂଚେଇ ଦିଏ ଯେ ଅମଳ ଅଧିକ ହୋଇଥିଲା; ମାତ୍ର ନଅଙ୍କ ଦୁର୍ଭିକ୍ଷ ପୂର୍ବ ବର୍ଷମାନଙ୍କରେ ମଧ୍ୟ ମାତ୍ରାଧିକ ଅମଳ ହେତୁ ବହୁ ଅଧିକ ପରିମାଣରେ ଧାନ ରପ୍ତାନି ହୋଇଥିଲା। ସେଇ ରପ୍ତାନିକୁ ଲକ୍ଷ୍ୟ କରି ସେତେବେଳର ବ୍ରିଟିଶ ସରକାର ଏକ ଦୁର୍ଭିକ୍ଷର ଆକଳନକୁ ଅସ୍ବୀକାର କରିଥିଲେ।

ନଅଙ୍କ ଦୁର୍ଭିକ୍ଷ ବେଳେ ସେତେବେଳର ସରକାରୀ କଳ ଏହାକୁ ପ୍ରାଥମିକ ଭାବରେ ଗମ୍ଭୀରତା ସହ ନେଇ ନଥିଲେ। ଆମ ଦେଶରେ ସ୍ବାଧୀନୋତ୍ତର କାଳରେ ମଧ୍ୟ କାହାରି ଖାଦ୍ୟାଭାବରୁ ଅପମୃତ୍ୟୁ ହେଲେ ତାହାକୁ ସରକାରୀ ଅଧିକାରୀମାନେ ସବୁବେଳେ ଅସ୍ବୀକାର କରି ଆସୁଥିଲେ। ଋଣଗ୍ରସ୍ତ କୃଷକ ଆତ୍ମହତ୍ୟା କରୁଥିବା ବହୁ ସମୟରେ ଖବରକାଗଜରେ ପୃଷ୍ଠା ମଣ୍ଡନ କଲେ ମଧ୍ୟ ଆଜିକାଲିର ପ୍ରଶାସକ ଗୋଷ୍ଠୀ ରିପୋର୍ଟ ପ୍ରଦାନ କଲାବେଳେ ମୃତ୍ୟୁର ଅନ୍ୟାନ୍ୟ ଅନେକ ସମ୍ଭାବ୍ୟ କାରଣ ଖୋଜି ପାଇଥାନ୍ତି।

କବି ସୀତାକାନ୍ତ ମହାପାତ୍ରଙ୍କ 'ଭିକାରୀ ପିଲାର ମୃତ୍ୟୁ' କବିତା ମନେ ପଡ଼ିଯାଉଛି। ରାସ୍ତା କଡ଼ରେ ପଡ଼ିଛି କଙ୍କାଳସାର ଭିକାରୀ ପିଲାଟିର ଶବ। ତାକୁ ଲକ୍ଷ୍ୟ କରି କବିଙ୍କର ବିବେକ ଦୋହଲି ଯାଇଛି। ସେ ତା ଉଦ୍ଦେଶ୍ୟରେ କହିଛନ୍ତି – ତୁ କାହିଁକି ରାସ୍ତା କଡ଼ରେ ପ୍ରାଣ ହାରି ଦେଲୁରେ ! ଏବେ ଡାକ୍ତର ମାନେ ଆସିବେ, ହାକିମ ମାନେ ଆସିବେ। ତୋ ପେଟକୁ ଚିରି ପକେଇବେ। ଆଉ ତୋର ପାକସ୍ଥଳୀକୁ ପରୀକ୍ଷା କରି ପକେଇ ଘୋଷଣା କରିବେ ଯେ ତୁ ମରିନାହୁଁ ଖାଦ୍ୟାଭାବରେ। ତାର ପେଟକୁ ଛୁରିରେ ଚିରିବାକୁ କବି ମନା କରୁଛନ୍ତି, ଡାକ୍ତରଙ୍କୁ କହୁଛନ୍ତି ତାକୁ ଶାନ୍ତିରେ ମରିବାକୁ ଦିଅ...."

ସରକାରୀ କଳର ଉଦାସୀନତା ଏବଂ ସତକୁ ସାମ୍ନା କରିବା ପାଇଁ ଅସାମର୍ଥ୍ୟ ଅନେକ ବେମାରୀ ସୃଷ୍ଟି କରୁଥିଲା ସେ କାଳରେ ଏବଂ ଏବେବି କରୁଛି ଏ କାଳରେ।

ଓଡ଼ିଶା ଇତିହାସର ସେଇ କରୁଣ ମୁହୂର୍ତ୍ତରେ ଯେତେବେଳେ ବ୍ରିଟିଶ ସରକାରଙ୍କ ନିକଟକୁ ସେ କାଳର କମିଶନର ରେଭେନ୍‌ସା ସାହେବ ଚାଉଳ ପଠାଇବାକୁ ଅନୁରୋଧ କରିବାକୁ ଯାଉଥିଲେ, ତାଙ୍କର କନିଷ୍ଠ ଅଧିକାରୀମାନେ ତାଙ୍କୁ କହିଥିଲେ ଯେ ଗାଁ ମହାଜନମାନଙ୍କ ନିକଟରେ ବହୁ ଧାନ ମହଜୁଦ୍ ଅଛି । ଯାହାଫଳରେ ମରୁଡ଼ି ଆରମ୍ଭ ସମୟରେ ସମ୍ଭାବ୍ୟ ପରିସ୍ଥିତିକୁ ଠିକ୍‌ରୂପେ ଆକଳନ କରାଯାଇ ପାରିନଥିଲା ।

ସେତେବେଳେ ଗୋଟିଏ ଘଟଣା ଘଟିଲା ଯାହା ଚିନ୍ତାଜନକ । କିଛି ବଦାନ୍ୟ ରାଜନ୍ୟବର୍ଗ ନିଜ ନିଜ ଅଞ୍ଚଳରେ ଲୋକମାନଙ୍କୁ ଖାଦ୍ୟ ଯୋଗାଇ ଦେଲେ । ଏପରି କଲେ ଲୋକମାନେ ଅଳସୁଆ ଓ କର୍ମବିମୁଖ ହୋଇଯିବେ ବୋଲି ସରକାର ଭାବିଲେ ଏବଂ ତଦାନୀନ୍ତନ ବେଙ୍ଗଲର ଛୋଟଲାଟ ଗୋଟିଏ ଘୋଷଣାନାମା ଜାରି କଲେ ଯେ ଏପରି ଅନ୍ନଛତ୍ର ତୁରନ୍ତ ତୁରନ୍ତ ବନ୍ଦ କରାଯାଉ । ମାଲଥୁସ ନାମକ ଜଣେ ତଥାକଥିତ ପଣ୍ଡିତ ବ୍ରିଟିଶମାନଙ୍କୁ ଏପରି ଏକ ତତ୍ତ୍ୱ ପ୍ରଦାନ କରିଥିଲେ ଯାହା ମାଲଥୁସିଆନ ଥିଓରୀ ଭାବରେ ଖ୍ୟାତ । ଏହା ସୂଚନା ଦିଏ ଯେ ଯେତେବେଳେ ଲୋକସଂଖ୍ୟା ଅଧିକ ହୋଇଯାଏ ତାକୁ ନିୟନ୍ତ୍ରଣ କରିବା ପାଇଁ ପ୍ରକୃତି ବେଳେବେଳେ ଅନେକ ପ୍ରକୋପ ଦେଖାଏ ଏବଂ ବନ୍ୟା, ବାତ୍ୟା, ଦୁର୍ଭିକ୍ଷ ସବୁ ତାହାର ଗୋଟିଏ ଗୋଟିଏ ନାମ । ପ୍ରକୃତିର ଏକ ସାଧାରଣ ନିୟମର ଦ୍ୱାହି ଦେଇ ନିଜର କର୍ମ ସଂପାଦନରୁ ନିଜକୁ ମୁକ୍ତ କରିବାକୁ ଚାହୁଁଥିବା ପ୍ରଶାସକଙ୍କ ସଂଖ୍ୟା ଆଜି ବି କମ୍ ନୁହେଁ । ଆଜିକୁ ଦେଢ଼ଶହ ବର୍ଷ ଆଗେ ଓଡ଼ିଶାର ଚିତ୍ର ଏପରି ଥିଲା ଯେ ଗ୍ରାମ୍ୟ ଅର୍ଥନୀତି ମୁଦ୍ରାଭିତ୍ତିକ ନଥିଲା ବରଂ ଏହା ଥିଲା ପାରମ୍ପରିକ ଏବଂ ଅଦଳବଦଳ ପ୍ରକ୍ରିୟାରେ ବହୁ କର୍ମ ସଂପାଦିତ ହେଉଥିଲା । ଚାଷଜମିର ମାଲିକମାନେ ଯେଉଁ ଚାଷ କରୁଥିଲେ ସେଥିରୁ ମଧ୍ୟ କିଛି ଅଂଶ ପାଉଥିଲେ କିଛି ସେବା ପ୍ରଦାନକାରୀ ଗୋଷ୍ଠୀ ଯେପରି ଧୀବର, ରଜକ ଓ ଅନ୍ୟାନ୍ୟ ଅନେକ । ଚାଷ ନ ହେବା ଫଳରେ ସେମାନେ ଖାଦ୍ୟଶସ୍ୟ ପାଇନଥିଲେ । ଆଜି ଯଦିଓ ସେଇ ପରିସ୍ଥିତି ନାହିଁ ଚାଷକାମ ଲାଭଜନକ ହେଉ ନଥିବାରୁ ଅନେକ ଜମି ପଡ଼ିଆ ପଡୁଛି ଏବଂ ଯାନ୍ତ୍ରିକ ପଦ୍ଧତିରେ ଚାଷୀ ସହରାଞ୍ଚଳ ଅଭିମୁଖୀ ହୋଇଯିବାରୁ ଗାଁରେ ଗୋଧନ ହ୍ରାସ ପାଇଛି ଏବଂ ଫଳତଃ ଜୈବିକ ଖତ ପରିମାଣ ଶୂନ୍ୟରେ ପହଞ୍ଚିଲାଣି । ଏହା ଯେକୌଣସି ସମୟରେ ବିପଦକୁ ଡାକିଆଣିବା ଅସମ୍ଭବ ନୁହେଁ ।

ପ୍ରଶାସନିକ ଅବହେଳା ତୁଳନାରେ ଅଧିକ ବିପଜ୍ଜନକ ହେଉଛି ପ୍ରଶାସନିକ ସମ୍ବେଦନହୀନତା । କରୋନା କାଳରେ ଏହି ଲେଖକକୁ ତାର ଦାୟିତ୍ୱରେ ଥିବା ଜିଲ୍ଲାମାନଙ୍କରେ ସାମାଜିକ ନିରାପତ୍ତା ପାଇଁ ଦିଆଯାଉଥିବା ରାଶି ସଂପୂର୍ଣ୍ଣ ଭାବରେ

ଉପଯୋଗ ହେଉଛି କି ନାହିଁ ତାହା ଦେଖିବାର ଦାୟିତ୍ୱ ଦିଆଯାଇଥିଲା । ସମୀକ୍ଷା ବୈଠକରେ ଅନୁଭବ କରୁଥିଲି ଶତକଡ଼ା ଅଠାନବେ ଅନେଶ୍ୱତ ଉପଯୋଗ ହେଉଥିବା କହି ଆତ୍ମସନ୍ତୋଷ ପ୍ରକାଶ କରୁଥିଲେ କିଛି ଜିଲ୍ଲାପାଳ । ସେମାନଙ୍କୁ ବୁଝେଇଥିଲି କେତେ ବିପଜ୍ଜନକ ହୋଇପାରେ ଏପରି ଆଭିମୁଖ୍ୟ । ଗୋଟିଏ ଜିଲ୍ଲାରେ ଯଦି ଦେଢ଼ଲକ୍ଷ ବୁଢ଼ାବୁଢ଼ୀ ବା ଦିବ୍ୟାଙ୍ଗ ଭତ୍ତା ପାଉଛନ୍ତି ଏବଂ ତନ୍ମଧ୍ୟରୁ ଶତକଡ଼ା ଏକ ପ୍ରତିଶତ ଅର୍ଥାତ୍ ଦେଢ଼ ହଜାର ଲୋକଙ୍କ ମୁହଁରେ ଖାଦ୍ୟ ପହଞ୍ଚୁ ନାହିଁ, ତାହା କେତେ ଭୟଙ୍କର ତାହା ବୁଝାଇଥିଲି । ଯଦି ଖାଉଟି ଦ୍ରବ୍ୟ ପାଉଥିବା ଗୋଟିଏ ଜିଲ୍ଲାର ଲକ୍ଷେ ପରିବାର ଭିତରୁ ଶତକଡ଼ା ଦୁଇ ପ୍ରତିଶତ ଖାଦ୍ୟ ପାଇନାହାନ୍ତି ତାହେଲେ ହୁଏତ ଦୁଇ ହଜାର ପରିବାରର ଆଠ ଦଶ ହଜାର ଲୋକଙ୍କୁ ପେଟରେ ଓଦାକନା ଦେବାକୁ ପଡ଼ିବ ବୋଲି ବୁଝାଇଥିଲି । କିଛି ଯୁବ ଜିଲ୍ଲାପାଳ ମୋତେ ବ୍ୟକ୍ତିଗତ ଭାବରେ କହିଛନ୍ତି – ସେଇ ବ୍ୟାଖ୍ୟା ତାଙ୍କର ଆଖି ଖୋଲି ଦେଇଛି ।

ଇତିହାସରୁ ଆମେ କିଛି ଶିକ୍ଷା କରନ୍ତି ନାହିଁ ଯାହାଫଳରେ ଇତିହାସ ବାରମ୍ବାର ପ୍ରକଟିତ ହୋଇଥାଏ ବୋଲି ଗୋଟିଏ କଥା ବହୁଳ ପ୍ରସାରିତ; ମାତ୍ର ଏହା ଖାଣ୍ଟି ସତ ।

■

(ସକାଳ - ତା ୧୫.୧୦.୨୦୨୪ରିଖ)

ନମ୍ରନ୍ତି ଗୁଣିନୋ ଜନାଃ

ଫଳପ୍ରସୁ ବୃକ୍ଷ ଯେପରି ଫଳ ଭାରରେ ନଇଁପଡ଼େ ସେହିପରି ଗୁଣୀ ଲୋକମାନେ ସଦ୍‌ଗୁଣର ପ୍ରଭାବରେ ସର୍ବଦା ଅବନମିତ ହୋଇଥାନ୍ତି। ଏପରି ଏକ ଆପ୍ତବାକ୍ୟ ସହିତ ଆମ୍ଭେମାନେ ଆବାଲ୍ୟ ପରିଚିତ। ମାତ୍ର କେବଳ ନମ୍ରତା କଣ ଜଣେ ସଜ୍ଜନଙ୍କର ଏକମାତ୍ର ପରିଚୟ! ଭାତହାଣ୍ଡିରୁ ସବୁଭାତକୁ ନ ଚିପି ଗୋଟିଏ ଭାତରୁ ସବୁ ଭାତର ସ୍ୱରୂପ ଜାଣିହେଲା ପରି ଗୋଟେ ଅଧେ ବାହ୍ୟ ଭାବରୁ ଜଣକୁ ତଉଲିବା କଣ ଉଚିତ ?

ଆଧୁନିକ ଗବେଷଣା ସହିତ ସଂପୃକ୍ତ ଯେକୌଣସି ଗବେଷକ ନିଶ୍ଚିତ ଭାବରେ କହିବେ ଯେ ଗୋଟେ ଅଧେ ଉଦାହରଣକୁ ଭିତ୍ତିକରି କୌଣସି ନିଷ୍କର୍ଷରେ ପହଞ୍ଚି ହେବ ନାହିଁ। ଗବେଷଣାର ବ୍ୟାକରଣ କହେ ଯେ କୌଣସି ଗବେଷଣାରେ ବ୍ୟବହୃତ ହେଉଥିବା ସାମ୍ପଲ ବା ଉଦାହରଣ ସମସ୍ତ ସମ୍ଭାବ୍ୟ କ୍ଷେତ୍ରର ସମତୁଲ ହେବା ଆବଶ୍ୟକ।

ନଇଁଯିବାକୁ, ଆଧୁନିକ ପରିଚାଳନା ବିଜ୍ଞାନରେ ଗୋଟିଏ ଷ୍ଟ୍ରାଟେଜି ବା କୌଶଳ ଭାବରେ ଗ୍ରହଣ କରାଯାଉଛି। ଅର୍ଥାତ୍ ନମ୍ରତା ପ୍ରଦର୍ଶନ କରିବା ଏକ ସ୍ୱାଭାବିକ ସ୍ୱୟଂକ୍ରୀୟ କ୍ରିୟା ନ ହୋଇ ଗୋଟିଏ ନିର୍ଦ୍ଦିଷ୍ଟ ଲକ୍ଷ୍ୟ ହାସଲର ଏକ କାର୍ଯ୍ୟକ୍ରମ ହୋଇପଡୁଛି। ଯେତେବେଳେ ଘୂର୍ଣ୍ଣିବାତ୍ୟା ଆସେ ସେତେବେଳେ ସେଇ ଭୟଙ୍କର ଦୁର୍ବାର ପ୍ରଭଞ୍ଜନ ସମ୍ମୁଖରେ ଥିବା ସମସ୍ତ ବିଶାଳ ବୃକ୍ଷରାଜୀ ଭୂପତିତ ହୋଇଥାଏ; ମାତ୍ର କ୍ଷୁଦ୍ର ତୃଣ ଅଥବା ଘାସସମ ଅତ୍ୟନ୍ତ ଛୋଟିଆ ଗଛଟିଏ ଅକ୍ଷତ ରହିଥାଏ। ତେଣୁ ଝଡ଼ ସାମନାରେ ନିଜର ମଥାକୁ ଟେକି ନ ରଖି ଅନେକ ମୁଣ୍ଡ ନୁଆଁଇ ଦିଅନ୍ତି ଆଉ ଝଡ଼ ଚାଲିଗଲା ପରେ ତାଙ୍କର ସ୍ୱାଭାବିକ ଚରିତ୍ରର ଝଲକ ଦେଖାନ୍ତି।

ବେଳେବେଳେ ନ ନଇଁବାକୁ ବି ପୁରୁଷକାର ଭାବରେ ଗ୍ରହଣ କରାଯାଏ ଆଉ କୁହାଯାଏ – ଅମୁକ ହେଲେ କାଉଁରିଆ କାଠି, ମାନେ ଭାଙ୍ଗିଯିବେ ପଛେ ନଇଁବେ ନାହିଁ କେବେବି ? ହଠାତ୍ ନଇଁ ପଡ଼ିଲେ ବି ବେଳେବେଳେ ମେରୁଦଣ୍ଡ ଦରଜ ହୋଇଯାଏ ସେଥିପାଇଁ ଆମର ବିଭିନ୍ନ କ୍ରିୟା କେବଳ ମେରୁଦଣ୍ଡ ନୁହେଁ ବରଂ ଯେତେ ଗଣ୍ଠି ରହିଛି ତା ପ୍ରତି ଅନୁକୂଳ ହେବା ପାଇଁ ଗୋଟେ ରୀତିମତ ବିଜ୍ଞାନର ବିଭାଗ ବାହାର କରାଗଲା ଯାହାକୁ ନାଁ ଦିଆ ହୋଇଛି (Ergonomics) ଏରଗନମିକ୍ସ। ଆଗକାଳରେ ଯେମିତି

ଲୋକମାନେ ବସିକି ମଳତ୍ୟାଗ କରୁଥିଲେ, ସ୍ନାନାଗାରରେ ଲୋଟାରେ ପାଣି ନେଇ ଦେହର ସର୍ବାଙ୍ଗରେ ସିଞ୍ଚନ କରି ସ୍ନାନକାର୍ଯ୍ୟ ସମାପନ କରୁଥିଲେ ଆଉ ସେପରି କରିବାକୁ ପଡ଼ିଲାନି, ଶରୀରକୁ କର୍ମକଷ୍ଟ ନେବାପାଇଁ ଆରାମ ଦେବା ପାଇଁ ବିଭିନ୍ନ ଯନ୍ତ୍ରପାତି ଉଦ୍‌ଭାବନ ହେଲା। ସେଇ କ୍ରମରେ ଆସିଲା ୟୁରୋପିଆନ ଷ୍ଟାଇଲ୍‌ର ପାଇଖାନା ବା କମୋଡ଼, ପାଣିର ଫୁଆରାରୁ ପାଣି ଆସିବା ପାଇଁ ସଂକ୍ଷେପରେ ନ ନଇଁବା ପାଇଁ ଏଇସବୁ ବୈଜ୍ଞାନିକ ଯୋଗଦାନ।

ମଣିଷକୁ ବି କୁହା ହେଉଥିଲା ଚାଲିବା ପାଇଁ ମେରୁଦଣ୍ଡ ସିଧାରଖି – ଅବଶ୍ୟ ବୟସ ହେଲାପରେ ମଣିଷର ମେରୁହାଡ଼ ଆପେ ଆପେ ବାଙ୍କି ଯାଉଥିଲା ଆଉ ବାଙ୍କୁଲିବାଡ଼ି ଧରି ଗାଁ ଦାଣ୍ଡରେ କେହି ବୁଢ଼ାବୁଢ଼ୀ ଚାଲିଚାଲି ଗଲେ ଯଦିଓ କେହି ଗୋପନରେ ହସି ଦେଉଥିଲେ, ତାହା ଯେ ଭବିଷ୍ୟତରେ ଆମ ସମସ୍ତଙ୍କ ପାଇଁ ଏକ ଅବଶ୍ୟମ୍ଭାବୀ ପରିଣତି ଏହା ଭାବି ଆଉ କେତେକ ହସକୁ ରୋକିବାକୁ ବାଧ୍ୟ ହେଉଥିଲେ।

ନଇଁ ଯିବାକୁ ବି ଅନେକ ମନେ ମନେ ବିରୋଧ କରୁଥିଲେ। କହୁଥିଲେ ତମେ ଯଦି ଥରେ ନଇଁଯିବ, ତମର ବିରୋଧୀମାନେ ତମ ଉପରକୁ କୁଦି ପଡ଼ିବେ। ନିଜର ଯୁକ୍ତିକୁ ପ୍ରତିପାଦନ କରି କୁହାଯାଉଥିଲା, "ନଇଁ ପଡ଼ିଥିବ ଯେତିକି ବେଳେ ବିଧାଟିଏ ଦେବ ସେତିକି ବେଳେ।" ଅର୍ଥାତ୍ ତମେ ଯେତେବେଳେ ନଇଁଗଲ ମାନେ ହାରିଗଲ ବୋଲି ଧରିନିଅ। ଆଉ ତମର ଶତ୍ରୁପକ୍ଷ ତମକୁ କଲବଲ କରିବା ପାଇଁ ସବୁ ପେଖନା ଦେଖେଇବେ। ଯୁଦ୍ଧରେ ହାରିବା ମାନେ ହେଲା ହାତ ଦୁଇଟି ଉପରକୁ ଉତ୍ତୋଳନ କରିବା ଆତ୍ମସମର୍ପଣର ମୁଦ୍ରାରେ ଆଉ ତା ସହିତ ମୁଣ୍ଡକୁ ତଳକୁ ନୁଏଁଇବା।

ପ୍ରାଚୀନ କାଳରେ ମଣିଷ ଗୁମ୍ଫାରେ ରହୁଥିଲା ଅତଏବ ନଇଁ ନଇଁ ଯିବା ହୁଏତ ତାର ଅଭ୍ୟାସଗତ ହୋଇସାରିଥିବ। ଅଥଚ ବିବର୍ତ୍ତନର ଧାରାରେ ସେ ସଳଖ ହେଲା – ମେରୁଦଣ୍ଡ ତାର ଦୃଢ଼ ହେଲା, ତାହା ପୃଥିବୀ ସହିତ ସମକୋଣରେ ଠିଆ ହେବାକୁ ତାକୁ ପ୍ରବର୍ତ୍ତେଇଲା ଏବଂ ସେ ଅନ୍ୟ ପ୍ରାଣୀଙ୍କ ଠାରୁ କିପରି ପୃଥକ୍ ତାହା ମଧ୍ୟ ପ୍ରଚାରିତ ହେଲା; ତାକୁ ଆଉ ସରୀସୃପ ପରି ଘୁଷୁରି ଘୁଷୁରି ଯିବାର ଆବଶ୍ୟକତା ପଡ଼ିଲା ନାହିଁ। ଯଦି ସିଧା ଚାଲିବା ଏକ ବିବର୍ତ୍ତନୀୟ ବ୍ୟବସ୍ଥା ତାହେଲେ କାହିଁକି ଗୁଣୀଲୋକମାନେ ମୁହଁ ତଳକୁ କରି ଚାଲିବେ ବୋଲି ଗୋଟିଏ ବିଧାନ ରଖାଗଲା ତାହା ବୁଝିହେଉ ନାହିଁ। ତା ସାଙ୍ଗକୁ ବି ଯୋଡ଼ା ଯାଇଥିଲା ଯେ ପର ନାରୀ ଆଡ଼କୁ ମୁହଁ ଟେକି ଚାହିଁବ ନାହିଁ। ତାହା ହୁଏତ ତମର ନିଜ ଭିତରେ ମାନସିକ ଅସନ୍ତୁଳନ ସୃଷ୍ଟି କରିପାରେ; ତମକୁ ଅଧୋପତନର ଦ୍ୱାରଦେଶ ଆଡ଼କୁ ଆମନ୍ତ୍ରଣ କରିପାରେ, ସେଇଥିପାଇଁ ଆଉ କୁହା ହୋଇନଥିଲା ତ ମୁହଁ ତଳକୁ କରି ଚାଲିବ! ଗୁଣୀ ଲୋକର କଣ ସତରେ ତାହା ଆଚରଣରେ ନା ସ୍ୱଭାବରେ? କେଉଁଟି ସତ ୟା ଭିତରୁ?

ପିଲାବେଳେ ବାଟ ଚାଲିଲା ବେଳେ ବାଟରେ ହିଁ ଦୃଷ୍ଟିକୁ ନିବଦ୍ଧ କରିବାକୁ ପଡୁଥିଲା। ରାସ୍ତାମାନେ ଥିଲେ ଦନ୍ତୁରିତ ଓ କୃଶ । ସେତେବେଳେ ତଳକୁ ମୁହଁ କରି ନ ଚାଲିଲେ ଝୁଣ୍ଟିପଡ଼ିବା ହିଁ ଥିଲା ସାର। ତାହା କଣ ଯୋଡ଼ି ଦିଅଯାଇଥିଲା କି ଗୁଣୀ ଲୋକର ବ୍ୟାକରଣରେ, ସେ ବାଟଚାଲିଲା ବେଳେ ତଳକୁ ମୁହଁ କରି ଚାଲିବ। ନହେଲେ ଝୁଣ୍ଟିପଡ଼ିବା ହିଁ ହେବ ସାର। ମୁନୀବଙ୍କ ନିକଟରେ ମୁଣ୍ଡ ନ ନଇଁଲେ ବିପଦରେ ପଡ଼ିବା ହିଁ ସ୍ୱାଭାବିକ; ମାତ୍ର ଆଜିକାଲି କମ୍ପ୍ୟୁଟର ନିକଟରେ କିମ୍ବା ମୋବାଇଲ ଫୋନ୍ ପାଖରେ ଯେଉଁମାନେ ଘଣ୍ଟା ଘଣ୍ଟା ସମୟ କାଟୁଛନ୍ତି ତାଙ୍କ ଅଜାଣତରେ ସେମାନେ ମୁଣ୍ଡ ତଳକୁ କରିନେଉଛନ୍ତି ଆଉ ତାହା ଆଧୁନିକ ଯୁଗର ଏକ ନୂତନ ରୋଗ କହିଲେ ଚଳେ। ଯାହାକୁ କୁହାଯାଇଛି TNS – ଅର୍ଥାତ୍, Text Neck Syndrome.

ମୁଣ୍ଡ ତଳକୁ ବେଶି କରି ମୁନୀବ ପାଖରେ କିଛି ଅଧସ୍ତନ ତାଙ୍କର ଅଧିକ ପ୍ରିୟ ହେବାକୁ ଚାହାନ୍ତି। ଯଦିଓ ମୁନୀବଙ୍କୁ ଠିକ୍ ଜଣା ଯେ ଅତି ଭକ୍ତି ଚୋରର ଲକ୍ଷଣ। ତେଣୁ ସେମାନେ ଅଧସ୍ତନଙ୍କ ଯୋଗ୍ୟତା ମାପିବା ବେଳେ ସେମାନେ କେତେ ନଇଁ ନଇଁ ଚାହୁଁଛନ୍ତି ତାହା କେବଳ ଦେଖନ୍ତି ନାହିଁ। ସେମାନଙ୍କ କାମର ସମୀକ୍ଷା କରନ୍ତି ବିଭିନ୍ନ ଲୋକଙ୍କ ମତାମତ ନିଅନ୍ତି ଯାହାକୁ ଆଜିକାଲିର ମ୍ୟାନେଜ୍‌ମେଣ୍ଟ ଯୁଗରେ କୁହାଯାଉଛି ତିନିଶହ ଷାଠିଏ ଡିଗ୍ରୀ ସମୀକ୍ଷା।

ଅତ୍ୟଧିକ ନମ୍ର ହେବାରେ ଭାରି ବିପଦ ରହିଛି। ଗୋଟିଏ ସର୍ବେକ୍ଷଣରୁ ଜଣାପଡ଼ିଛି ଯେଉଁ ବିମାନଗୁଡ଼ିକ କିଛି ଯାନ୍ତ୍ରିକ ତ୍ରୁଟି ପାଇଁ ତୁରନ୍ତ ନିକଟସ୍ଥ ବିମାନଘାଟିକୁ ଯୋଗାଯୋଗ କରନ୍ତି ସେମାନଙ୍କ ଭିତରୁ ବିପଦରେ ପଡ଼ନ୍ତି ସେଇ ଅତି ନମ୍ର ବିମାନଚାଳକମାନେ। ସାଧାରଣତଃ ଏୟାର ଟ୍ରାଫିକ କଣ୍ଟ୍ରୋଲ୍‌ରେ ଭାରି ଭିଡ଼ ଥାଏ ସବୁବେଳେ ବିଶେଷତଃ ଗହଳିପୂର୍ଣ୍ଣ ଏୟାର ପୋର୍ଟରେ। ସେଠାରେ ଇମରଜେନ୍‌ସି ଲେଣ୍ଡିଂ ପାଇଁ ଅନୁରୋଧ କଲାବେଳେ ଉତ୍ତର ମିଳେ ଟିକିଏ ଧୈର୍ଯ୍ୟ ଧରନ୍ତୁ; ମାତ୍ର ନମ୍ରତା ଭିତ୍ତିରେ ଯେଉଁମାନେ ଅପେକ୍ଷାରତ ହୁଅନ୍ତି ସେଇପରି ବିମାନ ଭିତରୁ ଅଧିକାଂଶ ବିପଦରେ ପଡ଼ନ୍ତି ବୋଲି ଆସିଥିବା ତଥ୍ୟ ଅତ୍ୟନ୍ତ ବିପଜ୍ଜନକ। ଅର୍ଥାତ୍, ଅଧିକ ନମ୍ର ହେବାରେ ଅଧିକ ବିପଦ – 'ପହିଲେ, ଆପ' ବୋଲି ସବୁବେଳେ କହିଲେ ଆପଣ ଅସୁବିଧାରେ ପଡ଼ିବେ ନିଶ୍ଚୟ। ଅତଏବ ନଇଁବା ମାନେ ଏକ ସ୍ଥୁଳ ଆଚରଣ ନୁହେଁ। ନମ୍ରତା ଏକ ଉଦାରତା ଯାହା କି ମାତ୍ରାଧିକ ହେଲେ ବିପଦର କାରଣ ହେବ ନିଶ୍ଚୟ – ଏଥିରେ ସନ୍ଦେହ ନାହିଁ।

■

(ସମୟ - ତା ୩୦.୧୦.୨୦୨୪ରିଖ)

ନିରୋଗ କିଏ ?

ନିରୋଗ କିଏ ? ଏପରି ଏକ ପ୍ରଶ୍ନର ଉତ୍ତର ଖୋଜିବା ଭାରି ମୁସ୍କିଲ ବ୍ୟାପାର । ଅନ୍ତତଃ ଏମିତି କଣ କେହି ଲୋକ ଅଛନ୍ତି ଯାହାଙ୍କଠାରେ କିଛି ରୋଗର ଲକ୍ଷଣ ନାହିଁ ? ରୋଗର ଲକ୍ଷଣ ପ୍ରକାଶ ପାଇବା ପୂର୍ବରୁ ରୋଗ ଜୀବାଣୁ ଦେହରେ ପହଞ୍ଚି ସାରିଥାଏ ଏବଂ ଶରୀରର ପ୍ରତିଷେଧକ ଶକ୍ତି ସହିତ ସେମାନଙ୍କର ବଳ କଷାକଷି ବି ସରିଥାଏ । ରୋଗ ପ୍ରତିଷେଧକ ଶକ୍ତିର ଅସାମର୍ଥ୍ୟ ହିଁ ସୂଚେଇ ଦିଏ ରୋଗର ପ୍ରଭାବ । ତା ନହେଲେ ଦୈନିକ କେତେ ରୋଗ ଜୀବାଣୁ ଆମ ଶରୀରକୁ ବିଭିନ୍ନ ବାଟଦେଇ ପ୍ରବେଶ କରୁଛନ୍ତି ଅଥଚ ସବୁଦିନ ଆମେ ରୋଗରେ ପଡ଼ନ୍ତି ନାହିଁ । ଅର୍ଥାତ୍ ସବୁଦିନ ଶରୀରରେ ଚାଲିଥାଏ ରୋଗର ସମରସଜ୍ଜା । ଆଉ ରୋଗ ଭୋଗିବାଟା ଶରୀର ପାଇଁ ମାମୁଲି କଥା ବୋଲି କୁହାଯାଉଥିଲା । ଶରୀରର ଏକ ପ୍ରତିଶବ୍ଦ ହେଲା 'ରୋଗଭୁ' ।

ମଣିଷ ସବୁବେଳେ ରୋଗର ପ୍ରକୋପରୁ ବଞ୍ଚିବାକୁ ଚାହିଁଛି । ଗୌତମଙ୍କର ସଂସାର ତ୍ୟାଗ ପଛରେ ଯେଉଁ ଚାରିଜଣ ଚରିତ୍ରଙ୍କୁ ଦେଖି ସଂସାରର ଦୁଃଖକୁ ଗଭୀର ଭାବରେ ଅନୁଭବ କରିଥିଲେ ସେମାନଙ୍କ ଭିତରେ ଥିଲେ ଜଣେ ରୋଗୀ । ମଣିଷ ସଭ୍ୟତାର ଆରମ୍ଭରୁ ଯେଉଁ ଦୁର୍ବିପାକ ସବୁବେଳେ ମଣିଷକୁ ଦୁଃଖ ଦେଇ ଆସିଛି ତାହା ମଧ୍ୟରେ ରୋଗର ସଂକ୍ରମଣ ଅତ୍ୟନ୍ତ ମର୍ମନ୍ତୁଦ । ବିଜ୍ଞାନର ଅଗ୍ରଗତି ହେବା ପୂର୍ବରୁ ଏହା ଥିଲା ମାନବ ପାଇଁ ସବୁଠାରୁ ବଡ଼ ବିପଦ । ବହୁତ ଦୂର କଥା ଛାଡ଼ନ୍ତୁ, ପ୍ରାୟ ଶହେ ବର୍ଷ ପୂର୍ବରୁ କୌଣସି ଅଞ୍ଚଳରେ ହଇଜା ବ୍ୟାପିଲେ, ସେ ଅଞ୍ଚଳରେ ତାଟି କବାଟ ଖାଲି ପଡ଼ିଯାଉଥିଲା ନୁହେଁ, ଅନେକ ପରିବାର ନିଶ୍ଚିହ୍ନ ହୋଇଯାଉଥିଲା, କ୍ରମେ କ୍ରମେ ମଣିଷ ହଇଜା, ବସନ୍ତ ଏବଂ ଆହୁରି ଅନେକ ସଂକ୍ରାମକ ରୋଗ ଉପରେ ବିଜୟ ଲାଭ କରିଛି ବୋଲି ଦାବି କରିଛି । ମାତ୍ର ରୋଗୀ ସେବାରେ ବିଳମ୍ବ ହେତୁ ବହୁ ସାଧାରଣ ରୋଗ ଦୁରାରୋଗ୍ୟ ପାଲଟନ୍ତି ଏବଂ ରୋଗୀକୁ ବଂଚାଇବା ସମ୍ଭବ ହୁଏ ନାହିଁ ।

ଏପରି ରୋଗ ନାହିଁ ଯାହା ଯନ୍ତ୍ରଣା ଦିଏ ନାହିଁ। ଯେତେବେଳେ ଯେଉଁ ରୋଗ କୌଣସି ଅଙ୍ଗକୁ ଆକ୍ରାନ୍ତ କରେ ସେତେବେଳେ ଅନୁଭବ ହୁଏ ଏଇ ଯନ୍ତ୍ରଣା ସବୁଠୁ ବଡ଼ କଷ୍ଟ। କେବେ ଆପଣଙ୍କର ଦାନ୍ତ ବିନ୍ଧୁଥିଲେ ଆପଣ କହିବେ, ଓଃ କି ଦୁଃଖ। ଯେକୌଣସି ଯନ୍ତ୍ରଣାଠାରୁ ଦାନ୍ତ ଯନ୍ତ୍ରଣା ଶହେ ଗୁଣ ଅଧିକ। ପ୍ରବଳ ଶୀତ ହେଲେ ଯଦି ଆପଣଙ୍କଠାରେ ଶୀତଲୁଗା ନାହିଁ ଏବଂ ଆପଣଙ୍କ କାନ ଫାଙ୍କା ଅଛି ତାହେଲେ କାନ ଯନ୍ତ୍ରଣା କେତେ ବେଦନାଦାୟକ ଯଦି ଆପଣ ଅନୁଭବୀ ନୁହନ୍ତି ତାହେଲେ ବୁଝିପାରିବେ ନାହିଁ। ସେତେବେଳେ ଆପଣ କହିବେ ଏପରି ଦୁଃଖ ଆଉ କାହାକୁ ନମିଳୁ, ବାସ୍ତବ କଥା ହେଲା ଆମର ସବୁ ଅଙ୍ଗପ୍ରତ୍ୟଙ୍ଗ ଆମର ଏବଂ ଯେଉଁଟି ଆକ୍ରାନ୍ତ ହୁଏ ତାରି ଦୁଃଖରେ ଆମେ ଆତୁର ହୁଅନ୍ତି ଏବଂ ହେବା ସ୍ୱାଭାବିକ ମଧ୍ୟ।

ପୁରାତନ ଦିନର ଏକ ଗଳ୍ପ ଅନୁଯାୟୀ ଏକଦା ଗୋଟିଏ ପକ୍ଷୀ ଗୋଟିଏ ଅଦ୍ଭୁତ ଶବ୍ଦ କରି ଆକାଶରେ ଉଡ଼ି ଯାଉଥିଲା। ସେଇ ଶବ୍ଦକୁ ପଢ଼ି ପାରିଥିଲେ ସେତେବେଳର ଋଷି। ଚରକ ତାଙ୍କ ଆଶ୍ରମର ଶିଷ୍ୟମାନଙ୍କୁ ସେ ପ୍ରଶ୍ନ କରିଥିଲେ ପକ୍ଷୀଟି କଣ କହୁଛି ତାହା ବୁଝେଇ ଦେବା ପାଇଁ। କୌଣସି ଛାତ୍ରଙ୍କର ଉତ୍ତର ଦେବାର ସାମର୍ଥ୍ୟ ନଥିଲା। ଚଢ଼େଇଟି ଯେଉଁ ଶବ୍ଦ କରୁଥିଲା ତାହା ଥିଲା 'କୋଃରୁକ୍'। ଋଷି କହିଲେ - ପକ୍ଷୀଟି ପଚାରୁଛି 'ନିରୋଗ କିଏ ?' କ'ଣ ତାର ଉତ୍ତର କହିଲ ଦେଖି ? ଶିଷ୍ୟମାନଙ୍କ ଭିତରେ ଥିଲା ଏକ ଅଭୁତପୂର୍ବ ନୀରବତା। ଏତିକିବେଳେ ପକ୍ଷୀଟି ପୁଣି ଉଡ଼ି ଆସିଲା ଏବଂ ସେଇ ଅବୋଧ ଭାଷାରେ କିଛି ଶବ୍ଦ ଅଜାଡ଼ି ଦେଇ ଚାଲିଗଲା। ପୁନର୍ବାର ଋଷି ଶିଷ୍ୟମାନଙ୍କୁ କହିଲେ, କ'ଣ, ବୁଝିଲ ! ତମେମାନେ ଉତ୍ତର ଦେଇନପାରିବାରୁ ସେ କହିଗଲା 'ମିତ୍ ଭୁକ୍, ହିତ୍ ଭୁକ୍, ଋତ୍‌ଭକ୍' – ଏହାହିଁ ତାର ଉତ୍ତର। କଣ ଏହାର ଅର୍ଥ - ପଚାରିଲା ଜଣେ ଶିଷ୍ୟ। ନିଜର ଶ୍ମଶ୍ରୁକୁ ଆଉଁଷିଲେ ଋଷି ଆଉ କହିଲେ – ମନ ଦେଇ ଶୁଣ - ନିରୋଗ ସିଏ ଯିଏ କମ୍ ଖାଦ୍ୟ ଆହାର କରେ ଅର୍ଥାତ୍ ଯେ ମିତାହାରୀ, ଆଉ ହିତ୍‌ଭୁକ୍ ହେଲା ସେହି ବ୍ୟକ୍ତି ଯିଏକି ସାତ୍ତ୍ୱିକ ଆହାର କରୁଥାଏ। ଆଉ ହେଲା ଋତଭୁକ୍ ଅର୍ଥାତ୍ ନିର୍ଦ୍ଦିଷ୍ଟ ଋତୁରେ ମିଳୁଥିବା ଶସ୍ୟ, ଫଳ ଓ ପନିପରିବା ଯିଏ ଖାଏ ସେ ହିଁ ନିରୋଗ ହୋଇଥାଏ। ଏଇ ତିନି ରକମର ଲୋକେ ସାଧାରଣତଃ ନିରୋଗ ବୋଲି ପୂର୍ବକାଳରେ ଧାରଣା ଥିଲା। ହିତଭୁକର ଅର୍ଥ କେତେକ ମଧ୍ୟ କରନ୍ତି ଯେ ତାହା ହେଉଛି ନ୍ୟାୟପୂର୍ଣ୍ଣ ଆୟରୁ ମିଳୁଥିବା ଖାଦ୍ୟ।

ୱାର୍ଲ୍ଡ଼ ହେଲଥ ଅର୍ଗାନାଇଜେସନ ବା ବିଶ୍ୱ ସ୍ୱାସ୍ଥ୍ୟ ସଂସ୍ଥା ସ୍ୱାସ୍ଥ୍ୟ ସଂପର୍କରେ ଯେଉଁ ପରିଭାଷା ରଖିଛନ୍ତି ତାହା ଆମ ସମସ୍ତଙ୍କର ପ୍ରଣିଧାନଯୋଗ୍ୟ। ସେମାନଙ୍କ ମତରେ ନିରୋଗ କହିଲେ କେବଳ ରୋଗର ଅନୁପସ୍ଥିତି ନୁହେଁ, ମାନସିକ ଶାରୀରିକ ଓ ସାମାଜିକ

ସୁସ୍ୱାସ୍ଥ୍ୟ ହିଁ ନିରୋଗତା, ଆଉ ତା ସହିତ ସକାରାତ୍ମକ ଚିନ୍ତାଧାରାର ଉପସ୍ଥିତି ହିଁ ନିରୋଗ ବ୍ୟକ୍ତିର ଲକ୍ଷଣ।

ବିଶିଷ୍ଟ ଚିକିତ୍ସା ବିଜ୍ଞାନୀ, ମହୀଶୂର ବିଶ୍ୱବିଦ୍ୟାଳୟର ଭୂତପୂର୍ବ କୁଳପତି ପଦ୍ମଭୂଷଣ ଡକ୍ଟର ବି.ଏମ୍. ହେଗ୍‌ଡ଼େଙ୍କ ମତରେ ନିରୋଗ ବ୍ୟକ୍ତିର ସବୁ ଲକ୍ଷଣ ଭିତରେ ସର୍ବାଗ୍ରେ ରହିଥିବା କଥା ତାଙ୍କର ଜୀବନ ପ୍ରତି ଉତ୍ସାହ। ଯାହାଙ୍କର ଉତ୍ସାହ ନାହିଁ ତାଙ୍କର ଜୀବନ ଥାଇ ବି ନ ଥିଲା ଭଳି। ଆମେ ନିଜେ ବି ପରୀକ୍ଷା କରିନେବା ଉଚିତ ଯଦି ଏପରି ଅନୁଭବ ଆମ ଭିତରେ ଆସୁଛି, ତାହେଲେ କଣ ଅଭାବ ରହୁଛି ଆମ ଭିତରେ। ସେଇ ଅଭାବ ହେଉଛି କୌଣସି ରୋଗର ଉପସ୍ଥିତି।

କୋଭିଡ଼୍ ମହାମାରୀ ଚାରିବର୍ଷ ତଳେ ସମଗ୍ର ପୃଥିବୀକୁ ପ୍ରାୟ ଦେଢ଼ବର୍ଷ କାଳ ଅସ୍ତବ୍ୟସ୍ତ କରିଦେଲା। କୋଟି କୋଟି ଲୋକଙ୍କର ଜୀବନ ଅସମୟରେ ଚାଲିଗଲା। ଆଉ ସେତେବେଳେ କୁହାଯାଉଥିଲା ସେଇ ବ୍ୟକ୍ତିମାନଙ୍କୁ କୋଭିଡ଼୍ ହେବାର ଭୟ ଅଧିକ, ଯେଉଁମାନେ ଅନ୍ୟ କିଛି ରୋଗରେ ଆକ୍ରାନ୍ତ ହୋଇଛନ୍ତି। ସେପରି ଲୋକଙ୍କୁ ଡାକ୍ତରୀ ଭାଷାରେ କୁହାଯାଏ କୋ-ମରବିଡ଼୍ (co-morbid)। ଏଇ ସଂଜ୍ଞାକୁ ଅମଳ କଲେ ଶେଷ ଫଳ ହେବ ପ୍ରତ୍ୟେକଙ୍କୁ କୋଭିଡ଼୍ ହୋଇପାରେ, କାରଣ ଏପରି କେହି ଲୋକ ନାହାନ୍ତି ଯାହାଙ୍କ ଠାରେ କିଛି ରୋଗ ନାହିଁ। ଅନେକ ରୋଗ ଜୀବାଣୁ ଅଛନ୍ତି ଯେଉଁମାନେ ବର୍ଷ ବର୍ଷ ଧରି ଶରୀରରେ ଥାଆନ୍ତି, ମାତ୍ର ରୋଗର ଲକ୍ଷଣ ପ୍ରକାଶ ପାଏନି।

ସାଧାରଣ ଭାବରେ କୁହାଯାଏ ସୁଷମ ଖାଦ୍ୟ, ଉପଯୁକ୍ତ ବ୍ୟାୟାମ ଏବଂ ଆନୁପାତିକ ବିଶ୍ରାମର ସମନ୍ୱୟ ହିଁ ହେଉଛି ନିରୋଗ ରହିବାର ପ୍ରକୃତ ଉପାୟ।

ସଂସ୍କୃତରେ ଏକ ଶ୍ଳୋକ ଅଛି -

"ଦେହେ ସର୍ବତ୍ର ଚାଭଗ୍ନସ୍ୟ
ସମତା ଲାଘବଂ ସୁଖମ୍
ସୁତୀକ୍ଷ୍ଣ ଗାଢ଼ ନିଦ୍ରାଚ
ମନସୋଽପି ପ୍ରସନ୍ନତା
ଶରୀର କର୍ମ ସାମର୍ଥ୍ୟଂ
ଅନାଲସ୍ୟ ଚ କର୍ମସୁ
ସ୍ୱତା ସ୍ୱେଦା ଗମଃ କାଳେ
ସ୍ୱାସ୍ଥ୍ୟ ଲକ୍ଷଣମିତ୍ୟହି।"

ଠିକଣା ସମୟରେ ବିନା କଷ୍ଟରେ ଶୌଚକର୍ମ କରିବା, ଅଧିକ ଓଜନ ବିଶିଷ୍ଟ ନ ହେବା, ଚର୍ମ ସ୍ୱଚ୍ଛ ରହିବା, ସର୍ବଦା କର୍ମପ୍ରବଣ ଅନୁଭବ କରିବା, ଭୋକ ଲାଗିବା, ଶରୀରର

କୌଣସି ଅଙ୍ଗରେ କଷ୍ଟ ଅନୁଭୂତ ନ ହେବା, ସୁନିଦ୍ରା ହେବା ଏବଂ ସର୍ବଦା ମନ ଭିତରେ ଶାନ୍ତି ଏବଂ ସକାରାତ୍ମକ ଭାବନା ପୋଷଣ କରିବା। ଏହିପରି ଆଠଗୋଟି ଲକ୍ଷଣ ଯାହା ନିକଟରେ ଅଛି ତାଙ୍କୁ ହିଁ ନିରୋଗ କୁହାଯିବା ଉଚିତ। ମୋର ଧାରଣା ଆଧୁନିକ ବିଜ୍ଞାନ ସମ୍ମତ ଆମର ଏଇ ପ୍ରାଚୀନ ପରମ୍ପରାଗତ ଜ୍ଞାନ, ଯାହାକୁ ଅନେକ ସମୟରେ ପରିହାସ କରିଥାନ୍ତି ଆମର ନବ୍ୟଶିକ୍ଷିତମାନେ।

ବେଳେବେଳେ କିଛି ଲୋକଙ୍କୁ ଆପଣ ଦେଖିଥିବେ ଯେଉଁମାନେ ଦିନରାତି ମୁହଁରେ ମାସ୍କ ପିନ୍ଧିଥିବେ। ଯେମିତି କି ସେଇ ପ୍ରତିରୋଧ ଜରିଆରେ ସବୁ ରୋଗକୁ ଅତିକ୍ରମ କରିପାରିବେ ସେମାନେ। ଏତିକି ବେଳେ ମନେ ପଡ଼ିଯାଏ ଶ୍ରୀମଦ୍ ଭଗବତ୍ ଗୀତାର ଶ୍ଳୋକଟିଏ ଯାହାର ଭାବାର୍ଥ ଆମର ଆଜିର ଅନୁଚିନ୍ତାର ନିକଟବର୍ତ୍ତୀ।

କର୍ମେନ୍ଦ୍ରିୟାଣି ସଂଯମ୍ୟ ଯଃ ଆସ୍ତେ ମନସା ସ୍ମରନ୍
ଇନ୍ଦ୍ରିୟାର୍ଥାନ୍ ବିମୁଢ଼ାତ୍ମା ମିଥ୍ୟାଚାର ସ ଉଚ୍ୟତେ।

କେବଳ ବାହ୍ୟ ଇନ୍ଦ୍ରିୟ ଦେଇ ରୋଗଜୀବାଣୁ ପଶି ମଣିଷକୁ ରୋଗାକ୍ରାନ୍ତ କରନ୍ତି ନାହିଁ ମନକୁ ନ ଜଗିଲେ ପରିସ୍ଥିତି ହୁଏ ଭୟାନକ ଓ ବିପଜ୍ଜନକ।

■

(ପ୍ରମେୟ - ତା ୨୩.୧୦.୨୦୨୪ରିଖ)

ନିର୍ବାଚନ ଫଳାଫଳ ଓ ଜ୍ୟୋତିର୍ବିଦମାନଙ୍କ ଆକଳନ

ସାରା ଭାରତରେ ଏବେ ନିର୍ବାଚନର ମାହୋଲ । ନିର୍ବାଚନର ପ୍ରକୃତ ଫଳାଫଳ ଜଣାପଡ଼ିବ ଭୋଟଗଣତି ପରେ; ମାତ୍ର ଏବେ ଆପଣ ଯଦି ହ୍ୱାଟ୍‌ସଆପ୍ କିମ୍ବା ୟୁଟ୍ୟୁବ୍ ଆଦି ଗଣମାଧ୍ୟମ ଭିତରକୁ ପଶିବେ ଆପଣଙ୍କୁ ଲାଗିବ ନିର୍ବାଚନ ଫଳାଫଳ ବୋଧହୁଏ ବାହାରି ସାରିଲାଣି । ପ୍ରତ୍ୟେକ ରାଜନୈତିକ ଦଳ ନିଜର ସୁଚିନ୍ତିତ ଯୋଜନା ଅନୁସାରେ ଲୋକଙ୍କ ଭିତରେ ଗୋଟିଏ ଧାରଣା ସୃଷ୍ଟି କରିବାକୁ ଚାହାନ୍ତି ଯେ ସେମାନେ ହିଁ କେବଳ ଲୋକଙ୍କର ଆଶୀର୍ବାଦ ପାଇନାହାନ୍ତି, ସେମାନେ ଲୋକଙ୍କର ଆଶା ଓ ଆକାଂକ୍ଷା ପୂରଣ କରିବା ପାଇଁ ଏକମାତ୍ର ସମର୍ଥ । ନିଜକୁ ଲୋକପ୍ରିୟ ଦାବୀ କରିବା ସହିତ ବିରୋଧୀ ପକ୍ଷକୁ ଜନବିରୋଧୀ ଭାବରେ ପ୍ରତିପାଦନ କରିବା ପାଇଁ ସମସ୍ତେ ଊଣା ଅଧିକେ ତତ୍ପର ।

ନିର୍ବାଚନକୁ ଅବାଧ ଓ ନିରପେକ୍ଷ କରିବା ପାଇଁ ନିର୍ବାଚନ କମିଶନଙ୍କ ପକ୍ଷରୁ ବହୁ ନିୟମାବଳୀ ପ୍ରବର୍ତ୍ତନ କରାଯାଇଛି, ଏପରିକି କିଛି ସଂସ୍ଥା ତରଫରୁ କରାଯାଇଥିବା ଭୋଟ୍‌କେନ୍ଦ୍ର ବାହୁଡ଼ା ମତକୁ ଭିତ୍ତିକରି ପ୍ରକାଶ କରାଯାଉଥିବା ଏକଜିଟ୍ ପୋଲ୍ ଫଳାଫଳ ଉପରେ ବି ନିର୍ବାଚନ କମିଶନ ନିଷେଧାଦେଶ ଜାରି କରିଛନ୍ତି; ମାତ୍ର ଆମ ଦେଶରେ ସରକାରଙ୍କ ଠାରୁ ଯେପରି ଜନସାଧାରଣ ଅଧିକ ଚାଲାକ ବୋଲି ଅନେକ କ୍ଷେତ୍ରରେ ପ୍ରମାଣିତ କରି ଦିଅନ୍ତି ସେହିପରି ନିର୍ବାଚନ କମିଶନ ଡାଳେ ଡାଳେ ଗଲେ ରାଜନୈତିକ ଦଳ ଓ ବ୍ୟକ୍ତିମାନେ ପତ୍ରେ ପତ୍ରେ ଯାଉଛନ୍ତି । ଆଉ ତାର ପ୍ରମାଣ ହେଲା ଏବେ ଦୃଶ୍ୟମାନ ହେଉଥିବା ଶହ ଶହ ସଂଖ୍ୟାର ଭବିଷ୍ୟତ ବାଣୀ ।

ପ୍ରାଚୀନ କାଳରୁ ଭାରତରେ ଜ୍ୟୋତିଷ ଶାସ୍ତ୍ରର ଆଦର ରହିଛି । ପିଲାଟି ଜନ୍ମ ହେବାମାତ୍ରେ ତାର ଜନ୍ମ କୁଣ୍ଡଳୀ ପ୍ରସ୍ତୁତ କରନ୍ତି ପଣ୍ଡିତ ମହାଶୟ । ଆୟୁ ବଢ଼ି ଚାଲିବା ସଂଗେ ସଂଗେ ବିଭିନ୍ନ ସମୟରେ ପରିବାର ତରଫରୁ ପେଶ୍ କରାଯାଏ ସେଇ କୁଣ୍ଡଳୀ । ପାଠ କେମିତି ପଢ଼ିବ, ଚାକିରି କେମିତି ହେବ, ବ୍ୟବସାୟରେ ଉନ୍ନତି ଅଛି କି ନାହିଁ,

ବିବାହ କେଉଁଠି ଓ କେବେ ହେବାର ସମ୍ଭାବନା, ପୁଅଝିଅ କେବେ ଜନ୍ମହେବେ ଠାରୁ ଆରମ୍ଭ କରି ରୋଗ ବଇରାଗରେ ଏଇ ଚିଠାଖଣ୍ଡକ ପାଲଟିଯାଏ ଗୋଟିଏ ଦିଗବାରେଣୀ। ଆଉ ପଣ୍ଡିତେ ବ୍ୟାଖ୍ୟା କଲାବେଳେ ଏପରି କହନ୍ତି ଯେପରି କିଛି ଗ୍ରହ ତାଙ୍କୁ ସାହାଯ୍ୟ କରିବାକୁ ତୟାର; ମାତ୍ର ଅନ୍ୟକିଛି ଦୁଷ୍ଟଗ୍ରହ ଅନିଷ୍ଟ କରିବା ପାଇଁ ବି ନଛୋଡ଼ବନ୍ଧା। କିଛି କାଳ ଅତିକ୍ରମ କରିଗଲେ ଦୁଷ୍ଟଗ୍ରହ ନିଷ୍କ୍ରିୟ ହୋଇଯିବେ ଏବଂ ତାପରେ ଆରମ୍ଭ ହୋଇଯିବ କିଛି କାଳ ସୁଖଭୋଗର ସମୟ। ଜୀବନ ଯେ ସୁଖ ଆଉ ଦୁଃଖର ଏକ ଚିତ୍ରିତ କାନଭାସ୍ ତାଙ୍କୁ ଏକ ଉପପାଦ୍ୟ ଭାବରେ ପ୍ରତିପାଦିତ ହୁଏ ଜ୍ୟୋତିର୍ବିଦଙ୍କ ଭବିଷ୍ୟତ ବାଣୀରେ।

ଏବେ ନିର୍ବାଚନ ଫଳାଫଳର ଭବିଷ୍ୟବାଣୀ କରିବା ପାଇଁ ପ୍ରତିଯୋଗିତା କରିବାକୁ ମଇଦାନକୁ ଆସିଥିବା ଜ୍ୟୋତିର୍ବିଦ୍‌ମାନେ ପ୍ରକୃତରେ ଜ୍ୟୋତିର୍ବିଦ୍ କିମ୍ବା ନିର୍ବାଚନକୁ ଅସାଧୁ ଉପାୟରେ ପ୍ରଭାବିତ କରିବା ପାଇଁ ଏକ ପ୍ରାୟୋଜିତ କାର୍ଯ୍ୟକ୍ରମ ତାହା ମଧ୍ୟ ଅନୁସନ୍ଧାନ ସାପେକ୍ଷ।

ଗ୍ରହନକ୍ଷତ୍ରଙ୍କର ସ୍ଥିତି ଓ ଗତିକୁ ଭିତ୍ତିକରି କରାଯାଉଥିବା ଭବିଷ୍ୟତ ବାଣୀକୁ ଆମେ ଜ୍ୟୋତିଷ ଶାସ୍ତ୍ର ଅନ୍ତର୍ଭୁକ୍ତ ବୋଲି କହିଥାଉଁ ଯାହାକି ଆଷ୍ଟ୍ରୋଲୋଜି ଭାବରେ ଖ୍ୟାତ; ମାତ୍ର କେବଳ ଗ୍ରହନକ୍ଷତ୍ରଙ୍କର ଗତି ଓ ସ୍ଥିତି ସମ୍ପର୍କିତ ବିଜ୍ଞାନ ହେଉଛି ଆଷ୍ଟ୍ରୋନୋମି ବା ଜ୍ୟୋତିର୍ବିଜ୍ଞାନ। ଭାରତରେ ବହୁ ପୁରାତନ କାଳରୁ ଏହି ଜ୍ୟୋତିର୍ବିଜ୍ଞାନର ବିକାଶ ହୋଇଥିଲା। ବସ୍ତୁତଃ ଜ୍ୟୋତିର୍ବିଜ୍ଞାନ (Astronomy) ଏବଂ ଜ୍ୟୋତିଷବିଦ୍ୟା (Astrology) ଆରମ୍ଭରୁ ଗୋଟିଏ ଉତ୍ସ ଭାବରେ ଗ୍ରହଣ କରାଯାଉଥିଲା; ମାତ୍ର ସପ୍ତଦଶ ଶତାବ୍ଦୀ ପରେ କ୍ରମେ ଜ୍ୟୋତିର୍ବିଜ୍ଞାନ ବିଜ୍ଞାନର ଏକ ଅଂଶ ପାଲଟିଲା ପରେ ଜ୍ୟୋତିଷ ବିଦ୍ୟା ଏକ ପାରମ୍ପରିକ ବିଶ୍ୱାସର କେନ୍ଦ୍ର ଭାବରେ ସ୍ୱୀକୃତ ହେଲା; ମାତ୍ର ଏହା ବିଜ୍ଞାନ ପଦବାଚ୍ୟ ନୁହେଁ। ପ୍ରାଚୀନ ଗ୍ରୀସ୍‌ରେ ସକ୍ରେଟିସ୍‌ଙ୍କ ପୂର୍ବରୁ ମଧ୍ୟ ଜ୍ୟୋତିଷିବିଦ୍ୟା ପ୍ରଚଳନ ଥିଲା। ସେତେବେଳେ ଏହା ଦର୍ଶନର ଏକ ଉପ ବିଭାଗ ଭାବରେ ଗଣ୍ୟ ହେଉଥିଲା। ଷୋଡ଼ଶ ଶତାବ୍ଦୀରେ କୋପର ନିକସ ଏବଂ ସପ୍ତଦଶ ଶତାବ୍ଦୀରେ ଗାଲିଲିଓଙ୍କ ଦ୍ୱାରା ଜ୍ୟୋତିର୍ବିଜ୍ଞାନର ବହୁ ବିକାଶ କରାଯାଇଥିଲା। ଖ୍ରୀଷ୍ଟପୂର୍ବର ଷଷ୍ଠ ଶତାବ୍ଦୀରେ ଭାରତରେ ଜନ୍ମ ନେଇଥିବା ଜ୍ୟୋତିର୍ବିଜ୍ଞାନୀ ଆର୍ଯ୍ୟଭଟ ମଧ୍ୟ ଜ୍ୟୋତିର୍ବିଜ୍ଞାନକୁ ଆର୍ଯ୍ୟ ସିଦ୍ଧାନ୍ତ ନାମକ ଏକ ବହୁ ଜ୍ଞାନ ସମ୍ବଳିତ ଗ୍ରନ୍ଥ ଦେଇ ଅମର ହୋଇଛନ୍ତି। ସେହିପରି ଷଷ୍ଠ ଶତାବ୍ଦୀରେ ଭାରତରେ ଜନ୍ମିତ ବରାହମିହିର ଏବଂ ବ୍ରହ୍ମଗୁପ୍ତ ତଥା ସପ୍ତମ ଶତାବ୍ଦୀର ଭାସ୍କରାଚାର୍ଯ୍ୟ ଜ୍ୟୋତିର୍ବିଜ୍ଞାନୀ ଭାବରେ ବିଶ୍ୱବିଖ୍ୟାତ।

ଏକବିଂଶ ଶତାବ୍ଦୀର ପ୍ରସିଦ୍ଧ ଜ୍ୟୋତିର୍ବିଦମାନଙ୍କ ଭିତରେ ବେଜେନ ଦାରୁୱାଲା, ସଂଦୀପ କୋଚର, ଅଶୋକ ଶାନ୍ତବେତ୍ରା, ହେମନ୍ତ ବରୁଆ ଇତ୍ୟାଦି ଅନ୍ୟତମ। ଏମାନଙ୍କର

କେତେକ ଗୁରୁତ୍ୱପୂର୍ଣ୍ଣ ଭବିଷ୍ୟତବାଣୀ ପରବର୍ତ୍ତୀ ସମୟରେ ସତ୍ୟ ହୋଇଥିବାର ସେମାନେ ଦାବୀ କରିଥାନ୍ତି; ମାତ୍ର ଏପରି କେହି ଜ୍ୟୋତିର୍ବିଦ୍ ନାହାନ୍ତି ଯିଏ କି ଦୃଢ଼ତାର ସହିତ ଶତପ୍ରତିଶତ ଭବିଷ୍ୟତ ବାଣୀ ସତ ହେବ ବୋଲି କହିପାରିବେ। ଯେହେତୁ ଏହାର ଆଧାର ବିଜ୍ଞାନଭିତ୍ତିକ ନୁହେଁ, ଏହା ନିଶ୍ଚିତ ସତ୍ୟ ହେବା ଆଶା କରିବା ଉଚିତ ନୁହେଁ ମଧ୍ୟ।

ମାତ୍ର ଆଜି ଦିନରେ ଆପଣମାନେ ସାମାଜିକ ଗଣମାଧ୍ୟମରେ ନିଜର ଜଟାଜୁଟ, କପାଳର ତିଳକ କିମ୍ବା ପରିହିତ ବିଶାଳ ରୁଦ୍ରାକ୍ଷମାଳାରେ ବିରାଜମାନ କରି ନିର୍ବାଚନ ଫଳାଫଳ ଆଗତୁରା ଘୋଷଣା କରୁଥିବା ଲୋକଙ୍କୁ ଦେଖୁଥିବେ। ଏହା ନିର୍ବାଚନ କମିଶନଙ୍କ ନିୟମଙ୍କୁ ଅବଜ୍ଞା କରିବା ପାଇଁ ଏକ ନୂତନ ଆବିଷ୍କାର। ଏଥିରେ ସତ୍ୟତା ନଥାଏ ବରଂ ନିଜ ଦଳର ବା ସମର୍ଥିତ ଲୋକଙ୍କ ଭିତରେ ଏକ ଭାବପ୍ରବଣତା ସୃଷ୍ଟି କରିବା ପାଇଁ ଏହା ଅଭିପ୍ରେତ।

ନିର୍ବାଚନ ଫଳ ବାହାରିବା ପରେ କୌଣସି ଜଣେ ଜ୍ୟୋତିଷୀ ଆଗକୁ ଆସି କହନ୍ତି ନାହିଁ ଯେ ତାଙ୍କର ଭବିଷ୍ୟତ ଗଣନା ଶତ ପ୍ରତିଶତ ସତ ହୋଇଛି ବୋଲି। କିମ୍ବା କାହାର ଗଣନା ଭୁଲ୍ ହୋଇଥିବାରୁ ସାର୍ବଜନୀନ ଭାବରେ କେହି କ୍ଷମା ମାଗିବା ମଧ୍ୟ କୁତ୍ରାପି ଦୃଶ୍ୟମାନ ହୁଏ ନାହିଁ।

ଏହି ତଥାକଥିତ ଭବିଷ୍ୟତବାଣୀ କେବଳ ଆଇନର ଉଲ୍ଲଘଂନ ନୁହେଁ ଏଗୁଡ଼ିକ ଦଣ୍ଡନୀୟ; ମାତ୍ର ବାସ୍ତବତା ହେଲା ଆଳସ୍ୟ ପରାୟଣ କର୍ମକୋଢ଼ୀଙ୍କ ସମୟ ବିନୋଦନ ପାଇଁ ଏଗୁଡ଼ିକ ଗୋଟିଏ ଗୋଟିଏ ନିଦାନ। ବିଭିନ୍ନ ରାଜନୈତିକ ଦଳ ଓ ବ୍ୟକ୍ତିବିଶେଷଙ୍କ ଦ୍ୱାରା ପ୍ରାୟୋଜିତ ଏଇ ନାଟକଗୁଡ଼ିକ ବନ୍ଦ ହେବା ତୁରନ୍ତ ଦରକାର; ମାତ୍ର ଆମ ଦେଶର ଆଇନରେ ସାମାଜିକ ଗଣମାଧ୍ୟମ ଉପରେ ଆଖିମୁଜା ଅଙ୍କୁଶ ଲଗାଯାଇପାରିବ ନାହିଁ କିମ୍ବା ଲଗାଇବା ମଧ୍ୟ ଉଚିତ ନୁହେଁ।

ଏହି କ୍ରମରେ ମୋର ମନେ ପଡୁଛି ପଣ୍ଡିଚେରୀ ଶ୍ରୀମା ଗୋଟିଏ ଅଦ୍ଭୁତ ନିୟମ କରିଥିଲେ। ଯେଉଁ ଘରେ ବିଭିନ୍ନ ଖବରକାଗଜ ରଖାଯାଇଥାଏ, ସେଇ ଘରର ନାଁ ରଖିଥିଲେ 'ମିଥ୍ୟା'। ଆଜିକାଲି ଗୋଟିଏ ସମ୍ବାଦ ପ୍ରକାଶିତ ହେଲେ ଆସନ୍ତା କାଲି କେହି ତା'ର ପ୍ରତିବାଦ ଦିଅନ୍ତି କିମ୍ବା ସମ୍ବାଦପତ୍ର ତରଫରୁ ତା'ର ସ୍ପଷ୍ଟୀକରଣ ଦିଆଯାଏ। ସତରେ ସମ୍ବାଦରୁ ସତକୁ ଖୋଜିବା ଏତେ କଷ୍ଟକର ଯେ ତାହା ମିଥ୍ୟାର ପାଖାପାଖି। ଆଉ ସେଦିନର ସେଇ ଅନୁଭବ ଠାରୁ ଆଜିର ଭବିଷ୍ୟତବାଣୀ ସମ୍ପର୍କିତ ସମ୍ବାଦ ହଜାରେ ଗୁଣ ଅଧିକ ଜଘନ୍ୟ ଓ ନିନ୍ଦାସୂଚକ।

■

(ଓଡ଼ିଶା ଭାସ୍କର - ତା ୨୨.୦୫.୨୦୨୪ରିଖ)

ନ୍ୟାୟର ଦେବୀଙ୍କୁ ଅନ୍ଧତ୍ୱରୁ ମୁକ୍ତିଦେବା ପରେ

ନ୍ୟାୟର ଦେବୀଙ୍କର ମୂର୍ତ୍ତି କହିଲେ ଆମ ଆଗରେ ନାଚିଯାଉଥିଲା ଏକ ନାରୀମୂର୍ତ୍ତୀ, ଯାହାଙ୍କର ଆଖିରେ ବନ୍ଧା ହୋଇଥିଲା ଅନ୍ଧପୁଟୁଳି ଏବଂ ତାଙ୍କ ହାତରେ ଥିଲା ଏକ ତରବାରୀ। ସଦ୍ୟ ମାନ୍ୟବର ସୁପ୍ରିମକୋର୍ଟ ସେଇ ପ୍ରତିମୂର୍ତ୍ତିକୁ ପରିବର୍ତ୍ତନ କରିଛନ୍ତି ଯହିଁରେ ପ୍ରତିକୃତିରେ ଅନ୍ଧପୁଟୁଳି ଖୋଲି ଦିଆଯାଇଛି ଏବଂ ନ୍ୟାୟର ଦେବୀଙ୍କ ହାତରେ ତରବାରୀ ସ୍ଥାନରେ ଶୋଭାପାଉଛି ଭାରତର ସମ୍ବିଧାନ । ଆଗରୁ ସେଇ ଦେବୀଙ୍କ ଅନ୍ୟ ହାତରେ ଯେଉଁ ନିକିତି ଶୋଭା ପାଉଥିଲା ତାହା ରହିଛି ଅପରିବର୍ତ୍ତିତ ।

ଏହି ପରିବର୍ତ୍ତନକୁ ଦେଶବାସୀ ମୋଟାମୋଟି ସ୍ୱାଗତ କରିଛନ୍ତି। ଆଗରୁ ଥିବା ପ୍ରତିମୂର୍ତ୍ତିରେ ଆଖି ବନ୍ଧାଥିବାରୁ ତାହା ଅନେକ ସନ୍ଦେହ ସୃଷ୍ଟି କରିଥିଲା। ଏହି ନୂତନ ମୂର୍ତ୍ତି ଅନାବରଣ ଅବସରରେ ଭାରତର ମୁଖ୍ୟ ନ୍ୟାୟମୂର୍ତ୍ତି ଡକ୍ଟର ଡି.ୱାଇ. ଚନ୍ଦ୍ରଚୁଡ଼ କହିଛନ୍ତି ଯେ ଏଇ ନୂତନ ପ୍ରତୀକ ବୁଝାଇବ ଯେ ଆଇନ ଅନ୍ଧ ନୁହେଁ ବରଂ ଏହା ସବୁ ଦେଖିପାରିବାର କ୍ଷମତା ରଖେ। ଅଷ୍ଟାଦଶ ଶତାବ୍ଦୀରୁ ବିଦେଶୀ ଶାସନକାଳରୁ ଥିବା ପୂର୍ବତନ ପ୍ରତୀକଟିର ପରିବର୍ତ୍ତନ ଏକ ପରିବର୍ତ୍ତିତ ଦୃଷ୍ଟିଭଙ୍ଗୀର ସୂଚନା ଦିଏ।

ଆଗରୁ ଥିବା ମୂର୍ତ୍ତିର ଆଖିରେ ଅନ୍ଧପୁଟୁଳି ବନ୍ଧା ହୋଇଥିବାରୁ କେତେକ ଲୋକ ଏହାକୁ 'ଅନ୍ଧା କାନୁନ' ବୋଲି କହୁଥିଲେ; ମାତ୍ର ଏହାର ପ୍ରକୃତ ଅର୍ଥ ଥିଲା ଏହି ଯେ ଅନ୍ଧ ଯେପରି କିଛି ବୈଷମ୍ୟ ଜାଣିପାରେ ନାହିଁ, ଆଇନର ପୃଷ୍ଠଭୂମିରେ ସେମିତି ସମସ୍ତେ ସମାନ। ଆଗରୁ ମୂର୍ତ୍ତିଙ୍କ ହାତରେ ଥିବା ଖଡ଼୍‌ଗ ସୂଚେଇ ଦେଉଥିଲା ଯେ ନ୍ୟାୟବ୍ୟବସ୍ଥା ନିକଟରେ ଦଣ୍ଡ ଦେବାର ଅଧିକାର ରହିଛି। ମାତ୍ର ଆମର ନ୍ୟାୟ ବ୍ୟବସ୍ଥାରେ ଅପରାଧୀଙ୍କୁ ଦଣ୍ଡଦେବାର ପ୍ରାଥମିକତା ପରିବର୍ତ୍ତେ ଦୋଷୀକୁ ଭଲ ମଣିଷ ହେବାର ସୁଯୋଗ ସୃଷ୍ଟି

କରିବା ଥିବାରୁ ତରବାରୀ ଅପସାରଣ କରାଯାଇ ସମ୍ବିଧାନ ଧରେଇ ଦିଆଯାଇଥିବା ଅନୁମାନ କରାଯାଇପାରେ ।

କୌଣସି ବସ୍ତୁ ବା ତଥ୍ୟକୁ ବିସ୍ତୃତ ଭାବରେ ବର୍ଣ୍ଣନା ନକରି ପ୍ରତୀକ ଭାବରେ ବ୍ୟବହାର କରିବାର ପରମ୍ପରା ଭାରତରେ ବହୁ କାଳରୁ ରହିଅଛି । ସାହିତ୍ୟ ଓ କଳାରେ ଏହାର ପ୍ରୟୋଗ ମଧ୍ୟ ପର୍ଯ୍ୟାପ୍ତ; ମାତ୍ର ପ୍ରତୀକଟି ସବୁବେଳେ ସର୍ବବୋଧଗମ୍ୟ ହେବା ଚାହି – ତା ନହେଲେ ଅନ୍ଧପୁଟୁଳି ବନ୍ଧାହୋଇଥିବା ଦେବୀଙ୍କୁ ସମାନତାର ପ୍ରତୀକ ଭାବେ ମଣ୍ୟ କରିବାକୁ ଚିନ୍ତା କରାଯାଇଥିଲେ ବି ଲୋକଙ୍କ ଭିତରେ ଏକ ବିପରୀତ ଭ୍ରାନ୍ତ ଧାରଣା ସୃଷ୍ଟି ହୋଇଯାଇଥିଲା ।

ଶ୍ରୀମଦ୍ ଭଗବତ୍ ଗୀତାରେ ଯେମିତି ଉଲ୍ଲେଖ ଅଛି – (ତୃତୀୟ ଅଧ୍ୟାୟ – ଶ୍ଳୋକ-୨୧)

ଯଦ୍ ଯଦାଚରତି ଶ୍ରେଷ୍ଠ, ସ୍ତତ୍ତଦେବେଂତରୋଜନଃ
ସଃ ଯତ୍, ପ୍ରମାଣଂ କୁରୁତେ, ଲୋକେ ସ୍ତଦନୁ ବର୍ତ୍ତତେ ।

ଏହାର ଫଳ ହେଉଛି ଯେ ଆଗାମୀ ଦିନରେ ଯେତେ ନ୍ୟାୟାଳୟ ଭାରତର ଚାରିଆଡ଼େ ଅଛି, ସବୁଠାରେ ଏହି ନବକଳେବର ବିଶିଷ୍ଟ ମୂର୍ତ୍ତି ତିଆରି ହେବେ । ଏହା ଅସଂଗତି ନୁହେଁ, ନ୍ୟାୟର ଦେବୀ ଆଖି ବନ୍ଦ କଲେ ଚଳିବ ନାହିଁ ସେସବୁ ଦେଖିବା ଦରକାର । ଘଟଣା ପଛର ସତ୍ୟକୁ ଖୋଜିବା ପାଇଁ ମନ ଭିତରେ ହେଉଥିବା ଭାବନାକୁ ପରଖିବା ବି ଦରକାର । ଏହି ପରିବର୍ତ୍ତନ ସଂକେତିକ ହେଲେ ବି ସ୍ୱାଗତଯୋଗ୍ୟ । ମାତ୍ର କଥା ଉଠୁଛି କେବଳ ଏତିକି ଯଥେଷ୍ଟ କି ?

କୋର୍ଟ ପରିସରରେ ଓକିଲମାନେ ପିନ୍ଧୁଥିବା ପୋଷାକ ବି ପରିବର୍ତ୍ତନ କରାଯାଉ ବୋଲି ଅନେକ ସମୟରେ ଆଲୋଚିତ ହୋଇଥାଏ । ବିଦେଶର ଶୀତପ୍ରଧାନ ଜଳବାୟୁ ଅନୁସାରେ ସେ ଦେଶରେ ଗଳାବନ୍ଧା ସରଞ୍ଜାମ ଏବଂ କଳା ରଙ୍ଗର ଗାଉନ ବ୍ୟବହୃତ ହୁଏ । ମାତ୍ର ଆମର ଗ୍ରୀଷ୍ମପ୍ରଧାନ ଦେଶ ହୋଇଥିବାରୁ ଏବଂ ଦିନକୁ ଦିନ ଆମର ଜଳବାୟୁ ଅଧିକ ଉତ୍ତପ୍ତ ହେଉଥିବାରୁ ଏହି ୟୁନିଫର୍ମ ଚଳିବ କିମ୍ବା ବଦଳାଯିବ ସେ ବିଷୟରେ ଆଲୋଚନା ହୋଇ ନିଷ୍ପତ୍ତି ନିଆଯାଇପାରେ । ସେଇ ପରିପାଟୀକୁ ଆଜିବି ଅନେକ ଲୋକ ବିଦେଶୀ ଗୋଲାମୀର ସନ୍ତକ ବୋଲି ଭାବନ୍ତି । ଅବଶ୍ୟ ଆପଣ କହିପାରନ୍ତି ଆଜିକାଲି ସବୁ କୋର୍ଟ ରୁମ୍ ବାତାନୁକୂଳ ହୋଇଥିବାରୁ ସତରେ କ'ଣ ଏଇ ଆଡ଼ଭୋକେଟ୍ ୟୁନିଫର୍ମର ପରିବର୍ତ୍ତନର ଆବଶ୍ୟକତା ଅଛି କି ?

ପ୍ରାୟ ଦେଢ଼ଶହ ଦୁଇଶହ ବର୍ଷ ଆଗରୁ ପ୍ରଚଳିତ ଥିବା ଭାରତୀୟ ଦଣ୍ଡ ସଂହିତା, ପ୍ରମାଣ ଆଇନ ଏବଂ ଅପରାଧିକ ଆଇନ ଏହା ଭିତରେ ପରିବର୍ତ୍ତିତ ହୋଇଛି । ଏବେବି

ବିରୋଧୀମାନେ କହୁଛନ୍ତି ଯେ ଯେତିକି ପାର୍ଲିଆମେଣ୍ଟରେ ଆଲୋଚନା ହେବା କଥା ସେତିକି ଆଲୋଚନା କରା ନ ଯାଇ ତରବରରେ ତାହା କାର୍ଯ୍ୟକାରୀ ହୋଇଛି । ପାର୍ଲିଆମେଣ୍ଟକୁ ବି ଏବେ ଆଉ ସାର୍ବଭୌମ କୁହାଯିବା ନେଇ ସନ୍ଦେହ ସୃଷ୍ଟିହେଲାଣି, କାରଣ ଅନେକ ଆଇନ ଆମର ସମ୍ବିଧାନର ମୌଳିକ ଢାଞ୍ଚା ସହିତ ସମତୁଲ ନୁହନ୍ତି, ଏଇ ନ୍ୟାୟରେ ବହୁ ଆଇନ ମାନ୍ୟବର ସୁପ୍ରିମକୋର୍ଟଙ୍କ ପାଖରେ ପହଞ୍ଚୁଛି । ବସ୍ତୁତଃ ଅନେକ ରାଷ୍ଟ୍ରୀୟ ପ୍ରସଙ୍ଗରେ ଆମର ମତୈକ୍ୟ ହୋଇ ନ ପାରିବା, ଆମ ଗଣତନ୍ତ୍ରର ବୃହତ୍ତମ ଦୁର୍ବଳତା ପାଲଟିଛି ।

କେତେକ ଗଣମାଧ୍ୟମରେ ଗୋଟେ ବିତର୍କ ଲାଗି ରହିଛି ନ୍ୟାୟପାଳିକାରେ ମିଳୁଥିବା ଛୁଟିକୁ ନେଇ । ନ୍ୟାୟମୂର୍ତ୍ତିମାନେ ଆବଶ୍ୟକତା ଠାରୁ ଅଧିକ ଛୁଟି ନେଉଛନ୍ତି ବୋଲି ଅନେକଙ୍କର ମତ; ମାତ୍ର ତାହା ସେମାନଙ୍କର ଅଜ୍ଞତା ବୋଲି ମୋର ଧାରଣା । ବାସ୍ତବରେ କୋର୍ଟ ପରିଚାଳନା ବାହାରେ ଅନେକ କାମରେ ନ୍ୟାୟମୂର୍ତ୍ତିମାନେ ବ୍ୟସ୍ତ ରହନ୍ତି । ବିଶେଷତଃ ଆଦେଶଗୁଡ଼ିକୁ ଲେଖିବା ଏକ କଷ୍ଟସାଧ୍ୟ କାର୍ଯ୍ୟ । ଯାହା କୋର୍ଟ ସମୟ ଭିତରେ କରିବା ସମ୍ଭବ ନୁହେଁ ।

ମାତ୍ର ନ୍ୟାୟ ବ୍ୟବସ୍ଥାରେ କିପରି 'ବିଳମ୍ବ'କୁ ରୋକି ହେବ ତାହା ସବୁଠାରୁ ବଡ଼ ସମସ୍ୟା । ଏହାକୁ ସମାଧାନ କରିବା ପାଇଁ ଯେତେ ସୂତ୍ର ବାହାରିଲେ ବି ଦିନକୁ ଦିନ କେଶ ସଂଖ୍ୟା ବଢ଼ିବଢ଼ି ଚାଲିଛି ଏବଂ ନାଗରିକଙ୍କ କ୍ଷୋଭର ଉପଶମ ନାହିଁ । ଲୋକଙ୍କ ଭିତରେ କେଶ୍‌ଖୋର୍ ମନୋଭାବ ନ ବଦଳିବା ଯାଏ ମାମଲା ସଂଖ୍ୟା କମିବା ଆଶା କରାଯାଇ ନପାରେ । କଳହବଶତଃ ଅନେକ ମିଛ କେଶ କରାଯାଉଛି ପ୍ରତିପକ୍ଷଙ୍କୁ ଅସୁବିଧାରେ ପକେଇବାକୁ । ବେଳେବେଳେ ସରକାରୀ ଦଳ ତରଫରୁ ପ୍ରତିପକ୍ଷଙ୍କୁ ଅସୁବିଧାରେ ପକେଇବାକୁ ମଧ୍ୟ କେଶ୍ କରାଯାଉଛି, ଯାହା କେଶ୍ ସଂଖ୍ୟା ବୃଦ୍ଧିର ଅନ୍ୟତମ ପ୍ରମୁଖ କାରଣ । ଅଳ୍ପ ଖର୍ଚ୍ଚରେ ଏବଂ ଅଳ୍ପ ସମୟ ମଧ୍ୟରେ ନ୍ୟାୟ ମିଳି ପାରିଲେ ନ୍ୟାୟ ବ୍ୟବସ୍ଥା ପ୍ରତି ସମସ୍ତଙ୍କ ସଦିଚ୍ଛା ବୃଦ୍ଧି ପାଇବ । ଏବେ ପ୍ରତୀକ ପରିବର୍ତ୍ତନ ଯେଉଁ ସାଙ୍କେତିକ ପରିବର୍ତ୍ତନର ସୂଚନା ଦେଉଛି ତାହା ବାସ୍ତବରେ ପରିଣତ ହେବ ସେତେବେଳେ, ସେଇ ସୁବର୍ଣ୍ଣ ସମୟକୁ ଅପେକ୍ଷା କଲାବେଳେ ସୁନାଗରିକ ଭାବରେ ଆମକୁ ଆମର ଦାୟିତ୍ୱ ନିର୍ବାହ କରିବାକୁ ପଡ଼ିବ ।

■

(ସମ୍ବାଦ କଳିକା - ତା ୨୭.୧୦.୨୦୨୪ରିଖ)

ପୁତ୍ରମୋହରେ ଅନ୍ଧ ଆଉ ଜଣେ ବାପା

ଆମେରିକାର ତତ୍କାଳୀନ ରାଷ୍ଟ୍ରପତି ଜୋ ବାଇଡ଼େନ୍ ଅଦାଲତ ଦ୍ୱାରା ଦୋଷୀ ସାବ୍ୟସ୍ତ ହୋଇଥିବା ନିଜର ପୁତ୍ର ହଣ୍ଟର ବାଇଡ଼େନ୍‌ଙ୍କୁ ନିଜ କ୍ଷମତା ଛାଡ଼ିବାର ଅବ୍ୟବହିତ ପୂର୍ବରୁ କ୍ଷମା ପ୍ରଦାନ କରିଛନ୍ତି । ଏହା ଏକ ବିତର୍କ ସୃଷ୍ଟି କରିଛି, ଖାଲି ଆମେରିକାରେ ନୁହେଁ ସାରା ବିଶ୍ୱକୁ ପରିବ୍ୟାପ୍ତ ହେଇଛି ବିତର୍କର ବଳୟ ।

କେବଳ ଆମେରିକାର ସମ୍ବିଧାନ କେତେକ ନିର୍ଦ୍ଦିଷ୍ଟ ଦଣ୍ଡାଦେଶ କ୍ଷେତ୍ରରେ ଦୋଷୀକୁ କ୍ଷମାଦେବାର କର୍ତ୍ତୃତ୍ୱ ତାର ରାଷ୍ଟ୍ରପତିଙ୍କୁ ଦେଇନାହିଁ, ପ୍ରାୟ ସବୁ ଦେଶର ରାଷ୍ଟ୍ରମୁଖ୍ୟଙ୍କ ନିକଟରେ ସେଇ ଅଧିକାର ରହିଛି । ଏଇ ଅଧିକାର ହେଉଛି ରାଷ୍ଟ୍ରର ସାର୍ବଭୌମ ଅଧିକାର ମଧ୍ୟରୁ ଗୋଟିଏ । ଗୋଟିଏ ରାଷ୍ଟ୍ରର ବିଭିନ୍ନ ଅଧିକାର ମଧ୍ୟରୁ ସାର୍ବଭୌମତା ସର୍ବୋଚ୍ଚ ଅଧିକାର ଭାବରେ ସ୍ୱୀକୃତ । ଏଥିରେ କୌଣସି ବାହ୍ୟଶକ୍ତିଙ୍କ କିଛି କ୍ଷମତା ପ୍ରୟୋଗର ସମ୍ଭାବନା ନଥାଏ । ଭାରତର ସମ୍ବିଧାନ ଅନୁସାରେ ରାଷ୍ଟ୍ରପତିଙ୍କଠାରେ ମଧ୍ୟ ରାଜକ୍ଷମା ଦେବା କିମ୍ବା ଦଣ୍ଡ କୋହଳ କରିବାର କ୍ଷମତା ରହିଛି; ମାତ୍ର ଏହି କ୍ଷମତା ନିରଙ୍କୁଶ ନୁହେଁ କାରଣ ତା ବିରୋଧରେ ନ୍ୟାୟାଳୟ ପାଖରେ ଜୁଡ଼ିସିଆଲ ରିଭ୍ୟୁ ମଧ୍ୟ କରାଯାଇପାରିବ । ଭାରତର ରାଷ୍ଟ୍ରପ୍ରତି ଏହି କ୍ଷମତା ବ୍ୟକ୍ତିଗତ ଭାବରେ ପ୍ରୟୋଗ କରନ୍ତି ନାହିଁ, ଏହା ମନ୍ତ୍ରୀ ପରିଷଦ କିମ୍ବା କ୍ୟାବିନେଟ୍ ଦ୍ୱାରା ପ୍ରସ୍ତାବିତ ହୋଇଥାଏ । ଶ୍ରୀମତୀ ପ୍ରତିଭା ପାଟିଲ ଭାରତର ରାଷ୍ଟ୍ରପତି ଥିଲାବେଳେ ଅଧିକ ଲୋକଙ୍କୁ ରାଜକ୍ଷମା ଦେଇଥିଲେ ବୋଲି କୁହାଯାଇଥାଏ; ମାତ୍ର ଏହା କେନ୍ଦ୍ର ସରକାରଙ୍କ ପ୍ରସ୍ତାବ ହୋଇଥିବାରୁ ଏଥିରେ ତାଙ୍କର ବ୍ୟକ୍ତିଗତ ମତ ବିଷୟରେ ଆଲୋଚନା କରାଯିବା ଅପ୍ରାସଙ୍ଗିକ ।

ମାତ୍ର ଆମେରିକାର ରାଷ୍ଟ୍ରପତି କେବଳ ସେ ଦେଶର ଶାସନମୁଖ୍ୟ ନୁହନ୍ତି, ସେ ମଧ୍ୟ ରାଷ୍ଟ୍ରମୁଖ୍ୟ । ସେଇ ଦୃଷ୍ଟିରୁ ଆମେରିକାର ରାଷ୍ଟ୍ରପତି ଯେଉଁ ରାଜକ୍ଷମା ଦିଅନ୍ତି ତାହା

ତାଙ୍କରି ଦ୍ୱାରା ପ୍ରସ୍ତାବିତ ଏବଂ ଅନୁମୋଦିତ ବୋଲି କୁହାଯାଇପାରେ। ବନ୍ଧୁକ କାରବାରରେ ଦୋଷୀ ସାବ୍ୟସ୍ତ ହେଇଥିଲେ ବାଇଡ଼େନ୍‌ଙ୍କ ପୁତ୍ର ହଣ୍ଟର। ତାଙ୍କର ରାଜକ୍ଷମା ପ୍ରସଙ୍ଗରେ ପିତା ତଥା ରାଷ୍ଟ୍ରପତି ବାଇଡ଼େନ କହିଥିଲେ ଯେ ସେ ନିଜ ପୁତ୍ରକୁ ରାଜକ୍ଷମା ଦେବେ ନାହିଁ, ହେଲେ ତାଙ୍କର କାର୍ଯ୍ୟକାଳ ଶେଷ ହେବାର ଠିକ୍ ପୂର୍ବରୁ ସେ ସେଇ କାମ କରିଦେଇଛନ୍ତି ଯାହା ତାଙ୍କ ନିଜ ଦଳ ଡିମୋକ୍ରାଟ୍‌ଙ୍କ ଭିତରେ ତଥା ସାରା ଦେଶରେ ଅଶାନ୍ତି ସୃଷ୍ଟି କରିଛି।

ନିଜ ପୁତ୍ର କନ୍ୟାଙ୍କ ପ୍ରତି ପିତାମାତାଙ୍କର ମୋହ ବହୁ ପରିମାଣରେ ସେମାନଙ୍କୁ ନ୍ୟାୟୋଚିତ ନିଷ୍ପତ୍ତିରୁ ଦୂରେଇ ନେଇଛି। ଭାରତୀୟ ପୁରାଣରେ ଧୃତରାଷ୍ଟ୍ର ପୁତ୍ରମୋହରେ ଅନ୍ଧ ହୋଇ ନିଜର ରାଜୋଚିତ କର୍ମ ଠିକ୍ ରୂପେ କରିପାରିନାହାନ୍ତି; କିନ୍ତୁ ତାଙ୍କର ପୁତ୍ରମୋହ ଯୁଗ ଯୁଗ ଧରି ତାଙ୍କୁ ନିନ୍ଦିତ କରି ଆସିଛି।

ପୁତ୍ରକନ୍ୟାଙ୍କ ପାଇଁ ଏକ କ୍ଳେଶ ବିରହିତ, ନିରୁପଦ୍ରୁତ ଜୀବନ ସୃଷ୍ଟି କରିବା ପାଇଁ ବହୁ ଲୋକ ଅନେକ ସମ୍ପତ୍ତି ରଖିଦେଇ ଯାଆନ୍ତି ସେମାନଙ୍କ ପାଇଁ। ହେଲେ ପୁଅଟିର ନିଜ ବାପା ଉପରେ ଯେଉଁ ଧାରଣା ତାହା ଏକ ନିର୍ଦ୍ଦିଷ୍ଟ ସ୍ଥୂଳ ବସ୍ତୁଟିଏ ନୁହେଁ। ଚାରି ପାଂଚ ବର୍ଷର ପୁଅଟିଏ ପାଇଁ ବାପାଟି ହୁଏତ ସବୁଠାରୁ ବଳବାନ ଲୋକଟିଏ, ପୁଅଟି କୈଶୋରରେ ପହଞ୍ଚୁ ପହଞ୍ଚୁ ବାପା ଲାଗନ୍ତି ଆଗଠାରୁ ଢେର ଅଲଗା। ମାନେ ବାପାଙ୍କ କଥାଗୁଡ଼ାକ କାନକୁ ଭଲ ଶୁଭେନି, ଲାଗେ ବାପା ଯେମିତି ସବୁବେଳେ କିଛି କହିବାକୁ ଯାଇଛନ୍ତି ଯାହା ତା'ପାଇଁ ଗ୍ରହଣୀୟ ନୁହେଁ। ଆଉ ଟିକିଏ ବଡ଼ ହେବା ପରେ ଲାଗେ ବାପା ଯେମିତି ଭାରି କଞ୍ଜୁସ। ସହପାଠୀଙ୍କ ବାପାମାନେ ତାଙ୍କ ଛୁଆଙ୍କୁ କେତେ କଣ କିଣି ଆଣି ଦେଉଥିଲାବେଳେ ବାପା ଯେମିତି ଅର୍ଥନୈତିକ ପ୍ରତିବନ୍ଧକ ଲଗେଇ ଦେଇଛନ୍ତି। ଏମିତି ପୁଅଟି ବି ଦିନେ ବାପ ପାଲଟି ଯାଏ ଆଉ ତା ପୁଅକୁ ଗେଲ କରେ। ଦୁନିଆଁର ସବୁ ଚିଜ ତା ପାଖରେ ଅଜାଡ଼ି ଦେବାକୁ ଚାହେଁ। ମାତ୍ର ନିଜ ବାପ କଥା ମନେ ପକେଇବାକୁ ସମୟ ମିଳେନି। ଯେବେ ଖବର ପାଏ ବାପା ଆଉ ନାହାନ୍ତି – ସେତେବେଳେ ଖୋଜେ ବାପାଙ୍କୁ ଆଉ କହେ ମୋ ବାପା କେତେ ଭଲ ! ବାପାମାନେ ପୁଅ ପାଇଁ ସ୍ନେହାନ୍ଧ ହୋଇଯାଆନ୍ତି, ମୋହାନ୍ଧ ପାଲଟି ଯାଆନ୍ତି। ନ୍ୟାୟର ନିକିତି ଧରିବା ବେଳେ ସେମାନେ ଭୁଲିଯାଆନ୍ତି ହୁଏତ ସେ ସାରା ରାଜ୍ୟର ପିତା ଭୂମିକାରେ। ସମସ୍ତେ ତାଙ୍କର ନିଜ ପୁଅଟି ପରି। ନିଜେ ପାଗଳପଣ ଘୋଟିଥିଲା ବେଳେ ଜଣେ ବ୍ୟକ୍ତି ତାଙ୍କର ପରିବାର ସବୁ ସଦସ୍ୟଙ୍କୁ ବନ୍ଧୁକ ଚଳେଇ ଦେଲେ କିଛି ବର୍ଷ ତଳେ। ସେଥିରେ ଟଳି ପଡ଼ିଲେ ତାଙ୍କର ପ୍ରାଣପ୍ରିୟା ପତ୍ନୀ, କନ୍ୟା, ଭଗିନୀ, ପିତା, ମାତା ଏବଂ ପରିବାରର ଆହୁରି କିଛି ସଦସ୍ୟ। ତାରି ଭିତରେ ବି ଥିଲେ ତାଙ୍କର ଏକମାତ୍ର ପୁତ୍ର। ତା ଉପରକୁ ବି

ଗୁଳି ଚଳେଇଲେ ହେଲେ ଗୁଳିଟି ହୃତ୍‌ପିଣ୍ଡର ନବାଜି ତାର ମୁଣ୍ଡରେ ବାଜିଲା । ଜୀବନ ବଂଚିଯାଇଥିଲା ପୁଅଟିର । ଏହା କଣ ଜଣେ ବାପା ଯେତେ ଅସ୍ୱାଭାବିକ ହେଲେ ବି ପୁଅ ଆଗରେ ସେ ଖାଲି ବାପାଟିଏ ଆଉ ତାର କିଛି ପରିଚୟ ନାହିଁ ? ତା ନ ହୋଇଥିଲେ ସମସ୍ତେ ତତ୍‌କ୍ଷଣାତ୍ ଟଳି ପଡ଼ିଥିବାବେଳେ ରିଭଲଭର ସାମାନ୍ୟ ଲକ୍ଷ୍ୟହୀନ ହୋଇଥିଲା କାହିଁକି ପୁଅ ଉପରକୁ ଗୁଳି ଚଳେଇବା ବେଳେ ?

ଗାନ୍ଧିଜୀ କହୁଥିଲେ ଦେଶ ବିଷୟରେ ନିଷ୍ପତ୍ତି ନେଲାବେଳେ ଶାସକମାନେ ଅନ୍ତତଃ ମନେପକେଇବା କଥା କୌଣସି ନିହାତି ଗରିବ ଲୋକଙ୍କ ମୁହଁକୁ ଆଉ ଭାବିବା କଥା ତାଙ୍କର ନିଷ୍ପତ୍ତି ସେଇ ଲୋକଟିକୁ କେତେ ସାହାଯ୍ୟ କରିବ । ନିଜ ପୁଅ ସପକ୍ଷରେ ଦଣ୍ଡାଦେଶ କମେଇଲା ବେଳେ ବାଇଡ଼େନ ସାହାବ କଣ ଭାବିଥିବେ କେଜାଣି । ସେ କଣ ଭାବିଥିବେ ତାଙ୍କର ଏଇ ନିଷ୍ପତ୍ତି ପାଇଁ ଇତିହାସ ପାଖରେ ତାଙ୍କୁ ଦିନେ କ୍ଷମା ମାଗିବାକୁ ହେବ । ଇତିହାସ ବଡ଼ ବିଚିତ୍ର । ସେ ସାଙ୍ଗେ ସାଙ୍ଗେ ତାର ରାୟ ଶୁଣାଏ ନାହିଁ । ହେଲେ ସମୟକ୍ରମେ ସବୁ ପକ୍ଷପାତ, ସବୁ ଏକପାଖିଆ ନିଷ୍ପତ୍ତିର ପର୍ଦ୍ଦା ଖୋଲିଦିଏ, କବିବର ରାଧାନାଥ ରାୟଙ୍କ ଭାଷାରେ –

"ଦସ୍ୟୁବଣିକକୁ ମାରେ ବାତ୍ୟା ଯଥା ବୁଡ଼ାଇ ଜଳଧି ଜଳେ
କାଳ ସେହିପରି ବଳୀ ଦୁର୍ବଳକୁ ପୂରାଏ ନିଜ କବଳେ ।"

ଆମେ ସମସ୍ତେ କାଳର ଅଧୀନ, ସେକଥା କ୍ଷମତାରେ ଥିବା ସମୟରେ ଭୁଲିଯାଉଁ ବୋଲି ଏପରି ନୀତି ଗର୍ହିତ ନିଷ୍ପତ୍ତି ନେଉକି ? ଆମ ଦେଶରେ ହୋଇଥିଲେ ସାଙ୍ଗେ ସାଙ୍ଗେ କିଛି ଲୋକ ନ୍ୟାୟାଳୟର ଦରଜା ଖଟ୍‌ଖଟ୍ କରିଥାନ୍ତେ । ହେଲେ ଆମେରିକା ସମ୍ବିଧାନ ଅନୁସାରେ ସେପରି ବ୍ୟବସ୍ଥା ନାହିଁ ଏବଂ ତାଙ୍କ ଦେଶର ସୁପ୍ରିମକୋର୍ଟ ମଧ୍ୟ ସେଇ ରାଷ୍ଟ୍ରପତିଙ୍କର କ୍ଷମତା ନିରଙ୍କୁଶ ବୋଲି କହିଛନ୍ତି । ମାତ୍ର ଗଣତନ୍ତ୍ରରେ ଲୋକଙ୍କ ପାଟିରେ ହାତଦେବ ବା କିଏ ? ତେଣୁ ସେଠାରେ ଟୁପୁରୁ ଟୁପୁରୁ ହୋଇ ଆରମ୍ଭ ହେଲାଣି । କାଲି ବେଳକୁ ହୁଏତ ଆହୁରି ଜୋର୍‌ରେ ଶୁଣାଯିବ ସେ ଶବ୍ଦ ।

ଏଇଠି ଗୋଟିଏ ପ୍ରଶ୍ନ ଉଠିପାରେ, ପିଲାମାନଙ୍କର ଭୁଲ ପାଇଁ ପିତାମାତାଙ୍କୁ ଦାୟୀ କରାଯାଇପାରିବ କି କିମ୍ବା ସେମାନେ କିଛି ଅପରାଧରେ ସଂପୃକ୍ତ ହେଲେ ପିତାମାତାଙ୍କୁ ସେଥିରେ ଆଇନଗତ ଭାବରେ ସଂଶ୍ଳିଷ୍ଟ କରାଯିବା ଉଚିତ କି ? ବାସ୍ତବ କ୍ଷେତ୍ରରେ ପିତାମାତା ହେଉଛନ୍ତି ଆଦ୍ୟ ଗୁରୁ – ସେମାନଙ୍କ ବ୍ୟକ୍ତିତ୍ୱର ଛାପ ହେତୁ ପ୍ରାଥମିକ ଶ୍ରେଣୀରେ ଯଦି ପିଲାର ଆଚରଣଗତ ଅସଂଗତି ଦେଖାଯାଏ ସେଥିପାଇଁ ପିତାମାତାଙ୍କର ନିଶ୍ଚିତ ଦାୟିତ୍ୱ ରହିଛି ବୋଲି ନିଃସନ୍ଦେହରେ କୁହାଯାଇପାରେ; ମାତ୍ର ପିଲାମାନେ ବଡ଼ ହେଲାପରେ ସେମାନେ ନିଜର ସାଙ୍ଗସାଥୀ କିମ୍ବା ନିଜର ରୁଚି ଅନୁସାରେ

ବିଭିନ୍ନ ବ୍ୟକ୍ତିତ୍ୱଙ୍କୁ ନିଜର ମଡ଼େଲ ଭାବନ୍ତି ଓ ତାଙ୍କ ଆଦର୍ଶ ଅନୁସାରେ ଚଳନ୍ତି। ସେହି କ୍ଷେତ୍ରରେ ପିତାମାତାଙ୍କର ଭୂମିକା ନଥାଏ। ହେଲେ ରାଷ୍ଟ୍ରପତି ଜଣେ ଯାହା ନିଷ୍ପତ୍ତି ନେବେ ତାହା ରାଷ୍ଟ୍ର ହିତରେ ହେବା ଉଚିତ। ସେଇ ଦୃଷ୍ଟିରୁ ଆମେରିକାର ରାଷ୍ଟ୍ରପତିଙ୍କର ଏହି ଆଚରଣ ନିଃସର୍ତ୍ତ ଭାବେ ଅଗ୍ରହଣୀୟ ଓ ନିରପେକ୍ଷ ଭାବରେ ନିନ୍ଦନୀୟ।

ଭାରତୀୟ ମୂଳର ଆମେରିକାନ ଶିଳ୍ପୋଦ୍ୟୋଗୀ ଶ୍ରୀଧର ପୋଟା ରାଜୁ ଏହି ଦଣ୍ଡାଦେଶ କ୍ଷମା ବ୍ୟାପାରକୁ ଅତି ଗର୍ହିତ ନିନ୍ଦନୀୟ ବୋଲି କହିଛନ୍ତି। ସେ ସମାନ ଅପରାଧ ପାଇଁ ଦଶ ବର୍ଷ ଜେଲ୍ ଦଣ୍ଡାଦେଶ ପାଇଥିବା ବେଳେ ହଣ୍ଟର ବାଇଡ଼େନ ଦଣ୍ଡରୁ ମୁକୁଳିଯିବା ଆମେରିକାରେ ଥିବା ନ୍ୟାୟ ବ୍ୟବସ୍ଥାର 'ସମସ୍ତଙ୍କ ପ୍ରତି ସମାନ' ଦୃଷ୍ଟିକୋଣ କେତେ ଏକପାଖିଆ ତାହା କ୍ଷୋଭର ସହିତ କହିଛନ୍ତି। କହିବା ବାହୁଲ୍ୟ ହଣ୍ଟର ବାଇଡ଼େନଙ୍କ ବିରୋଧ ଆଗତ ଅପରାଧ ଭିତରେ ତାଙ୍କର ୧୪ ଲକ୍ଷ ଡଲାର ଟ୍ୟାକ୍ସ ଠକେଇ ଏବଂ ବନ୍ଧୁକ କିଣାରେ ଜାଲିଆତି କରିଥିବା ପ୍ରମାଣିତ ହୋଇଥିଲା ଏବଂ କୋର୍ଟ ତାଙ୍କୁ ଦୋଷୀ ସାବ୍ୟସ୍ତ କରିଥିଲେ। ବାଇଡ଼େନ ହୁଏତ ସେ ଦେଶର ଆଇନର ଫାଙ୍କ ଦେଇ ଖସିଯିବେ; ମାତ୍ର ମାନବିକତାର ଆଧାରରେ ନିଜ ପାଇଁ କଳଙ୍କ ସବୁଦିନ ପାଇଁ ଧରି ଆଣିଲେ।

ଆମ ନିଜ ରାଜ୍ୟର ଜଣେ ପ୍ରାକ୍ତନ ରାଜ୍ୟପାଳ ପୁତ୍ର ମୋହରେ ଯାହା କଲେ, ଆଇନକୁ ଏଡ଼େଇ ଯିବା ପାଇଁ ବାଟ ଖୋଜିଲେ ତାହା ତାଙ୍କୁ କେତେ ଅସମ୍ମାନଜନକ ଅବସ୍ଥାରେ ପକାଇଲା, କାହାକୁ ବା ଅଜଣା ସେକଥା।

■

(ନିତିଦିନ - ତା ୧୧.୦୧.୨୦୨୫ରିଖ)

ପ୍ରଶାସନିକ ଶୃଙ୍ଖଳା ଓ ସ୍ଥାନାନ୍ତର

ପ୍ରଶାସନର ବିଭିନ୍ନ ସ୍ତରରେ କାମ କରୁଥିବା ଲୋକମାନଙ୍କ ପାଇଁ ଅନେକ ଆଇନ କାନୁନ ରହିଛି। ଚତୁର୍ଥ ଶ୍ରେଣୀ କର୍ମଚାରୀଙ୍କଠାରୁ ଆରମ୍ଭ କରି ମୁଖ୍ୟ ଶାସନ ସଚିବଙ୍କ ପର୍ଯ୍ୟନ୍ତ ଅନେକ ପ୍ରସ୍ଥ ରହିଛି କର୍ମଚାରୀ ଓ ଅଧିକାରୀଙ୍କ ଶ୍ରେଣୀକରଣରେ। ହେଲେ ପ୍ରାୟ ସବୁ ସ୍ତରୀୟ କର୍ମଚାରୀଙ୍କ ପାଇଁ ବଦଳି ନିୟମ ରହିଛି। ପ୍ରଶାସନିକ ଶୃଙ୍ଖଳା ଏହାଦ୍ୱାରା ରକ୍ଷାହୁଏ । ଯଦି ଜଣେ କର୍ମଚାରୀ ଗୋଟିଏ ସ୍ଥାନରେ ବହୁଦିନ କାର୍ଯ୍ୟ କରନ୍ତି, ତାହେଲେ ସେ ନିରପେକ୍ଷ ରହିବା କଷ୍ଟକର ହୋଇପଡ଼େ। ତାଛଡ଼ା ଏହାଦ୍ୱାରା କର୍ମଚାରୀଙ୍କର କର୍ମପ୍ରେରଣା କମିଯାଏ । ବଦଳି କରିବା ସରକାରଙ୍କର ଇଚ୍ଛାଧୀନ କ୍ଷମତା; ମାତ୍ର ତାହାକୁ ସାର୍ବଜନୀନ କରିବା ପାଇଁ କିଛି ନୀତି ଅନୁସରଣ କରାଯାଇଥାଏ । ଓଡ଼ିଶା ସରକାର ବଦଳି ବିଷୟରେ ଯେଉଁ ମୁଖ୍ୟ ନିର୍ଦ୍ଦେଶନାମା ଜାରି କରିଛନ୍ତି ତାହାକୁ ସାଧାରଣତଃ ବୁକ୍ ସର୍କୁଲାର ୪୨ (ବୟାଳିଶ) ବୋଲି କୁହାଯାଇଥାଏ ।

ସାଧାରଣ ଭାବରେ ଜଣେ କର୍ମଚାରୀ ଗୋଟିଏ ସ୍ଥାନରେ ତିନିବର୍ଷ ରହିଲେ ତାଙ୍କର ବଦଳି ହେବା ଦରକାର ବୋଲି ନୀତି ନିର୍ଦ୍ଧାରଣ କରାଯାଇଛି; ମାତ୍ର ଏହି ନିୟମ ସଚରାଚର କଡ଼ାକଡ଼ି ଭାବରେ ପାଳନ କରାନଯାଇ ସେଥିରେ ବହୁ ବ୍ୟତିକ୍ରମ ଦେଖାଯାଇଥାଏ। ସରକାରୀ ଭାବରେ କୌଣସି କ୍ୟାଡ଼ରର ନିର୍ଦ୍ଦିଷ୍ଟ ସ୍ତରୀୟ ଚାକିରିଆମାନେ ଆଇନତଃ ସବୁ ସମାନ; ମାତ୍ର କିଏ ଦୁଧିଆଳୀ ବିଭାଗ ପାଇବ ଆଉ କିଏ ରାଜଧାନୀଠାରୁ ବହୁ ଦୂରକୁ ସ୍ଥାନାନ୍ତରିତ ହେବ, ତାହା ସରକାରଙ୍କ ଇଚ୍ଛାଧୀନ ବ୍ୟାପାର ହୋଇଥିବାରୁ ସରକାରଙ୍କ ଗେହ୍ଲାପୁଅମାନେ ସବୁବେଳେ ତାଙ୍କ ନିଜ ସୁବିଧାଜନକ ସ୍ଥାନରେ ଅବସ୍ଥାପିତ ହେଉଥିବାବେଳେ କିଛି ନିରୀହ କର୍ମଚାରୀ ଓ ଅଧିକାରୀ ଅସୁବିଧାରେ ପଡ଼ିଥାନ୍ତି। ଏହା ଅନେକ ସମୟରେ ପ୍ରଶାସନିକ ବିଶୃଙ୍ଖଳା ସୃଷ୍ଟି କରେ। ପ୍ରଚଳିତ ଆଇନର ବିରୋଧାଚରଣ କରି କରାଯାଉଥିବା ବଦଳି କିପରି କାର୍ଯ୍ୟକାରୀ ନ

ହେବ, ସେଥିପାଇଁ ବଦଳି ଦ୍ୱାରା ଅସୁବିଧାରେ ପଡୁଥିବା ଲୋକେ ନ୍ୟାୟାଳୟରେ ଆଶ୍ରୟ ନିଅନ୍ତି, ଆଉ ନ୍ୟାୟାଳୟ ଥରେ 'ଷ୍ଟେ ଅର୍ଡ଼ର' ଜାରି କଲେ ତାହା କେବେ ପୁନର୍ବାର ପ୍ରତ୍ୟାହୃତ ହେବ, ସେକଥା ସ୍ୱୟଂ ନ୍ୟାୟାଧୀଶଙ୍କୁ ବି ଜଣା ନଥାଏ, ବିଶେଷତଃ ସେମାନେ ଦୈନିକ ଏତେ ମାମଲାରେ 'ଷ୍ଟେ ଅର୍ଡ଼ର' ଜାରି କରନ୍ତି ଯେ, ପ୍ରତି ମାମଲାକୁ ନିରୀକ୍ଷଣ କରିବା ପାଲଟେ କାଠିକରପାଠ। ଅଧିକରୁ ଅଧିକ କ୍ଷେତ୍ରରେ 'ବଦଳି ସ୍ଥଗିତ' ଆଦେଶ ଦେଇ ପ୍ରଶାସନକୁ ଅସୁବିଧାରେ ପକାଉଥିବା ରାଜ୍ୟ ପ୍ରଶାସନିକ ଟ୍ରିବ୍ୟୁନାଲକୁ ରଦ୍ଦ କରି ପୂର୍ବତନ ସରକାର ପ୍ରମାଣ କରି ଦେଇଛନ୍ତି – "ମୂଳୁ ମାଇଲେ ଯିବ ସରି...." ଅବଶ୍ୟ ଆଇନଗତ ଲଢ଼େଇରେ ସର୍ବୋଚ୍ଚ ନ୍ୟାୟାଳୟ ରାଜ୍ୟ ସରକାରଙ୍କର ଏଇ ପଦକ୍ଷେପକୁ ଗ୍ରହଣ କରିଛନ୍ତି।"

ଆଜକୁ ପ୍ରାୟ ଷାଠିଏ-ସତୁରୀ ବର୍ଷ ତଳେ ପଞ୍ଜାବରେ ଘଟିଥିବା ଘଟଣାଟିଏ ମନେ ପଡୁଛି। ତତ୍କାଳୀନ ମୁଖ୍ୟମନ୍ତ୍ରୀ ପଦାସୀନ ହେବାର ମାସମାସ ବିତିଗଲାପରେ ବି ଦେଖିଲେ ଯେ ତାଙ୍କ ନିକଟକୁ କିଛି ବଦଳି ଫାଇଲ ଆସୁନାହିଁ। ସେ ନିଜର ମୁଖ୍ୟ ଶାସନ ସଚିବଙ୍କୁ ଡାକି କହିଲେ – କାହିଁକି ଏପରି ହେଉଛି ? ମୁଖ୍ୟ ଶାସନ ସଚିବ କହିଲେ, ସାର୍, ବଦଳି ଗୋଟିଏ ମାମୁଲି କାମ। ତେଣୁ ସେପରି ଛୋଟ ଛୋଟ କାମରେ ଆପଣଙ୍କ ସମୟର ଅପଚୟ କରୁନାହୁଁ। ମୁଖ୍ୟମନ୍ତ୍ରୀ କହିଲେ ମୁଁ ତାହେଲେ ଏତେ ଫାଇଲ ଦସ୍ତଖତ କରୁଛି, ସେଗୁଡ଼ାକ କଣ ଫାଇଲ ଯେ ! ମୁଖ୍ୟ ସଚିବ କହିଲେ, ସେଗୁଡ଼ାକ ହେଉଛି ପ୍ଲାନ ଓ ପଲିସି ସଂକ୍ରାନ୍ତୀୟ ଫାଇଲ। ମୁଖ୍ୟମନ୍ତ୍ରୀ ତହୁଁ କହିଲେ, ହଉ ଆଜିଠାରୁ ଏଇ ପ୍ଲାନ ଓ ପଲିସି ସଂକ୍ରାନ୍ତ ଫାଇଲ ସବୁ ଆପଣ କରନ୍ତୁ, ମୋ ପାଖକୁ କେବଳ ବଦଳି ଫାଇଲ ପଠାନ୍ତୁ।

ଯେ କଥା ବଖାଣିବାର ଅର୍ଥ ହେଉଛି, ସେତେବେଳେ ନେତାମାନଙ୍କର ଲଜ୍ଜାବୋଧ ଅଧିକ ଥିଲା ଏବଂ ସେମାନେ ଏତେ ଚତୁର ହୁଏ ନଥିଲେ; ମାତ୍ର ଆଜିକାଲି ସେମାନେ କ୍ଷମତା ଗାଦିରେ ବସିବା ବେଳକୁ ତାଙ୍କର ପ୍ରାଥମିକତା ହେଉଛି ବଦଳି କରିବା। ଯଦି ସର୍ବୋଚ୍ଚ ଶାସକ ସ୍ଥାନାନ୍ତର କରିବା କ୍ଷମତା ନିଜଠାରେ ରଖିବେ ନାହିଁ ତାହେଲେ ଅମଲାମାନଙ୍କୁ ନିୟନ୍ତ୍ରଣ କରିବା ହୋଇପଡ଼ିବ ମୁସ୍କିଲ, ଏହି ଧାରଣା ଏବେ ବଦ୍ଧମୂଳ।

ଆପଣ ଯଦି ମଝିରେ ମଝିରେ ଖବରକାଗଜରେ ପ୍ରକାଶିତ ହେଉଥିବା ବନ୍ଧନୀମାର୍କା ସମ୍ବାଦ ପ୍ରତି ଦୃଷ୍ଟି ପକାଉଥିବେ ତାହେଲେ ଆପଣଙ୍କ ନଜର ମଝିରେ ମଝିରେ ପଡୁଥିବ ହରିଆନା କ୍ୟାଡ଼ରରେ ଅବସ୍ଥାପିତ ହୋଇଥିବା ଆଇ.ଏ.ଏସ୍ ଅଫିସର ଶ୍ରୀଯୁକ୍ତ ଖେମକାଙ୍କ ଉପରେ। ଏହି ମହାଶୟଙ୍କ ଚାକିରୀ ଜନ୍ମକୁଣ୍ଡଳୀରେ କଣ ଅସୁବିଧା

ଅଛି ନିଶ୍ଚୟ, କାରଣ ତାଙ୍କର ତେତିଶ ବର୍ଷ ଚାକିରୀରେ ପ୍ରାୟ ସତସ୍ତରୀ ଥର ବଦଳି ଆଦେଶ ପାଇଛନ୍ତି ସେ । ଆଗ କାଳରେ ପୁଲିସ ଚାକିରୀରେ ଏତେ ବଦଳି ହେଉଥିଲା ଯେ, କୁହାଯାଉଥିଲା ତାଙ୍କ ହାଣ୍ଡିରେ କଳା ଲାଗିବା ଆଗରୁ ତାଙ୍କ ନୂଆ ଜାଗାକୁ ବଦଳି ହୋଇଯାଏ । ଅବଶ୍ୟ କାଠଚୁଲି ବ୍ୟବସ୍ଥା ଆଜିକାଲି ଏତେ କମିଗଲାଣି ଯେ ଏଇ ରୁଢ଼ି ପ୍ରୟୋଗ ବି ଆପେ ଆପେ ଅଦରକାରୀ ହୋଇ ପଡ଼ିଲାଣି; ମାତ୍ର ବାରମ୍ବାର ବଦଳି ସାମ୍ନା କରୁଥିବା ଲୋକଟି କେତେ ହନ୍ତସନ୍ତ ହେଉଥିବ ଆପଣ ଅନୁଭବୀ ନ ହୋଇଥିଲେ ବି ଅନୁମାନ କରିପାରନ୍ତି । ସଂପୃକ୍ତ ଅଫିସରଙ୍କର ପିଲାମାନଙ୍କର ସାଙ୍ଗଟିଏ ବି ନଥାଏ । ସାଙ୍ଗର ନାଁ ଠିକ୍ ଭାବରେ ମନେ ରଖୁରଖୁ ବାପାଙ୍କର ବଦଳି ଖବର ଆସେ । ତରୁଣ ବୟସରେ ତାଠାରୁ ଆଉ କଣ ଅଧିକ ଦଣ୍ଡ ଥାଇପାରେ ! ଥରେ ଜଣେ ବାପାଙ୍କୁ ତାଙ୍କର ସ୍କୁଲଶିକ୍ଷା ଶେଷ କରିଥିବା ପୁଅଟି କହିଲା, ବାପା, ତମେ ସିନା ଗୋଟିଏ ସ୍କୁଲରେ ମାଧ୍ୟମିକ ଶିକ୍ଷା ଶେଷ କରିଥିଲ ବୋଲି ଅନେକ ସମୟରେ ଝୁରି ହେଉଛ, ମୁଁ ତିନିବର୍ଷ ମାତ୍ର କଟେଇବା ଭିତରେ ଛଅଟା ସ୍କୁଲ ବଦଳି କରିଛି । କେଉଁଟା ମୋ ସ୍କୁଲ ତାହା କହିବି ? ବାହାରୁ କୌତୁକୀୟା ଲାଗିପାରେ କଥାଟି । ହେଲେ କେତେ ମର୍ମଭେଦୀ ଏହାର ଭିତିରି କଥା ମନେ ମନେ ଭାବନ୍ତୁ ପାଠକେ !

ବଦଳି କରୁଥିବା ବ୍ୟକ୍ତି ଓ ବଦଳି ହେଉଥିବା ବ୍ୟକ୍ତିବିଶେଷ ଭିତରେ ଭାବଗତ ସମ୍ପର୍କ କେବେ ବି ନଥାଏ କହିଲେ ଚଳେ । ଏଥିରେ ହେଉଥିବା ଇଚ୍ଛାଧୀନ କ୍ଷମତାକୁ ଉଦାରତାର ଏପରି ସ୍ତରକୁ ନେଇ କିଛି ଅଧିକାରୀ ବଦଳି ଆଦେଶ ବାହାର କରନ୍ତି ଯାହା ବହୁ ପରିବାରକୁ ଆର୍ଥିକ କ୍ଷତିରେ ପକେଇବା ସହିତ ମାନସିକ ସନ୍ତୁଳନ ବିଗାଡ଼ି ଦିଏ । ବାରମ୍ବାର ବଦଳି ହେଲେ ପରିବାରଟିର ଅବସ୍ଥା ଚାରା ଗଛକୁ ବାରମ୍ବାର ଚେର ଧରିବା ଆଗରୁ ଓପାଡ଼ି ରୋଇଲେ ଯାହାହୁଏ ଠିକ୍ ସେହିପରି । ଭାରତ ପରି ଏକ ଗଣତାନ୍ତ୍ରିକ ଦେଶରେ ବଦଳି କେବଳ ସଂପୃକ୍ତ କର୍ତ୍ତୃପକ୍ଷଙ୍କ ଦ୍ୱାରା ସଂପାଦିତ ହୁଏ ନାହିଁ । ଏଥିରେ କ୍ଷମତାସୀନ ଦଳର ଦଲାଲମାନେ ମଧ୍ୟ ହାତ ଚିକ୍‌କଣ କରନ୍ତି । ଫଳହୁଏ ଏଇଆ ଯେ, ବଦଳି ଏକ ଶିଳ୍ପ ପାଲଟି ଯାଏ, ବଦଳି ଋତୁ ପାଲଟି ଯାଏ ସବୁ ଋତୁ ଆଉ ସରକାରୀ ଚାକିରିଆଟିଏ ସବୁବେଳେ ଭୟରେ ସମୟ କଟେଇବ କିମ୍ବା ଅଶାନ୍ତିରେ । ପବନ ଯେମିତି ମେଘକୁ ନିଜର ଇଚ୍ଛା ଅନୁସାରେ ଉଡ଼େଇ ନେଇଯାଏ, ସେଇମିତି ରାଜନୈତିକ ଦୃଷ୍ଟିକୋଣରୁ ବଦଳି ହୁଏ, କୌଣସି ପ୍ରଶାସନିକ ଆବଶ୍ୟକତା ନଥାଇ । ବଦଳି ହେବା, ବଦଳି ଆଦେଶ ରଦ୍ଦ ହେବା କିମ୍ବା ସଂଶୋଧିତ ହେବା ଭଳି ବ୍ୟାପାରରେ ପେଶି ହୋଇ ବହୁ କର୍ମଚାରୀ ନିଜର ସ୍ୱାଭାବିକ ଦକ୍ଷତା ପ୍ରଦର୍ଶନ କରିବାରେ ବିଫଳ ହୁଅନ୍ତି ।

କଥାରେ ଯାହା କୁହାଯାଏ, ପୃଥିବୀର ସବୁଠାରୁ ବଡ଼ ନିୟମ ହେଉଛି ପରିବର୍ତ୍ତନ

ଆଉ ଚାକିରୀ କରୁଥିବା ବ୍ୟକ୍ତିଟି ବା କିପରି ଏପରି ସାର୍ବଜନୀନ ନିୟମକୁ ଉଲ୍ଲଙ୍ଘନ କରିବ ! ପ୍ରଶାସନିକ ଶୃଙ୍ଖଳା ରକ୍ଷା କରିବା ପାଇଁ ବଦଳି ହେବା ନିହାତି ଜରୁରୀ; ମାତ୍ର ରାଜନୈତିକ ହସ୍ତକ୍ଷେପ, କର୍ତ୍ତୃପକ୍ଷଙ୍କ ଇଚ୍ଛାଧୀନ କ୍ଷମତାର ବାରମ୍ବାର ଦୁରୁପଯୋଗ ବହୁ ବିଶୃଙ୍ଖଳା ସୃଷ୍ଟି କରୁଛି, ସେ କଥା ନିହାତି ସତ । ଶାସନକଳକୁ ଲୋକାଭିମୁଖୀ କଲାବେଳେ ଏହାକୁ ଧ୍ୟାନ ଦେବା ଜରୁରୀ ।

■

(ସମ୍ବାଦକଳିକା - ତା ୧୪.୦୧.୨୦୨୫ରିଖ)

ବାଡ଼ ଡିଆଁ

ଆଜି ଆମେ ଦୁନିଆଁକୁ ଯେମିତି ଦେଖୁଛନ୍ତି ହୁଏତ ଆରମ୍ଭରୁ ତାର ରୂପ ସେମିତି ନଥିଲା । ବହୁ ବିବର୍ତ୍ତନଜନିତ ରୂପାନ୍ତର ପରେ ଆଜି ଏମିତି ଦିଶୁଛି ସେ । ପ୍ରଥମେ ଲୋକେ ଗୋଷ୍ଠୀରେ ରହୁଥିଲେ, ହୁଏତ ଧାରଣା ହୋଇଥିବ ପ୍ରକୃତିର ଭୟଙ୍କର ରୂପକୁ ଏକଲା ସାମ୍ନା କରିବା ସମ୍ଭବ ହେବ ନାହିଁ । ଭୟର କାରଣ ଥିବ ଅନେକ, ରାତିର ଅନ୍ଧକାର ହେଉ କିମ୍ବା ବନ୍ୟ ପ୍ରାଣୀଙ୍କ ଗର୍ଜନର ତାଣ୍ଡବ ! ମାତ୍ର ଏମିତି ଦିନଟିଏ ଆସିଥିବ ଯେତେବେଳେ କେହି ଜଣେ ଗୋଟିଏ ଜାଗାକୁ ଆବଦ୍ଧ କରିବା ପାଇଁ ବାଡ଼ ପୋତି ଦେଇଥିବେ ଆଉ କହିଥିବେ 'ଏଇଟି ମୋର' । କେହି ସେଥିରେ ଅରାଜି ହୋଇ ନଥିବେ ବରଂ ଅନ୍ୟମାନେ ତାହା ଦେଖିଦେଇ ମୁକ୍ତ ପଡ଼ିଥିବା ଅଞ୍ଚଳମାନଙ୍କରେ ନିଜ ନିଜର ବାଡ଼ ବସେଇଥିବେ ଏବଂ ତାହା ହୋଇଥିବ ମାନବ ବସତିର ଆଦ୍ୟପର୍ବ । କାରଣ ତାହା ହିଁ ବ୍ୟକ୍ତିଗତ ମାଲିକାନାର ପ୍ରାରମ୍ଭିକ ପର୍ଯ୍ୟାୟ ।

କ୍ରମେ ପୃଥିବୀ ହୋଇଯାଇଥିବ ଦୁଇଭାଗରେ ବିଭକ୍ତ ମୋର ଏବଂ ତୋର, ଆଉ ଏଇ ଦୁଇଟି ଭିତରେ ବାଡ଼ ଠିଆ ହୋଇଥିବ ବିଭକ୍ତିର ରେଖା ପରି । ଯାହା ଯୋଡ଼େ ତାହା ଭକ୍ତି ଆଉ ଯାହା ପରିସ୍ପର ଭିତରେ ବିଭେଦ ଖୋଜେ ତାହାହିଁ ବିଭକ୍ତି, ବିଭାଜନର ରେଖା କେତେ ଯେ ବାଡ଼ ଯା ଭିତରେ ତିଆରି କରିଛି ବିଭିନ୍ନ ନାଁରେ ! କେବେ ଦେଶ ତ କେବେ ମହାଦେଶ, କେବେ ଧର୍ମ ତ କେବେ ଜାତି, କେବେ ସଭ୍ୟତା ତ କେବେ ଭାଷା । ମଣିଷ ସମାଜ ଦିନେ ଏକ ଥିଲା ଏକଥା ବିଶ୍ୱାସ କରିହେଉନାହିଁ । ସବୁଠି ସୁଉଚ୍ଚ ପ୍ରାଚୀରମାନ, ସବୁଠି ବାଡ଼ । କେତେବେଳେ ବାଡ଼ ମାନେ କଣ୍ଟାଯୁକ୍ତ, କେବେ ପୁଣି ଅସ୍ୱଚ୍ଛ, ମନେ ପଡ଼ିଯାଉଛି କବି ରବି ସିଂଙ୍କର କବିତାର ପଂକ୍ତିଟିଏ ।

"ତମ ମନ୍ଦିର ଗୀର୍ଜା ମଜତ ଜଣାଣ ନମାଜ ଯେତେ
ସବୁ ଖାଲି ଏକ ଅବରୋଧ ସିନା ମାନବ ମୁକ୍ତି ପଥେ ।"

ଅନେକ ମତବାଦ ଆସିଛି ପୃଥିବୀକୁ। ପ୍ରଚାର କରାଯାଇଛି ଯେ ତାହା ନୂଆ ଆଲୋକ ଦେଖାଇବ, ନୂଆ ସମ୍ଭାବନା ସୃଷ୍ଟି ହେବ ମାତ୍ର ଅନେକ କ୍ଷେତ୍ରରେ ତାହା ପୁନଃ ବିଭାଜିତ କରିଛି ବିଶ୍ୱକୁ। ଅଧିକ ଦ୍ୱନ୍ଦ୍ୱ ସୃଷ୍ଟି କରିଛି। ମଣିଷ ସଭ୍ୟତାରେ ଜଟିଳତାକୁ ବହୁଗୁଣିତ କରିଛି। ଯେକୌଣସି ନୂଆ ତତ୍ତ୍ୱ ଆସିଲେ ତାହା ସଙ୍ଗେ ସଙ୍ଗେ ପୃଥିବୀକୁ ଦୁଇ ବା ତିନି ଭାଗରେ ବିଭକ୍ତ କରିନେଉଛି। କିଛି ଲୋକ ତାକୁ ଗ୍ରହଣ କରନ୍ତି ଆଗ୍ରହରେ। କିଛି ବିରୋଧ କରନ୍ତି ସମସ୍ତ ଶକ୍ତି, ସାମର୍ଥ୍ୟ ଓ ସମୟ ବିନିଯୋଗ କରି ଆଉ ଅବଶ୍ୟ ଦଳେ ଥାଆନ୍ତି ଯେଉଁମାନେ ପ୍ରତିକ୍ରିୟାହୀନ, ସେମାନେ ନିଜର ପରିଚିତି ବିଷୟରେ ଅଜ୍ଞ। ତାଙ୍କର ଅଲକ୍ଷ୍ୟରେ ଗୋଟିଏ ବନ୍ଦ ଘର ଭିତରେ ସେମାନେ ଅଛନ୍ତି କି ନାହିଁ ସେ ଅବବୋଧ ତାଙ୍କର ନାହିଁ କିମ୍ବା ସେ ବିଷୟରେ ସେମାନେ ଉଦାସୀନ କିମ୍ବା ସନ୍ଦିହାନ।

କିଛି ଲୋକ ଅଛନ୍ତି ତାଙ୍କର ଅନ୍ୟ ଲୋକର ସମ୍ପତ୍ତି ଉପରେ ଆଖି - ମନ ଭିତରେ ଏକ ରସାୟନର କ୍ରିୟା ଚାଲିଥାଏ ନିତିଦିନ, ଯାହାହେଲା 'ନଦୀର ଆରପାଖ ସଦୈବ ସବୁଜ' - ନିଜ ନିଜକୁ ହେଳା କରିବା, ଅବଜ୍ଞା କରିବା, ନିଜକୁ ଛୋଟ ମଣିବା ଅଥବା ଅନ୍ୟକୁ ନିଜଠାରୁ ଅଧିକ ଶକ୍ତିଶାଳୀ, ବୈଭବଶାଳୀ ଭାବିବା ସେମାନଙ୍କର ଲକ୍ଷଣ - ସେମାନେ ବି ବାଡ଼ ଡେଇଁ ପଡ଼ନ୍ତି ଖୁବ୍ ଶୀଘ୍ର। ସେଇ ଡିଆଁରେ ଥାଏ ନିଜର ହୀନମନ୍ୟତାକୁ ଅତିକ୍ରମ କରିବାର ପ୍ରୟାସ। ଯାହା ନିଜକୁ ପୁନର୍ବାର ପରାଜିତ କରାଏ। ଲୋକଙ୍କ ଆଖିରେ ତାଙ୍କୁ ଆହୁରି ନ୍ୟୂନ କରାଏ।

ଦେଶ ଦେଶର ସୀମାକୁ ନେଇ କେତେ ଯୁଦ୍ଧ ନ ହୋଇଛି ଅତୀତରେ, ଆଜିବି ଲାଗିଛି ଆଉ ଏଇ ଧାରା; ନିଶ୍ଚିତ ଭାବରେ ଲାଗି ରହିବ କାଳ କାଳକୁ - ଏଥିରେ ସାମାନ୍ୟ ବିଚ୍ୟୁତି ହେବ ବୋଲି ଲାଗୁ ନାହିଁ। ୟୁରୋପରେ କିଛି ଦେଶ ଅଛି ଯେଉଁଠିକି ଦୁଇ ଦେଶ ଭିତରେ ବାଡ଼ ନାହିଁ, ଖାଲି ସାଙ୍କେତିକ ଭାବରେ ଚିହ୍ନ ଦିଆ ହୋଇଛି କେଉଁଠୁ କାହାର ସୀମା ଆରମ୍ଭ। ଅନେକ ଦେଶ ସୀମାରେ ବାଡ଼ ଦିଆଯାଇଥିଲେ ବି ସୀମା ବିବାଦ ସରୁ ନାହିଁ। କେତେକ ବାଡ଼ ଡେଇଁ ଅଧିକ ସୁବିଧା ସୁଯୋଗ ଥିବା ଦେଶକୁ ଅନଧିକାର ପ୍ରବେଶ କରନ୍ତି। ଏଇ ଅନୁପ୍ରବେଶକାରୀ ମାନଙ୍କ ହେତୁ ଅନେକ ଦେଶରେ ଅସନ୍ତୋଷ କୁହୁଳୁଛି।

ବାଡ଼ଟିଏ ମାଲିକ ଦେଇଥାଏ ନିଜର ସୁରକ୍ଷା ପାଇଁ। ବାଡ଼କୁ ମରାମତି କରିବାକୁ ହୁଏ ରୀତିମତ। ନହେଲେ ତାହା ଦୁର୍ବଳ ହେଲେ ଶତ୍ରୁମାନେ ପଶି ଆସିବାକୁ ବେଶି ଡେରି ହୁଏ ନାହିଁ। ଓଲିଆ ଗୋରୁଗାଇ ପଶିଆସି ଫସଲ ଖାଇଯାଆନ୍ତି, ଦୁର୍ବଳ ବାଡ଼କୁ ଉଣ୍ଡିବାରେ ମାହୀର ସେମାନେ। ମାଲିକ ନଜର ଯେତେବେଳେ ଅନ୍ୟ କୌଣସିଠାରେ ରହିଯାଇଛି ସେତିକି ବେଳେ ହୁଏ ଅନୁପ୍ରବେଶ; ମାତ୍ର ବାଡ଼ ଯେତେବେଳେ ଫସଲ

ଖାଏ, ସେତେବେଳେ ବା କ'ଣ କରାଯାଇପାରେ। ସୁରକ୍ଷା ଦାୟିତ୍ୱ ଯେଉଁମାନଙ୍କର ସେମାନେ ବି ଅକୃତଜ୍ଞ ହୋଇଥାନ୍ତି ବେଳେ ବେଳେ ନିଜର ମାତୃଭୂମି ପାଇଁ। ଦେଶର ସର୍ବୋତ୍ତମ ସ୍ୱାର୍ଥକୁ ଭୁଲିଯାଇ ବ୍ୟକ୍ତିଗତ କ୍ଷୁଦ୍ର ସ୍ୱାର୍ଥ ପାଇଁ ସେମାନେ ଷଡ଼ଯନ୍ତ୍ରରେର ଅଂଶ ପାଲଟି ଯାଆନ୍ତି। ବେଳେବେଳେ ଧରାପଡ଼ି ଯାଆନ୍ତି, ଖସି ଯାଆନ୍ତି ବି ବେଳେବେଳେ।

ନଦୀ ବି ବେଳେବେଳେ ଉତ୍‌କୂଳା ହୁଏ, ଅନ୍ୟ ଭାଷାରେ ସେ ବି ବାଡ଼ ଡ଼ିଏଁ। ସମୁଦ୍ର ଯେତେବେଳେ କୂଳ ଡିଏଁ ସେତେବେଳେ ପ୍ରକୃତିର ଭୟଙ୍କର ରୂପ ଦିଶିଯାଏ। ଆଉ ଗୋଟେ କଥା, ନଦୀରେ ବନ୍ୟା ଆସିଲେ ବି ତା' ଉପରେ ବନ୍ଧ ବନ୍ଧାଯାଏ, ସିଏ ଆଉ ଗୋଟିଏ ବାଡ଼। ମହାନଦୀ ଉତକୂଳା ହୋଇନଥିଲେ କ'ଣ ହୀରାକୁଦ ବନ୍ଧ ବନ୍ଧା ହୋଇଥାନ୍ତା ! ତାହେଲେ କଣ ମଝିରେ ମଝିରେ ବାଡ଼ଡ଼ିଆଁ ବି ଦରକାର !

ଲଘୁ କଥାରେ, ନିର୍ବାଚନ ପାଖାପାଖି ହେଲେ ଖୁବ୍ ରାଜନୈତିକ ବ୍ୟକ୍ତିମାନେ ନିଜ ଦଳ ଛାଡ଼ି ଅନ୍ୟ ଦଳକୁ ଡେଇଁ ପଡ଼ନ୍ତି। ସେମାନଙ୍କୁ ଲାଗୁଥାଏ ଏଇ ଦଳରେ ଭବିଷ୍ୟତ ନାହିଁ ଆର ଦଳରେ ବହୁତ ସୁବିଧା ହାତେଇ ହେବ। ଯେଉଁଦଳ ଦିନେ ତାଙ୍କୁ ଆଶ୍ରୟ ଦେଇଥିଲା, ତାଙ୍କୁ ପଦବୀ ମଣ୍ଡନ କରିଥିଲା ତାକୁ ଅଶ୍ରାବ୍ୟ ଭାଷାରେ ସମାଲୋଚନା କରନ୍ତି। ବିଶେଷ କରି ମୂଳ ଦଳକୁ ଅପଶବ୍ଦ ପ୍ରୟୋଗ କରିବାରେ ଅନ୍ୟମାନଙ୍କ ତୁଳନାରେ ସେମାନେ ହୋଇଉଠନ୍ତି ମୁଖର। ଏଇ ଦଳଡିଆଁମାନେ ଗଣତନ୍ତ୍ରର ଶତ୍ରୁ ହେବାର ଅନେକ ନଜିର ରହିଛି। ବିଦେଶରେ କେହି ରାଜନେତା ଦଳ ବଦଳାନ୍ତି ନାହିଁ କହିଲେ ଚଳେ। ଆମ ଦେଶରେ ଏଇ କାରବାର ବହୁ ଦିନରୁ ଚାଲି ଆସିଛି। ସୁବିଧାବାଦ ହିଁ ପାଲଟିଛି ସେଇ ତଥାକଥିତ ଆତ୍ମସ୍ୱାର୍ଥକୈନ୍ଦ୍ରିକ ଜନସେବୀମାନଙ୍କର ଏକମାତ୍ର ଧ୍ୟେୟ।

ଯୌବନରେ ବାଡ଼ ଡେଇଁଥିବା ଲୋକଙ୍କ ସଂଖ୍ୟା କମ୍ ନୁହେଁ। ସେତେବେଳେ ଥିବା ଅଜସ୍ର ପ୍ରାଣଶକ୍ତି ଓ ଉଦ୍ଦାମ ଇଚ୍ଛାଶକ୍ତି ତାକୁ ଏମିତି ପ୍ରେରିତ କରେ ଯେ ସେ ଭାବେ ସବୁ ବାଧା ବନ୍ଧନ ବାଡ଼କୁ ସେ ଅତିକ୍ରମ କରିଯାଇପାରିବ। ସମୟ କ୍ରମେ ସେଇ ଇଚ୍ଛାଶକ୍ତିରେ ଭଟ୍ଟାପଡ଼େ ଆଉ ପରବର୍ତ୍ତୀ ସମୟରେ ସେ ନିଜେ ସ୍ୱୀକାର କରେ ଯେ ମତୁଆଲା ଯୌବନରେ ସେ ଯେଉଁ ବାଡ଼ସବୁ ଭାଙ୍ଗିବାକୁ ଇଚ୍ଛା କରିଥିଲା ହୁଏତ ସବୁ ଠିକ୍ ନଥିଲା। ନିଜର ନିଷ୍ପତ୍ତିର ପୁନର୍ବିଚାର କରେ ମଣିଷ ଅନେକ ସମୟରେ।

ନିଜର ସୀମା କେତେ ହେବା ଉଚିତ ସେ କଥା ମଣିଷ ନିଜେ ନିର୍ଣ୍ଣୟ କରିବା ଦରକାର। ରାଷ୍ଟ୍ରମାନେ ସମୟ ଅନୁସାରେ ସେମିତି ବହୁ ବାଡ଼ ଦିଅନ୍ତି, ଯାହାକୁ ଆମେ ସଭ୍ୟ ଜଗତରେ କହନ୍ତି ଆଇନ। ଅର୍ଥାତ୍ ତା ଭିତରେ ରହିଲେ ଭଲ; ବାହାରକୁ ଗଲେ ଦଣ୍ଡ ମିଳିବାର ଭୟ। ସେଇ ସମାଜ ବା ରାଷ୍ଟ୍ର ବି ନିଜେ କରିଥିବା ଆଇନ ବଦଳାଇଦିଏ।

ଅର୍ଥାତ୍ ଔଚିତ୍ୟ ଅନୌଚିତ୍ୟ ବି ସମୟର କଷଟିରେ ବଦଳେଇଦିଏ ନିଜର ସ୍ୱରୂପ।

ଅନେକ ଅନୁଷ୍ଠାନ ଥାଆନ୍ତି ସେମାନେ ସ୍ୱୟଂଶାସିତ। ତାକୁ କେହି ବାହାରୁ ଶାସନ କରିବେ ନାହିଁ। ଯେମିତି ସାମ୍ବାଦିକମାନେ କେତେ ବାଟ ଯାଏ ଯାଇପାରିବେ ତାହା ସେମାନେ ନିର୍ଣ୍ଣୟ କରିବା ଜରୁରୀ। ଆପଣ ହାତ ହଲାଇ ଚାଲିପାରିବେ ଏଥିରେ କେହି ଆପତ୍ତି କରିବେ ନାହିଁ; ମାତ୍ର ଆପଣଙ୍କ ହାତ ମୋ ଉପରେ ବାଜିଲେ ତାହା ଗ୍ରହଣୀୟ ହେବ ନାହିଁ କେବେ !

ବନ୍ଧ ବାଡ଼ର କିଛି ସୀମା ରହିବା ଉଚିତ କି ନୁହେଁ, ସେ ବିଷୟରେ ଭଗବାନ ଶ୍ରୀକୃଷ୍ଣ ଉଦାତ୍ତ କଣ୍ଠରେ କହିଛନ୍ତି ଶ୍ରୀମଦ୍ ଭଗବତ୍ ଗୀତାରେ - 'ସ୍ୱଧର୍ମେ ନିଧନଂ ଶ୍ରେୟଃ ପର ଧର୍ମ ଭୟାବହଃ'। ଏଇ ବାଡ଼ଟି ମାନିଲେ ସମସ୍ତଙ୍କୁ ହିତ; ମାତ୍ର ସ୍ୱଧର୍ମ ବିଷୟରେ ସତରେ ଆମେମାନେ କେତେ ଜାଣିଛନ୍ତି ଯେ !

■

(ଓଡ଼ିଶା ଭାସ୍କର - ତା ୬.୧୧.୨୦୨୪ରିଖ)

ବାକ୍ୟବୀର

ପଦେ କଥାର ମହକ ଯୁଗରୁ ଯୁଗକୁ ପରିବ୍ୟାପ୍ତ ହୋଇପାରେ। ଯେପରି ପ୍ରଭୁ ଶ୍ରୀରାମଚନ୍ଦ୍ରଙ୍କ ସନ୍ଦର୍ଭରେ କୁହାଯାଇଥାଏ।

'ରଘୁକୁଳ ରୀତି ସଦା ଚଲିଆଇ
ପ୍ରାନ୍ ଯାଏ ପର ବଚନ ନଯାଇ।'

ପଦେ କଥା ଏତେ ଗୁରୁତ୍ୱ ବହନ କରିପାରେ ଯେ ତା ଆଗରେ ଜୀବନ ତୁଚ୍ଛ ଲାଗେ। ଆଉ ସେଇମିତି କଥା ପଦେ ରଖିଥିବାରୁ ରାମଚନ୍ଦ୍ର ଖାଲି ରଘୁକୁଳ ତିଳକ ନୁହନ୍ତି, ସେ ଲକ୍ଷ କୋଟି ପ୍ରାଣୀଙ୍କର ନୟନାଭିରାମ। ସମସ୍ତଙ୍କ ହୃଦୟରେ ବାସ କରୁଥିବା ଆତ୍ମାରାମ।

ଏଇ କଥା ପଢୁ ପଢୁ କେହି ପାଠକ ମନେ ମନେ ଲେଖକକୁ ଗାଳିଦେବା ଆରମ୍ଭ କରିବେଣି। ଏମିତି ଆଦର୍ଶବାଦ ଧରିଲେ ଆଜିର ଦିନରେ ଗୋଟାଏ ମୁହୂର୍ତ୍ତ ବି ବଂଚିବା ହୋଇପଡ଼ିବ ମୁସ୍କିଲ, ଆଦର୍ଶବାଦକୁ ଧରି ରଖି ଜୀବନ ସାରା ରାମଚନ୍ଦ୍ରଙ୍କ ପରି କଷ୍ଟପାଇବା ନା ବାସ୍ତବବାଦୀ ହୋଇ ଜୀବନକୁ ଉପଭୋଗ କରିବା ଏମିତି ଅନେକ କଥା ବି ଆପଣଙ୍କ ମୁଣ୍ଡରେ ପଶି ବିଭ୍ରାନ୍ତ କରିବାକୁ ଚେଷ୍ଟା କରୁଥିବେ ନିଶ୍ଚୟ। ଆପଣଙ୍କ ମନେ ପଡ଼ିଯିବ କେଉଁଠୁ ଶୁଣିଥିବା ରାଜା ଓ ସଂଗୀତଜ୍ଞ କଥୋପକଥନ।

ଜଣେ ରାଜାଙ୍କ ନିମନ୍ତ୍ରଣକ୍ରମେ ଗୋଟିଏ ସମ୍ମିଳନୀରେ ଯୋଗଦେଇଥିଲେ ସେଇ ରାଜ୍ୟର ବିଶିଷ୍ଟ ସଂଗୀତଜ୍ଞ। ତାଙ୍କ ସ୍ୱରର ଯାଦୁରେ ସମସ୍ତେ ହେଉଥିଲେ ସମ୍ମୋହିତ। ସଙ୍ଗୀତଜ୍ଞ ଗୋଟିଏ ସୁନ୍ଦର ସଙ୍ଗୀତ ଗାନ କଲେ, ସାରା ଶ୍ରୋତୃମଣ୍ଡଳୀ କରତାଳିରେ ପ୍ରକମ୍ପିତ କଲେ ଗଗନ ପବନ, ରାଜା କେମିତି ଚୁପ୍ ହୋଇ ବସିପାରନ୍ତେ ବା ? ସେ ମଞ୍ଚ ଉପରକୁ ଉଠିଲେ ଏବଂ ଘୋଷଣା କଲେ ଯେ ସଂଗୀତଜ୍ଞଙ୍କ ସ୍ୱରରେ ସେ ନିଜେ

ମଧ୍ୟ ଅଭିଭୂତ ହୋଇଛନ୍ତି ଏବଂ ତାଙ୍କ ପାଇଁ ଘୋଷଣା କଲେ ଅଜସ୍ର ସ୍ୱର୍ଣ୍ଣମୁଦ୍ରା । ସମବେତ ଜନତା ପୁନର୍ବାର କରତାଳି ଦେଲେ । କିଛି ସମୟ ପରେ ପୁଣି ଆରମ୍ଭ ହେଲା ସଙ୍ଗୀତର ଆରାଧନା । ଏଇ ସଂଗୀତ ଶୁଣୁ ଶୁଣୁ ସମସ୍ତଙ୍କ ଆଖିରେ ଲୁହ ଜକଟି ଆସିଲା । ନିଜ ଭିତରେ ଗଦଗଦ ଅନୁଭବ କରୁଥାନ୍ତି ଅଗଣିତ ଜନତା । ପୁଣି ମଞ୍ଚ ଉପରକୁ ଉଠିଲେ ମହାରାଜା । ଏଥର ଘୋଷଣା ଥିଲା ହୀରା ଓ ନୀଳାରଚିତ ବହୁ ଅଳଙ୍କାର । ଖୁସିରେ ଆତ୍ମହରା ହୋଇ ପଡୁଥିଲେ ସଂଗୀତଜ୍ଞ ଓ ସେଥିରେ ତାଳ ଦେଉଥିଲେ ସଂଗୀତ ବିଭୋର ଶୋତୃମଣ୍ଡଳୀ । କାର୍ଯ୍ୟକ୍ରମ ଚାଲୁ ରହିଲା । ଖୁସି ଲହଡ଼ି ଭାଙ୍ଗୁଥାଏ । ସଂଗୀତର ତାଳରେ ମତୁଆଲ ହେଉଥାନ୍ତି ରାଜା ଓ ପ୍ରଜା ଏବଂ ମଝିରେ ମଝିରେ ରାଜା ଘୋଷଣା କରୁଥାନ୍ତି ବିଭିନ୍ନ ମନଲୋଭା ଉପହାର । ସଂଗୀତ କାର୍ଯ୍ୟକ୍ରମ ଶେଷ ହେଲା ପରେ ସଙ୍ଗୀତଜ୍ଞ ଫେରିଲେ ନିଜର ଘରକୁ ଏବଂ ପତ୍ନୀଙ୍କ ଠାରେ ବଖାଣିଲେ ତାଙ୍କ ପ୍ରତି ଭାଗ୍ୟଦେବୀଙ୍କ ସମ୍ଭାବ୍ୟ ପ୍ରସନ୍ନତାର ପ୍ରସଙ୍ଗ ।

ପରଦିନ ସଂଗୀତଜ୍ଞ ଅପେକ୍ଷା କରୁଥିଲେ ରାଜ ଦରବାରରୁ ଆସିବାକୁ ଥିବା ସେଇ ପ୍ରତିକ୍ଷିତ ଦୁର୍ମୁଲ୍ୟବସ୍ତୁକୁ, ଦିନ ଯାଇ ସପ୍ତାହ ଗଡ଼ିଲା । ବସ୍ତୁ ଆସିବାତ ଦୂରର କଥା କିଛି ଖବର ବି ହସ୍ତଗତ ହେଲାନାହିଁ । ରାଜାଙ୍କୁ ମନେ ପକେଇ ଦେବା ପାଇଁ ତାଙ୍କର ସେଇ ରାତିର ଘୋଷଣା ଓ ପ୍ରତିଶ୍ରୁତି, ସଙ୍ଗୀତଜ୍ଞ ପହଞ୍ଚିଲେ ରାଜାଙ୍କ ନିକଟରେ । ଅନୁରୋଧ କଲେ ରାଜାଙ୍କୁ ତାଙ୍କର ପ୍ରତିଶ୍ରୁତ ବସ୍ତୁଗୁଡ଼ିକୁ ପ୍ରେରଣ କରିବାକୁ । ରାଜା ଅଟ୍ଟହାସ୍ୟ କଲେ, କହିଲେ – ସଙ୍ଗୀତଜ୍ଞ ମହାଶୟ, ସେଦିନ ଆପଣ ମୋର ମନ ଖୁସି କଲେ, ମୁଁ ବି ଆପଣଙ୍କର ମନ ଖୁସି କଲି । ଏଥିରେ ଦେବା ନେବା କଥା କେଉଁଠି ରହିଲା ? ଏବେ ସଂଗୀତଜ୍ଞ ବେହାଲ !

ଆଜିକାଲି ଅନେକ କଥା ସେଇ କଥା ଭିତରେ ସୀମିତ ହୋଇଯାଉଛି । ଯିଏ ତାକୁ ବିଶ୍ୱାସ କରୁଛି ସିଏହିଁ ଲୋକହସା ହେଉଛି; ମାତ୍ର ନିଜର ବିଶ୍ୱସନୀୟତା ହରାଉ ଥିବା ଲୋକ ନିର୍ଲ୍ଲଜତାର ସବୁସୀମା ଅତିକ୍ରମ କରିଥିବା ମନେହୁଏ । ଅଥଚ ପିଲାବେଳୁ ଆମକୁ ଶିକ୍ଷା ଦିଆ ହୋଇଛି – 'କହି ଜାଣିଲେ କଥା ସୁନ୍ଦର ।' ଭଲ ବକ୍ତୃତା ଦେଉଥିବା ପିଲାଙ୍କୁ ଛୋଟବେଳୁ ପ୍ରଶଂସାରେ ପୋତି ଦିଆହେଉଛି । ତାଙ୍କୁ ବୁଝେଇ ଦିଆ ହୋଇଛି ଯେ ବକ୍ତୃତା ଦେବାହିଁ ନେତୃତ୍ୱ ନେବାର ମୌଳିକ କଳା । ଆଉ ବିଭିନ୍ନ ପ୍ରତିଯୋଗିତା ପରୀକ୍ଷାରେ ମୌଖିକ ପରୀକ୍ଷାରେ ଯିଏ ଭଲ କହିପାରିଲା, ଆତ୍ମବିଶ୍ୱାସର ସହ ସାମ୍ନା କରିପାରିଲା ପରୀକ୍ଷକଙ୍କୁ, ତାଙ୍କର ହିଁ ଜିତାପଟ ।

ନୋବେଲ ପ୍ରାଇଜ ବିଜେତା ବର୍ଟାଣ୍ଡ ରସେଲ ତାଙ୍କର ବିଶ୍ୱବିଖ୍ୟାତ ପୁସ୍ତକ In praise of idlenessରେ ବଖାଣିଛନ୍ତି କହିବା ସପକ୍ଷରେ । ଧରନ୍ତୁ ଉପପାଦ୍ୟ ବସ୍ତୁଟି

ହେଲା 'ଚାଷ' । ଆପଣ 'ଚାଷ' କଲେ ଯାହା ପାଇବେ, ତାଠାରୁ ବେଶ୍ ଅଧିକ ଲାଭବାନ ହେବେ 'ଚାଷ' ବିଷୟରେ ଭାଷଣ ଦେଲେ ।

ସବୁବେଳେ ଭାଷଣବାଜୀ କରୁଥିବା ଲୋକଙ୍କର ଚାଲିଚଳଣରେ ଗୋଟାଏ ଅଦ୍ଭୁତ ଜିନିଷ ଆପଣ ହୁଏତ ଲକ୍ଷ୍ୟ କରିଥିବେ । ସେମାନେ ଜଣେ ଦୁଇଜଣଙ୍କ ସହିତ କଥା ହେଲେ ବି ଗୋଟିଏ ସଭାକୁ ସମ୍ବୋଧନ କରିବା ଶୈଳୀକୁ ଛାଡୁନଥିବେ । ଏଇମିତି ବାକ୍ୟବୀରମାନଙ୍କ ସଂଖ୍ୟା ଦିନକୁ ଦିନ ବଢ଼ିବାରେ ଲାଗିଛି । କିନ୍ତୁ ଆମେମାନେ କିଛି କହିବା ପୂର୍ବରୁ ଅନ୍ତତଃ ନିଜକୁ ପଚାରିବା ଦରକାର, ଆମେ ଯାହା କହିବାକୁ ଚାହୁଁଛନ୍ତି – ତାହା ସତ୍ୟତାର ଆଧାରିତ ତ ? ତାହା କାହାରିକୁ ଅସମ୍ମାନଜନକ ଅଥବା ଆପତ୍ତିଜନକ ଲାଗିବ ନାହିଁତ ? ତାହା କହିବା କ'ଣ ନିତାନ୍ତ ଆବଶ୍ୟକ ? ଯଦି ଆମର କହିବା ଠାରୁ ଚୁପ୍ ରହିବା ଅଧିକ ଉପଯୋଗୀ ତାହେଲେ ମୌନ ରହିବା ବରଂ ଭଲ । ଭାଷଣ ବେଳେ ବେଳେ ଭୀଷଣ ପାଲଟିଯାଏ, କାହାର ମହତ ସାରେ, କେବେ ସୃଷ୍ଟି କଲେ ଅସୂୟା; କେବେ ପାଲଟେ ଦେଶ ବିଭାଜନକାରୀ ତ କେବେ ଭୟ ଉଦ୍ରେକକାରୀ.... ଏପରି ଭାଷଣରୁ ନିଜକୁ ବିରତ ରଖିବା ଅବଶ୍ୟ ଦରକାର ।

କେତେକ ଲୋକଙ୍କ ବକ୍ତବ୍ୟରେ ଅନେକ କଥା ପୁନରୁକ୍ତି ହୁଏ । ତାହା ଅତ୍ୟନ୍ତ ଶ୍ରୁତିକଟୁ । ବରଂ ବହୁ ସମୟ ଧରି ବକ୍ତବ୍ୟ ନ ରଖି ସଂକ୍ଷିପ୍ତରେ ନିଜର ତଥ୍ୟ ଉପସ୍ଥାପନ କରିବା ହିଁ ବିଜ୍ଞତା । ସେଇଥିପାଇଁ ଅନେକ ଦିନରୁ କୁହାଯାଉଥିଲା – 'ମିତଞ୍ଚ ସାରଞ୍ଚ ବଚୋହି ବାଗ୍ମିତା ।' ପୃଥିବୀ ଇତିହାସ ଖୋଜିଲେ ବହୁ ଦୀର୍ଘ ବକ୍ତୃତା ଆମ ନଜରକୁ ଆସିପାରେ ମାତ୍ର ଯେଉଁ ବକ୍ତୃତାମାନ ଇତିହାସର ମୋଡ଼ ବଦଳେଇ ଦେଇଛନ୍ତି ସେମାନେ ଦୀର୍ଘତମ ନୁହନ୍ତି । ଯେମିତି ମାର୍ଟିନ୍ ଲୁଥର କିଙ୍ଗ୍‌ଙ୍କର I have a dream କିମ୍ବା ଆବ୍ରାହମ୍ ଲିଙ୍କନଙ୍କର ଗେଟେସ୍‌ବର୍ଗ ବକ୍ତୃତା । ଏଇ କଥାମାନ ମାନବ ଜାତିକୁ ନିରନ୍ତର ପ୍ରେରଣା ଦେଇ ଆସିଛନ୍ତି । ୧୯୯୩ରେ ସିକାଗୋ ଧର୍ମ ସମ୍ମିଳନୀରେ ସ୍ୱାମୀ ବିବେକାନନ୍ଦଙ୍କର ବକ୍ତବ୍ୟଟି ଆଜିଯାଏ ଆମକୁ ପ୍ରଭାବିତ କରୁଛି, ଯଦିଓ ଏହା ବିଶେଷ ଦୀର୍ଘ ନୁହେଁ ।

ଭାରତୀୟ ପ୍ରେକ୍ଷାପଟକୁ ଲକ୍ଷ୍ୟ କଲେ ଗୋଟେ ଅନୁଭବ ହୁଏ, ଯେମିତି ଚାରିଆଡ଼େ ବକ୍ତୃତା ଚାଲିଛି । କିଏ କେତେ ବାଗରେ କେତେ ଢଙ୍ଗରେ ଦର୍ଶକମାନଙ୍କର ମନୋରଞ୍ଜନ କରିବାରେ ଲାଗିଛନ୍ତି । ବହୁତ କହୁଥିବା ଲୋକେ କୌଶଳରେ ସାଧାରଣ ଲୋକଙ୍କୁ ଲୁଣ୍ଠନ କରିବାର କ୍ଷମତା ରଖନ୍ତି ବୋଲି ଆଲୋଚନା ହେଉଛି ବାରମ୍ବାର । କଥାଠାରୁ କାମର ଗୁରୁତ୍ୱ ଅଧିକ ବୋଲି ଅନେକ ଆଲୋଚନା ହୋଇଛି; ମାତ୍ର ଆଲୋଚନା ବି ସେଇ କଥାର ଇନ୍ଦ୍ରଜାଲ ।

କିଛିବର୍ଷ ତଳେ ଆମ ରାଜ୍ୟର ପ୍ରାକ୍ତନ ମୁଖ୍ୟ ଶାସନ ସଚିବ ସୁଧାଂଶୁ ଭୂଷଣ

ମିଶ୍ର ଲେଖିଥିବା ଏକ ପ୍ରବନ୍ଧ ମନେ ପଡ଼ିଯାଉଛି "ଭାଷଣ ବନ୍ଦ କର"। ଆମେତ ଭାଷଣକୁ ସଂକ୍ଷିପ୍ତ କରିବାକୁ ଯୁକ୍ତି କରୁଛୁ ଏଠାରେ। ମିଶ୍ର ମହୋଦୟ ଭାଷଣ ଶୁଣି ଶୁଣି ଏତେ ବ୍ୟସ୍ତ ବିବ୍ରତ ହୋଇଯାଇଥିଲେ ଯେ ତାକୁ ବନ୍ଦ କରିବାକୁ ଆହ୍ୱାନ ଦେଇଥିଲେ। ଅବଶ୍ୟ ଏକ ସ୍ୱାଧୀନ ଦେଶରେ ମତ ପ୍ରକାଶର ସ୍ୱାଧୀନତା ରହିବା ନ୍ୟୁନତମ ଆବଶ୍ୟକତା। ମାତ୍ର ଜଣକର ଭାଷଣ ଅନେକଙ୍କର ବକ୍ତବ୍ୟକୁ ଲୁଚାଇ ନଦେଉ। ଭାଷଣରେ ମାନବର ପରିଚିତି ଖୋଜା ଯାଇ ନପାରେ। ପଣ୍ଡିତ ଗୋପବନ୍ଧୁଙ୍କ ତାଙ୍କର କାଳଜୟୀ କବିତା ଧର୍ମପଦର ଶେଷ ପଦରେ ସେଇ କଥା କହିଛନ୍ତି ଗୁରୁ ଗମ୍ଭୀର ଭାବରେ।

"କର୍ମେ ଜୀଏଁ ନର କର୍ମ ଏକା ତାର ଜୀବନର ମାନଦଣ୍ଡ"

ଆସନ୍ତୁ, ବାକ୍ୟବୀରଙ୍କ ବଦଳରେ କର୍ମବୀରଙ୍କୁ ଖୋଜିବା। ସେମାନଙ୍କ ଭିତରୁ ଅନେକଙ୍କ ସ୍ୱର ବାହାରକୁ ବାହାରିନି, ତାକୁ ସାଉଁଣ୍ଟିବା। ସେମାନେ ଖୁବ୍ ଅଭିମାନୀ, ଛଳନା ଟିକିଏ ହେଲେବି ସହିବେନି ସେମାନେ। ପୁଣି ପାଲଟିଯିବେ ଜଡ଼ଭରତ।

■

(ସର୍କାର - ତା ୧୬.୦୧.୨୦୨୫ରିଖ)

ବୁଢ଼ୀ ସଂଚିଥିଲା ଧନ : ମୂଷା କଲା ଜଳପାନ

ଶୀର୍ଷକଟିକୁ ଗୋଟିଏ ଢଗ ଭାବରେ ମୋର ଜେଜେ ମା' କେବେ କେବେ ବ୍ୟବହାର କରିଥିବାର ଏକ ବାଲ୍ୟ ସ୍ମୃତି ମୋତେ ଆଚ୍ଛନ୍ନ କରେ। ମୁଁ ସେତେବେଳେ ଏହାର ଅର୍ଥ ବୁଝିପାରୁନଥିଲି କେବଳ ମୂଷାର ଜଳପାନ କଥାଟି ମୋତେ ବାରମ୍ବାର ଆମୋଦିତ କରୁଥିଲା। ପୂରାତନ କାଳରେ ଲୋକମାନେ ସଂଚିତ ଅର୍ଥ ରଖିବାର ଔପଚାରିକ ମାଧ୍ୟମ ପାଉ ନଥିଲେ। ତେଣୁ ତାତ୍କାଳିକ ଉପାୟରେ ସେମାନଙ୍କର ଉଦ୍‌ବୃତ୍ତ ଅର୍ଥ ରଖୁଥିଲେ, ସ୍ମୃତି ବିଭ୍ରାଟ ଯୋଗୁଁ ସେମାନେ ପରବର୍ତ୍ତୀ କାଳରେ ତାକୁ ଉପଯୋଗ କରିପାରୁ ନଥିଲେ। କେବେ କେହି ମୂଷାରୂପୀ ଚତୁର ପରିବାରର ଦାୟାଦ ତାକୁ ଆତ୍ମସାତ୍ କରୁଥିଲେ। ତାହା ବୋଧହୁଏ ଥିଲା ଏହି ଗାଉଁଲି ଢଗ ଢମାଳିର ଭିତ୍ତିଭୂମି।

ମଣିଷ ନିଜର ଜୀବିକା ଅର୍ଜନ ବେଳେ ଉପାର୍ଜିତ ସମସ୍ତ ଅର୍ଥ ବ୍ୟୟ ନ କରି କିଛି ସଂଚୟ କରିଥାଏ। କାଳେ କେତେବେଳେ ପାଗ ପ୍ରତିକୂଳ ହେବ, କେବେ ସ୍ୱାସ୍ଥ୍ୟ ଅନୁକୂଳ ନ ରହିବ, କେବେ କିଛି ଆକସ୍ମିକ ବିପଦର ସାମ୍ନା କରିବାକୁ ପଡ଼ିବ ଏହିପରି ବହୁ ଆଶଙ୍କାରେ ସମ୍ମୁଖୀନ ହେବା ପାଇଁ ସଞ୍ଚୟ ହିଁ ପ୍ରଧାନ ଅବଲମ୍ବନ। ହେଲେ ଭାରତୀୟମାନେ ନିଜର ପେଟରୁ କାଟି ଅଧିକ ସଂଚୟ କରନ୍ତି ବୋଲି ଏକ ସର୍ଭେରୁ ଜଣାଯାଇଛି। ଏଇ ସର୍ବେକ୍ଷଣ ଅନୁସାରେ ଭାରତୀୟମାନଙ୍କ ଭିତରୁ ଅନେକ ଲୋକ ମଲା ପରେ ଧନୀ ହୋଇଥାନ୍ତି। ଅର୍ଥାତ୍ ସେମାନେ ମଲା ବେଳକୁ ଅନେକ ଧନ ସମ୍ପତ୍ତି ଛାଡ଼ି ଯାଇଥାନ୍ତି ସେମାନଙ୍କର ଭବିଷ୍ୟତ ପୀଢ଼ି ପାଇଁ। କଥାରେ ଅଛି 'ପୁଅ ଯଦି ଯୋଗ୍ୟ ଧନ୍ୟ କାହିଁକି ସଂଚିବ, ପୁଣି ପୁଅ ଯଦି ଅଯୋଗ୍ୟ ଧନ କାହିଁ ପାଇଁ ସଂଚିବ'। ଏଇ କଥା ଯୁଗ ଯୁଗରୁ ପ୍ରଚଳିତ ଥିଲେ ବି ଏକଥାକୁ ବିଶେଷ ଧ୍ୟାନ ନଦେଇ ଅନେକ ଧନ ସଂଚି

ଚାଲନ୍ତି ଏବଂ ନିଜର ସଂଚିତ ଧନର ଉପଯୋଗ ସେମାନେ କରିପାରନ୍ତି ନାହିଁ। ତାଙ୍କ ଅନ୍ତେ ତାଙ୍କର ପରିବାରବର୍ଗ ତାକୁ ବି ଫୂର୍ତ୍ତିରେ ଉଡ଼େଇ ଦେବା ଅସମ୍ଭବ ନୁହେଁ। ସେମାନେ ବି ମୂଷା ଭୂମିକାରେ ଅବତୀର୍ଣ୍ଣ ହୋଇ ପାରନ୍ତି ଯେକୌଣସି ସମୟରେ।

ପ୍ରାୟ ଦଶ ବାର ବର୍ଷ ତଳେ ଭାରତୀୟମାନଙ୍କର ସଂଚୟ ସେମାନଙ୍କର ବାର୍ଷିକ ଆୟର ପ୍ରାୟ ଶତକଡ଼ା ଚବିଶ ଭାଗ ଥିଲା ବେଳେ ଏବେ ତାହା ନିମ୍ନ ଗାମୀ ହୋଇ ଶତକଡ଼ା ଅଠରକୁ ଚାଲି ଆସିଛି। ଗ୍ରାହକ ପ୍ରବଣତା (consumerism) ପ୍ରଭାବରେ ଏବେ ଲୋକମାନେ ଅଧିକ ବ୍ୟୟ କରୁଛନ୍ତି ବୋଲି କୁହାଯାଇପାରେ। ଆପଣ ଆଗରୁ ଧରନ୍ତୁ କୌଣସି ଦୋକାନକୁ ଗଲେ ମାସିକ ଚାହିଦା ଦୃଷ୍ଟିରୁ ଦୁଇଟି ଲୁଗାସଫା ସାବୁନ କିଣୁଥିଲେ। ଏବେ ଆପଣ କୌଣସି ମଲକୁ ଗଲେ ଦେଖିବେ ତିନିଟି ସାବୁନ କିଣିଲେ ଚତୁର୍ଥଟି ଫ୍ରି ମିଳିବ, ତେଣୁ ଆପଣଙ୍କର ଆବଶ୍ୟକତା ନଥିଲେ ବି ତାକୁ କିଣି ପକାଉଛନ୍ତି ଏବଂ ସେହି କ୍ରମରେ ଅଧିକ ବ୍ୟୟ କରୁଛନ୍ତି। ଅର୍ଥାତ୍ ଆପଣଙ୍କର ସଞ୍ଚୟ ସଂକୁଚିତ ହେଉଛି।

ଚାର୍ବାକ ଦର୍ଶନରେ କୁହାଯାଇଥିଲା, 'ଯାବଜ୍ଜୀବେତ୍ ସୁଖଂ ଜୀବେତ୍ - ଋଣ କୃତ୍ୱା ଘୃତଂ ପିବେତ୍'। ଅର୍ଥାତ୍ ଜୀବନରେ ସୁଖରେ ରହିବା ଦରକାର। ଏପରିକି ଋଣ କରି ଘିଅ ଖାଇବା ଦରକାର। ହେଲେ ଏଇ ଦର୍ଶନରେ ଭାରତୀୟମାନେ ଏତେ ପ୍ରଭାବିତ ନ ହୋଇ ଭବିଷ୍ୟତ ସୁରକ୍ଷା ଓ ସମୃଦ୍ଧି ପାଇଁ କଷ୍ଟରେ ଚଳୁଥିଲେ, ନିଜର ଜୀବନ ଶୈଳୀକୁ ବ୍ୟୟବହୁଳ କରୁନଥିଲେ। ଏପରିକି ସରକାରଙ୍କ ବିତ୍ତ ବିଭାଗର ମୂଳ ନିର୍ଦ୍ଦେଶାବଳୀ ଦେଖିଲେ ଆପଣ ହସକୁ ରୋକିପାରିବେନି। ସେଥିରେ ଲେଖାଅଛି - କିଛି ଖର୍ଚ୍ଚ କରିବା ପୂର୍ବରୁ ଭାବିବେ ଏଇ ଅର୍ଥ ଆପଣଙ୍କର। ତେଣୁ ଯଥେଷ୍ଟ ସାବଧାନତା ଓ ସତର୍କତା ସହିତ ବ୍ୟୟ କରନ୍ତୁ; ମାତ୍ର ବିଦେଶୀମାନେ ଖର୍ଚ୍ଚ କରିବାରେ ଏତେ ମିତବ୍ୟୟତା ଅବଲମ୍ବନ କରନ୍ତି ନାହିଁ। ସେମାନେ ଖୁସିରେ ଚଳିବା ପାଇଁ କିଛି ଅବସର ଛାଡ଼ନ୍ତି ନାହିଁ। ଛୁଟି କଟାଇବାରେ କାର୍ପଣ୍ୟ କରନ୍ତି ନାହିଁ। ପରବର୍ତ୍ତୀ ପୀଢ଼ିଙ୍କ ପାଇଁ ପେଟରୁ କାଟି ସଞ୍ଚୟ କରିବା ପରି ଭାବନା ତାଙ୍କୁ ଆକ୍ରାନ୍ତ କରେ ନାହିଁ। ସେମାନେ ନିଜ ସଂଚୟର ବହୁ ଭାଗ ନିଜର ଶିକ୍ଷାନୁଷ୍ଠାନ କିମ୍ବା କୌଣସି ଦାତବ୍ୟ ଅନୁଷ୍ଠାନକୁ ଦାନ କରି ଦିଅନ୍ତି। ଭାରତୀୟମାନେ ଏହି କ୍ଷେତ୍ରରେ ପଛୁଆ। ବେଳେ ବେଳେ କେହି ଧର୍ମଭୀରୁ ବିଭିନ୍ନ ଧାର୍ମିକ ଅନୁଷ୍ଠାନକୁ ବହୁ ଅର୍ଥ ଦାନ କରିଥାନ୍ତି; ମାତ୍ର ସାମାଜିକ ଅନୁଷ୍ଠାନକୁ ନିଜ ସଂଚିତ ଧନରୁ ଦାନ କରିବା କ୍ୱଚିତ୍ ସମୟରେ ଦେଖାଯାଇଥାଏ।

ଭାରତୀୟମାନେ ଭାରତୀୟ ବ୍ୟାଙ୍କରେ ରଖିଥିବା ଟଙ୍କା ଭିତରୁ ଦାବୀଦାର ନଥିବା ଅର୍ଥର ପରିମାଣ ଏତେ ବେଶି ଯେ ଆପଣ ଆଶ୍ଚର୍ଯ୍ୟ ହେବା ସ୍ୱାଭାବିକ। ଗତ ଆର୍ଥିକ

ବର୍ଷରେ ଏହାର ପରିମାଣ ବୟାଳିଶ ହଜାର କୋଟି ଟଙ୍କାରୁ ଅଧିକ। କ'ଣ ହୋଇପାରେ ଏହାର କାରଣ? ଅନେକ ଲୋକ ଏଇ ପଇସା ବ୍ୟାଙ୍କରେ ରଖିଲେ ବି ନିଜର ଉତ୍ତରାଧିକାରୀମାନଙ୍କୁ ତାହା ଜଣାଇ ନଥାନ୍ତି। ସେମାନଙ୍କର ଅକାଳ ବିୟୋଗ ହେଲେ, ସେଇ ଅର୍ଥ ବିଷୟରେ କେହି ଅବଗତ ହୋଇ ପାରନ୍ତି ନାହିଁ। ତେଣୁ ବ୍ୟାଙ୍କରେ ଜମା କଲାବେଳେ ନିଶ୍ଚିତ ଭାବରେ ନୋମିନେସନ କରିବା ଜରୁରୀ। ନହେଲେ ମୂଷା ଜଳପାନ କଲା ଭଳି ସେଇ କଷ୍ଟ ସଂଚିତ ଅର୍ଥ କୌଣସି କାମରେ ଲାଗିବ ନାହିଁ।

ଯେଉଁମାନେ ଅନୈତିକ ଉପାୟରେ ଅଧିକ ଅର୍ଥ ଅର୍ଜନ କରନ୍ତି ସେମାନେ ବ୍ୟାଙ୍କରେ ନିଜର ସମ୍ପତ୍ତି ରଖନ୍ତି ନାହିଁ। ସେମାନେ ବେଳେବେଳେ ବିଭିନ୍ନ ଅସାଧୁ ବ୍ୟବସାୟୀଙ୍କ ନିକଟରେ ତାହା ରଖିଥାନ୍ତି; ମାତ୍ର ଏହା କୌଣସି ତୃତୀୟ ପକ୍ଷଙ୍କ ଜ୍ଞାତସାରରେ ନଥାଏ ଏବଂ ଯଦି କୌଣସି ଆକସ୍ମିକତା ହେତୁ ସଂପୃକ୍ତ ବ୍ୟକ୍ତିଙ୍କର ଜୀବନ ହାନି ହୁଏ ତାହେଲେ ଅର୍ଥ ରଖିଥିବା ସଂସ୍ଥା ମୂଷାର ଭୂମିକା ନେଇଥାନ୍ତି। ଯେଉଁମାନେ ବେନାମୀ ସମ୍ପତ୍ତି କ୍ରୟ କରିଥାନ୍ତି ସେମାନଙ୍କ ଅନ୍ତେ ସେଇ ସମ୍ପତ୍ତି ଆଉ ତାଙ୍କର ଆଇନଗତ ଉତ୍ତରାଧିକାରୀଙ୍କ ନିକଟରୁ ଆସିବାର ସମ୍ଭାବନା ନଥାଏ। ବାରବରଷର ତପସ୍ୟା ଶୁଖୁଆ ପୋଡ଼ାରେ ଯାଏ।

ବୁଦ୍ଧିଜୀବୀ ଲୋକଙ୍କ ଛଡ଼ା ଅନ୍ୟମାନେ ବାର୍ଦ୍ଧକ୍ୟ ଅବସ୍ଥାରେ ରୋଜଗାର କରିବାକୁ ଅକ୍ଷମ। କର୍ମଜୀବୀମାନେ ନିଜର ଯୁବକ ଅବସ୍ଥାରେ ଯାହା ଅର୍ଜନରୁ ସଂଚୟ କରିଥାନ୍ତି ତହିଁରେ ଶେଷ ଅବସ୍ଥା ସେମାନଙ୍କର ଚଳେ କିମ୍ବା ସରକାରୀ ସହାୟତାକୁ ସେମାନେ ଆଶ୍ରୟ କରନ୍ତି। ଏପରିକି ଭାରତରେ ସରକାରୀ ଚାକିରୀରେ ଆଗରୁ ଅବସର ପରେ ଯେଉଁ ପେନସନ ଯୋଗାଇ ଦିଆ ହେଉଥିଲା, ତାହା ମଧ୍ୟ ଦୁଇଦଶନ୍ଧି ଧରି ବନ୍ଦ କରାଯାଇଅଛି। ଏଣେ ସାଧାରଣ ନାଗରିକଙ୍କର ଜୀବନ କାଳର ବୃଦ୍ଧି ଘଟି ତାହା ସତୁରୀ ପାଖାପାଖି ପହଞ୍ଚିଲାଣି ଯାହା ସ୍ୱାଧୀନତା କାଳରେ ୩୩ ବର୍ଷରେ ସୀମିତ ଥିଲା, ଆଉ କିଛି ବର୍ଷ ଭିତରେ ଅଶୀ ବା ତାଠାରୁ ଅଧିକକୁ ଏଇ ହାରାହାରି ବଂଚିବାର ସମୟ ହେବାକୁ ଯାଉଛି। ଯଦି ବିଭିନ୍ନ ବେସରକାରୀ ବା ସରକାରୀ ସଂସ୍ଥାରେ ଲୋକେ ଷାଠିଏ ବର୍ଷରେ ରିଟାୟାର କରିଯାଆନ୍ତି, ତାହେଲେ ତାର ପର ପଚିଶ ବର୍ଷ ସେମାନେ କିପରି କଟାଇବେ ତାହା ଚିନ୍ତାଜନକ। ଏଥିପାଇଁ କୁହାଯାଉଛି ଯେଉଁମାନେ ଆଜି ଦିନରେ ସରକାରୀ ଚାକିରୀରେ ଯୋଗ ଦେଉଛନ୍ତି ସେମାନେ ଶତକଡ଼ା ତିରିଶ ଭାଗ ଅର୍ଥରାଶି ସଞ୍ଚୟ କରିବା ନିହାତି ଆବଶ୍ୟକ। ତାହା ନହେଲେ ସେମାନେ ଚଳିବା ସମ୍ଭବ ନୁହେଁ। ଅବଶ୍ୟ ଏବେ ସମସ୍ତଙ୍କୁ ପେନସନ ମିଳିବ ବୋଲି କେନ୍ଦ୍ର ସରକାର ଗୋଟିଏ ନୀତି ପ୍ରଣୟନ କରିଛନ୍ତି, ଯଦିଓ ତାହା କେବେ କାର୍ଯ୍ୟକାରୀ ହେବ ତାହା ଏପର୍ଯ୍ୟନ୍ତ ସ୍ପଷ୍ଟ ହୋଇନାହିଁ।

ଗତ କିଛି ବର୍ଷ ତଳେ ଘଟିଥିବା ଚିଟ୍‌ଫଣ୍ଡ କେଳେଙ୍କାରୀ ହୁଏତ ଆପଣମାନଙ୍କ ମନରୁ ଯାଇ ନଥିବ। ବହୁ ଲୋକ ସେମାନଙ୍କ କଷ୍ଟ ସଂଚିତ ଅର୍ଥକୁ ଅଧିକ ସୁଧର ପ୍ରଲୋଭନରେ ପଡ଼ି ଚିଟଫଣ୍ଡ୍‌ରେ ଜମା କରିଥିଲେ। ସୁଧ ପାଇବା ତ ଦୂରର କଥା ମୂଳ ବି ଗଲା। ଏହା ଗୋଟିଏ ଶିକ୍ଷା ଦେଲା ଯେ ନିଜର ସଂଚିତ ଅର୍ଥକୁ ବୃଦ୍ଧି ପାଇଁ ବିନିଯୋଗ କଲାବେଳେ ବି ସତର୍କତା ଜରୁରୀ। ତା ନହେଲେ ଏଇ ଯେଉଁ ନୂଆ ପ୍ରଜାତିର ମୂଷା ସୃଷ୍ଟି ହୋଇ ବୁଲୁଛନ୍ତି ସେମାନେ ଆପଣଙ୍କର କଷ୍ଟଲବ୍ଧ ଧନରେ ଅୟସ କରିବେ। ତେଣୁ ସାଧୁ ସାବଧାନ।

ଅର୍ଥାତ୍ ସଂଚୟ ଏକ ଅତ୍ୟାବଶ୍ୟକ ପ୍ରକ୍ରିୟା, ତାହା ଅନସ୍ୱୀକାର୍ଯ୍ୟ। ଏପରି ସ୍ଥଳେ ସଞ୍ଚୟ କର୍ତ୍ତା ଯଦି ଠିକଣା ଭାବରେ ସଞ୍ଚୟ ନ କରନ୍ତି ତାହେଲେ ଉକ୍ତ ଅର୍ଥ ଅଯୋଗ୍ୟ ଦାୟାଦଙ୍କ ହାତରେ ପଡ଼ିଯାଏ। ଯେଉଁମାନେ ସଞ୍ଚୟର ମୂଲ୍ୟ ବୁଝନ୍ତି ନାହିଁ ସେମାନେ ଅଯଥାରେ ତାକୁ ଖର୍ଚ୍ଚ କରନ୍ତି ଏବଂ ଅପବ୍ୟୟ ସୀମା ଟପେ। ଏହି କ୍ରମରେ ଅନେକ ଧନୀ ପରିବାରଙ୍କ ଆଗରୁ ନିଃସ୍ୱ ପାଲଟିଛନ୍ତି। ସେସବୁ ଆଗାମୀ ଦିନରେ ସମସ୍ତଙ୍କ ପାଇଁ ସତର୍କ ସୂଚନା।

■

(ପ୍ରଗତିବାଦୀ - ତା ୫.୧୧.୨୦୨୪)

ବୁଲା କୁକୁର ଓ ନାଗରିକ ସମାଜ

ନିରୁପଦ୍ରୁତ ଜୀବନଟିଏ ଜୀଇଁବା ପାଇଁ ଆଜିକାଲି ଅନେକଙ୍କର ପସନ୍ଦ ହେଉଛି ସହର। ଶିକ୍ଷା, ସ୍ୱାସ୍ଥ୍ୟର ସୁବିଧା ସହିତ ଗମନାଗମନ, ପସନ୍ଦର ଖାଦ୍ୟପେୟ ସାଙ୍ଗକୁ ପାର୍କରେ ସକାଳବୁଲାର ମଜା ଏମିତି ଅନେକ କାରଣ ପାଇଁ ସାଧାରଣ ଲୋକଟିଏ ସହରାଭିମୁଖୀ ହେଉଥିଲା ବେଳେ କିଛି ଦିନର ଅବସ୍ଥାନପରେ ଭେଟାଭେଟି ହୁଏ ବାସ୍ତବତା ସହିତ। ବୁଲା ଷଣ୍ଢ ଗୋରୁ ଗାଈ ତଥା କାମୁଡ଼ା କୁକୁରଙ୍କ ଆତଙ୍କର ଶିକାର ହୋଇଥିବା କେହି ଜଣେ ବାସ୍ତବବାଦୀ ହେବା ସୁନିଶ୍ଚିତ। ଆଉ ସେତେବେଳେ ଲାଗିବ ସେଇ ପୁରୁଣା କଥା "ନଦୀର ଆରପଟ ଦିଶେ ସବୁଜ।"

କଥାରେ କହନ୍ତି "ମାନିଲେ ଠାକୁର, ନ ମାନିଲେ ପଥର" – କେତେକ ଅତ୍ୟାଧୁନିକ ତ ପଥର ଜାଗାରେ କୁକୁର ବି କହିଲେଣି। ତାହେଲେ ଠାକୁରଙ୍କର ବିପରୀତାର୍ଥକ ଶବ୍ଦ କହିଲେ କଣ ବୁଝାଯାଏ କୁକୁରକୁ। ଇଂଲିଶ୍ GOD ଶବ୍ଦକୁ ଓଲଟାଇ ଲେଖିଲେ ତାହା DOG ପରି ଶବ୍ଦଟିଏ ପାଲଟି ଯାଉଥିବାରୁ ଯଦି ଆପଣ ସେମିତି ଭାବୁଛନ୍ତି, ତାହେଲେ ଆପଣ ଭ୍ରମର କୁହେଳି ଭିତରେ ଅଛନ୍ତି ନିଶ୍ଚିତ। କୁକୁରଟିଏ କହିଲେ ଆମ ଆଖି ଆଗରେ ନାଚିଯାଏ ଏକ ଆଜ୍ଞାବହ ଚେହେରା, କୃତଜ୍ଞ ଓ ବିଶ୍ୱାସୀ। ମାତ୍ର ଉନ୍ନତ ପ୍ରଜାତିର କୁକୁର ଆଉ ବୁଲା କୁକୁରକୁ କ'ଣ ଆପଣ ସମାନ ଦୃଷ୍ଟିରେ ଦେଖିପାରନ୍ତି କି? ସୌଖୀନ କୁକୁର ପାଇଁ ଅନେକ ସେମାନଙ୍କ ସମ୍ପତ୍ତିର ସିଂହଭାଗକୁ ଉଇଲ କରି ଦେଉଥିବାବେଳେ ତାଙ୍କର ଜୀବନଶୈଳୀ ଏତେ ଅଭିଜାତ ତାହା ନଦେଖିଲେ ବିଶ୍ୱାସ କରିହୁଏ ନାହିଁ। ମାତ୍ର ଆଜିର ଆମର ଆଲୋଚନା ସେଇ କୁକୁର ଜାତିର ଦୁଃଖୀ ପ୍ରତିନିଧିଙ୍କ ପାଇଁ ଯାହାକୁ ଦେଖିଲେ ଆପଣ ନାକ ଟେକନ୍ତି, ଘଉଡ଼େଇ ଦିଅନ୍ତି କିମ୍ବା ମନ ଭିତରେ ଏକ ଅଜଣା ଆତଙ୍କରେ ଛଟପଟ ହୁଅନ୍ତି।

ଯେଉଁ କୁକୁରଙ୍କର ନିର୍ଦ୍ଦିଷ୍ଟ ମୁନିବ ନାହାନ୍ତି, ନାହିଁ ନିଜର ନିର୍ଦ୍ଦିଷ୍ଟ ଆଶ୍ରୟସ୍ଥଳ,

ସେଇମାନଙ୍କୁ ଆମେ କହିଥାଉଁ ବୁଲା କୁକୁର। ଏକ ସର୍ବେକ୍ଷଣ ଅନୁଯାୟୀ ଭାରତରେ ଏମାନଙ୍କର ସଂଖ୍ୟା ପ୍ରାୟ ଛଅକୋଟି କୋଡ଼ିଏ ଲକ୍ଷ ପାଖାପାଖି। ଏକ ଆକଳନରୁ ଜଣାଯାଏ ଏଇ ବୁଲାକୁକୁରଙ୍କ କାମୁଡ଼ାରେ ବାର୍ଷିକ ପ୍ରାୟ ଏକକୋଟି ଚଉସ୍ତରୀ ଲକ୍ଷ ଲୋକ ଆକ୍ରାନ୍ତ ହୋଇଥାନ୍ତି ଏବଂ ସେମାନଙ୍କ ଭିତରୁ ଅଠରରୁ କୋଡ଼ିଏ ହଜାର ଲୋକ ମୃତ୍ୟୁ ମୁଖରେ ପଡ଼ନ୍ତି। ଭାରତର ଜନଗଣନା ତୁଳନାରେ ଏହା ସେତେ ବେଶି ଗୁରୁତ୍ୱପୂର୍ଣ୍ଣ ଜଣା ପଡୁନଥିଲେ ମଧ୍ୟ ବାସ୍ତବରେ ଏହା ଏକ ସ୍ପର୍ଶକାତର ପ୍ରସଙ୍ଗ।

ଜଳାତଙ୍କ ରୋଗର ଶିକାର ହୋଇଥିବା କୁକୁର କାମୁଡ଼ିଲେ ଜଳାତଙ୍କ ରୋଗ ହୋଇଥାଏ ବୋଲି ଆମେ ସମସ୍ତେ ଜାଣୁ; ମାତ୍ର ସମଗ୍ର ପୃଥିବୀରେ ଯେତିକି ଲୋକ ଜଳାତଙ୍କ ରୋଗରେ ମୃତ୍ୟୁବରଣ କରନ୍ତି ତାର ହାରାହାରି ୩୬ ପ୍ରତିଶତ ଭାରତରେ, ଏହା ଶୁଣିଲେ ଆପଣ ବିବ୍ରତ ହେବା ସ୍ୱାଭାବିକ। ବିଜ୍ଞାନର ଅଗ୍ରଗତି ସତ୍ତ୍ୱେ ଏପର୍ଯ୍ୟନ୍ତ (rabies) ଜଳାତଙ୍କ ରୋଗର କୌଣସି ନିଦାନ ଉଦ୍ଭାବିତ ହୋଇପାରିନାହିଁ। କୁକୁର କାମୁଡ଼ିଲେ ରୋଗୀକୁ ଯେଉଁ ARV ଇନ୍‌ଜେକସନ ଦିଆଯାଏ, ତାହା କେବଳ ଏକ ପ୍ରତିଶେଧକ ମୂଳକ ପଦକ୍ଷେପ। ଅବଶ୍ୟ ଏହା ଅତ୍ୟନ୍ତ ଫଳପ୍ରଦ ହୋଇଥିବାରୁ ଏଥିରେ ସଫଳତା ଶହେ ପ୍ରତିଶତ ପାଖାପାଖି। କୁକୁର କାମୁଡ଼ିବା ମାତ୍ରେ ବିଳମ୍ବ ନକରି ଚିକିତ୍ସା ଆରମ୍ଭ କରାଯିବା ଦରକାର। ପ୍ରାଥମିକ ଚିକିତ୍ସା ହେଲା କ୍ଷତକୁ ଭଲ ଭାବରେ ପାଣିରେ ଧୋଇ ସାବୁନ ଯୋଗେ ସଫା କରିବା। ଏହା ଜଳାତଙ୍କ ହେବାର ସମ୍ଭାବନାକୁ ବହୁ ଭାବରେ କମ୍ କରିଥାଏ। ଚବିଶ ଘଣ୍ଟା ମଧ୍ୟରେ ଡାକ୍ତରୀ ଚିକିତ୍ସା ଆରମ୍ଭ ନ କଲେ ତାହା ଫଳପ୍ରଦ ହୋଇ ନଥାଏ। ଆଗରୁ ଜଳାତଙ୍କ ରୋଗୀକୁ ଗୋଟିଏ ଘର ଭିତରେ ବାସନ୍ଦ କରି ରଖାଯାଉଥିଲା। ଆଶଙ୍କା ଥିଲା ଯେ ରୋଗୀ ଅନ୍ୟ କାହାକୁ କାମୁଡ଼ିଲେ, ସେଇ ରୋଗ ବ୍ୟାପିବ। ସମାଜ ଦ୍ୱାରା ନିର୍ବାସିତ ରୋଗୀକୁ କୌଣସି ଛାତ ବାଟେ ଖାଦ୍ୟ ଓ ପାନୀୟ ଦିଆଯାଉଥିଲା ଏବଂ ମୃତ୍ୟୁ ଥିଲା ଏକ ସ୍ୱାଭାବିକ ପରିଣତି ଅଥଚ ଭୟଙ୍କର ଏବଂ ବେଦନାଦାୟକ। ଏବେ ଅବଶ୍ୟ ପରିସ୍ଥିତି ସାମାନ୍ୟ ବଦଳିଛି, ମାତ୍ର କୁକୁର କାମୁଡ଼ିଲେ ଯେଉଁ କ୍ରମାଗତ ଇଞ୍ଜେକସନ୍ ନେବାକୁ ହୁଏ ତାହା ବ୍ୟୟବହୁଳ ଓ ଯନ୍ତ୍ରଣାଦାୟକ। 'ବାଘ କାମୁଡ଼ା ଠାରୁ ବାଘ ଘୋଷରା ବଳେ' ବୋଲି ଯେଉଁ କଥା ଆଗରୁ ପ୍ରଚଳିତ, ଯେ ସେଇମିତି କଥା। ସରକାରୀ ଡାକ୍ତରଖାନାରେ ବିନା ମୂଲ୍ୟରେ ମିଳୁଥିବା ଆଣ୍ଟି ରାବିଜ୍ ଭାକ୍‌ସିନ୍ ବ୍ୟବହାର କରିବାକୁ ଅନେକ ସହରୀ ବାବୁଙ୍କ ଅନିଚ୍ଛା, ସେମାନଙ୍କର ଧାରଣା ଲେବରଟୋରୀରୁ ଆସି ହାସପାତାଳ ଷ୍ଟୋର୍ ରୁମ୍‌ରେ ପହଞ୍ଚିବା ପର୍ଯ୍ୟନ୍ତ ସେଇ ଔଷଧର ସୁରକ୍ଷା ମାନ ଠିକ୍ ଅଛି ବୋଲି କିଏ ବା ହଲପ କରି କହି ପାରିବ ?

ବୁଲା କୁକୁର ଆକ୍ରମଣରେ ବହୁ ସହରରେ ଛୋଟ ଛୋଟ ପିଲା ଶିକାର ହେଉଥିବା ଏବଂ କେତେକ ନିଜର ଜୀବନ ଦେଉଥିବା ଖବର ଓ ଭିଡ଼ିଓ ଆପଣଙ୍କ ନଜରକୁ ଆସିଥିବ । ଏଗୁଡ଼ିକ ଭୟ ଉଦ୍ରେକକାରୀ ଏବଂ ଉତ୍ତେଜନା ସୃଷ୍ଟିକାରୀ । କିଛି ବର୍ଷ ତଳେ ପୁରୀ ସହରର ଗୋଟିଏ ଚାରିବର୍ଷର ଶିଶୁକୁ ଦଳେ ବୁଲା କୁକୁର ଝୁଣି ଝୁଣି କରି ମାରି ପକାଇଲେ । ଲୋକଦେଖାଣିଆ ଭାବରେ ମ୍ୟୁନିସିପାଲଟି କର୍ତ୍ତୃପକ୍ଷ ତଦନ୍ତ ନିର୍ଦ୍ଦେଶ କଲେ । ମାତ୍ର ତଦନ୍ତର ଫଳ କେହି ଜାଣିପାରିଲେ ନାହିଁ । ୨୦୧୬ରେ ଘଟିଥିବା ଏଇ ଦୁଃଖଦାୟକ ଘଟଣାରେ କିଛି ସ୍ୱେଚ୍ଛାସେବୀ ପରବର୍ତ୍ତୀ କାଳରେ ମାନ୍ୟବର ହାଇକୋର୍ଟଙ୍କ ଦୃଷ୍ଟି ଆକର୍ଷଣ କରିଥିଲେ ପି.ଆଇ.ଏଲ୍ ଜରିଆରେ – ୨୦୨୩ ଅକ୍ଟୋବର ମାସରେ ମାନ୍ୟବର ଓଡ଼ିଶା ହାଇକୋର୍ଟ ପନ୍ଦର ଦିନ ମଧ୍ୟରେ ସେଇ ଦିବଂଗତ ଶିଶୁର ଅଭାଗା ପିତାମାତାଙ୍କୁ ଦଶଲକ୍ଷ ଟଙ୍କା କ୍ଷତିପୂରଣ ଦେବାକୁ ମ୍ୟୁନିସିପାଲିଟିକୁ ନିର୍ଦ୍ଦେଶ ଦେଇଛନ୍ତି ।

ବୁଲା କୁକୁରଙ୍କ ତରଫରୁ ଖାଲି ଛୋଟ ଛୋଟ ପିଲାଙ୍କ ପାଇଁ ବିପଦ ଥାଏ ତାହା ନୁହେଁ, ସେମାନେ ଏକୁଟିଆ ଥିବା ବୁଢ଼ାବୁଢ଼ୀଙ୍କ ପାଇଁ ବି ସମାନ ବିପଦ ସୃଷ୍ଟି କରିପାରନ୍ତି । ତାଛଡ଼ା ଏମାନଙ୍କ ଯୋଗୁଁ ବହୁ ରାସ୍ତା ଦୁର୍ଘଟଣା ଘଟିଥାଏ । ବିଶେଷତଃ ଦୁଇ ଚକିଆ ଯାନର ଚଢ଼ାଳୀମାନେ ତାହାର ଶିକାର ହୋଇଥାନ୍ତି । ଏମାନେ ଅନ୍ୟାନ୍ୟ ଛୋଟ ଛୋଟ ବନ୍ୟଜନ୍ତୁ, ଗୃହପାଳିତ ପଶୁଙ୍କୁ ମଧ୍ୟ ଶିକାର କରନ୍ତି ଏବଂ ରାତିରେ କୌଣସି ନିଛାଟିଆ କଲୋନୀ ଭିତରକୁ ଆପଣ ଦରକାରରେ ପଶିଗଲେ ଆପଣଙ୍କ ଅବସ୍ଥା ଅସମ୍ଭାଳ କରିଦିଅନ୍ତି ଏମାନେ । ନିଜ ନିଜ ପ୍ରାଧୀକୃତ ଅଞ୍ଚଳରେ ଏମାନଙ୍କର ଥାଏ ଆଡ୍ଡା ଓ ଯେକୌଣସି ଦୁଇ ଚକିଆ ଯାନର ଆରୋହୀଙ୍କ ପାଇଁ ସେମାନେ ଯୁଗପତ୍ ସୃଷ୍ଟି କରନ୍ତି, ଆତଙ୍କ ଓ ଉଦ୍‌ବେଗ । ସେତେବେଳେ ଆପଣ ବୁଝିପାରିବେ 'ଅପ୍‌ନା ଗଲି ମେ କୁତ୍ତା ଶେର' କେତେ ସଂକ୍ଷିପ୍ତରେ କୁହାଯାଉଥିବା ମଞ୍ଜି କଥାଟିଏ !

ବୁଲା କୁକୁର ମାନେ ବି ଭଗବାନଙ୍କ ବିଶାଳ ସୃଷ୍ଟିର ଏକ ଅଂଶ । ତାଙ୍କୁ ତ ଆଖିମୁଜା ଗୁଳି ଫୁଟାଇ ମାରି ଦେବା ସମ୍ଭବ ବା ଉଚିତ ନୁହେଁ । ଶ୍ରୀମଦ୍ ଭଗବତ୍ ଗୀତାରେ ଭଗବାନ ଶ୍ରୀକୃଷ୍ଣ କହିଛନ୍ତି "ଜୀବନଂ ସର୍ବଭୂତେଷୁ...." ଅର୍ଥାତ୍ ପ୍ରତି ପ୍ରାଣୀଙ୍କ ଠାରେ ଜୀବନ ରୂପରେ ତାଙ୍କର ଅବସ୍ଥିତି ରହିଛି । ଶ୍ରୀମଦ୍ ଭଗବତ୍ ଗୀତାରେ କେବଳ ଅଛି ବୋଲି ନୁହେଁ, ମାନ୍ୟବର ଭାରତୀୟ ସୁପ୍ରିମକୋର୍ଟ ମଧ୍ୟ ଏକାଧିକ ରାୟରେ କହିଛନ୍ତି, ଏଇ ବୁଲା କୁକୁରମାନଙ୍କୁ ନିର୍ଦ୍ଦୟ ଭାବରେ ମରାଯାଇପାରିବ ନାହିଁ । ଦୁଇ ହଜାର ଏକ ମସିହାରେ ଭାରତରେ ପ୍ରାଣୀ ସୁରକ୍ଷା ମନ୍ତ୍ରୀ ଥିଲେ ଶ୍ରୀମତୀ ମାନେକା ଗାନ୍ଧୀ ଯିଏ କି ଜଣେ ପ୍ରାଣୀ ହିତୈଷୀ ଭାବରେ ଜଣାଶୁଣା । ସେ ଦୃଢ଼ ନିଷ୍ପତ୍ତି ନେଇଥିଲେ ଯେ ବୁଲା କୁକୁରମାନଙ୍କୁ ସମବେତ ଭାବରେ ଆଖିମୁଜା ମରାଯାଇପାରିବ ନାହିଁ । କେବଳ ତାଙ୍କର

ସଂଖ୍ୟା ନିୟନ୍ତ୍ରଣ କରାଯାଇ ପାରିବ। ସେହି ଆଧାରରେ ପଶୁ ବନ୍ଧ୍ୟାକରଣ ଆଇନ, ୨୦୦୧ ଲାଗୁ ହେଲା। ଏମାନଙ୍କ ଉତ୍ପାତ କମେଇବା ପାଇଁ ନିୟମିତ ବନ୍ଧ୍ୟାକରଣ କରାଯିବା ଦରକାର।

ଖାଦ୍ୟାଭାବରୁ ବୁଲା କୁକୁରମାନେ ହିଂସ୍ର ବ୍ୟବହାର କରୁଥିବାରୁ ସେମାନଙ୍କୁ ଖାଦ୍ୟଦେବା ନାଗରିକମାନଙ୍କର ଏକ ଦାୟିତ୍ୱ। ବୁଲାକୁକୁରଙ୍କ ପ୍ରତି ଆପଣ ଅଯଥାରେ ନିର୍ଯ୍ୟାତନା ଦେଲେ ପଶୁ ହିତୈଶୀ ଗୋଷ୍ଠୀର ସମାଲୋଚନା ତଥା ଆଇନଗତ କାର୍ଯ୍ୟାନୁଷ୍ଠାନକୁ ସାମ୍ନା କରିବେ ଏହା ନିଃସନ୍ଦେହ। ଆପାର୍ଟମେଣ୍ଟରେ ବସବାସ କରୁଥିବା ଅଧିବାସୀମାନେ ନିଜ ଅଞ୍ଚଳର ବୁଲା କୁକୁରଙ୍କୁ ଖାଦ୍ୟ ପ୍ରଦାନ କରିବା ସେମାନଙ୍କର ଦାୟିତ୍ୱ ବୋଲି ଆଇନ୍‌ରେ ଉଲ୍ଲିଖିତ ଅଛି।

ବହୁ ପୁରାଣରେ ମଧ୍ୟ କୁକୁରଙ୍କର ଉପସ୍ଥିତି ରହିଛି। ଏପରିକି ମହାଭାରତରେ ସ୍ୱର୍ଗାରୋହଣ ବେଳେ ଯୁଧିଷ୍ଠିର ନିଜ କୁକୁରକୁ ସାଙ୍ଗରେ ନେବାକୁ ଜିଦ୍ ଧରିଥିଲେ ବୋଲି ପ୍ରବାଦ ଅଛି ଏବଂ ଇନ୍ଦ୍ରଙ୍କ ବିରୋଧ ଓ ଯୁଧିଷ୍ଠିର ଜିଦ୍ ଭିତରେ ଯୁଧିଷ୍ଠିରଙ୍କ ଜିତାପଟ ହୋଇଥିଲା ବୋଲି କୁହାଯାଏ। ବୁଲା କୁକୁରଙ୍କୁ ସାମ୍ନା କଲାବେଳେ ଶାନ୍ତ ରହିବା, ସେମାନଙ୍କର ନିକଟକୁ ନ ଯିବା, ସେମାନଙ୍କୁ ସିଧାସଳଖ ପ୍ରତିରୋଧ ନ କରିବା ଏବଂ ତାଙ୍କର ଆଖିକୁ ସିଧା ନ ଚାହିଁବା ଉଚିତ। ଏହା ଫଳରେ ସେମାନେ ଉଗ୍ର ସ୍ୱଭାବ ଛାଡ଼ିଥାନ୍ତି। ବୁଲା କୁକୁର ଉପଦ୍ରବରୁ ନାଗରିକଙ୍କୁ ରକ୍ଷା କରିବା ଦାୟିତ୍ୱ କେବଳ ନଗରପାଳିକାର ନୁହେଁ, ଏହା ଆମ ସମସ୍ତଙ୍କର। ସେମାନଙ୍କ ପ୍ରତି କ୍ରୁର ଆଚରଣ ବର୍ଜନୀୟ।

ନିକଟରେ ମୃତ୍ୟୁବରଣ କରିଥିବା ବିଶିଷ୍ଟ ଶିଳ୍ପପତି ଓ ବଦାନ୍ୟ ବ୍ୟକ୍ତି ଭାବରେ ଜଣାଶୁଣା ସ୍ୱର୍ଗତ ରତନ ଟାଟା ଥିଲେ ଜଣେ ପଶୁପ୍ରେମୀ। ସେ ଥରେ ଗୋଆ ଗସ୍ତ ସମୟରେ ଗୋଟିଏ ବୁଲା କୁକୁର ଛୁଆକୁ ପାଇ ନିଜେ ତାର ଦାୟିତ୍ୱ ନେଇଥିଲେ ଏବଂ ତାକୁ ନିଜ ଘରେ ସବୁଦିନ ପାଇଁ ଆଶ୍ରୟ ଦେଇଥିଲେ। ତା ନାଁ ବି ରଖିଥିଲେ ଗୋଆ। ପ୍ରତି ଜୀବଜନ୍ତୁ ପ୍ରକୃତିର ବିଭବ। ସେମାନଙ୍କୁ ସାଙ୍ଗରେ ନେଇ ବଂଚି ଶିଖିବା ଦରକାର।

■

(ସର୍କାର - ତା ୧୬.୧୨.୨୦୨୪ରିଖ)

ବ୍ୟକ୍ତିଗତ କାରଣ

ଗତ ବର୍ଷ ଭାରତୀୟ ନିର୍ବାଚନ କମିଶନର ଶ୍ରୀଯୁକ୍ତ ଗୋଏଲ ତାଙ୍କ ପଦବୀରୁ ଅପ୍ରତ୍ୟାଶିତ ଭାବରେ ନିର୍ବାଚନ ଠିକ୍ ପୂର୍ବରୁ ଇସ୍ତଫା ଦେଇ ବହୁ ଆଲୋଚନାର କେନ୍ଦ୍ରବିନ୍ଦୁ ପାଲଟିଛନ୍ତି । ତାଙ୍କର ଇସ୍ତଫାପତ୍ରରେ ସେ ବ୍ୟକ୍ତିଗତ କାରଣ ଦର୍ଶାଇ ତୁରନ୍ତ ଅବ୍ୟାହତି ନେବାକୁ ଅନୁରୋଧ କରିଥିଲେ ଏବଂ ମହାମହିମ ରାଷ୍ଟ୍ରପତି ତାହା ସ୍ୱୀକାର କରିବା ପରେ ଏହି ଖବର ଲୋକଲୋଚନକୁ ଆସିଛି ।

ଦୁଇମାସ ଭିତରେ ସମଗ୍ର ଭାରତବର୍ଷରେ ସାଧାରଣ ନିର୍ବାଚନ ହେବାକୁ ଥିଲାବେଳେ ନିର୍ବାଚନ କମିଶନରଙ୍କର କାର୍ଯ୍ୟ ଉପରେ ସାରା ଦେଶର ଦୃଷ୍ଟି ରହିବା ସ୍ୱାଭାବିକ । ଶ୍ରୀଯୁକ୍ତ ଗୋଏଲ ମହୋଦୟ ଭାରତୀୟ ପ୍ରଶାସନିକ ସେବାରୁ ଇସ୍ତଫା ଦେଇ ଦାୟିତ୍ୱମୁକ୍ତ ହେବାର ପରଦିନ ନିର୍ବାଚନ କମିଶନର ପଦବୀରେ ନିଯୁକ୍ତି ପାଇଥିବାରୁ ଲୋକମାନେ ତାଙ୍କର ନିଯୁକ୍ତିକୁ ସନ୍ଦେହ ଦୃଷ୍ଟିରେ ଦେଖିଥିଲେ । ବର୍ତ୍ତମାନ ହଠାତ୍ ତାଙ୍କର ନିର୍ବାଚନର ଅବ୍ୟବହିତ ପୂର୍ବରୁ ଅବ୍ୟାହିତ ହେବା ସାରା ଦେଶରେ ଆଲୋଡ଼ନ ସୃଷ୍ଟି କରିଛି କହିଲେ ଚଳେ, ବିଶେଷତଃ ଶ୍ରୀଯୁକ୍ତ ଗୋଏଲଙ୍କ କାର୍ଯ୍ୟକାଳ ଆହୁରି ସାଢ଼େ ତିନିବର୍ଷରୁ ଅଧିକ ଥିଲା ଏବଂ ସେ ଆଉ ବର୍ଷ ପରେ ମୁଖ୍ୟ ନିର୍ବାଚନ କମିଶନର ହୋଇଥାନ୍ତେ ।

ପାର୍ଲିଆମେଣ୍ଟ ଓ ବିଧାନସଭା ସ୍ତରରେ ହେଉଥିବା ନିର୍ବାଚନକୁ ସରକାରୀ ନିୟନ୍ତ୍ରଣରୁ ମୁକ୍ତି ଓ ଅବାଧ ରଖି ନିରପେକ୍ଷ ଭାବରେ ପରିଚାଳନା କରିବା ପାଇଁ ଭାରତୀୟ ସମ୍ବିଧାନରେ ନିର୍ବାଚନ କମିଶନର ପରି ସ୍ୱାଧୀନ ଅନୁଷ୍ଠାନର ପ୍ରାବଧାନ ରହିଛି । ପ୍ରଥମେ ସାରା ଦେଶରେ ଜଣେ ନିର୍ବାଚନର କମିଶନର ଥିଲେ । ମାନ୍ୟବର ଟି.ଏନ୍ ଶେଷାନ ମୁଖ୍ୟ ନିର୍ବାଚନ କମିଶନର ଥିଲାବେଳେ ଏତେ କଡ଼ାକଡ଼ି ଭାବରେ ନିର୍ବାଚନ ପରିଚାଳନା କରିଥିଲେ ଯେ ଯାହା ଫଳରେ ସାଧାରଣ ଜନତାଙ୍କର ଅଜସ୍ର ଶ୍ରଦ୍ଧା ଓ ସମର୍ଥନ ଲାଭ

କରିଥିଲେ; ମାତ୍ର କ୍ଷମତାସୀନ ରାଜନେତାମାନଙ୍କର କ୍ରୋଧ ଓ ବିରକ୍ତିର ଶିକାର ହୋଇଥିଲେ। ଯାହାଫଳରେ ତତ୍କାଳୀନ ସରକାର ତାଙ୍କର ପଦମର୍ଯ୍ୟାଦା ହ୍ରାସ କରିବା ପାଇଁ ଜଣେ ମୁଖ୍ୟ ନିର୍ବାଚନ କମିଶନର ଜାଗାରେ ତିନିଜଣିଆ ନିର୍ବାଚନ କମିଶନର ବ୍ୟବସ୍ଥା କଲେ ଏବଂ ସେମାନଙ୍କ ମଧ୍ୟରୁ ସର୍ବାଧିକ ବରିଷ୍ଠ ଅଧିକାରୀଙ୍କୁ ମୁଖ୍ୟ ନିର୍ବାଚନ କମିଶନର ବୋଲି କୁହାଗଲା। ମାନ୍ୟବର ସୁପ୍ରିମକୋର୍ଟ ବିଭିନ୍ନ ସମୟରେ ନିର୍ଦ୍ଦେଶନାମା ଜାରି କରି ନିର୍ବାଚନ କମିଶନଙ୍କର ଦାୟିତ୍ୱ ଓ କ୍ଷମତା ନିର୍ଦ୍ଧାରଣ କରିଛନ୍ତି।

ଆଜିର ଆଲୋଚ୍ୟ ବିଷୟଟି ହେଲା ନିର୍ବାଚନ କମିଶନର ପରି ଏତେ ଗୁରୁତ୍ୱପୂର୍ଣ୍ଣ ଓ ଦାୟିତ୍ୱପୂର୍ଣ୍ଣ ପଦବୀରେ ଆସୀନ ଜଣେ ମାନ୍ୟବର କିପରି ନିର୍ବାଚନର ପୂର୍ବରୁ ନିଜର ଦାୟିତ୍ୱରୁ ଅପସରିଗଲେ ତାହା ପୁଣି ଏକ ବ୍ୟକ୍ତିଗତ କାରଣକୁ ଦ୍ୱାହି ଦେଇ। ସେ ଯେତେ ତାଙ୍କର ଦରଖାସ୍ତରେ ବ୍ୟକ୍ତିଗତ କାରଣ ଲେଖିଲେ ମଧ୍ୟ ଦେଶବାସୀଙ୍କର ଧାରଣା କିଛି ଗୁରୁତ୍ୱପୂର୍ଣ୍ଣ କାରଣ ହୁଏତ ରହିଛି ଯାହା ସେ ଖୋଲିବାକୁ ଚାହିଁଲେ ନାହିଁ।

ସାମ୍ବିଧାନିକ ପଦବୀରେ ଯେଉଁମାନେ ଅଧିଷ୍ଠିତ ହୋଇଥାନ୍ତି ସେମାନଙ୍କୁ ପଦ ଓ ଗୋପନୀୟତାର ଶପଥ ନେବାକୁ ପଡ଼ିଥାଏ। ଅର୍ଥାତ୍ ସେମାନେ ସେମାନଙ୍କ ପଦବୀ ସମ୍ପର୍କିତ ଗୋପନୀୟ ତଥ୍ୟକୁ ସାର୍ବଜନୀନ କରିବେ ନାହିଁ। ଏଇ ଆଧାରରେ ହୁଏତ ମହାଶୟ ତାଙ୍କର ଇସ୍ତଫାପତ୍ରରେ ଉଲ୍ଲିଖିତ କାରଣ ବ୍ୟକ୍ତିଗତ ବୋଲି ଲେଖିଥାଇପାରନ୍ତି।

ବିଭିନ୍ନ ଗଣମାଧ୍ୟମରେ କେହି କେହି ସାମ୍ବାଦିକ ଆଲୋଚନା ବେଳେ କହନ୍ତି – ଦେଶକୁ ଏହା ଜାଣିବାର ଅଧିକାର ଅଛି, ଦେଶର ଲୋକମାନଙ୍କର ତାହାହିଁ ଅଧିକାର। ଯଦି କଥାଟି ସେଇଆ କୌଣସି ଗଣମାଧ୍ୟମରେ ଯେ ବିଷୟରେ ବିଶେଷ ଚର୍ଚ୍ଚା ହେଲାନାହିଁ କାହିଁକି – ତାହା ମଧ୍ୟ ଚିନ୍ତାର ବିଷୟ।

ସାମ୍ବିଧାନିକ ପଦବୀରେ ଥିବା ଅଧିକାରୀମାନଙ୍କୁ ଶାସକବର୍ଗ ସବୁବେଳେ ନିଜ ନିୟନ୍ତ୍ରଣରେ ରଖିବାକୁ ଚାହାନ୍ତି। ସେମାନଙ୍କୁ ଅବସର ପରେ ପୁନଃନିଯୁକ୍ତିର ଲୋଭ ବେଳେବେଳେ ଦେଖାନ୍ତି ଏବଂ ଅବସର ପରେ ସେମାନଙ୍କର କିଛି ପ୍ରମାଦ ଭୁଲ୍ ଭଟକାକୁ ବିଭ୍ରାନ୍ତିକର ସ୍ତରକୁ ନେବାକୁ ମଧ୍ୟ ପ୍ରଯତ୍ନ କରିପାରନ୍ତି। ଏହି କାରଣରୁ ସାମ୍ବିଧାନିକ ପଦବୀରେ ଥାଇବି ଅନେକ ନିରାପଦ ମଣନ୍ତି ନାହିଁ। ଏପଟରେ ହୁଏତ ତାଙ୍କୁ କିଛି ଅନୈତିକ କାର୍ଯ୍ୟ କରିବାକୁ ଚାପ ପଡୁଥିବ, ସେପଟରେ ବିବେକ ତାକୁ ଗ୍ରହଣ କରୁନଥିବ। ସର୍ବସାଧାରଣରେ ତାକୁ ପ୍ରକାଶ କରିବା ପାଇଁ ପର୍ଯ୍ୟାପ୍ତ ସୁବିଧା ନ ଥିବ। ଏପରି ସ୍ଥଳେ ବିଚରା ଲୋକଟି ବ୍ୟକ୍ତିଗତ କାରଣ ଦର୍ଶାଇ ନିଜର ଘରକୁ ବାହୁଡ଼ି ଯିବ ନାହିଁତ କଣ କରିବ ଯେ !

ମନେ ପକାନ୍ତୁ କିଛି ବର୍ଷ ତଳେ ମାନନୀୟ ସୁପ୍ରିମକୋର୍ଟର ଚାରିଜଣ ବରିଷ୍ଠ

ବିଚାରପତି ସମ୍ମିଳିତ ଭାବରେ ଗୋଟିଏ ପ୍ରେସ୍ କନ୍‌ଫରେନ୍‌ସ କରି ତତ୍‌କାଳୀନ ମୁଖ୍ୟ ବିଚାରପତିଙ୍କ କିଛି ଏକପାଖିଆ ନିଷ୍ପତ୍ତି ବିରୋଧରେ ବର୍ଷି ଥିଲେ; ମାତ୍ର ଏକୁଟିଆ କହିବାକୁ ବୋଧହୁଏ ସାହସ ଜୁଟାଇ ପାରିନଥିଲେ। ଏଇଭଳି ଅନେକ ସମୟରେ ହୁଏତ ଅଧସ୍ତନ ଉପରେ ବହୁ ଅନ୍ୟାୟ ଆଦେଶ ଲଦି ଦିଆଯାଉଥିବ ଯାହାକୁ ସେ ହୃଦୟରେ ଗ୍ରହଣ କରିପାରୁନଥିବ ଅଥଚ ମୁହଁ ଖୋଲି କହିପାରୁନଥିବ। ଆମ ସାମ୍ବିଧାନରେ ପ୍ରଦତ୍ତ ସ୍ୱାଧୀନ ଚିନ୍ତା ଓ ତାର ପ୍ରକାଶର ଅଧିକାରକୁ ସାବ୍ୟସ୍ତ କରିବା ଏତେ ସହଜ ନୁହେଁ ବୋଧହୁଏ।

ଆଉ ବଡ଼ କଥାଟିଏ ହେଲା ଅନେକ କଥା ରହିଯାଏ ନେପଥ୍ୟରେ ଯାହାକି ପ୍ରକୃତରେ ଇତିହାସର ବିଷୟବସ୍ତୁ ତାହା କ୍ୱଚିତ୍ ବାହାରକୁ ଆସିପାରେ। ଏଇ ବିଡ଼ମ୍ବନାକୁ କ'ଣ ଅତିକ୍ରମ କରିହେବ ?

ନିର୍ବାଚନ କମିଶନର କୌଣସି ମାମୁଲି ପଦପଦବୀ ନୁହେଁ। କୌଣସି ଗଣତାନ୍ତ୍ରିକ ଦେଶର ପରିଚିତିରେ ଏହି ଅନୁଷ୍ଠାନର ସ୍ୱତନ୍ତ୍ର ସାମ୍ବିଧାନିକ ଉପସ୍ଥିତ ରହିଛି। ଯଦିଓ ସରକାରଙ୍କ ତରଫରୁ ନିର୍ବାଚନ କମିଶନର ନିଯୁକ୍ତ ହେଉଛନ୍ତି, ନିଯୁକ୍ତି ପାଇବା ପରେ ସେମାନେ ସାମ୍ବିଧାନିକ ଦାୟିତ୍ୱ ତୁଲାନ୍ତି। ତାଙ୍କର ଦାୟିତ୍ୱ କ୍ଷମତାସୀନମାନଙ୍କୁ ସନ୍ତୁଷ୍ଟ କରିବା ନୁହେଁ ବରଂ ଦେଶ ଓ ଏହାର ଭବିଷ୍ୟତ ପ୍ରତି ନିଜର ଉତ୍ତର ଦାୟିତ୍ୱ ପାଳନ କରିବା। ନିକଟରେ ଘଟିଯାଇଥିବା ଘଟଣାଟି ସାମୟିକ ଭାବରେ ଦେଶର ବିବେକକୁ ବାଧିଛି ନିଶ୍ଚିତ ଏବଂ ଏହିପରି ଘଟଣା ଦେଶର ଗଣତନ୍ତ୍ର ପ୍ରତି ଧକ୍‌କା ସଦୃଶ। ନିର୍ବାଚନ ଦାୟିତ୍ୱରେ ଥିବା ଯେକୌଣସି ଅଧିକାରୀ କେବଳ ନିରପେକ୍ଷ ହେବା ଯେତିକି ଦରକାର ସାଧାରଣ ଲୋକଙ୍କ ଦୃଷ୍ଟିରେ ତାଙ୍କର ନିରପେକ୍ଷତା ସେତିକି ପ୍ରତିଫଳିତ ହେବା ମଧ୍ୟ ଆବଶ୍ୟକ। ନିକଟରେ ଚଣ୍ଡିଗଡ଼ ମେୟର ନିର୍ବାଚନରେ ନିର୍ବାଚନ ଅଧିକାରୀଙ୍କ କଳାକାରନାମା ଏକ ଜାତୀୟ ଲଜ୍ଜା ନୁହେଁତ ଆଉ କ'ଣ ? ଯେଉଁମାନେ ତାଙ୍କୁ ପ୍ରଭାବିତ କରିବାକୁ ଚେଷ୍ଟା କରିଥିଲେ ସେମାନଙ୍କୁ ବି ଆଇନର ପଞ୍ଝା ଭିତରକୁ ନେବା ଦରକାର।

ଅନେକ ସମୟରେ ବ୍ୟକ୍ତିଗତ କାରଣ ଦର୍ଶାଇ ବହୁ କଥା ଲୁଚାଇ ରଖାଯାଏ – ତାହା ଲୋକଲୋଚନକୁ ଆସେ ନାହିଁ। ଆମ ଦେଶର ସର୍ବୋଚ୍ଚ ନ୍ୟାୟାଳୟ ମଧ୍ୟ (Right to Privacy) ବ୍ୟକ୍ତିଗତ ଗୋପନୀୟତାକୁ ସବିଧାନ ପ୍ରଦତ୍ତ Right to life and libertyର ଅନ୍ତର୍ଭୁକ୍ତ ବୋଲି ନିର୍ଣ୍ଣୟ ଦେଇଛନ୍ତି; ମାତ୍ର ଯାହା ଦେଶର ଗୁରୁତ୍ୱପୂର୍ଣ୍ଣ ପ୍ରସଙ୍ଗକୁ ଲୁଚାଇ ଦେଇପାରେ ତାହାକୁ ବ୍ୟକ୍ତିଗତ ଗୋପନୀୟତା କିମ୍ବା ବ୍ୟକ୍ତିଗତ ବ୍ୟାପାର ବୋଲି ଧରିବା ଉଚିତ ହେବ କି ? ଏହା ଉପରେ ବିତର୍କ ହେବା ଆବଶ୍ୟକ।

■

(ସମ୍ବାଦକଳିକା - ତା ୫.୯.୨୦୨୪ରିଖ)

ମଣିଷର ମତିଭ୍ରମ

ବୈଜ୍ଞାନିକ ଆକଳନରୁ ଜଣାଯାଇଛି ପ୍ରାୟ ପନ୍ଦର ଶହ କୋଟି ବର୍ଷ ତଳେ ହୋଇଥିବା ଏକ ବିକଟାଳ ସଂଘାତ ଯୋଗୁଁ ବିଶ୍ୱବ୍ରହ୍ମାଣ୍ଡ ମହାକାଶରେ ସଂସ୍ଥାପନା ହୋଇଥିଲା। ଏହାକୁ ବିଗ୍ ବେଙ୍ଗ୍ (Big Bang) ତତ୍ତ୍ୱ ବୋଲି କୁହାଯାଇଥାଏ।

ଯଦି ଏହି ପନ୍ଦରଶହ କୋଟି ବର୍ଷ ବର୍ଷ ତଳର ଘଟଣାଠୁ ଆଜିଯାଏ ସଂଘଟିତ ହୋଇଥିବା ବଡ଼ ବଡ଼ ଘଟଣାମାନ ଏକ ପର୍ଯ୍ୟାୟକ୍ରମେ ସଜାଇ ରଖାଯାଏ ଏବଂ ସମୁଦାୟ ସମୟକ୍ରମକୁ ଗୋଟିଏ ବର୍ଷକ୍ରମ ବୋଲି ଧରିନିଆଯାଏ ତାହେଲେ ଯାହା ନଜରକୁ ଆସିବ, ତାହା ଆମକୁ ଆମୋଦିତ କରିବ ହିଁ କରିବ।

ଗୋଟିଏ ବର୍ଷ କହିଲେ ଭାବି ନିଅନ୍ତୁ ଏଇ ପନ୍ଦର ଶହ କୋଟି ବର୍ଷର ଆରମ୍ଭ ହେଉଛି ଜାନୁଆରୀ ୧ ଆଉ ଆଜି ଦିନଟି ହେଉଛି ଡିସେମ୍ବର ୩୧। ଏଥିରେ ପ୍ରଥମ ଚାରିମାସ ଅର୍ଥାତ୍ ଏପ୍ରିଲ ଶେଷ ଯାଏ ସେମିତି କିଛି ମନେ ରଖିବା ଭଳି ଘଟଣା ଘଟିନଥିଲା ବୋଧହୁଏ। ସୌର ଜଗତ ବାହାରେ ଥିବା ଗ୍ରହାଣୁପୁଞ୍ଜ, ନକ୍ଷତ୍ରମାଳା ସମ୍ଭବତଃ ମଇ ମାସ ପହିଲା ବେଳକୁ ଆବିର୍ଭୂତ ହୋଇଥିଲେ ଆଉ ଆମର ସୌରଜଗତ ହୁଏତ ଆସିଥିଲା ସେପ୍ଟେମ୍ବର ନଅ ତାରିଖରେ।

ଏଇ ପରିସ୍ଥିତିରେ ପୃଥିବୀ ସୃଷ୍ଟି ହୋଇଥିଲା ସେପ୍ଟେମ୍ବର ୧୪ ତାରିଖରେ ଉଦ୍ଭିଦ ଓ ପ୍ରାଣୀ ବଞ୍ଚିବା ଉପଯୋଗୀ ଅକ୍‌ସିଜେନ ପୃଥିବୀ ପୃଷ୍ଠରେ ଆବିର୍ଭୂତ ହେଲା ଡିସେମ୍ବର ପହିଲା ବେଳକୁ। ଡିସେମ୍ବର ଷୋହଳ ତାରିଖ ବେଳକୁ ଅମୋଇବା ଜାତୀୟ ଏକ କୋଷୀ ଜୀବମାନଙ୍କ ଆବିର୍ଭାବ। ସେଇ ବର୍ଷିକିଆ କାଲେଣ୍ଡରରେ ଡିସେମ୍ବର ୨୬ ବେଳକୁ ମେରୁଦଣ୍ଡୀ ପ୍ରାଣୀମାନେ ଆସିଲେ। ଡିସେମ୍ବର ୩୧ ତାରିଖ ରାତି ସାଢ଼େ ଦଶଟା ବେଳେ ପ୍ରଥମ ମଣିଷର ସୃଷ୍ଟି ଏଇ ଅଭିନବ କ୍ୟାଲେଣ୍ଡରରେ। ଯେଉଁ ବିଜ୍ଞାନ ଓ କାରିଗରୀ ବିଦ୍ୟାର ଯାଦୁଗରୀ ପାଇଁ ମଣିଷ ନିଜକୁ ସାରା ପୃଥିବୀର ମାଲିକ ଭାବୁଛି

ସେଇ ବିଦ୍ୟାଟି ହାସଲ ହୋଇଛି ଶେଷ ମୁହୂର୍ତ୍ତରେ ବୋଲି ଧରି ନିଅନ୍ତୁ। ଆଉ ଯେଉଁ ଲିଖିତ ଇତିହାସ ମଣିଷ ହାତରେ ତାର ପରିବ୍ୟାପ୍ତି ଦଶ ସେକେଣ୍ଡ ଭିତରେ ସୀମିତ।

ବିଶ୍ୱବ୍ରହ୍ମାଣ୍ଡର ସଂରଚନା ଠାରୁ ଆଜିଯାଏ ଘଟିଥିବା ଏଇ ଉଲ୍ଲେଖନୀୟ କଥାବସ୍ତୁ ଭିତରେ ଆପଣ ଏବେ ଜାଣିପାରୁଥିବେ ମଣିଷ ଆଗମନ; ମାତ୍ର ଶେଷ ଦେଢ଼ ଘଣ୍ଟାରେ ବର୍ଷକର କ୍ୟାଲେଣ୍ଡର ଅନୁଯାୟୀ; ମାତ୍ର ମଣିଷର ଧାରଣା ହୋଇଯାଇଛି ସେ ସମସ୍ତଙ୍କର ଭାଗ୍ୟ ବିଧାତା। ଅନ୍ୟସବୁ ପ୍ରାଣୀଙ୍କ ଭିତରେ ସେ ଅଧିକ ବୁଦ୍ଧିମାନ ଆଉ ସେଇ ବୁଦ୍ଧିର ପ୍ରୟୋଗ ବଳରେ ସେ ତିଆରି କରିଥିବା ଏକ ମନଗଢ଼ା କାହାଣୀ ହେଉଛି ଯେ ତାର ଇଚ୍ଛାମତେ ସାରା ବିଶ୍ୱ ଆତଯାତ ହେଉଛି।

ଖାଲି ପୃଥିବୀ କଥା ଯଦି ଆଲୋଚନା କରିବା ଏଥିରେ ମଣିଷ ଛଡ଼ା ତିନିଲକ୍ଷ ରକମର ବୃକ୍ଷରାଜି ଏବଂ ସାତଲକ୍ଷ ରକମର ପ୍ରାଣୀ ରହୁଛନ୍ତି। ପ୍ରାୟ ପନ୍ଦର ଶହ କୋଟି ବର୍ଷ ତଳେ ସୃଷ୍ଟି ହୋଇଥିବା ବିଶ୍ୱବ୍ରହ୍ମାଣ୍ଡ ତୁଳନାରେ ମଣିଷ ଜାତିର ଇତିହାସ; ମାତ୍ର ଦୁଇଲକ୍ଷରୁ ତିନିଲକ୍ଷ ବର୍ଷର। ଆମେ ଯେଉଁ ଜ୍ଞାନ ବା ବିଜ୍ଞାନର ଅଧିକାରୀ ହୋଇଛନ୍ତି ବୋଲି ଦାବି କରୁଛନ୍ତି ତାହା ହୁଏତ ସମଗ୍ର ଉପଲବ୍ଧ ଜ୍ଞାନର ଏକ ଶତାଂଶରୁ କମ୍। ଆଉ ଏଇ ପରିପ୍ରେକ୍ଷୀରେ ମଣିଷ ସମସ୍ତଙ୍କର ଗାର୍ଜନ ଭାବିବା ତ ଦୂରର କଥା ସମସ୍ତଙ୍କ ମାଲିକ ବୋଲି ଭାବିବା ତାର ମତିଭ୍ରମ ନୁହେଁ କି !

ଯେଉଁପରି ଭାବରେ ପୃଥିବୀ ଉତ୍ତପ୍ତ ହେଉଛି ତାର ପରିଣାମ କେତେ ଭୟଙ୍କର ସେ ବିଷୟରେ ଆମେ କିଛି ଜ୍ଞାନ ହାସଲ କରିଛନ୍ତି। ଜଳବାୟୁ ପରିବର୍ତ୍ତନ ଏପରି ସ୍ତରକୁ ଯାଉଛି ଯାହା ହୁଏତ ଆଉ ଫେରେଇ ଆଣି ହେବ ନାହିଁ। ସେଇଥିରେ ମଦମତ୍ତ ମଣିଷ ଦିନକୁ ଦିନ ନିଜର ପ୍ରଭାବ ପ୍ରତିପତ୍ତି ବୃଦ୍ଧି କରିବା ପାଇଁ ଯେଉଁ କ୍ଷେପଣାସ୍ତ୍ର ଓ ଯୁଦ୍ଧାସ୍ତ୍ର ବ୍ୟବହାର କରୁଛି ତା'ଫଳରେ ପୃଥିବୀର ତାପମାନ ସବୁ ଆକଳନ ଅତିକ୍ରମ କରି ବୃଦ୍ଧି ପାଉଛି। ଯଦି କେବେ ପରମାଣୁ ଯୁଦ୍ଧ ହୁଏ ତାହେଲେ ପୃଥିବୀ ଧ୍ୱଂସ ହେବାକୁ କେତେ ସମୟ ଲାଗିବ ତାହାର ଅଙ୍କ କଷିବା ଦରକାର ପଡ଼ିବ ନାହିଁ ବୋଧହୁଏ। ଏପରିକି ଅଣୁ ପରମାଣୁ ଯୁଦ୍ଧଜନିତ ପୃଥିବୀର ତାପମାନ ଯେଉଁପରି ଅତିମାତ୍ରାରେ ବୃଦ୍ଧି ପାଉଛି ତାହା ଯେ ମାନବ ସମାଜର ସବୁ ଆକଳନ ଆଗରୁ ଧ୍ୱଂସ ସୃଷ୍ଟି କରିନେବ ତାହା କହିବା ଖୁବ୍ ସହଜ। ଆମେ ଜାଣିଛନ୍ତି ପ୍ରାଣୀଜଗତ ବଂଚିବା ପାଇଁ ସର୍ବୋଚ୍ଚ ତାପମାତ୍ରା ହେଉଛି ପଚାଶରୁ ଷାଠିଏ ଡିଗ୍ରୀ। ଅର୍ଥାତ୍ ସେଇ ତାପମାତ୍ରା ଛୁଇଁଲେ ଆପେ ଆପେ ମଣିଷ ସମାଜ ଧ୍ୱଂସ ହେବ, ଏଥିରେ ତିଳେମାତ୍ର ସନ୍ଦେହ ନାହିଁ।

ବର୍ତ୍ତମାନ କିଛି ରାଷ୍ଟ୍ର ଏପରି ବ୍ୟବହାର କରୁଛନ୍ତି ଯେପରି ସେମାନଙ୍କ ରାଗ ବେଳେ ସେମାନେ ଯେତେବେଳେ ଚାହିଁବେ ସେତେବେଳେ ତାଙ୍କର ସର୍ବୋଚ୍ଚ ଅସ୍ତ୍ର

ପ୍ରୟୋଗ କରିଦେବେ। ୟା ସାଙ୍ଗକୁ କେବେ ଦେଶରେ ଧର୍ମକୁ ନେଇ ଯେଉଁ ସଂଘର୍ଷ ଚାଲିଛି ସେଥିରେ ଉତ୍କର୍ଷ ଜାଣିବା ପୂର୍ବରୁ ମଣିଷ ସମାଜ ଲୋପ୍ ପାଇଯାଇଥିବା ଅସମ୍ଭବ ନୁହେଁ। ଗତ ଚାରିବର୍ଷ ତଳେ ପୃଥିବୀ ପୃଷ୍ଠକୁ ଆସିଥିବା କରୋନା ମହାମାରୀ କଥା ଆଜି ମନେ ପକେଇଲେ ଦେହ ଶୀତେଇ ଉଠୁଛି, ଗୋଟିଏ ଛୋଟିଆ ପରଜୀବୀ ବି ମଣିଷ ସମାଜକୁ ଧ୍ୱସ୍ତ କରିଦେବା ଅସମ୍ଭବ ନୁହେଁ। ଆମେ କିଛି ରୋଗର ପ୍ରତିଷେଧକ ବାହାର କରି ଯେଉଁ ଡିଣ୍ଡିମ ପିଟୁଥିଲେ, କରୋନା ମହାମାରୀର ପ୍ରକୋପ ବେଳେ ଲାଗୁଥିଲା ସବୁ ପ୍ରଚାର ସର୍ବସ୍ୱ ଯେମିତି !

ଆହୁରି କେତେ କଣ ସମସ୍ୟା ସମାଧାନ ପାଇଁ ହାତଠାରୁ ଥିବାବେଳେ ସର୍ବପ୍ରଧାନ ସମସ୍ୟା ହୋଇଛି ମଣିଷର ବେପରୁଆ ପଣ, ତାର ସମସ୍ତଙ୍କ ଉପରେ ଆଧିପତ୍ୟ ବୋଲାଇବାର ଦୁର୍ବାର ଆସ୍ପର୍ଦ୍ଧା। ଏହା ଅବାରିତ ଭାବରେ ଚାଲିଲେ ତାର ଅସ୍ତିତ୍ୱ ରହିବ କି ନା ତାହା କିଏ ବା କହିବ ?

ଅବଶ୍ୟ ଆମେ ଜାଣୁ ପ୍ରତି ପାଞ୍ଚ ଲକ୍ଷ ବର୍ଷରେ ଥରେ ମହାପ୍ରଳୟ ଘଟିଥାଏ ଯେଉଁଥିରେ ଅନେକ ପ୍ରାଣୀ ସମୂଳେ ବିନାଶ ଯାଆନ୍ତି। ଯେପରି ଭାବରେ ଡାଇନୋସର ବଂଶ ସମୂଳେ ଧ୍ୱଂସ ହୋଇଥିଲେ। ମଣିଷର ଏଇ ମତିଭ୍ରମ ନ ବଦଳିଲେ ମଣିଷ ସଭ୍ୟତା ହୁଏତ ବେଶିଦିନ ନୁହେଁ।

■

(ନିତିଦିନ - ତା ୨୫.୧୦.୨୦୨୪ରିଖ)

ମିଛର କାରଖାନା ଓ ଗଣତନ୍ତ୍ରର କୋହ

ଭାରତୀୟ ଉପମହାଦେଶରେ ଗଣତନ୍ତ୍ର ଶାସନ ଚାଲିଛି ଏବଂ ଏହା ଆମର ସମ୍ବିଧାନର ଏକ ମୌଳିକ ଢାଞ୍ଚା ବୋଲି ଆମେ ଗର୍ବ କରୁଛେ। ଏକ ସାମ୍ବିଧାନିକ ସଂସ୍ଥା ହେଉଛି ଭାରତୀୟ ନିର୍ବାଚନ କମିଶନ ଯିଏକି ସୁସ୍ଥ ଓ ନିରପେକ୍ଷ ନିର୍ବାଚନ କରିବା ପାଇଁ ଅଧିକାରପ୍ରାପ୍ତ। ନିର୍ବାଚନକୁ ମୁକ୍ତ ଏବଂ ଅବାଧ କରିବା ପାଇଁ ବହୁ ଆଇନ ପ୍ରଚଳିତ ହୋଇଛି। ତା ଭିତରେ ଏକ ଗୁରୁତ୍ୱପୂର୍ଣ୍ଣ ପ୍ରସଙ୍ଗ ହେଉଛି ନିର୍ବାଚନୀ ଖର୍ଚ୍ଚ। ବିଭିନ୍ନ ନିର୍ବାଚନ ମଣ୍ଡଳି ପାଇଁ ସର୍ବୋଚ୍ଚ ନିର୍ବାଚନୀ ଖର୍ଚ୍ଚ କେତେ ହେବ, ତାହା ନିର୍ବାଚନ କମିଶନ ନିର୍ଦ୍ଧାରଣ କରନ୍ତି। ଏହା ମଧ୍ୟ ଅର୍ଥନୈତିକ ପରିସ୍ଥିତିକୁ ଦେଖି ପରିବର୍ତ୍ତିତ ହୋଇଥାଏ।

ଓଡ଼ିଶାର ଗୋଟିଏ ବିଧାନସଭା ନିର୍ବାଚନ ମଣ୍ଡଳୀର ଜଣେ ପ୍ରାର୍ଥୀଙ୍କର ଅଧୁନା ସର୍ବାଧିକ ନିର୍ବାଚନ ଖର୍ଚ୍ଚର ସୀମା ହେଉଛି ଚାଳିଶ ଲକ୍ଷ ଟଙ୍କା। ବିଭିନ୍ନ ରାଜ୍ୟ ପାଇଁ ଖର୍ଚ୍ଚ ସୀମା ଅଲଗା। ସେହିପରି ଓଡ଼ିଶାର ଜଣେ ଲୋକସଭା ପ୍ରାର୍ଥୀ ପାଇଁ ସର୍ବୋଚ୍ଚ ଖର୍ଚ୍ଚର ପରିମାଣ ୯୫ ଲକ୍ଷ ଟଙ୍କା ଆଜିର ଦିନରେ। ପ୍ରତି ପ୍ରାର୍ଥୀଙ୍କ ତରଫରୁ ଜଣେ ଜଣେ ଏଜେଣ୍ଟ ନିଯୁକ୍ତ ହୋଇଥାନ୍ତି ଯିଏକି ଏହି ନିର୍ବାଚନରେ ହେଉଥିବା ଖର୍ଚ୍ଚର ହିସାବ ଗୋଟିଏ ଖାତାରେ ଲେଖିରଖନ୍ତି, ତା ସହିତ ଖର୍ଚ୍ଚକୁ ପ୍ରମାଣ କରିବା ପାଇଁ ବିଭିନ୍ନ ରସିଦ ମଧ୍ୟ ରଖନ୍ତି। ନିର୍ବାଚନ କମିଶନଙ୍କ ତରଫରୁ ଖର୍ଚ୍ଚ ଯାଞ୍ଚ କରିବା ପାଇଁ ପ୍ରତି ନିର୍ବାଚନ ମଣ୍ଡଳି ପାଇଁ ଜଣେ ଜଣେ ହିସାବ ପର୍ଯ୍ୟବେକ୍ଷକ (Expenditure Observer) ନିଯୁକ୍ତ ହୋଇଥାନ୍ତି। ତାଙ୍କୁ ସାହାଯ୍ୟ କରିବା ପାଇଁ ଏକାଧିକ ସହକାରୀ ହିସାବ ପର୍ଯ୍ୟବେକ୍ଷକ ମଧ୍ୟ ନିଯୁକ୍ତ ହୋଇଥାନ୍ତି। ନିର୍ବାଚନ ପରିଚାଳନା ମଧ୍ୟରେ ନିର୍ଦ୍ଦିଷ୍ଟ ଦିନରେ ଏଜେଣ୍ଟମାନେ ସେଇ ଖାତା ନେଇ ଖର୍ଚ୍ଚ ପର୍ଯ୍ୟବେକ୍ଷକଙ୍କ ଦ୍ୱାରା ତଦାରଖ କରାନ୍ତି ଏବଂ ନିର୍ବାଚନ ସରିବାର ତିରିଶ ଦିନ ଭିତରେ ପ୍ରାର୍ଥୀମାନଙ୍କୁ ନିର୍ବାଚନ ଖର୍ଚ୍ଚର ହିସାବ ଦେବାକୁ ପଡ଼ିଥାଏ।

ପ୍ରତି ନିର୍ବାଚନ ମଣ୍ଡଳୀରେ ସାଧାରଣତଃ ବହୁ ନିର୍ଦ୍ଦଳୀୟ ପ୍ରାର୍ଥୀଙ୍କ ଉପସ୍ଥିତି ପ୍ରାର୍ଥୀଙ୍କ ସଂଖ୍ୟା ବଢ଼ାଏ ସିନା, ହେଲେ, ଏହା ଆମପରି ସାଧାରଣ ଲୋକଙ୍କର ଅନୁଭବ ଯେ ଦୁଇରୁ ତିନି ଜଣ ପର୍ଯ୍ୟନ୍ତ ବାସ୍ତବରେ ପ୍ରାର୍ଥୀ ଥାଆନ୍ତି ଯେଉଁମାନଙ୍କ ଭିତରେ ପ୍ରକୃତ ମୁକାବିଲା ହୁଏ। କୌଣସି ଜଣେ ପ୍ରାର୍ଥୀ ନିର୍ବାଚନରେ ସୀମା ବହିର୍ଭୂତ ଖର୍ଚ୍ଚ କରିଛନ୍ତି ବୋଲି ସତ୍ୟାର୍ପିତ କରି ନିର୍ବାଚନ କମିଶନଙ୍କ ଠାରେ ଆଫିଡେଭିଟ୍ ଦେଇଥିବାର କେବେବି ଦେଖାଯାଏ ନାହିଁ।

ପ୍ରାର୍ଥୀମାନେ ସେମାନଙ୍କର ଖର୍ଚ୍ଚ ହିସାବ ଦାଖଲ କରିବାର ପନ୍ଦର ଦିନ ଭିତରେ ସାଧାରଣ ନାଗରିକ ଚାହିଁଲେ ନ୍ୟାୟାଳୟ ଯାଇ ତାକୁ ବିରୋଧ କରିପାରିବେ ବୋଲି ନିର୍ଦ୍ଦେଶନାମା ରହିଛି। କେତେଜଣ ନାଗରିକ ବା ଯେ କଥା ଜାଣିଛନ୍ତି ?

ଆମେ ପିଲାଦିନେ ସମସ୍ତେ ଗୋଟିଏ କାହାଣୀ ଶୁଣିଛେ। ଜଣେ ରାଜାଙ୍କର ଅତି ପତଳା ଲୁଗା ପିନ୍ଧିବାର ସଉକ ହେଲାରୁ ଜଣକ ପରେ ଜଣେ ଦରଜୀ ଆସି ତାଙ୍କର ସଉକ ମେଣ୍ଟେଇବାକୁ ଲାଗିଲେ। ଅତି ହାଲୁକା ଲୁଗା ତାଙ୍କୁ ଆରାମ ଲାଗୁଛି ବୋଲି ରାଜାଙ୍କ ବକ୍ତବ୍ୟ ହେତୁ କ୍ରମେ ଭଣ୍ଡଙ୍କର ଆବିର୍ଭାବ ହେଲା। ଜଣେ ଭଣ୍ଡ ଦରଜୀ ଏପରି ଏକ ବିଶେଷ ପୋଷାକ ତିଆରି କରିଛନ୍ତି ଏବଂ ତାକୁ ପିନ୍ଧିଲେ ରାଜା ଖୁବ୍ ଚମତ୍କାର ଦିଶିବେ ବୋଲି କହିଲେ। ସତକୁ ସତ ସେଇ ଡ୍ରେସ୍ ରାଜା ପିନ୍ଧିଲେ ଏବଂ ରାଜାଙ୍କୁ ଦେଖିଲେ ମଧ୍ୟ କେହି କହୁନଥିଲେ ରାଜାଙ୍କ ପୋଷାକ ବିଷୟରେ। ମାତ୍ର ଭିଡ଼ ଭିତରୁ ଗୋଟେ ଛୋଟ ଝିଅ କୁଆଡ଼େ କହି ଉଠିଲା – "ରାଜାଟା ଲଙ୍ଗଳା"। ସେତେବେଳେ ଯାଇ ଜନତାଙ୍କର ଚେତା ପଶିଲା ଯେ ସତରେ ରାଜାଙ୍କର ଅଜବ ସଉକ ପୂରଣ କରିବାକୁ ଭଣ୍ଡ ଦରଜୀ ଆବିର୍ଭୂତ ହୋଇଛନ୍ତି, ଆଉ ରାଜାଙ୍କ ଭୟରେ କେହି ସତ କହିବାକୁ ଆଗେଇ ଆସି ନାହାନ୍ତି।

ଓଡ଼ିଶାର ବିଗତ ନିର୍ବାଚନ ଖର୍ଚ୍ଚ ସମ୍ପର୍କିତ କାଗଜରୁ ଜଣାଯାଏ ସମସ୍ତ ନିର୍ବାଚିତ ପ୍ରାର୍ଥୀଙ୍କ ଭିତରୁ ୧୪ ପ୍ରତିଶତ ମାତ୍ର ଶତକଡ଼ା ପଚାଶରୁ କମ୍ ଖର୍ଚ୍ଚ କରିଛନ୍ତି। ହାରାହାରି ଭାବରେ ଜଣେ ଏମ୍.ଏଲ୍.ଏଙ୍କର ନିର୍ବାଚନୀ ଖର୍ଚ୍ଚ ୨୬-୨୭ ଲକ୍ଷ। ବିଜେପି ଏମ୍.ଏଲ୍.ଏ.ମାନେ ହାରାହାରି ୨୫-୩୯ ଲକ୍ଷ ଖର୍ଚ୍ଚ କରିଥିବା ବେଳେ ବିଜେଡ଼ି ଏମ୍ଏଲ୍ଏମାନେ ହାରାହାରି ୨୫.୩୯ ଲକ୍ଷ ଟଙ୍କା ଖର୍ଚ୍ଚ କରିଛନ୍ତି। ଜଣେ କଂଗ୍ରେସ ଏମ୍.ଏଲ୍.ଏଙ୍କ ଖର୍ଚ୍ଚ ହାରାହାରି ୧୪ ଲକ୍ଷ ୫୪ ହଜାର ଟଙ୍କା। ସର୍ବାଧିକ ଖର୍ଚ୍ଚ କରିଥିବା ଏମ୍ଏଲଏ ହେଲେ ବିଜେଡ଼ିର ଭୁବନେଶ୍ୱର ମଧ୍ୟ ଏମଏଲ୍ଏ ନିର୍ବାଚିତ ପ୍ରାର୍ଥୀ ଯାହାଙ୍କର ଖର୍ଚ୍ଚ ୩୭ ଲକ୍ଷରୁ ସାମାନ୍ୟ ଅଧିକ (୯୪%)। ସେହିପରି ବାସୁଦେବପୁରର ନିର୍ବାଚିତ

ବିଧାୟକ ୮.୬୭ ଲକ୍ଷ ଟଙ୍କା ଖର୍ଚ୍ଚ କରି ସବୁଠୁ କମ୍ ଖର୍ଚ୍ଚ କରିଥିବା ବିଧାୟକ ହୋଇଛନ୍ତି। କ୍ଷମତା ହାସଲ କରିବା ପାଇଁ ଅଧିକ ଖର୍ଚ୍ଚ କରିବା ଦରକାର କି ବୋଲି ଯେକୌଣସି ଲୋକକୁ ପଚାରିଲେ ସେଇ ଏକା ଉତ୍ତର ଆସିବ 'ହଁ'; ମାତ୍ର ଅତି ଅଳ୍ପ ଖର୍ଚ୍ଚର ହିସାବ ଦିଆଯାଇଥିଲେ ବି କେହି ପ୍ରତିପକ୍ଷ ଆଗେଇ ଆସୁନଥିବା ବଡ଼ ଚିନ୍ତାର ବିଷୟ। ଯଦି ଏହାକୁ କଡ଼ାକଡ଼ି ଭାବରେ ଧରାହେବ ତାହେଲେ କେହି ଜଣେ ହେଲେ ପ୍ରାର୍ଥୀଙ୍କ ନିର୍ବାଚନ ସିଦ୍ଧ ହେବନାହିଁ ହୁଏତ। ସତ କହିବାର ଶପଥ କରି ସବୁଠୁ ବେଶି ମିଛ ନ୍ୟାୟାଳୟ ପରିସରରେ ଯେଉଁ କୁହାଯାଏ ତାହା ବସ୍ତୁତଃ ସତ। ସରପଞ୍ଚ ନିର୍ବାଚନରେ କେତେ ଖର୍ଚ୍ଚ ହେଉଛି ବୋଲି ପ୍ରଶ୍ନ କଲେ ପ୍ରାର୍ଥୀ ଯାହା ଆପଣଙ୍କୁ କହିବ, ଲାଗିବ ହୁଏତ ଏମ୍ଏଲଏଙ୍କ ସର୍ବୋଚ୍ଚ ସୀମାକୁ ଟପି ଯାଉଛନ୍ତି। ଏଇସବୁ ଖର୍ଚ୍ଚ ଯଦି ମିଛର ଦସ୍ତାବିଜ, ତାହେଲେ ଭାରତୀୟ ଗଣତନ୍ତ୍ର ଏକ ମିଛର ମାହୋଲ ଉପରେ ଛିଡ଼ା ହୋଇଛି ବୋଲି କହିଲେ ତାହା କେତେ କ୍ଲେଶକର ହେବ ଭାବନ୍ତୁ। ଗୋଟିଏ ଗୋଟିଏ ର୍ୟାଲିରେ ପ୍ରାର୍ଥମାନଙ୍କ ଯାହା ଖର୍ଚ୍ଚ ହୁଏ ତାହା ହୁଏତ ସମଗ୍ର ସୀମାକୁ ଅତିକ୍ରମ କରିଥିବା ବିଚିତ୍ର ନୁହେଁ। ଲୋକଙ୍କର ବ୍ୟବସ୍ଥା ଉପରେ ଭରସା ନ ପାଇବାର ଅର୍ଥ ହେଲା କ୍ଷମତା ବିରୋଧରେ ଯାଇ କୋର୍ଟରେ ପ୍ରମାଣ କରିବା ଭାରି କାଠିକରପାଠ। କୋର୍ଟଙ୍କ ବିଶ୍ୱାସ ହେଲା ଭଳି ପ୍ରମାଣ ଯୋଗାଡ଼ କରିବା ବି ଭାରି କଷ୍ଟ। କୌଣସି ଜଣେ ହେଲେ ଏମ୍ଏଲ୍ଏ ଅଧିକ ଖର୍ଚ୍ଚ କରିଛନ୍ତି ବୋଲି ସେଇ କାରଣରୁ ଅବୈଧ ଘୋଷିତ ହୋଇ ନାହାନ୍ତି। ଜନମତକୁ ପ୍ରଭାବିତ କରିବା ପାଇଁ ଆଜିକାଲି ବହୁ ଅନଲାଇନ ଭିଡ଼ିଓ ପ୍ରସାରିତ ହେଉଛି। ସେଥିପାଇଁ ବି ସମ୍ଭବତଃ ବହୁ ଅର୍ଥ ଖର୍ଚ୍ଚ ହେଉଥିବ। ସମ୍ବାଦପତ୍ରମାନେ ମଧ୍ୟ ଅନେକ ନିର୍ଦ୍ଦିଷ୍ଟ ପାର୍ଟିଙ୍କୁ ସାହାଯ୍ୟ କରିବାକୁ ଖବର ବାଢ଼ନ୍ତି। ସେଗୁଡ଼ିକ ଚତୁରତାର ସହିତ କମିଶନଙ୍କ ନଜରରୁ ଖସିଯାଇଛନ୍ତି। ସବୁ ରାଜନୈତିକ ଦଳ ଏଇ ଖର୍ଚ୍ଚକୁ ନ୍ୟୁନ ଦେଖାଇଥିବାରୁ କେହି କାହା ବିରୋଧରେ ପାଟି ଖୋଲନ୍ତି ନାହିଁ। ଯାହା କହନ୍ତି, ଚତୁରେ ଚତୁରେ କୋଳାକୋଳି !

ଏଇଭଳି ମିଛ କାରବାର ସମସ୍ତଙ୍କ ଆଖି ଆଗରେ ଚାଲିଛି। ଆଉ ସମସ୍ତେ ଯେମିତି ଅସହାୟ ଆଉ ନିଃସହାୟ। କେତେଦିନ ଯାଏ ଏଇ ସମସ୍ୟା ଚାଲିଥିବ ! ଆମର ବୁଦ୍ଧିଜୀବୀମାନେ କଣ ପଙ୍ଗୁ ନା ପରଜୀବୀ ! ଧର୍ମକୁ ଆଖିଠାର ମାରି ନିର୍ବାଚନୀ ଖର୍ଚ୍ଚ ବିବରଣୀ ଚାଲିଥିବା ଯାଏ ଭାରତୀୟ ଗଣତନ୍ତ୍ର ସୁସ୍ଥ ବୋଲି ଆମେ କହିପାରିବା କି ? – ଯେ ପ୍ରଶ୍ନ ଆମ ସମସ୍ତଙ୍କ ପାଇଁ....

■

ମୂଷା ଉପାଖ୍ୟାନ

ଆପଣ ହୁଏତ କୌଣସି ସାହିତ୍ୟ ଅଧ୍ୟୟନ କାଳରେ ପଢ଼ିଥିବେ ଯେ ଭିଜିଯାଇଥିବା ମୂଷାକୁ ବିଚରା ଲୋକଟିଏ ସହିତ ତୁଳନା କରାଯାଇଥାଏ। ଆପଣ ସେତେବେଳେ ଦୁଃସ୍ଥ ଲୋକଙ୍କ ପ୍ରତି ଅନୁକମ୍ପା ଦେଖାଉ ଦେଖାଉ ମୂଷାପ୍ରତି ବି ଦୟାର୍ଦ୍ର ହୋଇ ଉଠିଥିବେ; ମାତ୍ର ମୂଷାମାନେ ସବୁବେଳେ ସେମିତି ନୁହନ୍ତି। ପ୍ରାଥମିକ ଶ୍ରେଣୀରେ ଅଧ୍ୟୟନ ବେଳେ ନିଧିବୁଢ଼ା ବାଡ଼ିରେ ମଶା, ମୂଷା, ମାଛିଙ୍କର ସମ୍ମିଳନୀରେ ମୂଷାର ଉଦ୍ଧତ ଉକ୍ତି କାଳେ ଆପଣଙ୍କର ବିସ୍ମରଣ ହୋଇଯାଇଥିବ, ସେଥିପାଇଁ ସ୍ମରଣ କରାଇ ଦେଉଛି -

"ନିଶକୁ ଫୁଲାଇ ମୂଷା ଦୁଇ ଗୋଡ଼ ଛାଟି,
ମୂଷା କହେ ନିଧିଆର ଚୁଟି ନେବି କାଟି
ମାଟିରେ ଯତନେ ବୁଢ଼ା କରିଅଛି ଘର,
କାଟି କୁଟି କରିଦେବି ସବୁ ନାରଖାର..."

ମୂଷାର ଦୌରାତ୍ମ୍ୟ କହିଲେ ଆମେ ସାଧାରଣତଃ ସେମାନଙ୍କ ଦ୍ୱାରା ବିପର୍ଯ୍ୟସ୍ତ ହେଉଥିବା ଆମର ଖାଦ୍ୟ ଶୃଙ୍ଖଳ କିମ୍ବା ସେମାନଙ୍କ ଦ୍ୱାରା ଧ୍ୱସ୍ତ ହେଉଥିବା ଆମର ପୋଷାକାଦି ନିତ୍ୟ ବ୍ୟବହାର୍ଯ୍ୟ ଦ୍ରବ୍ୟକୁ ବୁଝିଥାଉଁ। ମୂଷାଦ୍ୱାରା ସଂଘଟିତ ହେଉଥିବ ପ୍ଲେଗ ରୋଗ ଏବେ ଏତେ ଭୟଙ୍କର ଲାଗୁନାହିଁ; ମାତ୍ର ଏଇ ଶହେ ବର୍ଷ ଆଗରୁ ସେମାନେ ମଣିଷ ସଭ୍ୟତା ପାଇଁ ଭୟଙ୍କର ଅଭିଶାପ ପାଲଟି ଯାଉଥିଲେ। ଚତୁର୍ଦ୍ଦଶ ଶତାବ୍ଦୀରେ ପ୍ରାୟ ପଚିଶ ନିୟୁତରୁ ଅଧିକ ଲୋକ ଏଇ ରୋଗରେ ନିଜର ଜୀବନ ହାରିଥିଲେ ଅବେଳରେ ଯାହା ସେତେବେଳର ଲୋକସଂଖ୍ୟାର ଶତକଡ଼ା ବାର ପାଖାପାଖି।

ଆଜିର ଆଲୋଚନା ମୂଷାମାନଙ୍କ ଦ୍ୱାରା ହେଉଥିବା ଆମର ଖାଦ୍ୟ ଶୃଙ୍ଖଳ ଉପରେ ବିପତ୍ତିର ଭାର। ଏମାନେ କେବଳ ଆମର ଖାଦ୍ୟ ଖାଇଯାଆନ୍ତି ନାହିଁ ବହୁ ଖାଦ୍ୟ ନଷ୍ଟ କରିବାରେ ଏମାନେ ଅଭ୍ୟାସଗତ ଅପରାଧୀ। ଖାଦ୍ୟ ଉତ୍ପାଦନର ପ୍ରଥମ

ପର୍ଯ୍ୟାୟରୁ ଖାଦ୍ୟ ପ୍ରସ୍ତୁତି ହୋଇ ଟେବୁଲରେ ପହଞ୍ଚିବା ପର୍ଯ୍ୟନ୍ତ ସବୁ ସ୍ତରରେ ଏମାନଙ୍କର ଉତ୍ପାତ ଓ ଆଧିପତ୍ୟ। ଆପଣ ହୁଏତ ଭାବିବେଣି ମୂଷାଟିଏ କଣ ହାତୀପରି ବିଶାଳ ଜୀବଟିଏ ହୋଇଛି ଯେ ତାର ଖାଇବା ପ୍ରଣାଳୀ ପାଇଁ ଆମକୁ ନିଦ ହରାଇବାକୁ ପଡ଼ିବ; ମାତ୍ର ବାସ୍ତବତା ଜାଣିଲେ ଆପଣ ବି ମୁଣ୍ଡରେ ହାତଦେବେ।

ବର୍ଷକରେ ସାରା ପୃଥିବୀରେ ମୂଷାମାନେ ଯେତିକି ଖାଦ୍ୟ ପଦାର୍ଥ ଖାଆନ୍ତି, ତାହା ପ୍ରାୟ କୋଡ଼ିଏ କୋଟି ଲୋକଙ୍କର ଆହାର ସଙ୍ଗେ ସମାନ। ଯା ବାଦ ସେମାନେ ଯାହା ନଷ୍ଟ କରନ୍ତି ତାହା ମଧ ତା ଠାରୁ କମ୍ ନୁହେଁ, ଆପଣ ଜାଣିଲେ ଆଶ୍ଚର୍ଯ୍ୟ ହେବେ ଯେ ସାରା ଦୁନିଆଁରେ ପ୍ରାୟ ୨୨୦୦ ରୁ ୨୫୦୦ ପ୍ରଜାତିର ମୂଷା ରହନ୍ତି। ଏମାନେ ସିନା ଆକାରରେ ବଡ଼ ନୁହନ୍ତି; ମାତ୍ର ଏମାନଙ୍କର ପ୍ରାଚନକ୍ରିୟା ଭାରି ପ୍ରଖର ଆଉ ଦୈନିକ ନିଜ ଓଜନର ଏକତୃତୀୟାଂଶ ଓଜନର ଖାଦ୍ୟ ଏମାନେ ଖାଇ ହଜମ କରି ଦିଅନ୍ତି। ଏମାନଙ୍କର ବଂଶବୃଦ୍ଧି ପରମ୍ପରା ବି ଚମକାଇ ଦେଲା ଭଳି। ଗୋଟିଏ ମାଈ ମୂଷା ପ୍ରତି ବର୍ଷକୁ ଛଅଥର ଛୁଆ ଜନ୍ମ କରେ ଏବଂ ପ୍ରତି ଥର ଦଶରୁ ବାରଟି। ଅର୍ଥାତ୍ ଦୁଇଟି ମୂଷା ବର୍ଷକ ଭିତରେ ସେମାନଙ୍କ ସଂଖ୍ୟା ବାରଶହ ପଚାଶକୁ ବଢ଼େଇ ଦେଇପାରନ୍ତି। ଏଥିରୁ ଏମାନଙ୍କ ଦ୍ୱାରା ସମ୍ଭାବ୍ୟ କ୍ଷତିକୁ ଆପଣମାନେ ମନେ ମନେ ଆକଳନ କରିପାରିବେ। ଆଉ ଜ୍ୟାମିତିକ ଅନୁପାତରେ ବଢୁଥିବାରୁ ଗୋଟିଏ ମୂଷା ଦମ୍ପତ୍ତି ତିନିବର୍ଷ ଭିତରେ ଅଧ ନିୟୁତ ସଂଖ୍ୟା ବିଶିଷ୍ଟ ବିଶାଳ ପରିବାର ସୃଷ୍ଟି କରି ପାରନ୍ତି। ଏବେ ମନେ ମନେ ଭାବନ୍ତୁ ଏମାନଙ୍କ ଦ୍ୱାରା ସଂଘଟିତ ସମ୍ଭାବ୍ୟ ଦୌରାତ୍ମ୍ୟ।

ଭାରତୀୟ ଖାଦ୍ୟ ନିଗମ ପ୍ରଦତ୍ତ ତଥ୍ୟ ଅନୁସାରେ ଭାରତରେ ମୂଷାମାନଙ୍କ ଦ୍ୱାରା ବାର୍ଷିକ ଖାଦ୍ୟଦ୍ରବ୍ୟ କ୍ଷତିର ପରିମାଣ ୨.୪ ନିୟୁତ ଟନରୁ ଆରମ୍ଭ କରି ୨୬ ନିୟୁତ ଟନ୍ ପର୍ଯ୍ୟନ୍ତ ହୋଇଛି। ମାନବ ଖାଦ୍ୟ ଶୃଙ୍ଖଳର ଶତକଡ଼ା ୨୦ ଭାଗ କେବଳ ମୂଷାମାନଙ୍କ ଦ୍ୱାରା ନଷ୍ଟ ହେଉଥିବା ଏକ ଭୟଙ୍କର ସତ ଏବଂ ଦିନକୁ ଦିନ ଯେପରି ଭାବରେ ଲୋକସଂଖ୍ୟା ବଢୁଛି, ଆଗାମୀ ଦିନରେ ଏହା ଅତ୍ୟନ୍ତ ସମ୍ବେଦନଶୀଳ ପ୍ରସଙ୍ଗ ହେବାକୁ ବାଧ।

ଗୋଦାମ ଘରମାନଙ୍କରେ ଯେଉଁ ମୂଷାମାନେ ଆତଙ୍କ ସୃଷ୍ଟି କରନ୍ତି ସେମାନଙ୍କର ଆକାର ସାଧାରଣ ମୂଷା ଠାରୁ ବଡ଼। ଭାରତୀୟ ମୂଷାଙ୍କ ଭିତରେ ସବୁଠୁ ବଡ଼ ଆକାରର ମୂଷାର ନାଁ ଗ୍ରେଟର ବେଣ୍ଡିକୁଟ ରେଟ୍। ଏମାନେ ଅଧକେଜିରୁ କେଜିଏ ଓଜନର ହୋଇଥାନ୍ତି। ଆପଣ ଯଦି ଇଂଲିଶ୍ ଅଭିଧାନ ଖୋଜି ବେଣ୍ଡିକୁଟର (Bandicoot) ଅର୍ଥ ଦେଖିବେ ତାହେଲେ ନିଜର ହସ ରୋକି ପାରିବେ ନାହିଁ। ତହିଁରେ ଲେଖାଅଛି - A rat as big as a cat.

ବଡ଼ କୌତୁହଳର କଥା ହେଲା, ଯେଉଁ ଦୁର୍ନୀତି ଖୋର କର୍ମଚାରୀ ବା ଅଧିକାରୀ ଠାକୁର ଖାଇ ଖଟୁଲି ଖାଇଦେବା ଭଳି ଅତ୍ୟଧିକ ମାରାତ୍ମକ ଓ ତଥାକଥିତ କାର୍ଯ୍ୟଦକ୍ଷ ସେମାନଙ୍କୁ ମଧ୍ୟ 'ବାଣ୍ଡିକୂଟ' ଭାବରେ ଚିହ୍ନିତ କରାଯାଇଥାଏ। ଅର୍ଥାତ୍ ସେମାନଙ୍କ ପାଖରେ କୌଣସି କୋଷାଗାର ସୁରକ୍ଷିତ ନୁହେଁ।

ମୂଷାମାନେ ସବୁ ଯୁଗରେ ଚପଳ। ସେମାନେ କୌଣସି ଗୋଟିଏ ଜାଗାରେ ସ୍ଥିର ହୋଇ ବସି ପାରନ୍ତି ନାହିଁ। ସବୁବେଳେ ଚଳପ୍ରଚଳ ହେବା ପାଇଁ ତତ୍ପର ଥାଆନ୍ତି। ପୌରାଣିକ ବ୍ୟାଖ୍ୟା ଅନୁସାରେ ଗଣେଶ ମୂଷାକୁ ନିଜର ବାହନ ଭାବରେ ବ୍ୟବହାର କରିବା ଅର୍ଥ ଚଞ୍ଚଳ ମନକୁ ନିୟନ୍ତ୍ରଣ କରିବା। ମନ ନିୟନ୍ତ୍ରିତ ହେଲେ ବିଦ୍ୟାଗମ ସହଜ ଓ ସୁଲଭ ହୋଇଥାଏ।

ମୂଷାପରି ଛୋଟିଆ ଜନ୍ତୁଟିଏ ମଣିଷସମାଜ ପାଇଁ ଅନେକ ବିପଦ ଆଣିଦିଏ। ତାକୁ ଜବତ୍ କରିବା ପାଇଁ କେତେବେଳେ ମୂଷା ବିଷର ପ୍ରୟୋଗ କରିବାକୁ ପଡ଼େ ତ କେବେ ପୁଣି ମୂଷାଧରା ଟ୍ରାପ୍ ବ୍ୟବହାର କରିବାକୁ ହୁଏ, ବେଳେବେଳେ ମୂଷାର ଗୋଡ଼ରେ ଅଠା ଲଗାଯିବାର ବ୍ୟବସ୍ଥା କରାଯାଏ ପୁଣି କେତେବେଳେ ବିଲେଇ ପୋଷିବାକୁ ପଡ଼େ। ବିଲେଇ ମାନେ ଏବେ ଅଧିକ ଗେହ୍ଲା ହେବା ଫଳରେ ମୂଷା ମାରିବା ଭଳି କାମରେ ବିଶେଷ ଦାୟିତ୍ୱ ନେଉନାହାନ୍ତି। ବରଂ ବିଲେଇ ଓ ମୂଷା ସହାବସ୍ଥାନର ବାଟ ଆପଣେଇ ନେଲେଣି। ଏହି ଧାରାବି ମଣିଷ ସମାଜକୁ ବିସ୍ତାରିତ।

ଆଜିର ଅଧୋପତିତ ସମାଜରେ ଥିବା ଦୁଇଗୋଡ଼ିଆ ମୂଷାମାନଙ୍କ କବଳରେ ଆମେ ସମସ୍ତେ। ସେମାନେ ଆମର ଖାଦ୍ୟଶସ୍ୟ ଉପରେ ଅନଧିକାର ମାଲିକାନା କଲେଣି। ଏମାନଙ୍କ ବଂଶବୃଦ୍ଧି ପାଇଁ ଉର୍ବର ଭୂମି ଓ ପରିବେଶ ହେଲା ଟ୍ୟାକ୍ସ ବିଭାଗ, ପୂର୍ତ୍ତ ବିଭାଗ, ବନ ବିଭାଗ ପରି ଅନେକ ବିଭାଗ - ଯେଉଁଠି ଏମାନେ ବାଣ୍ଡିକୁଟ ଜାତୀୟ ବିଶାଳକାୟ ମୂଷାରେ ପରିଣତ ହୁଅନ୍ତି। ଅବଶ୍ୟ ମଝିରେ ମଝିରେ ସେମାନେ ବିଜ୍ଞାନୀ ମଣିଷଙ୍କ ଟ୍ରାପ୍‌ରେ ପଡ଼ିଯାନ୍ତି। ଆଉ ସବୁଠୁ ମଜାଦାର କଥା ହେଲା ସେମାନେ ବିବାହ ପାଇଁ ପାତ୍ର ଖୋଜିଲା ବେଳେ ସମଗୋତ୍ରୀମାନଙ୍କୁ ଖୋଜନ୍ତି। ମନୋଜ ଦାସଙ୍କର ଏକ କୌତୁହଳ ପୂର୍ଣ୍ଣ ଗପ ସ୍ୱତଃ ମନେ ପଡ଼ିଯାଏ।

ଥରେ ଜଣେ ଋଷିଙ୍କ ଆଶ୍ରମରେ ଗୋଟିଏ ପକ୍ଷୀ ଶିକାରକୁ ଧରି ଉଡ଼ି ଯାଉଥିବାବେଳେ ଅସାବଧାନତାରୁ ତା ଚଞ୍ଚୁରୁ ଗଳିପଡ଼ିଲା ଛୋଟ ମୂଷାଟିଏ। ତାକୁ ଆଶ୍ରମର ପିଲାଏ ଉଦ୍ଧାର କଲେ। ଋଷି ପତ୍ନୀ ତାଙ୍କୁ ଆଦରରେ ପାଳିଲେ ଓ ମନ୍ତ୍ରଶକ୍ତି ଦ୍ୱାରା ମୂଷାଟିକୁ ମଣିଷ କରିଦେବାକୁ ଋଷିଙ୍କୁ ଅନୁରୋଧ କରନ୍ତେ ଋଷି ଏପରି ଅସମ୍ଭବକୁ ସମ୍ଭବ କରାଇଲେ। ଏବେ ମୂଷାକନ୍ୟାଟି ଋଷିକନ୍ୟା ପାଲଟି ଗଲା। ସେ କାଳକ୍ରମେ

ବିବାହଯୋଗ୍ୟା ହେବାରୁ ଋଷି ତା ପାଇଁ ସୂର୍ଯ୍ୟଙ୍କ ପରି ତେଜସ୍ୱୀ ବରପାତ୍ର ଖୋଜିବାକୁ ବାହାରିଲେ। କନ୍ୟା କହିଲେ ଆଉ ଟିକିଏ ଭଲ ଖୋଜାଯାଉ। ଆଲୋଚନା ଅନୁଯାୟୀ ସୂର୍ଯ୍ୟଙ୍କୁ ବେଳେବେଳେ ମେଘ ଅଦୃଶ୍ୟ କରିପାରନ୍ତି, ତାଙ୍କ ନିକଟକୁ ପ୍ରସ୍ତାବ ନେଇ ଋଷି ବାହାରିବା ବେଳକୁ ସୁକୁମାରୀ କହିଲା ମେଘଙ୍କ ଠାରୁ ଆଉ ଟିକିଏ ଅଧିକ ବଳବାନ ତାଙ୍କୁ ଖୋଜୁନାହାନ୍ତି ? ଏମିତି ଅଧିକରୁ ଅଧିକ ଖୋଜାଖୋଜି ଭିତରେ ମନେ ପଡ଼ିଲା ପବନ ଦେବତାଙ୍କ କଥା। ସେ ଖୁବ୍ ବେଗବାନ। ମେଘ ସିନା ସୂର୍ଯ୍ୟଙ୍କୁ ସାମୟିକ ଭାବରେ ଢାଙ୍କି ଦେଇପାରେ, ହେଲେ ପବନ ମେଘକୁ ନିଜ ଇଚ୍ଛା ଅନୁସାରେ ଉଡ଼େଇ ନେଇପାରେ ଅକ୍ଳେଶରେ। ଋଷିକନ୍ୟା ଶୁଣୁଶୁଣୁ ମୁରୁକି ହସିଦେଲା। ପୁଣି କହିଲା - ବାପା, ପବନ ଦେବତା ଭଲ ଯେ, ତାଙ୍କଠାରୁ କ'ଣ ଅଧିକ ଭଲ ପ୍ରସ୍ତାବ କେହି ନାହାନ୍ତି ! ଋଷି ଅକଳରେ ପଡ଼ିଲେ, ଚିନ୍ତା କରି କହିଲେ - ହଁ ପବନ ସିନା ସମସ୍ତଙ୍କୁ ଉଡ଼େଇ ନେଇଯିବ, ମାତ୍ର ପର୍ବତକୁ ଉଡ଼େଇବା କ୍ଷମତା ତାଙ୍କର ନାହିଁ। ହେଲେ ଋଷିକନ୍ୟାଙ୍କର ଏକା ଜିଦ୍ ଆଉ ଟିକିଏ ଭଲ ବରପାତ୍ର ତାର ଲୋଡ଼ା। ଏତିକିବେଳେ ଋଷି କହିଲେ ପର୍ବତ ଠାରୁ ଅଧିକ ବଳବାନ ହୁଏତ ମୂଷିକ। ସେ ହିଁ ସେପରି ବନ୍ଧୁର ଶଯ୍ୟାକୁ ତାର ତୀକ୍ଷ୍ଣ ଦନ୍ତରେ ଖୋଳି ଦେଇପାରେ। ମୂଷିକରାଜ ଆସିଲେ ଆଉ ସ୍ୱଭାବ ବଦଳି ନଥିଲା ଋଷି କନ୍ୟାଙ୍କର ଯଦିଓ କେବଳ କଳେବର ବଦଳି ଥିଲା। ସେ ଦେଖୁ ଦେଖୁ ହସିଦେଲେ, ତାପରେ ଦୁଇଟି ମୂଷା ଏକ ସଙ୍ଗେ ପ୍ରତ୍ୟାବର୍ତ୍ତନ କଲେ ନିକଟସ୍ଥ ବିବରକୁ।

ଚେତନାଗତ ପରିବର୍ତ୍ତନ ନହୋଇ କେବଳ ଶାରୀରିକ ପରିବର୍ତ୍ତନ କିପରି ମୂଲ୍ୟହୀନ ତାହା ଚମତ୍କାର ଭାବରେ ବର୍ଣ୍ଣିତ ଗପରେ; ମାତ୍ର ଦୁଇଗୋଡ଼ିଆ ମୂଷାମାନେ ତାଙ୍କ ସମଗୋତ୍ରୀୟଙ୍କ ଘରେ ବନ୍ଧୁ ବାନ୍ଧିବା ବି ନିରୁତା ସତ।

■

(ସକାଳ - ତା ୧୦.୦୯.୨୦୨୪ରିଖ)

ମେଘନାଦ ପାଚେରୀରେ ଫାଟ

ଶ୍ରୀ ଜଗନ୍ନାଥ ହେଉଛନ୍ତି ଓଡ଼ିଆ ଆଧ୍ୟାତ୍ମିକ ଚେତନାର ମୂଳପିଣ୍ଡ ଏବଂ ଓଡ଼ିଆ ଅସ୍ମିତାର ଆଦ୍ୟ ଓଁକାର । ଶ୍ରୀଜଗନ୍ନାଥଙ୍କୁ ଦର୍ଶନ କଲେ ପ୍ରତି ଓଡ଼ିଆଙ୍କ ହୃଦୟରେ ଯେଉଁ ଆନନ୍ଦର ପ୍ଲାବନ ହୁଏ ତା'ର ପଟାନ୍ତର ନାହିଁ । ସେଇ ଦୃଷ୍ଟିରୁ ନିକଟରେ ଗଣମାଧ୍ୟମରେ ପ୍ରସାରିତ ହୋଇଥିବା ସମ୍ବାଦ 'ମେଘନାଦ ପାଚେରୀରେ ଫାଟ' ପ୍ରତି ଓଡ଼ିଆ ପାଇଁ ଏକ ସମ୍ବେଦନଶୀଳ ପ୍ରସଙ୍ଗ । ଆଗ କାଳରେ ବ୍ରିଟେନ ପରିପ୍ରେକ୍ଷୀରେ କୁହାଯାଉଥିଲା, ବ୍ରିଟିଶ୍ ରାଣୀ ବା ରଜା ବକ୍କିଂହାମ ପ୍ୟାଲେସ୍‌ରେ ଠିକ୍‌ଠାକ୍ ଅଛନ୍ତି ମାନେ ବ୍ରିଟିଶ ଲୋକେ ସୁରକ୍ଷିତ ଭାବନ୍ତି ଓ ନିଦରେ ଶୁଅନ୍ତି । ସେଇଭଳି ପ୍ରଭୁ ଶ୍ରୀଜଗନ୍ନାଥଙ୍କର ସବୁ ରୀତିନୀତି ସୁରୁଖୁରୁରେ ଚାଲିଛି ମାନେ ଓଡ଼ିଆ ଅଛି ଆନନ୍ଦରେ । ସେତିକିବେଳେ ମେଘନାଦ ପାଚେରୀରେ ଫାଟ କଥା ଆସିଲେ କେଉଁ ଓଡ଼ିଆକୁ ନିଦ ହେବ ଯେ !

ପୁରୀରେ ଥିବା ଶ୍ରୀଜଗନ୍ନାଥଙ୍କ ମନ୍ଦିର ଚାରିପଟରେ ବଳୟ ଭାବରେ ବ୍ୟାପ୍ତ ପ୍ରାଚୀରକୁ ମେଘନାଦ ପାଚେରୀ ବୋଲି କୁହାଯାଏ । ଦ୍ୱାଦଶ ଶତାବ୍ଦୀରେ ନିର୍ମିତ ଏହି ପୁରାତନ ମନ୍ଦିର ଅନନ୍ତ ବର୍ମନ ଚୋଡ଼ଗଙ୍ଗଦେବଙ୍କର ଏକ ଅବିସ୍ମରଣୀୟ କୃତି । ମେଘନାଦ ପାଚେରୀ ପୂର୍ବ ପଶ୍ଚିମରେ ଛଅଶହ ପଞ୍ଚଷଠୀ ଫୁଟ ଏବଂ ଉତ୍ତର ଦକ୍ଷିଣରେ ଛଅଶହ ଚାଳିଶ ଫୁଟ ଏବଂ ଏହାର ଉଚ୍ଚତା ବିଭିନ୍ନ ସ୍ଥାନରେ କୋଡ଼ିଏରୁ ଚବିଶ ଫୁଟ ଏବଂ ଏହି ପ୍ରାଚୀରର ମୋଟେଇ ପ୍ରାୟ ଛ' ଫୁଟ ।

ମାଦଳା ପାଞ୍ଜି ତଥା ସ୍ଥାନୀୟ ପରମ୍ପରା ଅନୁସୃତ ତଥ୍ୟ ଅନୁଯାୟୀ ପଞ୍ଚଦଶ

ଶତାବ୍ଦୀରେ ମେଘନାଦ ପାଚେରୀ ନିର୍ମିତ ହୋଇଥିଲା । ତା ଅର୍ଥ ହେଲା ଏଇ ବିଶିଷ୍ଟ ନିର୍ମାଣକୁ ପ୍ରାୟ ଛଅ ଶହ ବର୍ଷ ପୂରିଲାଣି । ଏଇ ପ୍ରାଚୀର ନିର୍ମାଣ ପଛର କାରଣ ହେଲା ଯେ ଏହା ଦୁର୍ଗପରି ହେବା ଫଳରେ ବିଧର୍ମୀମାନଙ୍କ ଆକ୍ରମଣରୁ ଏହା ମନ୍ଦିରକୁ ସୁରକ୍ଷା ଦେଉଥିଲା । ଅବଶ୍ୟ ଆଉ କିଛି ଗବେଷକଙ୍କ ମତ ହେଲା ପ୍ରାୟ ସବୁ ହିନ୍ଦୁ ମନ୍ଦିରରେ ବଳୟ ତୁଲ୍ୟ ପ୍ରାଚୀର ରହିଛି, ଆଉ ପୁରୀ ଶ୍ରୀଜଗନ୍ନାଥ ମନ୍ଦିର ଏକ ବିଶାଳ ଭବ୍ୟ ମନ୍ଦିର ହୋଇଥିବାରୁ ସମତୁଲ ପ୍ରାଚୀରଟିଏ ଏହାର ସ୍ୱାଭାବିକ ପରିଣତି । ପଞ୍ଚଦଶ ଶତାବ୍ଦୀର ବରେଣ୍ୟ କବି ବଳରାମ ଦାସ ତାଙ୍କ ରଚିତ ଲକ୍ଷ୍ମୀପୁରାଣରେ ଲେଖିଛନ୍ତି ମନ୍ଦିରର ଦୈନନ୍ଦିନୀ ପୂଜାପଦ୍ଧତିରେ ବ୍ୟାଘାତ ସୃଷ୍ଟି କରୁଥିବା ସମୁଦ୍ରର ଘୋ ଘୋ ଗର୍ଜନକୁ ପ୍ରତିରୋଧ କରିବା ପାଇଁ ଅଭିପ୍ରେତ ଥିଲା ଏଇ ବିଶାଳକାୟ ପ୍ରାଚୀର । ଗଜପତି କପିଳେନ୍ଦ୍ରଦେବଙ୍କ ରାଜୁତି କାଳରେ ଏଇ ମେଘନାଦ ପ୍ରାଚୀର ନିର୍ମିତ ହୋଇଥିବାର ପ୍ରମାଣ ମିଳେ ।

ପ୍ରତ୍ୟେକ ବସ୍ତୁ ବ୍ୟକ୍ତି, ଅନୁଷ୍ଠାନ, ସ୍ଥାପତ୍ୟ କିମ୍ବା ସାମ୍ରାଜ୍ୟର ଗୋଟିଏ ଜୀବନ ଚକ୍ର ଥାଏ । ଜନ୍ମଲଗ୍ନ, କ୍ରମିକ ବିକାଶ ଏବଂ ଅଧୋଗତି ତଥା ବିଲୟ ଧାରାବାହିକ ଭାବରେ ଘଟିଥାଏ ପ୍ରତ୍ୟେକଙ୍କ କ୍ଷେତ୍ରରେ । ଛଅଶହ ବର୍ଷ ତଳେ ନିର୍ମିତ ହୋଇଥିବା ଗୋଟିଏ ସ୍ଥାପତ୍ୟ କ୍ରମଶଃ ଅଧୋଗତି ସ୍ତରକୁ ଗତି କରୁଥିବା ଏକ ସ୍ୱାଭାବିକ ପ୍ରକ୍ରିୟା । ହୁଏତ ବାରମ୍ବାର ନିରନ୍ତର ରକ୍ଷଣାବେକ୍ଷଣ ପ୍ରକ୍ରିୟା ଦ୍ୱାରା ଏହାକୁ ଟିକିଏ ଅଧିକ ପ୍ରଲମ୍ବିତ କରିବା ସମ୍ଭବ; ମାତ୍ର ତାହା ଦିନେ ଯେ ନିଶ୍ଚିତ ରୂପେ ବିଲୟମୁଖୀ ହବ, ତାହା ଅବଶ୍ୟ ଅନିବାର୍ଯ୍ୟ ।

ପୁରାତନ କୀର୍ତ୍ତିରାଜୀର ସୁରକ୍ଷା, ପୁନରୁଦ୍ଧାର ଏବଂ ରକ୍ଷଣାବେକ୍ଷଣ ପାଇଁ ଭାରତ ସରକାରଙ୍କର ଦୁଇଟି ସଂସ୍ଥା ଅଛନ୍ତି । ଗୋଟିଏ ହେଲା - ପ୍ରତ୍ନତତ୍ତ୍ୱ ବିଭାଗ (Archeological Survey of India ଯାହାକୁ ସଂକ୍ଷେପରେ କୁହାଯାଏ ଏ.ଏସ୍.ଆଇ ଏବଂ ଜାତୀୟ ପୁରାତନ କୀର୍ତ୍ତିରାଜୀ ସଂରକ୍ଷଣ ଆୟୋଗ ବା National Monument Authority ଯେକୌଣସି କର୍ତ୍ତୃପକ୍ଷଙ୍କ ନିକଟରେ ନୂଆକିଛି କରି ଦେଖେଇବାର ଆଗ୍ରହ ଅଧିକ ଥାଏ, ସେଇ ଦୃଷ୍ଟିରୁ ପୁରାତନ କୀର୍ତ୍ତିରାଜି କାଳେ ଉପଯୁକ୍ତ ଧ୍ୟାନ ପାଇ ନ ପାରନ୍ତି, ଯେଉଁଥିପାଇଁ ଏଇ ଦୁଇଗୋଟି ସଂସ୍ଥା ଗଠିତ ହୋଇଥିଲା । ଏଇ ସଂସ୍ଥା ଦୁଇଟିଯାକ କେନ୍ଦ୍ର ସରକାରଙ୍କ ଦ୍ୱାରା ନିୟନ୍ତ୍ରିତ ଏବଂ କାର୍ଯ୍ୟ କରିବାର କ୍ଷମତା ମଧ୍ୟ ତାଙ୍କୁ ଅର୍ପଣ କରାଯାଇଛି ବିଧି ଅନୁସାରେ ।

କୌଣସି ରାଜ୍ୟର କୀର୍ତ୍ତିରାଜିକୁ ସାଧାରଣତଃ ଦୁଇ ଭାଗରେ ବିଭକ୍ତ କରାଯାଇଥାଏ । ଗୋଟିଏ ହେଲା ରାଜ୍ୟଦ୍ୱାରା ସୁରକ୍ଷିତ କୀର୍ତ୍ତିମାଳା ଏବଂ ଅନ୍ୟ ପ୍ରକାରଟି

ହେଉଛି କେନ୍ଦ୍ରଦ୍ୱାରା ସୁରକ୍ଷିତ କୀର୍ତ୍ତିରାଜି। ଆମ ରାଜ୍ୟ ଓଡ଼ିଶାରେ ୨୧୮ଗୋଟି ରାଜ୍ୟ ସୁରକ୍ଷିତ କୀର୍ତ୍ତି ଥିଲା ବେଳେ ୭୮ଗୋଟି କୀର୍ତ୍ତିରାଜି କେନ୍ଦ୍ର ନିୟମ ଅନ୍ତର୍ଭୁକ୍ତ। ପୁରୀର ଶ୍ରୀମନ୍ଦିର ହେଉଛି କେନ୍ଦ୍ରଦ୍ୱାରା ସୁରକ୍ଷିତ କୀର୍ତ୍ତିରାଜି ମଧ୍ୟରୁ ଗୋଟିଏ। ବାସ୍ତବ କଥା ହେଲା କେନ୍ଦ୍ରୀୟ ସଂସ୍ଥା ନିକଟରେ ଆଇନଗତ କ୍ଷମତା ଥିଲେ ମଧ୍ୟ ସେମାନଙ୍କ ନିକଟରେ ଆଇନ ଶୃଙ୍ଖଳା ରକ୍ଷାର କ୍ଷମତା ନଥିବାରୁ ରାଜ୍ୟ ସରକାରଙ୍କ ସମର୍ଥନ ବିନା କୌଣସି ବେଆଇନ ନିର୍ମାଣକୁ ରୋକିବାକୁ ସେମାନେ ସମର୍ଥ ହୋଇପାରନ୍ତି ନାହିଁ।

ଆମେମାନେ ଜାଣନ୍ତି ଆମ ଦେଶରେ ଏକ ଗଣରାଜ୍ୟ ସମନ୍ୱିତ ସମ୍ବିଧାନ ଥିବାରୁ ଏଠାରେ ଉଭୟ କେନ୍ଦ୍ର ଓ ରାଜ୍ୟ ସରକାର ନିଜ ନିଜ କ୍ଷମତା ପ୍ରୟୋଗ କରିଥାନ୍ତି। ରାଜନୈତିକ କାରଣରୁ କେନ୍ଦ୍ର ଓ ରାଜ୍ୟରେ ଗୋଟିଏ ରାଜନୈତିକ ଦଳ କ୍ଷମତାରେ ନଥିଲେ, ସେମାନଙ୍କ ଭିତରେ ସମନ୍ୱୟର ଅଭାବ ଘଟେ, ଯାହା ଫଳରେ ଏହି ପୁରାତନ କୀର୍ତ୍ତିରାଜି ପାଇଁ ତାହା ଅତ୍ୟନ୍ତ ବିପଜ୍ଜନକ ଅବସ୍ଥା ସୃଷ୍ଟି କରିଥାଏ। ପୁରୀରେ ଯାହା ଘଟିଯାଇଛି ତାହା ଏଇ କଥାର ଏକ ବାସ୍ତବ କାହାଣୀ କେବଳ। କେନ୍ଦ୍ର ଓ ରାଜ୍ୟ ଭିତରେ ସଂପର୍କର ଅବନତି କେବଳ ରାଜନୈତିକ ଅସ୍ଥିରତା, ଅର୍ଥନୈତିକ ଜଟିଳତା ସୃଷ୍ଟି କରୁନାହିଁ। ଯେଉଁ ପ୍ରକଳ୍ପଗୁଡ଼ିକ ଉଭୟର ସମନ୍ୱୟରେ ସହଭାଗିତାରେ ହେବା କଥା, ସେଗୁଡ଼ିକ ଅଧାରୁ ବାତିଲ ହେଉଛି ବା ପରସ୍ପରର ଜିଦ୍ ଭିତରେ ତାର ଅଗ୍ରଗତି ହୋଇପାରୁନାହିଁ।

ଇଲେକ୍‌ଟ୍ରୋନିକ୍ ଗଣମାଧ୍ୟମରେ ନିକଟରେ ପ୍ରକାଶିତ ହୋଇଥିବା ଏଇ ସମ୍ବାଦଟି ସମଗ୍ର ଓଡ଼ିଶାବାସୀଙ୍କ ପାଇଁ ଏକ ଦାରୁଣ ଦୁଃସମ୍ବାଦ ପାଲଟିଛି। ଅଧୁନା ରାଜ୍ୟଶାସନ ଦାୟିତ୍ୱରେ ଥିବା ରାଜନୈତିକ ଦଳର ମୁଖପାତ୍ର ଏହା ରାଜ୍ୟବାସୀଙ୍କ ନଜରକୁ ଆଣିବା ସହିତ ଏହି ଘଟଣା ପାଇଁ ପୂର୍ବତନ ସରକାରଙ୍କ ଉପରେ ସମସ୍ତ ଦୋଷ ଲଦିଛନ୍ତି। ତାଙ୍କର ବକ୍ତବ୍ୟରେ ମୁଖ୍ୟ ଅଂଶ ହେଲା ଯେ ରାଜ୍ୟକୁ ପୂର୍ବରୁ ଶାସନ କରୁଥିସବା ସରକାରଙ୍କର ଦାୟିତ୍ୱହୀନ ପରିକ୍ରମା ପ୍ରକଳ୍ପ ନିର୍ମାଣ କାଳରେ ମନ୍ଦିରର ଏହି ଐତିହ ସମ୍ପର୍ଣ୍ଣ ପାଚେରୀର ଅନତିଦୂରରେ ବହୁ ଭାରି ଯନ୍ତ୍ର ଖନନ କାର୍ଯ୍ୟରେ ନିୟୋଜିତ ହୋଇଥିଲେ। ସେହି ଯାନ୍ତ୍ରିକ ପ୍ରଭାବର ପ୍ରତିଫଳନ ହେଉଛି ଏବେ ଦୃଶ୍ୟମାନ ହୋଇଥିବା ଫାଟ। ତାଙ୍କର ସମାଲୋଚନାର ଆଧାର ହେଲା ଯେ ପରିକ୍ରମା ପ୍ରକଳ୍ପ ଆଳରେ ପ୍ରତ୍ନତତ୍ତ୍ୱ ବିଭାଗର ନିର୍ଦ୍ଦେଶାବଳୀକୁ ଗୁରୁତର ଉଲ୍ଲଙ୍ଘନ କରାଯାଇଥିଲା। ଯେ ସଂକ୍ରାନ୍ତରେ ମାନ୍ୟବର ହାଇକୋର୍ଟଙ୍କ ନିକଟରେ ହୋଇଥିବା କେଶ୍‌ରେ ପ୍ରତ୍ନତତ୍ତ୍ୱ ବିଭାଗ ଦ୍ୱାରା ଦିଆଯାଇଥିବା ଆଫିଡେଭିଟ୍‌କୁ ଲୋକଲୋଚନକୁ ଆଣି ମୁଖପାତ୍ର ମହୋଦୟ ତାଙ୍କର ବକ୍ତବ୍ୟକୁ ବିଶ୍ୱାସଯୋଗ୍ୟ କରିବାକୁ ଚେଷ୍ଟା କରିଛନ୍ତି। ବିଜ୍ଞାନର ନିୟୁଟନଙ୍କ ବସ୍ତୁର ତୃତୀୟ ନିୟମ

ବା କିପରି ନିଜର କାମ ନ କରିଥାନ୍ତା ଯେ କ୍ଷେତ୍ରରେ ! ପ୍ରତିପକ୍ଷ ରାଜନୈତିକ ଦଳ ପକ୍ଷରୁ ଏହି ବୟାନର ବିରୋଧ କରାଯାଇଛି । ଶାସକ ଦଳ ତରଫରୁ ଏକ ରାଜନୈତିକ ଟିପ୍ପଣୀ ରାଜନୈତିକ ସ୍ୱାର୍ଥକୁ ଆଧାର କରି ଦିଆଯାଇଛି ବୋଲି ସେ କହିଛନ୍ତି । ଫାଟ ଗୋଟିଏ କ୍ଷତ ଯାହା ଚାହେଁ ତ୍ୱରିତ ଉପଚାର । ମାତ୍ର ଏଇ ପରସ୍ପର ବିରୋଧୀ ବୟାନ ଭିତରେ କ୍ଷତଟି ଦିନକୁ ଦିନ ବିକ୍ଷତ ହେବା ଆଡ଼କୁ ଯାଉଛି । ଶ୍ରୀଜଗନ୍ନାଥଙ୍କ ପ୍ରତି ସମଗ୍ର ହିନ୍ଦୁ ସମାଜର ସମ୍ମାନ ଏବଂ ବିଶେଷତଃ ଓଡ଼ିଆ ଲୋକଙ୍କର ଭାବପ୍ରବଣତା ହେତୁ ସମଗ୍ର ଘଟଣାଟି ହୋଇଛି ସ୍ପର୍ଶକାତର । ଧର୍ମ ଓ ରାଜନୀତି ଦୁଇଟି ଯୋଡ଼ା ନ ହେବା ସବୁବେଳେ ଶ୍ରେୟସ୍କର; ମାତ୍ର ଆମର ରାଜନୈତିକ ପଶାପାଲିରେ ସବୁବେଳେ ଧର୍ମୀୟ ଭାବନା ଆଘାତ ପ୍ରାପ୍ତ ହେଉଛି ଏବଂ ମୂଳ ପ୍ରସଙ୍ଗକୁ ଛାଡ଼ି ଆରୋପ ପ୍ରତ୍ୟାରୋପ ହିଁ ପ୍ରସଙ୍ଗ ପାଲଟୁଛି । ଶ୍ରୀଜଗନ୍ନାଥ ହେଉଛନ୍ତି ଯେକୌଣସି ବିଭେଦର ଊର୍ଦ୍ଧ୍ୱରେ । ତାଙ୍କ ପାଚେରୀ ଫାଟ ତୁରନ୍ତ ମରାମତି ହେଉ । ବୟାନବାଜିର ବିଷ ପ୍ରକୋପରେ ଫାଟ ବଢ଼ି ବଢ଼ି ନଯାଉ ।

■

(ନିତିଦିନ - ତା ୧୫.୧୨.୨୦୨୪ରିଖ)

ମାଂସ ସରିଗଲା, ବର ଫେରିଗଲା

ବେଶି ଦିନ ତଳର କଥା ନୁହେଁ, ଏଇ କିଛି ମାସ ତଳେ ଆମରି ରାଜ୍ୟରେ ଘଟିଥିବା ଘଟଣାଟିଏ, ଯାହାକି କିଛିଦିନ ପାଇଁ ବେଶ୍ ଚର୍ଚ୍ଚିତ ହୋଇଥିଲା । ବ୍ୟାଟେରୀ ସରି ଆସିଲେ ଟର୍ଚ୍ଚ ଲାଇଟ୍‌ର ପାୱାର କମି କମି ଯାଇ ନିଭିଗଲା ଭଳି ଘଟଣାଟି ଲୁଚିଗଲା ।

ବରଯାତ୍ରୀମାନେ ଆସିଥିଲେ ବିଶାଳ ପଟୁଆରରେ । ବରଧାରା ଶେଷ ନ ହେଉଣୁ ସେମାନଙ୍କ ପରିଚର୍ଯ୍ୟା ଆରମ୍ଭ ହୋଇଯାଇଥିଲା । ସେମାନଙ୍କ ପୂର୍ବ ଦାବୀ ଅନୁସାରେ କନ୍ୟାପିତା ମାଂସ ତରକାରୀର ଆୟୋଜନ କରିଥିଲେ । ବହୁ ନାଚ ତାମସା କରି ମଦ ନିଶାରେ ଚୁର୍ ହୋଇଥିବା ବରଯାତ୍ରୀମାନେ ସବୁ ମାଂସ ଖାଇଦେଲା ପରେ ଦେଖାଗଲା ଯେ ଆହୁରି କିଛି ବରଯାତ୍ରୀ ମାଂସ ନପାଇ ଅପେକ୍ଷା କରିଛନ୍ତି । ମାଂସର ଅଭାବ ସୃଷ୍ଟି କଲା ଏକ ଅଶାନ୍ତ ପରିବେଶ । ମତୁଆଲ ବରଯାତ୍ରୀମାନେ ହିଂସ୍ର ହୋଇ ପଡ଼ିଲେ । କନ୍ୟାର ପିତା ଓ ଗୁରୁଜନମାନଙ୍କୁ ଅଶ୍ରାବ୍ୟ ଭାଷାରେ ଅପମାନ ଦେଲେ । କେତେକ ଉତ୍ସାହିତ ହୋଇ 'ଯେ ବାହାଘର ହୋଇପାରିବ ନାହିଁ' ବୋଲି ଧମକ ଦେଲେ । ବର ବି ଏମିତି ଏକ ପରିସ୍ଥିତିରେ ଚୁପ୍ ନ ରହିବାକୁ ଠିକ୍ କଲେ । ସେ ମଧ୍ୟ ମଦ୍ୟପାନର ପ୍ରଭାବରୁ ମୁକ୍ତ ନଥିଲେ; ମାତ୍ର ସେଇ ଅଧୈର୍ଯ୍ୟ ଅବସ୍ଥାରେ କନ୍ୟାପିତାଙ୍କୁ ଯାହା କହିଲେ ତାହା ଭଦ୍ର ସମାଜରେ ଗ୍ରହଣୀୟ ନୁହେଁ ।

ବିଚାରୀ କନ୍ୟା ସେତେବେଳଯାଏ ଚୁପ୍ ହୋଇ ବସିଥିଲା । ଏଥର ତାର ଧୈର୍ଯ୍ୟ ବନ୍ଧ ଭାଙ୍ଗିଗଲା । ସେ ବାପାଙ୍କୁ କହିଲା - 'ବାପା ଏ ବାହାଘର ବନ୍ଦ କର । ମୁଁ ଏପରି ବରକୁ ବାହା ହେବି ନାହିଁ, ଏହା ମୋର ଶପଥ' । ହଠାତ୍ କୋଳାହଳ ବନ୍ଦ ହୋଇଗଲା । ଯେଉଁମାନେ ବାକ୍ୟ ବାଣରେ କନ୍ୟାପକ୍ଷକୁ ଘାଇଲା କରୁଥିଲେ, ସେମାନେ ତୁନୀ ପଡ଼ିଗଲେ । ବରଂ ସେମାନଙ୍କ କାତର ଶବ୍ଦମାନ ଶୁଣିବାକୁ ମିଳିଲା । 'ଗତ କଥା ଛାଡ଼ନ୍ତୁ । ବାହାଘର ନ ହୋଇ ବର ଫେରିବ ବା କେମିତି !' ଝିଅ କିନ୍ତୁ ଜିଦ୍‌ରେ ଅଟଳ । 'ଏପରି

ପଶୁ ପାଖରେ ନିଜର ସମଗ୍ର ଜୀବନକୁ ସମର୍ପଣ କରିବା ମୋ ପାଇଁ ଆଦୌ ସମ୍ଭବ ନୁହେଁ' ବୋଲି ଦୃଢ଼ ଭାବରେ ଶେଷଥର ପାଇଁ କହିଲେ କନ୍ୟା। ଅଗତ୍ୟା ନିର୍ଲ୍ଲଜ ଭାବରେ ଶିଶୁପାଳ ହୋଇ ପ୍ରତ୍ୟାବର୍ତ୍ତନ କଲେ ବର ଓ ତାଙ୍କର ସହଯୋଗୀଗଣ। ତାପରେ କଣ ହେଲା ବୋଲି ପ୍ରଶ୍ନ କରିବା ନିତାନ୍ତ ଅସଙ୍ଗତ।

ଆଜିର ଦୁନିଆଁ ଯେଉଁ ସଭ୍ୟତା ପାଇଁ ନିଜର ବାହାସ୍ଫୋଟ ମାରୁଛି, ତାର ଯେମିତି ପରିଚୟ ହୋଇ ଯାଇଛି ମଦ ଓ ମାଂସ। କାଳୀ ଦାସଙ୍କର ଗୋଟିଏ ରଚନା ବିଷୟରେ ପାଠକେ ହୁଏତ ଅବଗତ ହୋଇଥାଇ ପାରନ୍ତି। ଦିନେ ଦେଖାଗଲା ଜଣେ ଭଦ୍ର ବସ୍ତ୍ର ବିମଣ୍ଡିତ ବ୍ୟକ୍ତି ଗୋଟିଏ ଛାଗକୁ ଟାଣି ଟାଣି ନେଉଥାନ୍ତି। ତାଙ୍କୁ କେହି ପ୍ରଶ୍ନ କଲେ 'ତୁମେ କଣ ମାଂସ ଖାଅ ?' ଉତ୍ତର ଆସିଲା କେବଳ ସେତିକି ନୁହେଁ, ତାକୁ ମଦ ସହିତ ନ ଖାଇଲେ କଣ ପ୍ରକୃତ ମଜା ଆସିବ ? ପୁନର୍ବାର ପ୍ରଶ୍ନଟିଏ ଆସିଛି – ବାଃ ତମେ ବଡ଼ ଅଦ୍ଭୁତ ଲୋକ। ଉତ୍ତର ମିଳିବାକୁ ବିଳମ୍ବ ହେଲାନି। ଖାଲି କ'ଣ ସେତିକି – ଗଣିକା ସାନ୍ନିଧ ନ ମିଳିଲେ ମୋର ସମୟ ଆଦୌ ଗତି କରେ ନାହିଁ। ତାହେଲେ ତମେ କି ଲୋକ କି ? ଏତିକି ବେଳେ କାଳି ଦାସଙ୍କ ମୁଖରୁ ନିସୃତ ହେଉଛି – 'ନଷ୍ଟସ୍ୟ କାନ୍ୟା ଗତି'।

ଯେକୌଣସି ସଭା ସମିତି ସମ୍ପୂର୍ଣ୍ଣ ହେଉନି ଆଜିକାଲି ଯଦି ସେଥିରେ ଭୋଜି ଏକ ଅଂଶ ନୁହେଁ, ଆଉ ସେ ଭୋଜି ପାଇଁ କାହାର ଆକର୍ଷଣ ନାହିଁ ଯଦି ସେଥିରେ ମଦ୍ୟ ଓ ମାଂସର ପ୍ରାବଧାନ ନାହିଁ। ବଡ଼ ଅଦ୍ଭୁତ ଅବସ୍ଥା – ଗାଁ ଗହଳିରେ ଗରିବ ଲୋକଟିଏ ବି ଯଦି କିଛି ବାହାଘର ଭୋଜିଭାତ କରିବ – ଗାଁ ଟୋକାଙ୍କର ଦାବୀ ଅଲବତ ମାଂସ ହେବ, ଖାସି ମାଂସ ନ ହେଲେ ଭୋଜିକୁ ଭୋଜି ବୋଲି କ'ଣ କୁହାଯାଇପାରିବ ? ଇଚ୍ଛା ବିରୋଧରେ ଜମିବାଡ଼ି ବିକିବାକୁ ପଡୁଛି ବିଚରା ଲୋକଙ୍କୁ। ଜିହ୍ୱା ଲାଳସା ଏତେ ଉଗ୍ର ହୋଇଛି ଯୁବପିଢ଼ୀଙ୍କର, ଯେମିତି ସେମାନଙ୍କର ଉଗ୍ର କାମନା ଆଗରେ ସାରା ପୃଥିବୀର ସବୁଜିମା ଲୋପ୍ ପାଇଯିବ। ସାରା ପୃଥିବୀର ଜଳ ସମ୍ପୂର୍ଣ୍ଣ ଶୁଖିଯିବ। ଏକ ବୈଜ୍ଞାନିକ ଅନୁସନ୍ଧାନରୁ ଜଣାଯାଇଛି ଯେ ଗୋଟିଏ କିଲୋଗ୍ରାମ ଗହମ ଉତ୍ପାଦନ ପାଇଁ ପାଞ୍ଚଶହରୁ ଚାରି ହଜାର ଲିଟର ପାଣିର ଆବଶ୍ୟକତା ଥିଲା ବେଳେ ଏକ କେଜି ମାଂସ ଉତ୍ପାଦନ ପାଇଁ ପାଞ୍ଚ ହଜାରରୁ କୋଡ଼ିଏ ହଜାର ଲିଟର ଜଳର ଆବଶ୍ୟକତା ରହିଛି। ଅର୍ଥାତ୍ ସମାନ ଓଜନର ଗହମ ଉତ୍ପାଦନ ପାଇଁ ଯେତିକି ପାଣି ଦରକାର ତାର ପାଞ୍ଚରୁ ଦଶଗୁଣ ପାଣିର ଚାହିଦା ଅଛି ମାଂସ ଉତ୍ପାଦନ କରିବାରେ। ସେହିପରି ଏକ କେଜି ଚାଉଳ ଉତ୍ପାଦନ ପାଇଁ ମାତ୍ର ୧.୨ କେ.ଜି. (ଲିଟର) ଜଳ ଦରକାର ପଡ଼େ। ଏହାକୁ ଲକ୍ଷ୍ୟ କଲେ ଏହି ତଥ୍ୟ ଆସେ ଯେ ଆଜି ସମଗ୍ର ପ୍ରକୃତିରେ ଜଳର ପରିମାଣ କମି ଯାଉଥିବା

ପଛରେ ଅଧିକ ମାଂସ ଉତ୍ପାଦନ ବି ଏକ ପ୍ରମୁଖ କାରଣ। ଦିନକୁ ଦିନ ମାଂସାହାରୀଙ୍କ ସଂଖ୍ୟା ବଢୁଥିବାରୁ ଜଳକଷ୍ଟ ଆହୁରି ଅଧିକରୁ ଅଧିକ ହେବ - ଏହା ନିଃସନ୍ଦେହରେ କୁହାଯାଇପାରେ।

ଦିନକୁ ଦିନ ମଦର ପ୍ରାଦୁର୍ଭାବ କେତେ ବଢୁଛି ତାହା ବିଷୟରେ ଅଧିକ ଲେଖିବା ନିଷ୍ପ୍ରୟୋଜନ। ଏହା ମଧ୍ୟ ଜଳର ଆବଶ୍ୟକତାକୁ ପ୍ରଭାବିତ କରୁଥିବା ସ୍ୱାଭାବିକ। କେବଳ କଥା ଏତିକିରେ ଶେଷ ହୁଏନି – ମଦ ଓ ମାଂସର ଅପୂର୍ବ ଯୋଗାଯୋଗ ମଣିଷର ମନକୁ ଅସଞ୍ଜତ କରେ, ତାକୁ ଅବିବେକୀ କରି ପକାଏ। ଯେତେ ଯେଉଁଠି ହିଂସା, ପ୍ରତିଶୋଧ କିମ୍ବା ବ୍ୟଭିଚାର ତା ପଛରେ ସବୁଠି ମଦିରାର ଉପସ୍ଥିତି ପ୍ରଚ୍ଛନ୍ନ ଭାବରେ ସତ୍ୟ।

ମନୋଜ ଦାସଙ୍କର 'ଆରଣ୍ୟକ' ଗପ ହୁଏତ ପଢ଼ିଥିବେ ପାଠକେ। ମନେ ପକେଇ ଦେଉଛି ସଂକ୍ଷେପରେ....

ଜଣେ ରାଜାସାହେବଙ୍କର ଜଙ୍ଗଲ ଇଲାକାରେ ଥିଲା ଏକ ଅତିଥି ଭବନ। ସେଇଠିକୁ ଦିନେ ରାଜାସାହେବ ଓ ତାଙ୍କର ନିର୍ବାଚିତ ଉଗ୍ର ଆଧୁନିକ ବନ୍ଧୁ ବାନ୍ଧବୀମାନେ ଯାଇଛନ୍ତି ବଣଭୋଜୀ କରିବାକୁ। ଜଙ୍ଗଲ ରାସ୍ତାରେ ଚାଲିଛି ଜିପ୍। ଏତିକିବେଳେ ଡ୍ରାଇଭର ବସିଥିବା ଦିଗରେ ପାର ହୋଇଗଲା ହରିଣଟିଏ। ଉଗ୍ର ଆଧୁନିକା ମଦିରା ଜର୍ଜରିତା ମିସେସ୍ ମିଟି ଆଦେଶ ଦେଲେ ଡ୍ରାଇଭର ଶ୍ୟାମଳକୁ, ତୁରନ୍ତ ତାର ବନ୍ଧୁକରେ ଶିକାର କରିବାକୁ ହରିଣକୁ। ଡ୍ରାଇଭର ବିଚରା ସାଧାରଣ ଲୋକଟିଏ। ତାର ହାତ କେମିତି ବା ଯାଇଥାନ୍ତା ଟ୍ରିଗର ଉପରକୁ। ସେ ଦେଖିଲା ସେଇଟି ଗୋଟିଏ ଗର୍ଭିଣୀ ହରିଣୀ। ତେଣୁ ନିଜର ଅସହାୟତା ସେ ପ୍ରକାଶ କଲା; ମାତ୍ର ନିଜର ଆଦେଶକୁ ଅନୁପାଳନ କରିନଥିବା ଡ୍ରାଇଭର ଉପରେ ମିସେସ୍ ମିଟିଙ୍କର ଗାଳିସବୁ ଗର୍ଜନ ଭଳି ଅଜାଡ଼ି ହୋଇ ପଡୁଥିଲା। ସେମାନେ ସମସ୍ତେ ଅତିଥି ଭବନରେ ପହଞ୍ଚିବାକ୍ଷଣି ମିସେସ୍ ମିଟି ଆଉ ନିଜକୁ ଅଟକାଇ ପାରିଲେ ନାହିଁ। ହିଂସ୍ର ଭାବରେ ଡ୍ରାଇଭରକୁ ଆକ୍ରମଣ କଲେ। ଏତେବଡ଼ ଆୟୋଜନ ପଣ୍ଡ କରିଦେଲା ଅପଦାର୍ଥ ଡ୍ରାଇଭର ! ତେଣୁ ମିଳିତ ଆକ୍ରମଣ କଲେ ସମସ୍ତେ। ସମସ୍ତଙ୍କୁ ନିଶା ଘାରି ଆସୁଥିଲା। ଅଚେତ, କ୍ଷତାକ୍ତ ଡ୍ରାଇଭରକୁ ଘୋଷାରି ନେଇ ସେମାନେ ନିକଟସ୍ଥ ଉହ୍ମେଇ ଘରେ ପକେଇ ଦେଲେ। ସେଇଠି ଆଗରୁ ଗୋଟିଏ ସଦ୍ୟ ମରା ହୋଇ ରହିଥିବା ବାରହାର ଶବ ପଡ଼ିଥିଲା। ପୋଡ଼ା ମାଂସ ଖାଇବା ପାଇଁ ତାହା ଥିଲା ପ୍ରାଥମିକ ଆୟୋଜନ। ଏଣେ ସମସ୍ତେ ଆୟୋଜିତ ମଦ ମାଂସରେ ଚୁର୍ ହେଲେ। ଯେବେ ସେମାନଙ୍କ ଭିତରୁ କାହାରି ଚେତା ଆସିଲା ସେ ଅନୁଭବ କରୁଛି ଗତକାଲି ରାତିରେ ବାରହା ମାଂସ ନାଁରେ ସେମାନେ ଯାହା ଖାଇଲେ ତାହା ହୁଏତ ଡ୍ରାଇଭରର ମାଂସ ହୋଇଥାଇପାରେ। ମଣିଷ ମଦ ଓ ମାଂସ କବଳରେ ପଡ଼ିଲେ କିପରି ହିତାହିତ

ଜ୍ଞାନଶୂନ୍ୟ ହୋଇଯାଏ ଚମତ୍କାର ଭାବରେ ବର୍ଣ୍ଣିତ ହୋଇଛି ଗପରେ । ମଦିରା ଓ ମାଂସର ପ୍ରାଚୁର୍ଯ୍ୟ ଭିତରେ ନିଃଶେଷ ହୋଇଯାଇଥିବା ମାନବିକତାକୁ ଧୀକ୍କାର କରିଛନ୍ତି ମନୋଜ ଦାସ ।

ଦୁଃଖର କଥାଟି ହେଲା, ଯେ ଗପ ଲେଖା ହେଲାଣି ଆଜକୁ ସତୁରୀ ବର୍ଷ ତଳୁ । ଦିନକୁ ଦିନ ମାଂସ ଓ ମଦିରାର ଆଦର ବଢ଼ିଛି । ମଣିଷ ଅଧିକରୁ ଅଧିକତର ବଣ୍ୟ ଓ ହିଂସ୍ର ହୋଇଛି । ସତରେ ସେ କ'ଣ ଫେରିପାରିବ ତାର ପୂର୍ବ ସ୍ଥିତିକୁ, ତାର ଚେତନାର ମୂଳସ୍ତରକୁ - ଅଧୋପତନ ଦିଗରେ ଯେ ଯାତ୍ରା ଆଉ କେତେ ଦିନ ବାକି ନା ଆଗରେ ଆସୁଛି ଅଲଙ୍ଘନୀୟ ଆବର୍ତ୍ତ !

■

(ପ୍ରଗତିବାଦୀ - ତା ୧୦.୦୯.୨୦୨୪ରିଖ)

ଯଥା ରାବଣସ୍ୟ ମନ୍ଦୋଦରୀ....

ପିଲାଦିନେ କୌଣସି ବୈବାହିକ କାର୍ଯ୍ୟରେ ଯୋଗଦେଲେ ଅନ୍ୟକିଛି ମନେ ରହୁ ବା ନରହୁ ବ୍ରାହ୍ମଣଙ୍କର ସମୁହ ଶ୍ଲୋକ ଉଚ୍ଚାରଣ ମଧ୍ୟରୁ ଶୀର୍ଷକଟି ମନେ ରହିଯାଉଥିଲା। ଏହାର କାରଣ ଥିଲା ବାଲ୍ୟକାଳରୁ ସେଇ ପୌରାଣିକ ଚରିତ୍ରମାନଙ୍କ ସହିତ ପରିଚିତି। ବିବାହ ସତରେ ଏକ ବହୁ ପ୍ରାଚୀନ ସାମାଜିକ ଅନୁଷ୍ଠାନ। ଏହା ପ୍ରାୟତଃ ପୃଥିବୀରେ ବସବାସ କରୁଥିବା ସମସ୍ତ ଧର୍ମାବଲମ୍ବୀଙ୍କ ଦ୍ୱାରା ଗୃହିତ। ଏହା ପୁରୁଷ ଓ ନାରୀଙ୍କ ଭିତରେ ଏକ ସ୍ଥୁଳ ମିଳନ କେବଳ ନୁହେଁ, ବରଂ ଏହା ଦୁହିଁଙ୍କ ଭିତରେ ସୃଷ୍ଟି କରେ କିଛି ଆଇନଗତ ସଂପର୍କ ଏବଂ ନୂତନ ପୀଢ଼ି ପାଇଁ କିଛି ଦାୟିତ୍ୱ ଓ କର୍ତ୍ତବ୍ୟ। ସଂକ୍ଷିପ୍ତରେ କହିଲେ ଏତେକ ଯଥେଷ୍ଟ ହେବ ଯେ ପାରିବାରିକ ବନ୍ଧନର ମୂଳ ସୂତ୍ର ହେଲା ବିବାହ।

ପ୍ରାୟ ସାଢ଼େ ଚାରି ହଜାର ବର୍ଷ ଆଗରୁ ମଧ୍ୟ ମଣିଷ ସମାଜରେ ବୈବାହିକ ପରମ୍ପରା ଥିଲା ବୋଲି ଇତିହାସରୁ ପ୍ରମାଣ ମିଳେ। ଗୋଟିଏ ବିବାହରେ କିଏ କ'ଣ ବରପକ୍ଷକୁ ଖୋଜୁଥାଏ ସେ କଥା ଏକ ପୁରାତନ ଶ୍ଲୋକରୁ ଜଣାଯାଏ।

'କନ୍ୟା ବରୟତେ ରୂପମ୍ ମାତା ବିତ୍ତଂ ପିତା ଶ୍ରୁତମ୍
ବାଂଧବାଃ କୁଳମିଚ୍ଛନ୍ତି ମିଷ୍ଟାନ୍ନମ୍ - ଇତରେ ଜନାଃ।'

ଯେମିତି ଦୃଷ୍ଟିକୋଣ ବଦଳିଲେ କୌଣସି ବସ୍ତୁର ରୂପ ଅଲଗା ଦିଶେ, ସେଇମିତି ଚମତ୍କାର ଭାବରେ ଶ୍ଲୋକ ରଚୟିତା ବିଭିନ୍ନ ଲୋକଙ୍କର ଆବଶ୍ୟକତାକୁ ବଖାଣିଥିଲେ। କୃଷିଭିତ୍ତିକ ସଭ୍ୟତା ଥିଲାବେଳେ ଯେ ସବୁ ଠିକ୍ ଚାଲିଥଲା; ମାତ୍ର ସଭ୍ୟତାର ଯେଉଁ ସ୍ତରରେ ମଣିଷ ସମାଜ ଅଧୁନା ପହଞ୍ଚିଲାଣି, ସେଠାରେ ବିବାହ କ'ଣ ପୂର୍ବପରି ଏକ ସର୍ବସ୍ୱୀକୃତ ଅନୁଷ୍ଠାନ ଭାବରେ ବଂଚିପାରିବ, ତାହା ଏକ ବିରାଟ ପ୍ରଶ୍ନବାଚୀ ପାଲଟିଛି।

୧୯୫୦ ମସିହା ପର୍ଯ୍ୟନ୍ତ ଭାରତୀୟ ସମାଜରେ ସ୍ୱାମୀ ଥିଲେ ପରିବାରର ଏକମାତ୍ର ରୋଜଗାରକ୍ଷମ ବ୍ୟକ୍ତି, ସ୍ତ୍ରୀଙ୍କର ଦାୟିତ୍ୱ ଥିଲା ଘର ସମ୍ଭାଳିବା, ପୁତ୍ରକନ୍ୟା

ତଥା ପରିବାରର ଅନ୍ୟମାନଙ୍କର ଯତ୍ନ ନେବା, ରୋଷେଇ କରିବା ଇତ୍ୟାଦି। କ୍ରମେ କ୍ରମେ ଯୁଗ୍ମ ପରିବାରର ପତନ ହେଲା, ଗଢ଼ି ଉଠିଲା ଏକକ ପରିବାର; ମାନେ ସ୍ୱାମୀସ୍ତ୍ରୀ ଏବଂ ସେମାନଙ୍କ ପିଲାଙ୍କୁ ନେଇ। ହେଲେ ସେଇ ଧାରା ଅଟକି ଯାଇ ନଥିଲା, କ୍ରମେ ବ୍ୟକ୍ତିକୈନ୍ଦ୍ରିକ ପାଲଟିଲା ମଣିଷର ମନ ଆଉ ସେଇ କ୍ରମରେ ସ୍ତ୍ରୀ ଲୋକମାନେ ଆସ୍ତେ ଆସ୍ତେ କେବଳ ପରିବାରର କର୍ତ୍ତ୍ରୀ ଭାବରେ, ତାଙ୍କର ଭୂମିକାକୁ ନେଇ ସୁଖୀ ହୋଇ ପାରିଲେ ନାହିଁ, ସେମାନେ ନିଜର କ୍ୟାରିଅର ପାଇଁ ଅଧିକ ଆଗ୍ରହୀ ହେଲେ। ଏହାର ଫଳ ହେଲା ଏହା ଯେ, ବିବାହର ବୟସ କ୍ରମେ ଅଧିକରୁ ଅଧିକ ହୋଇଗଲା। ପତି ବାଛିବାର ଅଧିକାର ପତ୍ନୀଙ୍କର ପାଲଟିଲା। କ୍ରମେ ବିବାହ ପ୍ରସଙ୍ଗରେ ପରିବାରର ଅନ୍ୟାନ୍ୟ ସଦସ୍ୟଙ୍କର କଥାର ଗୁରୁତ୍ୱ ବି କମ୍ ହୋଇ ଚାଲିଲା।

ବିଦେଶରେ ଏବେ ଦେଖା ହେଉଛି ସେଠାରେ ଖୁବ୍ କମ୍ ଲୋକ ବିବାହ ବନ୍ଧନରେ ବାନ୍ଧି ହେବାକୁ ଚାହୁଁଛନ୍ତି। ଆଗରୁ ଆମେରିକାରେ ହାରାହାରି ଭାବରେ ଶତକଡ଼ା ପଞ୍ଚାନବେ ଲୋକ ବିବାହ ବନ୍ଧନରେ ରହୁଥିଲେ; ମାତ୍ର ସେଠାକାର ସ୍ଥିତି ଏପରି ହେଲାଣି ଯେ ୨୦୧୯ରେ ପ୍ରକାଶିତ ଏକ ସର୍ବେକ୍ଷଣ ଅନୁଯାୟୀ ସେଠାରେ ତେପନ ପ୍ରତିଶତ ବିବାହ କରୁଛନ୍ତି, ନଅ ଶତକଡ଼ା ବିବାହ ନ କରି ନିଜ ଇଚ୍ଛାମତେ ବନ୍ଧୁ ବା ବାନ୍ଧବୀ ସହିତ ରହୁଛନ୍ତି ଏବଂ ପ୍ରାୟ ଅଡ଼ତିରିଶ ପ୍ରତିଶତ ଲୋକ ଅବିବାହିତ ରହିବାକୁ ପସନ୍ଦ କରୁଛନ୍ତି।

ବିବାହ ପାଇଁ ସବୁଠୁ ବଡ଼ ବିପଦ ସୃଷ୍ଟି କରୁଛି କ୍ରମବର୍ଦ୍ଧିଷ୍ଣୁ ଛାଡ଼ପତ୍ର। ନିଜକୁ ମୁକ୍ତ ବୋଲି ଭାବୁଥିବା ତଥାକଥିତ ସଭ୍ୟ ସମାଜରେ ପୁରୁଷ ଓ ସ୍ତ୍ରୀ ଭାବୁଛନ୍ତି ବିବାହ ଯେମିତି କିଛି ଜରୁରୀ ଚିଜ ନୁହେଁ। ଆଧୁନିକ ଜୀବନ ଶୈଳୀରେ ସେମାନେ ଏତେ ବିଭୋର ହୋଇଯାଉଛନ୍ତି, ଯାହାଫଳରେ ସେମାନଙ୍କ ଭିତରେ ବହୁ ପୁରୁଷ ଅଥବା ବହୁ ନାରୀପ୍ରତି ଆକର୍ଷଣ ସୃଷ୍ଟି ହୋଇଯାଉଛି। ଆଗ କାଳରେ ବିବାହକୁ ଧର୍ମ ସହିତ ଏପରି ଯୋଡ଼ି ଦିଆଯାଉଥିଲା ଯେ ବିବାହ ବାହାରେ ଅନ୍ୟ କୌଣସି ସଂସର୍ଗ ଥିଲା ଅଗ୍ରହଣୀୟ। ଉପଭୋଗ ପ୍ରବଣତା ଯେତେ ଯେତେ ବଢ଼ି ବଢ଼ି ଯାଉଛି ବିବାହ ରୂପୀ ଅନୁଷ୍ଠାନ ସେତେ ଦୁର୍ବଳ ହୋଇ ଯାଉଛି। ବିବାହ ସଂସ୍କାର ଅଭିଧାନର ଏକ ଅଲୋଡ଼ା ଶବ୍ଦ ହୋଇଯିବକି - ଏପରି ସନ୍ଦେହ ସୃଷ୍ଟି ହେବାକୁ ଗଲାଣି।

ଆମେରିକାର ଜଣେ ତଥାକଥିତ ଗବେଷକ ଆଣ୍ଡ୍ରୁ ଚେରର୍ବିନଙ୍କ ମତରେ ୨୦୦୪ ପରଠାରୁ ବସ୍ତୁତଃ ସେଠାରେ ବିବାହ ତାର ଆନୁଷ୍ଠାନିକ ଗୁରୁତ୍ୱ ହରେଇ ବସିଛି। ବିବାହ ସମ୍ପର୍କରେ ଯେଉଁସବୁ କଟକଣା ଥିଲା ସେଗୁଡ଼ିକ କ୍ରମଶଃ ଦୁର୍ବଳ ହୋଇ ଯାଇଛି ଏବଂ ପାରମ୍ପାରିକ ଭାବରେ ବିବାହରୁ ଯାହା ଉପକାର ମିଳୁଥିଲା ସେଗୁଡ଼ିକ

ସେତେ ଗ୍ରହଣୀୟ ହେଉନାହିଁ। ଧରନ୍ତୁ ଆଗରୁ ବିବାହ କହିଲେ ତାହା ଥିଲା ପୁରୁଷ ସହିତ ସ୍ତ୍ରୀର ମିଳନ; ମାତ୍ର ବିଭିନ୍ନ ଉଦାର ସଭ୍ୟତାବାଦୀଙ୍କ ଚାପରେ ଆମେରିକାରେ ବିବାହ ଆଇନ ପରିବର୍ତ୍ତିତ ହୋଇଛି। ଯେମିତି ସେଠାରେ ଜଣେ ପୁରୁଷ ଆଉ ଜଣେ ପୁରୁଷଙ୍କୁ ଜୀବନସାଥୀ ରୂପେ ଗ୍ରହଣ କରିପାରିବେ କିମ୍ବା ଜଣେ ମହିଳା ଆଉ ଜଣେ ମହିଳାଙ୍କୁ ବିବାହ କରିବାରେ ଆଇନଗତ ପ୍ରତିବନ୍ଧକ ନାହିଁ। ଏପରିକି ଆମ ଦେଶର ସର୍ବୋଚ୍ଚ ନ୍ୟାୟାଳୟରେ ମଧ୍ୟ ଯେ ସଂକ୍ରାନ୍ତରେ ମାମଲା ଚାଲୁଅଛି। ଦକ୍ଷିଣପନ୍ଥୀମାନେ ଏହାକୁ ଆମର ସଂସ୍କୃତିର ପରିପନ୍ଥୀ କହି ବିରୋଧ କରୁଥିବା ବେଳେ କିଛି ଗୋଷ୍ଠୀ ତାହା ସପକ୍ଷରେ ଅଛନ୍ତି।

ଅନେକ ମହିଳାଙ୍କର ଧାରଣା ସେମାନେ ବାରମ୍ବାର ମାତୃତ୍ୱ ଲାଭ କଲା ହେତୁ ସେମାନଙ୍କର ସୌନ୍ଦର୍ଯ୍ୟ କମି ଯାଉଛି। ଏହା ମଧ୍ୟ କେତେକାଂଶରେ ବିବାହ ବିରୋଧୀ ମାନସିକତା ସୃଷ୍ଟି କରୁଛି। କିଛି ବ୍ୟକ୍ତି ସେମାନଙ୍କର କ୍ୟାରିଅରରେ ଏତେ ନିମଗ୍ନ ରହୁଛନ୍ତି ଯେ ବିବାହ ଓ ପରିବାର ସେମାନଙ୍କ ପାଇଁ ପ୍ରାଥମିକତା ହୋଇ ରହୁନାହିଁ, ପାରମ୍ପରିକ ମାତୃତ୍ୱ ଏକ କଷ୍ଟକର ପ୍ରକ୍ରିୟା ହୋଇଥିବାରୁ ଏବଂ ଆଧୁନିକ ବିଜ୍ଞାନର ଉପଯୋଗ ଫଳରେ ଅନ୍ୟ କାହାରି ଜରାୟୁରେ ନିଜର ସନ୍ତାନ ବଢ଼ାଇବା ପାଇଁ କିଛି ଲୋକ ମଧ୍ୟ ଅଧିକ ଗ୍ରହଣୀୟ ଭାବୁଛନ୍ତି ଯାହା ବିବାହର ପ୍ରୟୋଜନୀୟତା ଉପରେ ଅଙ୍କୁଶ ଲଗାଉଛି।

ଆଗରୁ ହିନ୍ଦୁ ଧର୍ମରେ ବିବାହକୁ ଏପରି ପ୍ରାଧାନ୍ୟ ଦିଆଯାଉଥିଲା ଯେ ଯେଉଁ ଚତୁର୍ବର୍ଗ ଫଳପ୍ରାପ୍ତି ଜୀବନର ସର୍ବୋଚ୍ଚ ଅଭିଳାଷ ବୋଲି ଦର୍ଶାଯାଉଥିଲା ତାହା ବିବାହ ମାଧ୍ୟମରେ ସମ୍ଭବ ବୋଲି ଧାରଣା ସୃଷ୍ଟି କରାଯାଉଥିଲା। ବିବାହିତ ବ୍ୟକ୍ତି ହିଁ କେବଳ ଧାର୍ମିକ ଅନୁଷ୍ଠାନ କରିବା ପାଇଁ ଅନୁମତିପ୍ରାପ୍ତ ବୋଲି ବିବେଚିତ ହେଉଥିଲେ। କୋର୍ଟମାନଙ୍କର ଉଦାର ବ୍ୟାଖ୍ୟା ଏବଂ ମାନବିକ ଅଧିକାରର କଷଟି ଭିତରେ ସେଇ କଥାମାନ ପୁରାତନ ପାଲଟି ବର୍ଜନୀୟ ସ୍ତରକୁ ଆସିଗଲେଣି। ପୁରୁଷାର୍ଥର ଚାରିଟି ଦିଗରେ ନାରୀର ଉପସ୍ଥିତି ବୋଲି ଯେଉଁ କଥା ଥିଲା ତାକୁ ଆଜିର ବିଜ୍ଞାନୀସମାଜ ହସରେ ଉଡ଼େଇ ଦେବାକୁ ବ୍ୟାକୁଳ।

ବିବାହର ଉପକାରିତା ଭିତରେ ପ୍ରମୁଖ ଥିଲା ଏହା ମଣିଷକୁ କ୍ରମଶଃ କମ୍ ମଦ୍ୟପାନ କରିବାରେ ପ୍ରଚୋଦିତ କରୁଥିଲା ଏବଂ ଏହା ନାରୀ ଓ ପୁରୁଷଙ୍କର ମନସ୍ତାତ୍ତ୍ୱିକ ସନ୍ତୁଳନ ଓ ସନ୍ତୁଷ୍ଟି ସମ୍ୟକ୍ ରହୁଥିଲା ଏହାର ପ୍ରଭାବରେ। ଆଧୁନିକ ସଭ୍ୟତାରେ ନାରୀ ଓ ପୁରୁଷ ଉଭୟ ପଣ୍ୟ ପାଲଟି ଯିବାରୁ ଦୀର୍ଘ ଜୀବନର ଆନନ୍ଦ ଅପେକ୍ଷା ରାତିକର ଆନନ୍ଦ ଯୁବକ ଯୁବତୀଙ୍କୁ ବେଶୀ ଆମୋଦିତ କଲା ଆଉ ନିକଟ ହୋଇଗଲା ଦୁର୍ଗପତନର

ବେଳ। ପାଶ୍ଚାତ୍ୟ ଦେଶରେ ଛାଡ଼ପତ୍ର ହାର ଚିନ୍ତାଜନକ; ଯୁକ୍ତରାଷ୍ଟ୍ର ଆମେରିକାରେ ଏହା ୪୫ ଶତକଡ଼ା ଥିଲାବେଳେ ଗ୍ରେଟ୍ ବ୍ରିଟେନ୍‌ରେ ୪୧ ପ୍ରତିଶତ, ରୁଷିଆରେ ୭୩ ପ୍ରତିଶତ। ଏତେ ସତ୍ତ୍ୱେ ଭାରତରେ ଏହା ବର୍ତ୍ତମାନ ୧ (ଏକ) ପ୍ରତିଶତ ରହିଛି ମାତ୍ର ବିବାହ ବିଚ୍ଛେଦ ସଂଖ୍ୟା ଦ୍ରୁତ ବୃଦ୍ଧି ପାଉଛି। ଆପଣ ଯଦି ଫ୍ୟାମିଲି କୋର୍ଟ ପରିସରକୁ ଯିବେ, ସେଠାରେ ଯେଉଁ ଭିଡ଼ ଲକ୍ଷ୍ୟ କରିବେ ତାହା ଆପଣଙ୍କୁ ବ୍ୟଥିତ କରିବ। ଏତେସଂଖ୍ୟକ ଯୁବକ ଯୁବତୀ ବିବାହ ବନ୍ଧନ ଭାଙ୍ଗିବାକୁ ସେଠାରେ ପହଞ୍ଚୁଛନ୍ତି ଭାବିଲେ ନୈରାଶ୍ୟ ସୃଷ୍ଟି ହେବ। ଆଜି ଶତକଡ଼ା ଏକ ହୁଏତ ଆମକୁ ଟିକିଏ ସାନ୍ତ୍ୱନାଜନକ ଲାଗିପାରେ; ମାତ୍ର ଆମେ ଯେ ସେଇ ବିନାଶ ଚକ୍ରରେ ଦ୍ରୁତ ଭାବରେ ଆଗକୁ ବଢ଼ିଚାଲିଛନ୍ତି, ତାହା କେହି ମନା କରିପାରିବେ ନାହିଁ।

ଆମେ ସମସ୍ତେ ସେଇ ପାଶ୍ଚାତ୍ୟ ଅନୁକରଣରେ ବ୍ୟସ୍ତ। ସେମାନଙ୍କୁ ଅଧିକ ସଭ୍ୟ ଓ ଶିକ୍ଷିତ ଭାବୁଛନ୍ତି ଆମେ। ହେଲେ ସେ ଦେଶମାନଙ୍କର ଛାଡ଼ପତ୍ର ସଂଖ୍ୟା କଣ ସୂଚେଇ ଦେଉନି ସେ ଦେଶରେ ଭାଙ୍ଗିଯାଉଥିବା ପରିବାରମାନଙ୍କର ସ୍ଥିତି। ପରିବାରହିଁ ଥିଲା ସମାଜର ଏକକ। ତାକୁ ସଂଯୋଗ କରୁଥିଲା ବିବାହ ପରି ଅନୁଷ୍ଠାନ। ତାହାର ଆବଶ୍ୟକତା ନାହିଁ ବୋଲି ଯେଉଁମାନେ ଭାବୁଛନ୍ତି ସେମାନେ କେବଳ ନିଜର ନୁହେଁ ସମଗ୍ର ମାନବ ସମାଜର ଓ ସଭ୍ୟତାର ଏକ ବିକଳ ଭବିଷ୍ୟତକୁ ହାତଠାରି ଡାକୁଛନ୍ତି। ଆମେ ବନ୍ୟରୁ ସଭ୍ୟ ହୋଇଥିଲେ, ପୁଣି କ'ଣ ଆଉ ଥରେ ସେଇ ବନ୍ୟ ସଭ୍ୟତାକୁ ପ୍ରସ୍ଥାନ କରିବା ? ଧୈର୍ଯ୍ୟର ଅଭାବ, ଅହଂକାର ବରିବର୍ଦ୍ଧିତ କଳେବର, ମାନସିକ ବିକୃତି ଏତେବଡ଼ ସାମାଜିକ ଅନୁଷ୍ଠାନକୁ ଭାଙ୍ଗିଦେବାକୁ ଯାଉଛି - ତାହା ଅତି ବେଦନାଦାୟକ।

■

ଯନ୍ତ୍ର କବଳିତ ମଣିଷ

ମଣିଷ ସଭ୍ୟତାର ଇତିହାସ ଅନୁସନ୍ଧାନ କଲେ ଦେଖାଯାଏ, ମଣିଷ ନିଜର ବିଭିନ୍ନ କାର୍ଯ୍ୟ ସହଜରେ କରିବା ପାଇଁ ଯନ୍ତ୍ରର ଉଦ୍ଭାବନ କରିଥିଲା । ଅଧିକ ଉତ୍ପାଦନ ପାଇଁ ଯନ୍ତ୍ରର ଉପଯୋଗ କିଛି ଶତାବ୍ଦୀ ତଳେ ସୃଷ୍ଟି କରିଥିଲା ଶିଳ୍ପ ବିପ୍ଳବ । ନିଜର ଶାରୀରିକ କ୍ଷମତାକୁ ବ୍ୟବହାର କରି ଯେଉଁ କାର୍ଯ୍ୟ ବହୁ କଷ୍ଟରେ କରାଯାଇପାରୁଥିଲା ଯନ୍ତ୍ରର ବ୍ୟବହାର ଫଳରେ ତାଠାରୁ ବହୁ କଠିନ ଓ ଦୁରୂହ କାର୍ଯ୍ୟ ଯଥେଷ୍ଟ କମ୍ ସମୟରେ ସଂପାଦିତ ହୋଇ ପାରିଲା । କ୍ରମୋନ୍ନତିର ସୋପାନରେ ପ୍ରଥମେ ଯନ୍ତ୍ରଥିଲା ସରଳ; ମାତ୍ର କ୍ରମେ କ୍ଲିଷ୍ଟ ଓ ପରବର୍ତ୍ତୀ ସମୟରେ ପାଲଟିଲା ଅତ୍ୟନ୍ତ ଜଟିଳ ଓ ଦୁରୂହ ।

ବିଂଶ ଶତାବ୍ଦୀର ପ୍ରଥମ ଭାଗରେ ବିଶ୍ୱ ବିଖ୍ୟାତ ବୈଜ୍ଞାନିକ ଆଇନ ଷ୍ଟାଇନ କହିଥିଲେ - ଯନ୍ତ୍ର ଯେତେଦିନ ଯାଏ ମଣିଷର ଭୃତ୍ୟ ପରି କାର୍ଯ୍ୟ କରିବ, ସେତେଦିନ ଯାଏ କିଛି ଅସୁବିଧା ନାହିଁ; ମାତ୍ର ଯେତେବେଳେ ମଣିଷ ଯନ୍ତ୍ରର ଭୃତ୍ୟ ପାଲଟିଯିବ, ସେତେବେଳେ ବୁଝିବାକୁ ହେବ ଯେ ମଣିଷ ସଭ୍ୟତା ଧ୍ୱଂସ ହେବାକୁ ଆଉ ବେଶି ଡେରି ନାହିଁ ।

ଆଧୁନିକ ବିଜ୍ଞାନର ଉଦ୍ଭବ ହେତୁ ଯେଉଁ ଯନ୍ତ୍ରର ସଂରଚନା ହେଲା, ତାର ବହୁ ପୂର୍ବରୁ ଏକ ତତ୍ତ୍ୱ ଭାବରେ ଯନ୍ତ୍ର ନିଶ୍ଚିତ ଭାବରେ ଥିଲା, ତା ନହେଲେ ପ୍ରାୟ ପାଞ୍ଚ ହଜାରରୁ ଊର୍ଦ୍ଧ୍ୱ ବର୍ଷତଳେ ରଚିତ ହୋଇଥିବା ଶ୍ରୀମଦ୍ ଭଗବତ ଗୀତାରେ ନିମ୍ନ ଶ୍ଳୋକଟି ନଥାନ୍ତା କେବେ ! ଶ୍ଳୋକଟି ଆପଣ ମନେ ପକେଇ ପାରନ୍ତି-

"ଈଶ୍ୱରଃ ସର୍ବଭୂତାନାଂ ହୃଦ୍ଦେଶେଽର୍ଜୁନ ତିଷ୍ଠତି
ଭ୍ରାମୟନ୍ ସର୍ବଭୂତାନି ଯନ୍ତ୍ରାରୁଢ଼ାନି ମାୟୟା..."

ଅର୍ଥାତ୍ ଈଶ୍ୱର ପ୍ରତି ପ୍ରାଣୀ ଭିତରେ ଅଛନ୍ତି ଏବଂ ମାୟାରୂପକ ଯନ୍ତ୍ରରେ ଆରୁଢ଼ ହୋଇ ସମସ୍ତଙ୍କୁ ପରିଚାଳିତ କରୁଛନ୍ତି । ଏହି ଶ୍ଳୋକକୁ ବିଷଦ ଭାବରେ ଅନୁଭବ କଲେ ଲାଗିବ

ଯନ୍ତ୍ର ହିଁ ଭୃତ୍ୟ ଆଉ ମଣିଷ ବା ତାର ଚେତନା ହିଁ ପ୍ରଭୁ। ଏହି ପ୍ରକାରେ ଯନ୍ତ୍ରର ଉପଯୋଗ ହିଁ କାମ୍ୟ, ତାହା ହିଁ ଏକମାତ୍ର ପନ୍ଥା।

କେବଳ ମଣିଷ କାହିଁକି ଯେ କୌଣସି ପ୍ରାଣୀ ସବୁବେଳେ ଏକ ସହଜ ଜୀବନକୁ ଏକ ଅଭିଳଷିତ ଜୀବନ ଭାବରେ ଗ୍ରହଣ କରି ଆସିଛି। କୌଣସି କାମ ଯଦି ଅଳ୍ପ ପରିଶ୍ରମରେ ହୋଇ ଯାଇପାରିବ ତାହେଲେ କଠିନ ପରିଶ୍ରମ କରାଯିବ ବା କାହିଁକି ?

ଦ୍ୱିତୀୟତଃ ସବୁବେଳେ କିଛି ନା କିଛି ଅଭାବ ଓ ଅସୁବିଧା ମଣିଷ ଲକ୍ଷ୍ୟ କରୁଥିଲା ଆଉ ନିଜର ବୁଦ୍ଧି ପ୍ରୟୋଗ କରି ତାହା ଦୂର କରିବାକୁ ଚାହୁଁଥିଲା। ଏହି କ୍ରମରେ ସେ ଖୋଜିଥିଲା ଯନ୍ତ୍ର, ତନ୍ତ୍ର ଓ ମନ୍ତ୍ର। ଆଜି ଯନ୍ତ୍ର ବିଷୟରେ ଆଲୋଚନା।

ଭାବିନିଅନ୍ତୁ ପ୍ରାଚୀନ କାଳରେ ମଣିଷ ମୌଳିକ ଆବଶ୍ୟକତା ପାଇଁ ଯୁଝୁଥିବ। ଖାଦ୍ୟ ସଂଗ୍ରହ ପାଇଁ ତାକୁ ପରିଶ୍ରମ କରିବାକୁ ପଡୁଥିବ, ବସ୍ତ୍ର ନିଜକୁ ଆଚ୍ଛାଦିନ କରିବା ପାଇଁ ଏବଂ ଶୀତକଷ୍ଟରୁ ନିଜକୁ ରକ୍ଷା କରିବା ପାଇଁ, ବାସଗୃହ ବନ୍ୟଜନ୍ତୁମାନଙ୍କ କବଳରୁ ନିରାପତ୍ତା ଦେବା ପାଇଁ। ଭାଷାର ବ୍ୟବହାର ସାଙ୍ଗକୁ ଲିପିର ଉଦ୍‌ଭାବନ ଏବଂ ଗବେଷଣାପ୍ରସୂତ ଜ୍ଞାନ ପ୍ରୟୋଗ ହିଁ ଏକ ବୈଜ୍ଞାନିକ ଅବବୋଧ ସୃଷ୍ଟି କରିଥିବ ମଣିଷ ଭିତରେ, ଯାହା କ୍ରମେ କ୍ରମେ ଯନ୍ତ୍ରର ବ୍ୟବହାର ବଢ଼େଇ ଦେଇଥିବ।

ବିଜ୍ଞାନର ଗୋଟିଏ ପରେ ଗୋଟିଏ ସ୍ତର ଅତିକ୍ରମ କରି ଆମେ ବର୍ତ୍ତମାନ ଯେଉଁଠି ପହଞ୍ଚିଛନ୍ତି ତାକୁ ଯଦି ଗଭୀର ଭାବରେ ଲକ୍ଷ୍ୟ କରିବା ତାହେଲେ ଆମର ହୃଦବୋଧ ହେବ, ଆମେ ପ୍ରତ୍ୟକ୍ଷ ଓ ପରୋକ୍ଷ ଭାବରେ କେତେ ଯନ୍ତ୍ରର ସାହାଯ୍ୟ ନେଉଛନ୍ତି, ସକାଳେ ନିଦ୍ରାତ୍ୟାଗ ପରେ ପୁନର୍ବାର ରାତ୍ରୀରେ ଶଯ୍ୟାକୁ ଯିବା ପର୍ଯ୍ୟନ୍ତ ଆମର ଯେତେ ଦିନଚର୍ଯ୍ୟା ସେଥିରେ ଯନ୍ତ୍ରର ବ୍ୟବହାର ମାତ୍ରାଧିକ। ଆଗରୁ ଯନ୍ତ୍ରର ଗୋଟିଏ ସରଳ ନାଁ ଥିଲା, ଏବେ ତାକୁ ବ୍ୟାପକ ଭାବରେ ବ୍ୟବହାର କରାଯାଉଥିବାରୁ ତା'ର ଏକ ସଦ୍ୟ ବ୍ୟାପକ ନାମାନ୍ତର ସାମ୍ନାକୁ ଆସିଛି ଯାହାକୁ ଆମେ ଟେକ୍‌ନୋଲୋଜି କହୁଛନ୍ତି। ଟେକ୍‌ନୋଲୋଜି ଗୋଟିଏ ଯନ୍ତ୍ର ନୁହେଁ ବରଂ ବିଭିନ୍ନ ଯନ୍ତ୍ରପାତି ଓ ଉପକରଣର ସମାହାର ଯାହା ବିଭିନ୍ନ ସମସ୍ୟା ସମାଧାନ ପାଇଁ ଅଭିପ୍ରେତ, ଗୋଟିଏ ଛୋଟିଆ ଉଦାହରଣ ନିଆଯାଉ।

ଆଗରୁ ଆମେ ଦେଶ ଦୁନିଆଁର କିଛି ଖବର ଜାଣିବା ପାଇଁ ଖବରକାଗଜ୍ ଉପରେ ନିର୍ଭର କରୁଥିଲୁ, ଇଲେକ୍‌ଟ୍ରୋନିକ୍ ଗଣମାଧମ ଆସିବା ପରେ ଖବରକୁ ଜୀବନ୍ତ ଭାବରେ ଦେଖିବାର ନିଶା ବଢ଼ିଲା; ଏବେ ଯେତେବେଳେ ଚାହିଁଲେ ବି ଖବର ଆମେ ଦେଖିପାରୁଛନ୍ତି ଆମର ମୋବାଇଲ ମାଧମରେ। ମୋବାଇଲ ଏପରି ଏକ ଯାନ୍ତ୍ରିକ ପଦ୍ଧତି ଯେଉଁଠି ଆମେ ସମୟ ଜାଣି ପାରୁଛୁ, ଫଟୋ ଉଠେଇ ପାରୁଛୁ। କଥାବାର୍ତ୍ତା କରିବା

ଛଡ଼ା, କେତେବେଳେ ୟୁଟିଉବ୍ ତ କେତେବେଳେ ଫେସବୁକ୍‌ରେ ମଜ୍ଜି ରହୁଛୁ। ଅର୍ଥାତ୍ ଆମର କିଛି ଅଭାବ ପୂରଣ କରୁକରୁ ମୋବାଇଲ ଆମର ସମୟକୁ ଏପରି ଅପହରଣ କରୁଛି ଯେ, ଆମେ ନିଜ ଉପରେ ନିୟନ୍ତ୍ରଣ ହରେଇବା ଭଳି ବେଳେ ବେଳେ ଅନୁଭୂତ ହେଉଛି। ମୋବାଇଲ ପାଲଟିଛି ଏକ ମାୟାର ପୃଥିବୀ, ତା ଭିତରକୁ ଥରେ ପଶିଗଲେ ସେଠାରୁ ନିଜକୁ ମୁକୁଳେଇବା ହୋଇ ପଡୁଛି ମୁସ୍କିଲ୍। ବେଳେ ବେଳେ ଆମର ଧାରଣା ହେଉଛି ଏଇ ଯାନ୍ତ୍ରିକ ଉପକରଣଟି ତିଆରି ହୋଇଥିଲା ଆମର ଅନେକ ସମସ୍ୟାର ସମାଧାନ କରିବା ପାଇଁ, ସମାଧାନ କରୁକରୁ ଆମକୁ ଏପରି କବଳିତ କଲାଣି, ଯେମିତି ତା ବିନା ବଂଚି ହେବ ବୋଲି ଭାବି ହେଉନାହିଁ। ତା କବଳରୁ ବର୍ତ୍ତିବା ଏକ ସମସ୍ୟା ହୋଇ ଛିଡ଼ା ହେଲାଣି।

କେହି ଜଣେ ବନ୍ଧୁ କହୁଥିଲେ ଏହା କେବଳ ଆମର ସମୟ ଚୋରାଇ ନେଉନାହିଁ ଆମ ଭିତରେ ଅନେକ ରୋଗର ଉପସର୍ଗ ମଧ୍ୟ ସୃଷ୍ଟି କରୁଛି। କ୍ରମାଗତ ଭାବରେ ମଦ ପିଇଲେ ଜଣେ ଯେପରି ମଦ୍ୟପ ପାଲଟିଯାଏ ସେହିପରି ମୋବାଇଲ ଅନେକଙ୍କୁ ଆକ୍ରାନ୍ତ କରୁଛି, ତାକୁ ଛାଡ଼ିବା ହୋଇଯାଉଛି କାଠିକର ବ୍ୟାପାର। ଏହା କେବଳ ଆମର ଆଖିକୁ ଖରାପ କରୁନାହିଁ ତା ସାଙ୍ଗକୁ ନିଦ୍ରାରେ ବ୍ୟାଘାତ ସୃଷ୍ଟି କରୁଛି। ଗୋଟାଏ ନୂଆ ବେମାରୀ ସୃଷ୍ଟି ହୋଇଛି ଯାହାର ନାଁ ହେଲା **TNS** ଅର୍ଥାତ୍ **Text Neck Syndrome**। ଯେତେବେଳେ ମୋବାଇଲ ସହିତ ଏକ ଅନତିକ୍ରମ୍ୟ ସଂପର୍କ ସୃଷ୍ଟି ହୁଏ, ସେତେବେଳେ ଆମର ଆଖି ସବୁବେଳେ ମୋବାଇଲ ଫୋନର ସ୍କ୍ରିନ୍ ସହିତ ଲାଗି ରହିବାକୁ ଚାହେଁ। କିଛି ମେସେଜ୍ ଆସିଲେ ତାର ପ୍ରତ୍ୟୁତ୍ତର ଦେବାକୁ ମୁଣ୍ଡ ତଳକୁ କରି ଏକ ଲୟରେ ମୋବାଇଲ ସ୍କ୍ରିନ୍ ଉପରେ ଟାଇପ୍ କରିବାକୁ ପଡ଼େ। କ୍ରମାଗତ ଭାବରେ ଏପରି କରୁ କରୁ ବେକ ଓ ମୁଣ୍ଡ ଭିତରେ ଯେଉଁ ଭାରସାମ୍ୟ ରହିବା କଥା ତାହା ବ୍ୟାହତ ହୁଏ ଏବଂ ସ୍ପାଇନାଲ କର୍ଡ଼ ଏହାକୁ ଗ୍ରହଣ କରିପାରେନି, ଫଳତଃ ଯନ୍ତ୍ରଣା ଓ ଜ୍ୱଳନ ସୃଷ୍ଟି ହୁଏ। ଆଗ କାଳରେ ମୁଣ୍ଡ ତଳକୁ ନୁଆଁଇବା ଥିଲା ଜ୍ଞାନୀ ଗୁଣୀ ଜନଙ୍କର ଏକ ପରିଚୟ। ଯେଉଁମାନେ ଗୁଣଜ୍ଞାନରେ ପରିପକ୍ୱ ସେମାନେ ମୁଣ୍ଡ ତଳକୁ କରୁଥିଲେ, ଆଜି ସେଥିରେ ଏକ ନୂଆ ଶ୍ରେଣୀର ରୋଗୀ ଯୋଡ଼ି ହୋଇଛନ୍ତି ଯେଉଁମାନେ **TNS**ରେ ଆକ୍ରାନ୍ତ। ଯନ୍ତ୍ର ପ୍ରତି ଆମର ଅତିଶୟ ଆସକ୍ତି ଆଗାମୀ ଦିନରେ ଆହୁରି କେତେ ଦୁରାରୋଗ୍ୟ ବେମାରୀ ସୃଷ୍ଟି କରିବ, ଏହା ନିଃସନ୍ଦେହରେ କୁହାଯାଇପାରେ।

ଶକୁନ୍ତଳା ଦେବୀଙ୍କୁ ଆଗରୁ ଆମ ଦେଶର ମଣିଷ କମ୍ପ୍ୟୁଟର ବୋଲି କୁହାଯାଇଥିଲା ଏବଂ ସେ କମ୍ପ୍ୟୁଟଠାରୁ ଅଧିକ ବେଗରେ ଗଣିତ କଷି ପାରୁଥିଲେ ବୋଲି ପ୍ରଚାରିତ ହୋଇଥିଲା। ଏ.ଆଇ. (ଆର୍ଟିଫିସିଆଲ ଇଣ୍ଟେଲିଜେନ୍‌ସ)ର ଅଭ୍ୟୁଦୟ ଫଳରେ ଦାବୀ

କରାଯାଉଛି ଯେ ମଣିଷର ନିଜଜ୍ଞାନ ଠାରୁ ଏହି ବିଦ୍ୟାର ପ୍ରୟୋଗ ଅଧିକ ସଂଗଠିତ ପ୍ରମାଣିତ ହୋଇଛି; ମାତ୍ର ଏହା ଭୟଙ୍କର ପରିଣତି ସୃଷ୍ଟି କରିବାର ସମ୍ଭାବନା ମାନ ମଣିଷ ସମାଜର ସାମ୍ନାକୁ ଆସିଲାଣି । ଆଜିକାଲି ଯେଉଁ ଅବିକଳ ଦିଶୁଥିବା ଡିପ୍ ଫେକ୍ ଭିଡ଼ିଓମାନ ବିଭିନ୍ନ ସୋସିଆଲ ମିଡ଼ିଆରେ ଘୂରି ବୁଲୁଛନ୍ତି, ସେସବୁ କେବଳ କାହାକୁ ନା କାହାକୁ ବଦନାମ କରିବା ପାଇଁ ଅଭିପ୍ରେତ । ସେଇ ଦୃଷ୍ଟିରୁ ଆର୍ଟିଫିସିଆଲ ଇଣ୍ଟେଲିଜେନ୍‌ସ ଆଗାମୀ ଦିଗରେ ବହୁ ଭୟାବହତା ସୃଷ୍ଟି କରିବାର ସମ୍ଭାବନା । ବିବେକାନୁମୋଦିତ ଭାବରେ ଯନ୍ତ୍ରକୁ ବ୍ୟବହାର କଲେ ହିଁ ସମାଜର ମଙ୍ଗଳ ସମ୍ଭବ ।

ନିକଟରେ ଉତ୍ତରାଖଣ୍ଡର ଏକ ନିର୍ମାଣାଧୀନ ସୁଡ଼ଙ୍ଗ ଭୁଷୁଡ଼ି ପଡ଼ିବା ଫଳରେ ଏକଚାଳିଶ ଜଣ ଶ୍ରମିକ ପ୍ରାୟ ଅଢ଼େଇଶହ ଫୁଟ ମାଟି ତଳେ ରହିଯାଇଥିଲେ । ସେମାନଙ୍କୁ ଉଦ୍ଧାର କରିବା ପାଇଁ ପୃଥିବୀର ସବୁଠାରୁ ଉନ୍ନତ ଦେଶମାନଙ୍କରୁ ବିଭିନ୍ନ ମେସିନ୍ ଅଣାଯାଇ ଖୋଳାଖୋଳି କାମ ଆରମ୍ଭ ହେଲା । ସେଥିରେ ଏତେ ବିଭ୍ରାଟ ହେଲା ଯେ ସାରା ଦେଶର ଜନତା ଚିନ୍ତାରେ ଥିଲେ, ସତରେ କଣ ୪୧ଜଣ ଶ୍ରମିକ ପୁନର୍ବାର ଫେରିପାରିବେ ନିଜର ପ୍ରିୟ ପରିଜନଙ୍କ ପାଖକୁ ! ମୂଷା ଖନନ ପଦ୍ଧତିରେ କିଛି ଶ୍ରମିକ ହାତରେ ଖୋଳି ଖୋଳି ଶ୍ରମିକମାନଙ୍କୁ ଉଦ୍ଧାର କରିପାରିଲେ । ଏହା ପୁନର୍ବାର ପ୍ରମାଣ କରିଦେଲା ଯନ୍ତ୍ର କେବେହେଲେ ମଣିଷର ନିୟାମକ ହୋଇପାରିବ ନାହିଁ, ଯାହାକି ବାରମ୍ବାର କହୁଥିଲେ କେମ୍ବ୍ରିଜ୍ ବିଶ୍ୱବିଦ୍ୟାଳୟର ସୁବିଖ୍ୟାତ ପଦାର୍ଥ ବିଜ୍ଞାନୀ ଷ୍ଟିଫାନ୍ ହକିଙ୍ଗସ୍ ।

■

(ଓଡ଼ିଶା ଭାସ୍କର - ତା ୨୯.୦୯.୨୦୨୪ରିଖ)

ଯାବତ ନ ପୂରେ ଉଦର

ଭାରତର ପ୍ରାକ୍ତନ ବିଦେଶ ସଚିବ ତଥା ଆମେରିକାରେ ପୂର୍ବତନ ଭାରତୀୟ ରାଷ୍ଟ୍ରଦୂତ ଡକ୍ଟର ଲଳିତ ମାନସିଂହଙ୍କ ଦ୍ୱାରା ପରିବେଷଣ କରାଯାଇଥିବା ଗୋଟିଏ ରସାଳ ବ୍ୟାଖ୍ୟାନ ବିବୃତ କରୁଛି ଏଠାରେ। ଏଇଥିପାଇଁ କହୁଛି; କାଳେ ଆପଣଙ୍କ ନଜରକୁ ଆସିନଥିବ କଥାଟି!

"ଗତ ଶତାବ୍ଦୀର ଷଷ୍ଠ ଦଶକ ବେଳକୁ ଭାରତର ପରିଚିତି ଥିଲା ଏକ ବୁଭୁକ୍ଷା ପ୍ରପୀଡ଼ିତ ଦେଶ ଭାବରେ - ଯଦି ସେତେବେଳେ କେହି ଭାରତୀୟ ନେତୃମଣ୍ଡଳୀ ଆମେରିକା ଯାତ୍ରା କରୁଥିଲେ, ସେଠାରେ ଆଲୋଚିତ ହେଉଥିଲା ଯେ ସେ ହୁଏତ ଆସୁଥିବେ କୌଣସି ଭିକ୍ଷାଥାଳ ଧରି! ଆଉ ସେତିକିବେଳେ ଖାଦ୍ୟ ଖାଉଖାଉ ଅଝଟ କରୁଥିବା ଶିଶୁଟିଏ ପ୍ରତି ତା'ର ମାଆର କଥା ଥିବ ଏଇମିତି - 'ବୁଝିଲୁ ବାପା, ଭାରତର ଶିଶୁମାନେ ଖାଇବାକୁ ପାଉନାହାନ୍ତି, ତୁ ଯଦି ଖାଦ୍ୟ ନ ଖାଇବୁ ତାହେଲେ ସେମାନେ ଆସି ତୋ ଖାଦ୍ୟ ଛଡ଼ାଇ ନେଇ ଖାଇଦେବେ। ମାତ୍ର ପଚାଶ ଷାଠିଏ ବର୍ଷ ଭିତରେ ବଦଳି ଯାଇଛି ପରିସ୍ଥିତି। ଆଜି ଯଦି ପଢ଼ାପଢ଼ିରେ ଆମେରିକାର କେହି ପିଲା ମନଯୋଗୀ ହେଉନଥାଏ, ତା'ର ମାଆ ତାକୁ ଆକଟ କରି କହୁଛି, "ମନଦେଇ ପାଠ ପଢ଼, ନହେଲେ ଭାରତୀୟ ଛାତ୍ରମାନେ ଆମେରିକାର ସବୁ ଭଲ ଚାକିରି ତମଠାରୁ ଛଡ଼େଇନେବେ।"

ଯେତେଥର ଏଇ କଥା କୌଣସି ସଭାସମିତିରେ ମୁଁ କହିଛି, ସେତେବେଳେ ହର୍ଷ ଉଲ୍ଲାସର କରତାଳିରେ ପ୍ରକମ୍ପିତ ହୋଇଛି ପରିବେଶ। ଆମେମାନେ ବୋଧହୁଏ ନିଜର ଗୌରବ ଗାଥା ଶୁଣିଲେ ଆନନ୍ଦ ଆତିଶଯ୍ୟରେ ନାଚି ଉଠୁ; ମାତ୍ର ବୁଭୁକ୍ଷା ବିଷୟରେ ଆଜି ଦିନରେ ଆମର ଚିତ୍ର କିପରି ସେ କଥା କଣ ଆପଣ ଚିନ୍ତା କରିଛନ୍ତି ?

ଓଡ଼ିଆ ଭାଗବତରେ ଅତିବଡ଼ି ଜଗନ୍ନାଥ ଦାସ ଲେଖିଯାଇଛନ୍ତି -

"ଯାବତ ନ ପୂରେ ଉଦର,
ତା ବତ ଜ୍ଞାନ ନାହିଁ ମୋର।'

ପେଟରେ ଭୋକ ଥିଲେ ପାଟିରୁ କଥା ବାହାରିବ ନାହିଁ, ଜ୍ଞାନ ତ ଦୂରର କଥା ! ବରଂ ଅଜ୍ଞାନ ଅନ୍ଧକାର ଘୋଟି ଆସିବ ଆଉ ଇଂଲିଶ୍‌ରେ ସେଇ କଥାକୁ କୁହାଯାଇଛି - A hungry man is an angry man.

ସମଗ୍ର ପୃଥିବୀର ବିଭିନ୍ନ ଦେଶମାନଙ୍କରେ ଖାଦ୍ୟାଭାବର ପରିସ୍ଥିତି କେମିତି ଅଛି ତା ବିଷୟରେ ଗବେଷଣା ପ୍ରସୂତ ତଥ୍ୟ ଯେଉଁଠି ଉପଲବ୍ଧ ହୁଏ, ତାକୁ କୁହାଯାଏ ଗ୍ଲୋବାଲ୍ ହଙ୍ଗର ଇଣ୍ଡେକସ (ଆନ୍ତର୍ଜାତୀୟ ବୁଭୂକ୍ଷା ସୂଚନାଙ୍କ)। ଚଳିତ ବର୍ଷରେ ଶହେ ସତେଇଶି ଗୋଟି ଦେଶ ଭିତରେ ହୋଇଥିବା ସର୍ବେକ୍ଷଣ ଅନୁସାରେ ଭାରତର ସ୍ଥାନ ହେଉଛି ୧୦୫। ଦୁଇ ହଜାର ବାରରେ ଭାରତର ସ୍ଥାନ ୬୫ ଥିଲା ବେଳେ ଏହା କ୍ରମଶଃ ନିମ୍ନଗାମୀ ହେଉଥିବା ଚିନ୍ତାର ବିଷୟ। ସାଧାରଣତଃ ଆମର ଧାରଣା ଆଫ୍ରିକା ବା ତାର ବିଭିନ୍ନ ଦେଶ ହୁଏତ ଏଇ ସୂଚନାଙ୍କର ଶେଷରେ ଥିବେ। ଭାରତର ସ୍ଥିତି ନୈରାଶ୍ୟଜନକ ହୋଇଥିବାରୁ ବିରୋଧୀ ଦଳ ତରଫରୁ ଏହାକୁ ନେଇ ବଡ଼ ବିତର୍କର ଆହ୍ୱାନ ଦିଆଯାଇଛି; ମାତ୍ର ଆମଠାରୁ ଆହୁରି ଶୋଚନୀୟ ଭାବରେ ଥିବା ଆମର ପଡ଼ୋଶୀ ରାଷ୍ଟ୍ରଙ୍କ ତୁଳନାରେ ଆମ ଦେଶର ପ୍ରଦର୍ଶନ ନୈରାଶ୍ୟଜନକ ହୋଇଥିବାରୁ, ଏହା ସର୍ବସାଧାରଣରେ ସେତେ ଗ୍ରହଣଯୋଗ୍ୟ ହେଉନାହିଁ।

ଏହି ସୂଚନାଙ୍କ ପ୍ରସ୍ତୁତ କରୁଛନ୍ତି ୟୁରୋପର ଗୋଟିଏ ବେସରକାରୀ ସଂସ୍ଥା - ସେମାନେ ଅନେକ ଭାରତ ବିରୋଧୀ ପ୍ରଚାର ପାଇଁ ପରିସଂଖ୍ୟାନ ସୃଷ୍ଟି କରନ୍ତି ବୋଲି ଅପବାଦ ହୁଏତ ବିଶେଷ ଗ୍ରହଣଯୋଗ୍ୟ ନୁହେଁ, କାରଣ ସେମାନେ କେବଳ ଖାଦ୍ୟାଭାବକୁ ଆଧାର କରି ଏଇ ସୂଚକାଙ୍କ ପ୍ରସ୍ତୁତ କରିନଥାନ୍ତି - ସେମାନଙ୍କର ଆଧାର ହେଲା, ଲୋକମାନଙ୍କର ପୋଷଣର ଅଭାବ, ପିଲାମାନଙ୍କର ଶରୀରର ବୟସ ଆନୁପାତିକ ଅଭିବୃଦ୍ଧି, ପିଲାମାନଙ୍କର ଉଚ୍ଚତା ବୃଦ୍ଧି ଏବଂ ପାଞ୍ଚବର୍ଷରୁ କମ୍ ବୟସର ଶିଶୁଙ୍କ ମୃତ୍ୟୁ ହାର। ସେମାନେ ଅଳ୍ପ କେତେ ହଜାର ସାମ୍ପଲ୍ ନେଇ ଭାରତ ପରି ଏତେ ଜନବହୁଳ ଦେଶରେ ଯେଉଁ ପରିସଂଖ୍ୟାନ ପ୍ରକାଶ କରିଛନ୍ତି ତାହାର କିଛି ଭୁଲ୍ ହୁଏତ ଥାଇପାରେ; ମାତ୍ର ଏବେବି ବହୁ ଲୋକ ଦିନକୁ ଦୁଇ ବେଳା ଖାଇବାକୁ ପାଆନ୍ତି ନାହିଁ, ଅନେକଙ୍କ ମୁଣ୍ଡ ଉପରେ ଗୋଟିଏ ନିଜସ୍ୱ ଛାତ ନାହିଁ - ତାହା ଏକ ନିଷ୍ଠୁର ବାସ୍ତବତା। ଏକଥା ଆମେ ଅସ୍ୱୀକାର କରିପାରିବା ନାହିଁ। ଖାଦ୍ୟ ଅନ୍ୱେଷଣରେ, ଜୀବିକାର ଡାକରାରେ ଅନେକ ନିଜର ଭିଟାମାଟି ଛାଡ଼ନ୍ତି। ଅନେକ ଲୋକ ଖାଇବାକୁ ଦି ବେଳା ପାଉ ନଥିବା ବେଳେ ଭୋଜିଭାତରେ ବହୁ ଖାଦ୍ୟ ନଷ୍ଟ ହେଉଥିବା ଏବଂ ତାକୁ ନିୟନ୍ତ୍ରଣ କରିବାକୁ କିଛି ବ୍ୟବସ୍ଥା ହେଉନଥିବା ମଧ୍ୟ ସେହିଭଳି ବେଦନାଦାୟକ ସତ୍ୟ।

କେତେ ଲୋକ ପ୍ରକୃତରେ ଖାଇବାକୁ ପାଉନାହାନ୍ତି ତାର ପ୍ରକୃତ ତଥ୍ୟ କେହି

କେବେ ଦେଇପାରିବେ ନାହିଁ। ଯିଏ ଦେବ ତାକୁ ଅନେକ ଗ୍ରହଣ କରିବେ ନାହିଁ ତାହା ଆଉ ଏକ ପ୍ରସଙ୍ଗ। ଆମ ରାଜ୍ୟରେ ୨୦୨୨-୨୩ରେ ଦାରିଦ୍ର୍ୟ ସୀମାରେଖା ତଳେ ଥିବା ଲୋକଙ୍କ ସଂଖ୍ୟା ରାଜ୍ୟ ସରକାରଙ୍କ ହିସାବରେ ଶତକଡ଼ା ଏଗାର ପ୍ରତିଶତ ହୋଇଥିବା ବେଳେ ନିତି ଆୟୋଗଙ୍କ ଆକଳନରେ ପନ୍ଦରରୁ ଷୋହଳ ପ୍ରତିଶତ; ମାତ୍ର ରାଜ୍ୟର ଅଶୀ ଭାଗରୁ ଅଧିକ ଲୋକଙ୍କୁ ଆଗରୁ ଟଙ୍କାକିଆ ଚାଉଳ ଦିଆଯାଉଥିବା ବେଳେ ଏବେ ମାଗଣା ଚାଉଳ ପ୍ରାୟ ପଞ୍ଚଷଠି ପ୍ରତିଶତ ଲୋକଙ୍କୁ ଦିଆହେଉଛି। ବର୍ତ୍ତମାନ ଯଦି ଷୋହଳ ପ୍ରତିଶତ ଲୋକ ଦାରିଦ୍ର୍ୟ ସୀମାରେଖା ତଳେ, ତାହେଲେ ତାର ଚାରିଗୁଣ ଲୋକଙ୍କୁ ମାଗଣା ଚାଉଳ ବାଣ୍ଟିବା କେବଳ ରାଜନୈତିକ ବାଧ୍ୟବାଧକତା କି - ତାହା ପାଠକେ ବିଚାର କରିବେ। ବର୍ତ୍ତମାନ ଦିଆଯାଉଥିବା ଜଣପିଛା ପାଞ୍ଚକିଲୋ ମାସିକ ଚାଉଳ ଜଣକର ପୋଷଣ ଦୃଷ୍ଟିରୁ କମ୍ ବୋଲି କେତେକ ମତବ୍ୟକ୍ତ କରନ୍ତି। ଅର୍ଥନୀତିର ଆଦିଗୁରୁ ଆଡ଼ାମ୍‌ସ୍ମିଥ କହୁଥିଲେ କିଛି ଜିନିଷ ପୂରା ମାଗଣା ଦିଆଯିବା ଉଚିତ ନୁହେଁ, ବରଂ ସେଥିପାଇଁ ଖାଦ୍ୟ ବଦଳରେ କାମ ନୀତି କିଛି ବର୍ଷ ପୂର୍ବରୁ ଅନୁସୃତ ଥିଲା; ମାତ୍ର ଏବେ ତାହା ଅଚଳ ନୀତି ପାଲଟି ଯାଇଛି।

କିଛି ଦଶନ୍ଧି ପୂର୍ବରୁ ଓଡ଼ିଶାରେ ଅନାହାର ମୃତ୍ୟୁ କଥା ବାରମ୍ବାର ଉଠୁଥିଲା। ଯାହାକୁ କି ସରକାରଙ୍କ ତରଫରୁ ଅସ୍ୱୀକାର କରାଯିବା ଥିଲା ପ୍ରଚଳିତ ନୀତି। ଏଇ କିଛି ବର୍ଷ ଭିତରେ ଆଉ ସେଇ ଅଭିଯୋଗ ହେଉନାହିଁ; ମାତ୍ର ଅନେକ ଚାଷୀ ଆତ୍ମହତ୍ୟା କରୁଥିବା ଖବର ବିଭିନ୍ନ ସମ୍ବାଦପତ୍ରର ପୃଷ୍ଠା ମଣ୍ଡନ କରିଛି ବାରମ୍ବାର। ତାହାକୁ ବି ସରକାରମାନେ ଅସ୍ୱୀକାର କରନ୍ତି ଯଦିଓ ଗୋଟିଏ ଅଭାବୀ ସଂସାରର ତାହା ଏକ ମ୍ଳାନ ବାସ୍ତବତା। ଦିଗନ୍ତ ବ୍ୟାପୀ ବେକାର ଯୁବଗୋଷ୍ଠୀ ଏବଂ ଆକାଶଛୁଆଁ ଦରଦାମର ପ୍ରଭାବ ହେତୁ କିଛି ଲୋକ ଆଜିବି ଖାଦ୍ୟହୀନତାର ଶିକାର।

ବନ୍ୟା, ବାତ୍ୟା ଆଉ ମରୁଡ଼ି ପ୍ରପୀଡ଼ିତ ଓଡ଼ିଶା ପାଇଁ ଦାରିଦ୍ର୍ୟ ଯେମିତି ବହୁ ଦିନରୁ ସହଚର ପାଲଟିଛି। କଳାହାଣ୍ଡିକୁ ଅନେକ ଦିନ କୁହାଯାଉଥିଲା ଦାରିଦ୍ର୍ୟର ରାଜଧାନୀ। ଏପରିକି ଗତ ଶତାବ୍ଦୀର ଷଷ୍ଠ ଦଶକରେ ନିଜେ ତତ୍କାଳୀନ ପ୍ରଧାନମନ୍ତ୍ରୀ ଆସିଥିଲେ ସେଇ ଦାରିଦ୍ର୍ୟର ଚିତ୍ରକୁ ନିଜ ଆଖିରେ ଦେଖିବାକୁ। ତାର ପ୍ରାୟ କୋଡ଼ିଏ ବର୍ଷ ପରେ ଫାନ୍‌ସ ପୁଞ୍ଜି ନାମକ ଆଦିବାସୀ ମହିଳା ଜଣେ ଟଙ୍କା କେତୋଟି ବିନିମୟରେ ନିଜର ଅଳ୍ପବୟସ୍କା ନଣନ୍ଦକୁ ବିକି ଦେଇଥିଲା ଯାହା ଏକଦା ଥିଲା ବହୁ ଆଲୋଚନାର କେନ୍ଦ୍ରବିନ୍ଦୁ। ଏଇ କିଛି ବର୍ଷତଳେ ନଗଡ଼ା ଠାରେ ଘଟିଥିବା ଅପପୁଷ୍ଟି ବି ସୂଚେଇ ଦେଇଛି ଭୋକର ଭୂଗୋଳ ସମଗ୍ର ଓଡ଼ିଶାରେ ପରିବ୍ୟାପ୍ତ। ଆଉ ସର୍ବଶେଷ ସମ୍ବାଦ ହେଉଛି

କନ୍ଧମାଳ ଜିଲ୍ଲାର ଦାରିଙ୍ଗିବାଡ଼ି ବ୍ଲକର ମାଣ୍ଡପଙ୍କା ଗାଁରେ ଆମ୍ବଟାକୁଆ କ୍ଷୀରି ଖାଇ ମୃତ୍ୟୁମୁଖରେ ପଡ଼ିଥିବା ଦୁଇ ଆଦିବାସୀ ମହିଳାଙ୍କ କାହାଣୀ, ସୁଷମ ଖାଦ୍ୟ ତ ଦୂରର କଥା ଯେଉଁଠି ସାମାନ୍ୟ ଖାଦ୍ୟ ମିଳେନି, ସେତେବେଳେ ଭୋକରୁ ରକ୍ଷା ପାଇବାକୁ ମଣିଷ ଯେକୌଣସି ଜିନିଷ ଖାଇଦେଇପାରେ।

ଖାଦ୍ୟାଭାବ ଜନିତ କ୍ଷୁଧା କେବଳ ଖାଦ୍ୟ ଉତ୍ପାଦନ ଉପରେ ନିର୍ଭର କରେ ନାହିଁ। ଅନେକ ଦିନରୁ ଖାଦ୍ୟଶସ୍ୟ ଉତ୍ପାଦନରେ ଆମେ ସ୍ୱାବଲମ୍ବୀ ହୋଇଛନ୍ତି ବୋଲି ବାରମ୍ବାର ଘୋଷଣା ସତ୍ତ୍ୱେ ବାସ୍ତବ ଚିତ୍ର ହେଉଛି ଖାଦ୍ୟାଭାବରେ ଆକ୍ରାନ୍ତ ସମଗ୍ର ଲୋକସଂଖ୍ୟାର ଏକ ବିଶାଳ ଅଂଶ; ମାତ୍ର ଯେତେବେଳେ କୌଣସି ଦାରିଦ୍ର୍ୟ ସମ୍ପର୍କିତ ଖବର ମିଳେ, ସେତେବେଳେ ଶାସକ ଦଳ ତରଫରୁ ତାକୁ ପ୍ରତ୍ୟାଖ୍ୟାନ କରାଯାଏ। ବରଂ ତାହା କରାନଯାଇ ଖାଦ୍ୟଦ୍ରବ୍ୟ ବଣ୍ଟନ ବ୍ୟବସ୍ଥାକୁ ସୁନିୟନ୍ତ୍ରିତ ଭାବେ ବିନ୍ୟସ୍ତ କଲେ ଏବଂ ଶିଶୁ, ବୃଦ୍ଧ, ଅସହାୟ ଏବଂ ପ୍ରସୂତି ଓ ଗର୍ଭବତୀଙ୍କ ପାଇଁ ସ୍ୱତନ୍ତ୍ର ବ୍ୟବସ୍ଥା କଲେ ଯାଇ ଏହି ସମସ୍ୟା ଦୂର ହୋଇପାରିବ।

ଅନାହାର ମୃତ୍ୟୁକୁ ଅସ୍ୱୀକାର କରିବା ପରି ଚାଷୀ ଆତ୍ମହତ୍ୟାକୁ ସମୂଳେ ପ୍ରତ୍ୟାଖ୍ୟାନ କରିବା ଏକ ଦୂଷିତ ମାନସିକତା।

ବିକାଶର ନୂଆ ପରିଭାଷା ଖୋଜିବା ପାଇଁ ସତରଗୋଟି ମାନକକୁ ନେଇ ବେଶ୍ କିଛି ବର୍ଷ ହେଲା ଚାଲିଛି ବିଶେଷ ବିଚାର ବିମର୍ଷ ଏବଂ କାର୍ଯ୍ୟକ୍ରମ। ଯାହାକୁ କୁହାଯାଉଛି SDG (Sustainable Development Goal)। ଓଡ଼ିଶାର ସ୍ଥାନ କେତୋଟି ଦୃଷ୍ଟିରୁ ଏତେ ନୈରାଶ୍ୟଜନକ ତାହା ଆପଣ ଜାଣିଲେ ଲଜ୍ଜାରେ ମୁଣ୍ଡ ତଳକୁ କରିବେ। ୨୦୨୩-୨୪ରେ ଅଠେଇଶିଟି ରାଜ୍ୟ ଭିତରେ ଓଡ଼ିଶାର ସ୍ଥାନ ଗୁଣପ୍ରଦ ଶିକ୍ଷାରେ ସତେଇଶ, ଲିଙ୍ଗଗତ ସମାନତାରେ ଅଠେଇଶି ଏବଂ ଶାନ୍ତି, ନ୍ୟାୟ ଓ ଅନୁଷ୍ଠାନଗତ ଶୀର୍ଷତା ଅଠେଇଶି। କଣ କରିବା - କପାଳରେ ସିନା କର ମାରିବା !

■

(ସକାଳ - ତା ୨୩.୧୧.୨୦୨୪ରିଖ)

ରାଜସ୍ୱ ପରିଚାଳନା : କଳା ଓ କୌଶଳ

କିଛିଦିନ ତଳେ ଦେଖିଥିବା ଏକ ହର୍ଷୋଦ୍ଦୀପକ ଭିଡ଼ିଓ ମୋ ଆଖି ଆଗରେ ନାଚିଗଲା। କୌଣସି ଗୋଟିଏ ସମାଗମରେ ଦର୍ଶକ ଭରପୂର ଥାଆନ୍ତି ପ୍ରେକ୍ଷାଳୟରେ। ଏତିକି ବେଳେ ମଞ୍ଚ ଉପରେ ପ୍ରବେଶ କରନ୍ତି ଜଣେ ବାହୁବଳୀ ପ୍ରତୀୟମାନ ହେଉଥିବା ଯୁବକ, ଯାହାଙ୍କର ବଳିଷ୍ଠ ମାଂସପେଶୀ ପ୍ରମାଣ ଦେଉଥାଏ ତାଙ୍କର ଶାରୀରିକ ଦକ୍ଷତା ଓ କ୍ଷମତା। ତାଙ୍କ ଆଗରେ କେହି ଜଣେ ଟେକି ଧରିଲେ ଏକ କାଚପାତ୍ର ଏବଂ ଆଉ ଜଣେ ଗୋଟିଏ ଲେମ୍ବୁକୁ ଦୁଇଟି ଫାଳରେ କାଟି ବଢ଼େଇଦେଲେ ସେଇ ଭୀଷଣ ଦର୍ଶନ ମଲ୍ଲଯୋଦ୍ଧାଙ୍କ ଆଡ଼କୁ। ମଲ୍ଲ ଯୋଦ୍ଧା ଜୋର୍‌ରେ ଚିପିଲେ ଲେମ୍ବୁକୁ ଆଉ ତାର ରସତକ ନିର୍ଗତ ହୋଇପଡ଼ିଲା କାଚପାତ୍ରଟି ଉପରେ। ତାପରେ କେହି ଜଣେ ଘୋଷଣା କଲେ ଡାକବାଜି ଯନ୍ତ୍ରରେ ମଲ୍ଲଯୋଦ୍ଧାଙ୍କ ପୂର୍ବ କୀର୍ତ୍ତିରାଜି ବିଷୟରେ ଏବଂ ଆହ୍ୱାନ କଲେ ଦର୍ଶକ ମଣ୍ଡଳୀ ଭିତରେ କେହି ଇଚ୍ଛୁକ ପ୍ରତିଦ୍ୱନ୍ଦ୍ୱୀଙ୍କୁ। ଯିଏ ଆଗେଇ ଆସିବେ ଆଉ ରସ ନିଗିଡ଼ି ଯାଇଥିବା ଲେମ୍ବୁ ଚୋପାକୁ ଚିପି ପୁନର୍ବାର କିଛି ରସ ବାହାର କରିଦେବେ, ସିଏ ପାଇବେ ଅତ୍ୟନ୍ତ ମନଲୋଭା ପୁରସ୍କାର !

ଏକାଧିକ ବାର ଘୋଷଣା କରାଗଲା ଏଇ ଆକର୍ଷଣୀୟ ସମ୍ଭାବନା, ହେଲେ କେହି ଦର୍ଶକମଣ୍ଡଳୀରୁ ମଲ୍ଲଯୋଦ୍ଧାଙ୍କୁ ସମ୍ମୁଖୀନ ହେବାକୁ ସାହସ କରିପାରୁ ନଥାନ୍ତି। ଏତିକିବେଳେ ଦେଖାହେଲା ଜଣେ ମହିଳା ପଛ ସିଟ୍‌ରୁ ଉଠିଲେ ଏବଂ ମଞ୍ଚ ଆଡ଼କୁ ଅଗ୍ରସର ହେଲେ। ତାଙ୍କର ମୁଣ୍ଡର କେଶ ସବୁ ପାଚି ଝୋଟ ଭଳି ହୋଇଯାଇଥାଏ। ମୁହଁଟି ଦିଶୁଥାଏ ଶେତା ଓ ଶୁଷ୍କ ଯେମିତି ତାଙ୍କର ହସ ଜନ୍ମରୁ କିଏ ଚୋରେଇ ନେଇଛି, ଗୋଟେ ଶସ୍ତା ଶାଢ଼ୀ ଓ ବ୍ଲାଉଜ ତାଙ୍କର ପରିଧାନ, ସେମିତି କିଛି ଉପାଦାନ ନାହିଁ ଉପମା ଖୋଜିବାକୁ। ସେ ଯେତେବେଳେ ମଞ୍ଚ ଉପରକୁ ଉଠିଲେ କେହି କେବେବି ଆଶା କରୁନଥିଲେ ସେ ଜଣେ ପ୍ରତିଦ୍ୱନ୍ଦ୍ୱୀ ଭୂମିକାରେ। ସେ ସିଧା ଉଠିଗଲେ ଆଉ

ଲେମ୍ବୁର ଫାଳ ଦୁଇଟି ଉଠେଇ ଆଣିଲେ ଆଉ କଣ କଲେ ଯେ ସେଥିରୁ ପୁଣି ଝରି ପଡ଼ିଲା ସାତ ଟୋପା ରସ। ଅବିଶ୍ୱାସରେ ନୀରବତା ଛାଇଗଲା ଚାରିଆଡ଼େ। ଏତିକି ବେଳେ ମାଇକ୍‌ରୁ ପ୍ରଶ୍ନ ହେଲା - ଆପଣଙ୍କ ନାଁ କୁହନ୍ତୁ - ତାଙ୍କ ମୁହଁରୁ ଯାହା ବାହାରିଲା ସେଥିରୁ ଅଧେ ଧୋଇ ହୋଇଗଲା କରତାଳିରେ, କେବଳ ଶୁଭିଲା - ସୀତା ରମଣ।

କହିବା ବାହୁଲ୍ୟ, ଆମର ମାନନୀୟା ଅର୍ଥମନ୍ତ୍ରୀଙ୍କୁ ଥଟ୍ଟା କରିବାକୁ ବୋଧହୁଏ ଏମିତି ନାଟକର ରଚନା କରାଯାଇଛି। ଶୁଖିଲା କାଠରୁ ସେ କେମିତି ପାଣି ବାହାର କରିଦେଇ ପାରିବେ ତାହା ଭାଷାନ୍ତରେ ବର୍ଣ୍ଣନା କରାଯାଇଛି ଅଭିନୟର ମୁଦ୍ରାରେ। ସତରେ କଣ ଆମ ଦେଶରେ ଆମେ ଖୁବ୍ ବେଶି ଟିକସ ଦେଉଛନ୍ତି ଏବଂ ଏହା ଆମକୁ ସବୁଠୁ ବେଶି ବାଧୁଛି ? ଯେ ପ୍ରଶ୍ନ ଯାହାକୁ ପଚାରିଲେ ସେ କହିବେ କାହାକୁ ବାଧୁନାହିଁ ଯେ !

ଅବଶ୍ୟ ସମସ୍ତେ ଚାହାନ୍ତି କମ୍ ଦେଇ ବେଶି ହାସଲ କରିବାକୁ। କଥାରେ କହନ୍ତି ଯାହା, ଦେବାକୁ ଆଉ ମରିବାକୁ କେତେ ଜଣ ବା ଚାହାନ୍ତି ? ହେଲେ ଏଇ ଦେବାଟା ଯେ ଦେଶ ପାଇଁ ସେ କଥା ଆମେ ଭୁଲିଯିବା ଉଚିତ ନୁହେଁ, ଦେଶ ଚାଲିବା ପାଇଁ ଯାହା ଦରକାର, ସେ ହେଉ ପ୍ରତିରକ୍ଷା ଅଥବା ଆନ୍ତରିଣ ସୁରକ୍ଷା, ଦେଶବାସୀଙ୍କୁ ପ୍ରଦାନ କରାଯାଉଥିବା ସମସ୍ତ ସେବା, ନାଗରିକଙ୍କ ସୁବିଧା ନିମିତ୍ତ ନିର୍ମିତ ହେଉଥିବା ସମସ୍ତ ଭିତ୍ତିଭୂମି; ସବୁ ଦେଶର ଲୋକମାନଙ୍କ ଦ୍ୱାରା ଦିଆଯାଉଥିବା ଟିକସରୁ ହିଁ ଆଦାୟ ହୋଇ ବ୍ୟୟ ହୋଇଥାଏ। ମାତ୍ର ସରକାର ଏବଂ ସରକାରୀ କର୍ମଚାରୀମାନଙ୍କ ପାଇଁ ହେଉଥିବା ଖର୍ଚ୍ଚ ଦିନକୁ ଦିନ ଅଧିକରୁ ଅଧିକ ହେଉଥିବାରୁ ଏବଂ ବିଭିନ୍ନ ଦୁର୍ନୀତି ହେତୁ ବିକାଶ ବ୍ୟାହତ ହେଉଥିବାରୁ ଟିକସ ଦାତାଙ୍କ ମନରେ କ୍ଷୋଭ ରହିବା ସ୍ୱାଭାବିକ।

ଇନ୍‌କମ୍ ଟ୍ୟାକ୍‌ସ ଦେଉଥିବା ଲୋକଙ୍କ ଭିତରୁ କେତେକଙ୍କ ଭିତରେ ଧାରଣା ଅଛି ଯେ ସେମାନଙ୍କ ଦ୍ୱାରା ପ୍ରଦତ୍ତ ଟିକସରୁ ଦେଶର ସର୍ବବିଧ ଉନ୍ନୟନ ସମ୍ଭବ ହେଉଛି; ମାତ୍ର ଏହା ଏକ ଭ୍ରମାତ୍ମକ ଅବବୋଧ। ଆମର ଟିକସ ଢାଞ୍ଚାରେ ଦୁଇ ପ୍ରକାର ଟିକସର ବ୍ୟବସ୍ଥା ରହିଛି। ଇନକମ୍ ଟ୍ୟାକ୍ସ ହେଉଛି ପ୍ରତ୍ୟକ୍ଷ କର ଏବଂ ଜି.ଏସ୍.ଟି ହେଉଛି ପରୋକ୍ଷ କର। ଯେତେ ଗରିବ ଲୋକ ହେଲେ ବି ସେ କିଛି ଜିନିଷ କିଣେ ତାର ପରିବାର ଚଳିବା ପାଇଁ, ଅର୍ଥାତ୍ ସେ ମଧ୍ୟ କିଛି ପରୋକ୍ଷ ଟିକସ୍ ପ୍ରଦାନ କରିଥାଏ। ଆମର ସମସ୍ତ ଆଦାୟର ମାତ୍ର ଶତକଡ଼ା ସତେଇଶ ଭାଗ ହେଉଛି ଆୟକର।

ପ୍ରାଚୀନ ଭାରତୀୟ ସାହିତ୍ୟରେ କୁହାଯାଇଛି, ସେ ହେଉଛନ୍ତି ପ୍ରକୃତ ଆଦର୍ଶ ଶାସକ ଯିଏକି ରାଜସ୍ୱ ନେଲାବେଳେ ଏପରି ନିଅନ୍ତି ଯାହା ଜାଣି ହୁଏ ନାହିଁ, ଅଥଚ ତା ପ୍ରତିବଦଳରେ ଯାହା ଦିଅନ୍ତି ପ୍ରଜାମାନଙ୍କୁ ତାହା କାହାକୁ ଅଜଣା ରହେନାହିଁ। ଆଉ

ସେଇ ଆଦର୍ଶ ଶାସକ ହେଉଛନ୍ତି ସୂର୍ଯ୍ୟ - ସେ ସକଳ ଉତ୍ସରୁ ଜଳୀୟ ଅଂଶ ଗ୍ରହଣ କରନ୍ତି; ମାତ୍ର ତାଙ୍କରି ଦ୍ୱାରା ହେଉଥିବା ବୃଷ୍ଟିଦ୍ୱାରା ସମସ୍ତେ ଉପକୃତ ହୁଅନ୍ତି ଓ ଗ୍ରୀଷ୍ମର ପୀଡ଼ାକୁ ଭୁଲିଯାନ୍ତି ।

ଯେଉଁମାନେ ଅଧିକ ଆୟ କରନ୍ତି, ସେମାନଙ୍କୁ ଆୟକର ଦେବାକୁ ପଡ଼ିଥାଏ । ଆମ ଦେଶରେ ତିନିଲକ୍ଷ ଟଙ୍କା ଆୟ କରୁଥିବା ବ୍ୟକ୍ତିଙ୍କ ଉପରେ ଆୟକର ବୋଝନଥାଏ । ମାତ୍ର ବାର୍ଷିକ ପନ୍ଦର ଲକ୍ଷରୁ ଊର୍ଦ୍ଧ୍ୱ ଆୟ କରୁଥିବା ଲୋକଙ୍କୁ ତିରିଶ ପ୍ରତିଶତ ଆୟକର ଦେବାକୁ ପଡ଼େ । ଏହା ସହିତ ସରଚାର୍ଜ ମିଶୁଥିବାରୁ ବାସ୍ତବରେ ଏହା ତେତିଶ ପ୍ରତିଶତ ପର୍ଯ୍ୟନ୍ତ ବୃଦ୍ଧିପାଏ । ଡେନ୍‌ମାର୍କ ଦେଶରେ ସର୍ବାଧିକ ବ୍ୟକ୍ତିଗତ ଆୟକର ହେଉଛି ଶତକଡ଼ା ପଞ୍ଚାବନ ଦଶମିକ ନଅ । ଜାପାନରେ ସର୍ବାଧିକ ଆୟକର ମଧ୍ୟ ୫୫.୯୭ ପ୍ରତିଶତ । ଅଷ୍ଟ୍ରିଆରେ ଏଇ ହାର ୫୫% ହୋଇଥିବା ବେଳେ ସେଠାରେ ଆହୁରି ୨୦% ଜିଏସ୍‌ଟି ଆଦାୟ କରାଯାଇଥାଏ । ସ୍ୱୀଡ଼େନରେ ସର୍ବାଧିକ ବ୍ୟକ୍ତିଗତ ଟିକସ ୫୨.୩% ଥିବାବେଳେ ବେଲଜିୟମ ଓ ଇସ୍ରାଏଲ୍‌ରେ ତାହା ୫୦% । ଯଦି ତୁଳନା କରାଯିବ, ତାହେଲେ କୁହାଯାଇପାରିବ ଭାରତରେ ବର୍ତ୍ତମାନ ଆଦାୟ କରାଯାଉଥିବା ଟିକସ ଆନୁପାତିକ ହିସାବରେ ଆମେରିକାଠାରୁ ଅଧିକ ମାତ୍ର ବ୍ରିଟେନ୍ ଠାରୁ କମ୍ ।

ସଂଯୁକ୍ତ ଆରବ ଏମିରେଟ୍‌ସରେ ବ୍ୟକ୍ତିଗତ ଆୟକର ଆଦାୟ କରାଯାଏ ନାହିଁ । ତେବେ ଆପଣ ପ୍ରଶ୍ନ କରିବେ, ସେଇ ଦେଶ ଚଳୁଛି କେମିତି ? ସେଠାରେ ପ୍ରତି ଜିନିଷ କିଣିଲେ ପାଞ୍ଚ ପ୍ରତିଶତ ମୂଲ୍ୟଯୁକ୍ତ କର ଦେବାକୁ ପଡ଼େ । ଯେଉଁ ଦେଶଗୁଡ଼ିକ ଆୟକର ଆଦାୟ କରନ୍ତି ନାହିଁ, ସେମାନେ ସେ ଦେଶରେ ହେଉଥିବା ବ୍ୟବସାୟ ବାଣିଜ୍ୟ, ପର୍ଯ୍ୟଟନ ଏବଂ ଆନ୍ତର୍ଜାତିକ କାରବାରରୁ ପାଉଥିବା ଟିକସରେ ଦେଶର ପରିଚାଳନାଗତ ଖର୍ଚ୍ଚ ଚଳାନ୍ତି ।

ଯେକୌଣସି ଦେଶରେ ଅଧିକ ଆୟ କରୁଥିବା ବର୍ଗଙ୍କୁ ଅଧିକ କର ଦେବାକୁ ପଡ଼ିଥାଏ । ଅବଶ୍ୟ ଆମ ଦେଶରେ ଅଧିକ ଆୟ କରୁଥିବା ଲୋକେ ବହୁ ସମୟରେ ଅଧିକ ଟିକସ ଫାଙ୍କି କରିଥାନ୍ତି । ମଧ୍ୟମବର୍ଗର ଲୋକମାନେ ଆନୁପାତିକ ଭାବରେ ବେଶି ଟିକସ ଦିଅନ୍ତି । ଆପଣ ଚାରିଜଣ ସାଙ୍ଗ ଯଦି ଗୋଟିଏ ଭଲ ହୋଟେଲରେ ରାତ୍ରୀଭୋଜନରେ ତିନିହଜାର ଟଙ୍କା ଖର୍ଚ୍ଚ କରନ୍ତି, ତାହେଲେ ହୁଏତ ସାଢ଼େ ଚାରିଶହ କିମ୍ବା ପାଞ୍ଚଶହ ଟଙ୍କା ତା ଭିତରେ ଟିକସ । ଅର୍ଥାତ୍ ସୁଚିନ୍ତିତ ଭାବରେ ସେଥିରୁ ଅଢ଼େଇଶହ ଟଙ୍କା କେନ୍ଦ୍ର ତହବିଲକୁ ଯାଉଥିବାବେଳେ, ସମପରିମାଣ ଅର୍ଥ ରାଜ୍ୟ କୋଷାଗାରକୁ ଚାଲିଯାଏ । ଆଗରୁ ବଳ ପ୍ରୟୋଗ କରି ଟଙ୍କା ଆଦାୟ କରାଯାଉଥିବା ବେଳେ ଏବେ ଇଲେକ୍ଟ୍ରୋନିକ ମାଧ୍ୟମରେ ଟଙ୍କା ଆପେ ଆପେ ଆଦାୟ ହୋଇଯାଉଛି । ଅବଶ୍ୟ ସେଥିପାଇଁ

କେନ୍ଦ୍ର ଓ ରାଜ୍ୟ ସରକାରଙ୍କ ତରଫରୁ ବ୍ୟବସ୍ଥାମାନ ରହିଛି । ଏହା ଅମଳ କଲେ ଲାଗିବ, ଶୁଖିଲା କାଠରୁ ପାଣି ବାହାର କରିବା ଠାରୁ ଏହା ଅଲଗା ନୁହେଁ। ତେଣୁ ଗୋଟିଏ ଗଣତନ୍ତ୍ର ରାଷ୍ଟ୍ରରେ ବ୍ୟଙ୍ଗ ମାଧ୍ୟମରେ ତାର ନେତୃମଣ୍ଡଳୀକୁ ପରିହାସ କଲେ କ୍ଷତି କ'ଣ ଯେ ! ଉପହାସ କରାଯାଉ, ମାତ୍ର ବ୍ୟକ୍ତିଗତ ଅପମାନସୂଚକ ଅପବାଦ ସର୍ବଦା ପରିହାର୍ଯ୍ୟ। ତାହାହିଁ ଏକ ସୁସ୍ଥ ଗଣତନ୍ତ୍ରର ଲକ୍ଷଣ ଓ ଭୂଷଣ।

ତଥାପି ଆମ ଦେଶରେ ଚାରିଆଡ଼େ ଗୋଟାଏ ଧାରଣା ସୃଷ୍ଟି ହେଉଛି ଯେ ରାଷ୍ଟ୍ର ଏହାର ନାଗରିକଙ୍କ ଉପରେ ବେଶି ଟିକସ ଚାପ ପକାଉଛି ଏବଂ ଏହି ଚାପ ସବୁଠୁ ଅଧିକ ହେଉଛି ମଧ୍ୟବିତ୍ତଙ୍କ ମୁଣ୍ଡରେ। ମଧ୍ୟବିତ୍ତମାନେ ଅତିଷ୍ଠ ହୋଇଗଲେଣି - ଏକଥା ସରକାର ବୁଝିବା ଦରକାର।

■

(ସମ୍ବାଦ କଳିକା - ତା ୨୬.୧୧.୨୦୨୪ରିଖ)

ରାତାରାତି କୋଟିପତି

କୋଟିପତି କହିଲେ ସାଧାରଣତଃ ଆମେ ଅତ୍ୟନ୍ତ ଧନୀକ ଶ୍ରେଣୀର ଲୋକମାନଙ୍କୁ ବୁଝିଥାଉଁ। ଅବଶ୍ୟ ଏଇ ଅବବୋଧ ପଛରେ 'ଏକ କୋଟି' କହିଲେ ଭାରତୀୟ ମୁଦ୍ରା କିମ୍ବା ଆମେରିକାନ ଡଲାର ଅଥବା ୟୁରୋପୀୟ ୟୁରୋ ସେ କଥା ଆମ ମୁଣ୍ଡ ଭିତରେ ନଥାଏ। ମାତ୍ର ବିଭିନ୍ନ ଦେଶର ମୁଦ୍ରାର ବାସ୍ତବ ମୂଲ୍ୟ ଭିତରେ ଢେର ଫରକ। ମୋଟାମୋଟି କହିଲେ ଏକ ଡଲାର ଆଜିର ଦିନରେ ପ୍ରାୟ ପଞ୍ଚାଅଶୀ ଟଙ୍କା ପାଖାପାଖି ଆଉ ୟୁରୋ ପ୍ରାୟ ଶହେ ଟଙ୍କାର ନିକଟବର୍ତ୍ତୀ। ବ୍ରିଟେନର ମୁଦ୍ରା ଷ୍ଟାର୍ଲିଂ ପାଉଣ୍ଡ ତା'ର ଆନ୍ତର୍ଜାତିକ ଗୁରୁତ୍ୱ ହରେଇ ଦେଇଛି କହିଲେ ଚଳେ ଏବଂ ଆମେରିକାର ବିଭିନ୍ନ କାରସାଦି ଫଳରେ ଡଲାର ହେଉଛି ଆନ୍ତର୍ଜାତିକ ମୁଦ୍ରା ଭିତରେ ସବୁଠୁଁ ଆଗରେ।

ମିଲିଅନଏୟାର ବା ନିୟୁତପତି କହିଲେ ଏକ ନିୟୁତ ଡଲାରର ମାଲିକ ବୁଝାଏ – ଭାରତୀୟ ମୁଦ୍ରାରେ ଯାହାର ମୂଲ୍ୟ ଆଠକୋଠି ପଚାଶଲକ୍ଷ ଟଙ୍କା ପାଖପାଖି। ତାଙ୍କଠାରୁ ଯେଉଁମାନେ ବେଶୀ ଧନୀ ସେମାନଙ୍କୁ ଅର୍ବୁଦପତି ବା ବିଲିଅନଏୟାର କୁହାଯାଏ ଯାହାଙ୍କର ଧନର ପରିମାଣ ଏକ ଶହ କୋଟି ଡଲାର ବା ସାଢ଼େ ଆଠ ହଜାର କୋଟି ଟଙ୍କା। ଏତେ ବଡ଼ ବଡ଼ ଅଙ୍କ ବିଶିଷ୍ଟ ଟଙ୍କା ଦେଖି ବା ପଢ଼ି ଆପଣ ଡରି ଯାଉଛନ୍ତି କି ? ମାତ୍ର ଆପଣ ଆଶ୍ଚର୍ଯ୍ୟ ହେବେ ଆଧୁନିକ ଯୁଗର ଯୁବପୀଢ଼ିଙ୍କ ଭିତରେ ଅନେକ ଅଛନ୍ତି ଯେଉଁମାନେ ମଲ୍‌ଟି ମିଲିଅନଏୟାର ବା ବିଲିଅନଏୟାର ହେବାର ସ୍ୱପ୍ନ ଦେଖନ୍ତି।

ଧନୀ ହେବାର ଇଚ୍ଛା ପୋଷଣ କରିବା କିଛି ଭୁଲ୍ ନୁହେଁ, ବରଂ ବହୁ ପୁରାତନ ଯୁଗରୁ ପ୍ରାର୍ଥନା କରାଯାଉଥିଲା, 'ମୋତେ ଦାରିଦ୍ର୍ୟରୁ ମୁକ୍ତି ଦିଅ'। ହୁଏତ ସେତେବେଳେ ଲୋକେ ଏତେ ସିଧାସଳଖ ପ୍ରାର୍ଥନା କରି ପାରୁନଥିଲେ ବା ସେମିତି କରିବା ନିଜର ଚରିତ୍ର ବିରୋଧୀ ବୋଲି ଭାବୁଥିଲେ। ହେଲେ ଆଜିକାଲି ହାଟ ବଜାରରେ ଆପଣଙ୍କ କାନ ପଠେଇ ଦେଉଥିବା ଗୀତ ବି ଆପଣ ମନେ ପକେଇ ପାରିବେ – 'ହେ ପ୍ରଭୁ,

ମୋତେ ପୁଳେ ଟଙ୍କା ଦେ। ତେନ୍ଦୁଲକରକୁ ଦେଲୁ, ଆଉ କାହାକୁ ଦେଲୁ, ମୋ ପାଇଁ କାହିଁକି କୃପଣ ହେଲୁ ?'

ଅର୍ଥ ଉପାର୍ଜନ କରିବା, ଯଥେଷ୍ଟ ଖର୍ଚ୍ଚ କରିବା ଏବଂ ତା ସାଙ୍ଗକୁ ବହୁବିଧ ଅୟସ କରିବାକୁ ଅପର୍ଯ୍ୟାପ୍ତ ଟଙ୍କା ଗଚ୍ଛିତ ରଖିବା ଅନେକ ଲୋକଙ୍କର ଏକ ବିଳାସମୟ ଭାବନା ପାଲଟି ଗଲାଣି। ଆଗକାଳ ଲୋକଙ୍କ ପରି ବହୁ କଷ୍ଟରେ ଧନ ଅର୍ଜନ କରିବାକୁ କାହାରି ଆଗ୍ରହ ନାହିଁ। ସମସ୍ତେ ଭାବୁଛନ୍ତି ଏମିତି କିଛି କୁହୁକ କରିଦେବେ ଯାହା ଫଳରେ ସେମାନେ ରାତାରାତି ବନିଯିବେ କୋଟିପତି।

ଧୈର୍ଯ୍ୟ ଧରିବା ପାଇଁ କାହାରି ମନ ନାହିଁ। ଯେମିତି ମନ୍ତ୍ର ଶକ୍ତି ପ୍ରଭାବରେ କୌଣସି ରୂପାନ୍ତରଣ ଛୁଇଁବା ମାତ୍ରେ ହୋଇଯାଏ, ସେଇମିତି ତୁରନ୍ତ ଲାଭ ପାଇଁ ସମସ୍ତେ ବ୍ୟଗ୍ର ଓ ଉଦ୍‌ଗ୍ରୀବ।

ଆଗରୁ ଲୋକଙ୍କର ଧାରଣା ଥିଲା ଆୟ ସବୁବେଳେ ନୀତି ଗର୍ହିତ ହେବା କଥା ନୁହେଁ। ଭଗବାନଙ୍କ ପ୍ରତି ଭୟ ସଂଭ୍ରମକ୍ରମେ ଲୋକ ମୁଖରେ ପ୍ରଚାରିତ ହୋଇଥିଲା। ଅଧର୍ମ ବିତ୍ତ ବଢ଼େ ବହୁତ, ଗଲାବେଳେ ଯାଏ ମୂଳ ସହିତ। ଆଜି ଦୁନିଆଁ ଦାଣ୍ଡରେ ଏକଥା ବଖାଣିଲେ ଜଣେ ହେଲେ ଶ୍ରୋତା ଆପଣଙ୍କ ଆଡ଼କୁ ଦୟାରେ ବି ଅନେଇବେ ନାହିଁ।

ଅଳ୍ପ ସମୟ ଭିତରେ ବହୁ ଆୟ କରିବା ନିର୍ଦ୍ଦିଷ୍ଟ ସମୟ ଭିତରେ ବହୁ ରିଜନିଂ ପ୍ରଶ୍ନର ଉତ୍ତର ଦେବା ଭଳି। ସେଥିରେ ଅଳ୍ପ କେଇଜଣ ହିଁ ଉତ୍ତୀର୍ଣ୍ଣ ହୁଅନ୍ତି। ଯେଉଁମାନେ ଅତ୍ୟନ୍ତ ମେଧାବୀ ସେମାନେ ଅଧିକ ରୋଜଗାର କରିବା ପାଇଁ ହକ୍‌ଦାର। ସେଇ ନ୍ୟାୟରେ ଗୋଟିଏ ଅନୁଷ୍ଠାନରୁ ଏକାଡିଗ୍ରୀ ପାଉଥିବା ଛାତ୍ରଛାତ୍ରୀମାନଙ୍କ ଭିତରେ ବାର୍ଷିକ ରୋଜଗାର ସୀମା ଭିତରେ ତାରତମ୍ୟ ଖୁବ୍ ଅଧିକ। ଆପଣ ଯଦି କୌଣସି ବୈଷୟିକ ଶିକ୍ଷାନୁଷ୍ଠାନକୁ ଯାଇ ସେଠାକାର ପିଲାମାନେ କେତେ ବାର୍ଷିକ ଦରମାରେ ଚାକିରୀ ପାଉଛନ୍ତି ପଚାରିବେ ତାର ଉତ୍ତର ଯାହା ପାଇବେ ତାହା ହେଉଛି ସର୍ବୋଚ୍ଚ ଦରମା; ମାତ୍ର ଆଉ ଦିପଦ କଥା ହେଲାପରେ ଜାଣିବେ ଯେ ସର୍ବନିମ୍ନ ଆଉ ସର୍ବୋଚ୍ଚ ଭିତରେ ଦୂରତା ଅକଳ୍ପନୀୟ; ମାତ୍ର ଏଇଭଳି ଦରମା ନେଇ ଖୁବ୍ କମ୍ କୋଟିପତି ହୋଇଛନ୍ତି।

ଅତ୍ୟଧିକ ଧନୀମାନଙ୍କ ଭିତରେ ହୋଇଥିବା ସର୍ଭେରୁ ପ୍ରାପ୍ତ ତଥ୍ୟଟି ଚମକପ୍ରଦ। ସେଇ ଧନୀକ ତାଲିକାରୁ ଶତକଡ଼ା ଅଶୀଭାଗରୁ ଅଧିକ ହେଉଛନ୍ତି ପ୍ରଥମ ପୀଢ଼ିର ଧନୀ ଅର୍ଥାତ୍ ମାତ୍ର ଅତିବେଶୀରେ ଶହେରୁ ମାତ୍ର କୋଡ଼ିଏ ଜଣ କେବଳ ପୂର୍ବତନ ଧନୀଲୋକଙ୍କର ପୁତ୍ର କନ୍ୟା ବା ପରବର୍ତ୍ତୀ ଦାୟାଦ। ଏଇ ଧନୀମାନଙ୍କୁ ପ୍ରଶ୍ନ ହୋଇଥିଲା – "ଆପଣମାନେ ଏତେ ଧନୀ ହେଲେ କିପରି ? ଆପଣଙ୍କ ପୂର୍ବପୁରୁଷ ସଞ୍ଚିତ ଧନରୁ ତ

ଆପଣ ଧନୀକ ହୋଇନାହାନ୍ତି ?" - ଏହାର ଉତ୍ତର ଆଗାମୀ ପୀଢ଼ି ବା ବର୍ତ୍ତମାନର ଯୁବକ ଯୁବତୀଙ୍କ ପାଇଁ ବେଶ୍ ଗୁରୁତ୍ୱପୂର୍ଣ୍ଣ । ସେମାନଙ୍କ ଉତ୍ତର ଊଣାଅଧିକେ ଥିଲା - ଯେ ସେମାନେ ବହୁ ପୁସ୍ତକ ଅଧ୍ୟୟନ କରୁଥିଲେ ଏବଂ ଏଇ ଅଧ୍ୟୟନ ଭିତରେ ସେମାନଙ୍କ ନିକଟକୁ ଏମିତି କିଛି 'ଆଇଡ଼ିଆ' ବା ପରିକଳ୍ପନା ଆସିଲା - ଯାହା ଉପରେ ସେମାନେ ଦିନରାତି ଭାବିଲେ ଏବଂ ତାରି ଉପରେ ସେମାନଙ୍କର କାମ କରିବାକୁ ଲାଗିଲେ ଏବଂ ଶେଷରେ ସେମାନେ ଏଇ ଜାଗାରେ ପହଞ୍ଚି ପାରିଛନ୍ତି ।

ଯେକୌଣସି କାମ କରି ତା'ର ଫଳପ୍ରାପ୍ତି ପାଇଁ ଆବଶ୍ୟକ ହେଉଥିବା ସମୟକୁ ଇଂଲିଶ୍‌ରେ 'ଗେଷ୍ଟେସନ ପିରିଅଡ଼' ବୋଲି କହନ୍ତି । ଯେପରି ଶିଶୁଟି ମାତୃଗର୍ଭରେ ନଅମାସ ଦଶଦିନ ରହିଲେ ଯାଇ ସୁସ୍ଥ ଶିଶୁ ଭାବରେ ଜନ୍ମ ନିଏ, ସେଇମିତି ପ୍ରତି କାମ କଲାବେଳେ ସମ୍ଭାବ୍ୟ ଫଳପ୍ରାପ୍ତିର ସମୟକୁ ମଧ୍ୟ ଆକଳନ କରାଯାଏ । ଆଧୁନିକ ଯୁବବର୍ଗମାନଙ୍କ ଭିତରୁ ଯେଉଁମାନେ ଏହାକୁ ଏକ ପୁରାତନ ଏବଂ ଅକାମି ତତ୍ତ୍ୱ ଭାବରେ ନିଅନ୍ତି, ସେମାନେ କେବଳ ରାତାରାତି କୋଟିପତି ହେବାର ସ୍ୱପ୍ନ ଦେଖନ୍ତି । ଯେମିତି ସ୍ୱପ୍ନ ଦେଖନ୍ତି ଝାରଖଣ୍ଡ ଜାମତରା ଅଞ୍ଚଳର କିଛି ଯୁବକ ଯୁବତୀ । ଅନ୍ୟକୁ କୌଶଳରେ ଠକିବାକୁ ସେଇପରି ଯୁବକ ଯୁବତୀମାନେ ଜୀବନର ଅବଲମ୍ବନ ଭାବରେ ଗ୍ରହଣ କରୁଛନ୍ତି । ଏହା ଖାଲି ନୀତିହୀନ କାର୍ଯ୍ୟ ନୁହେଁ, ଦେଶ ବିରୋଧୀ ଏବଂ ବେଆଇନ । ଚୋର ଘରେ ସବୁଦିନ ଅନ୍ଧାର ରାତି ନଥାଏ ନ୍ୟାୟରେ ସେମାନେ ଧରାପଡ଼ିବାକୁ ବେଶି ବିଳମ୍ବ ହେଉନାହିଁ ।

ଆଜିକାଲି ବହୁ ଯୁବକ ଏପରିକି ଉଚ୍ଚଶିକ୍ଷିତ ଏବଂ ସ୍ୱଚ୍ଛଳ ପରିବାରରୁ ଆସିଥିବା ପିଲାମାନେ ମଧ୍ୟ ଏଇ କୁପଥକୁ ବାଛି ନେଉଛନ୍ତି । ସେମାନେ ନିଜ ଜୀବନକୁ ବାଜି ଲଗାନ୍ତି । କେତେବେଳେ ଅନ୍ୟ କାହାର ଜୀବନ ନେବେ ବା ନିଜର ଜୀବନ ହରେଇବେ । ଏଭଳି ଭୟଙ୍କର ପରିସ୍ଥିତିର ମୁକାବିଲା କରିବାର ସମୟ ଆସିଛି । ଯଦିଓ ଆମେ ଆଗକାଳ ଅପେକ୍ଷା ଏବେ ଅଧିକ ସମୃଦ୍ଧ ଜୀବନ ବିତଉଛେ ତଥାପି ମୂଲ୍ୟବୋଧର ଅବମୂଲ୍ୟାୟନ ଆମକୁ ଦୁଃଖୀ କରେଇ ଦେଉଛି ।

ଏକ ପରିସଂଖ୍ୟାନ ଆକଳନରୁ ଜଣାଯାଇଛି ୧୯୪୬ରୁ ୧୯୬୪ ମଧ୍ୟରେ ଜନ୍ମିତ ବ୍ୟକ୍ତିମାନଙ୍କ ପାଖରେ ବର୍ତ୍ତମାନ ସବୁଠୁ ଅଧିକ ସଂଚୟ ରହିଛି । ଏପରିକି ସେମାନେ ବି ଆନୁପାତିକ ହାରରେ ଅନ୍ୟମାନଙ୍କ ଠାରୁ ଅଧିକ ସୁଖୀ ଓ ସନ୍ତୁଷ୍ଟ । ଏମାନେ କିଏ ? ଏମାନେ ସଦ୍ୟ ଅବସର ନେଇଛନ୍ତି ବା ନେବାକୁ ଯାଉଛନ୍ତି ବା ସେମାନଙ୍କଠାରୁ ଅତିବେଶୀରେ ସତର ଅଠର ବର୍ଷ ବୟସରେ ବଡ଼ । ଅର୍ଥାତ୍ ସେମାନେ ସାରା ଜୀବନର ଉପାର୍ଜନରେ ସୁଖୀ ହୋଇ ପାରିଛନ୍ତି । ସେମାନେ ଆଜିକାଲିର ଉଦ୍‌ଭ୍ରାନ୍ତ ପୀଢ଼ିଙ୍କ ପରି

ରାତିରେ ହାତୀଏ ରୋଜଗାର ଅପେକ୍ଷା ସାରାଜୀବନ ପରିଶ୍ରମ କରିବାରେ ଆଗ୍ରହୀ, ଅବଶ୍ୟ ଏମାନେ ସମସ୍ତେ ଯେ ତୁଳସୀ ସେ କଥା ମୁଁ କହୁନାହିଁ। ଆଜିକାଲି ଯେକୌଣସି ସରକାରୀ କର୍ମଚାରୀ ଘରେ କିଛି ଚଢ଼ଉ ହେଲେ ଯେଉଁ ପୁଳାପୁଳା ଟଙ୍କା ସୁନା ବାହାରୁଛି ତାକୁ ଦେଖିଲେ ମନେ ହେବ, ସରକାରୀ ଚାକିରୀ କରି ସେବାତ ଦୂରର କଥା ସେମାନେ ବି ରାତାରାତି କୋଟିପତି ହେବାର ଲକ୍ଷ୍ୟପଥରେ ଅଗ୍ରସର। ଧନ ଅର୍ଜନ କରିବାକୁ କେହି ମନା କରିନାହାନ୍ତି; ମାତ୍ର ତୁରନ୍ତ ଧନୀ ହେବା ଆଶାରେ କେତେ ଲୋକ କେତେ ଯୁବକ ଯୁବତୀ ଠକମାନଙ୍କର ଶିକାର ହୋଇଛନ୍ତି। ଚାକିରୀ ପାଇବା ଆଶାରେ କେତେ ଗରିବ ଲୋକ ଜମିବାଡ଼ି ବିକି ନିଃସ୍ୱ ହୋଇଛନ୍ତି, ଅଧିକ ସୁଧ ପାଇବା ଆଶାରେ ଚିଟ୍ ଫଣ୍ଡ୍‌ରେ ଟଙ୍କା ଲଗେଇ ମୂଳ ଧନ ହରେଇ ବାରଓଳି ଶୁଣ୍ଡିପିଣ୍ଡା ହୋଇଥିବା ଲୋକଙ୍କର ତାଲିକା ଖୁବ୍ ଲମ୍ବା। ଅନୈତିକ ଉପାୟରେ ଅର୍ଜନ କରାଯାଉଥିବା ଅର୍ଥ ବାସ୍ତବରେ କେବେବି ଦୀର୍ଘସ୍ଥାୟୀ ହୋଇନଥାଏ। ଏଇ କଥାକୁ ପିଲାଟି ବେଳୁ କଣ ଆମେ ଆମର ନୂତନ ପୀଢ଼ିଙ୍କ ଠାରେ ବୁଣି ଦେଇ ପାରିବା ନାହିଁ? ଆମର ନୂତନ ପୀଢ଼ିଙ୍କୁ କଣ ସେମାନଙ୍କ୍ ଖିଆଲ ପାଇଁ ତାଙ୍କ ସାଙ୍ଗସାଥୀଙ୍କ ମର୍ଜିରେ ଛାଡ଼ିଦେବା? ନୈତିକ ଶିକ୍ଷା ଦେବା ପାଇଁ ଆମେ ନିଜେ ଉପଯୁକ୍ତ କି ? ଏଇ ପ୍ରଶ୍ନ ଆଜି ନିଜକୁ ପଚାରିବାର ସମୟ ଆସିଛି।

■

(ନିତିଦିନ - ତା ୨୦.୧୧.୨୦୨୪ରିଖ)

ସଡ଼କ ପଥ ଯାତ୍ରା ନିରାପଦ ହେବ କେବେ ?

କୌଣସି ଯାତ୍ରୀବାହୀ ବସ୍‌କୁ ପଛଆଡୁ ଦେଖିଲେ ଆପଣଙ୍କ ଆଖି ପଡ଼ିଯିବ ବିଜ୍ଞାପନଟିଏ ଉପରେ 'ସଡ଼କ ସୁରକ୍ଷା ଜୀବନ ରକ୍ଷା'। ଆପଣ ହଠାତ୍ ବୁଝିପାରିବେ ନାହିଁ କଣ ଏଇ ବିଜ୍ଞାପନର ଲକ୍ଷ୍ୟ। ତାକୁ ହେଜିବା ପାଇଁ ଭାବିବେ ରାସ୍ତାକୁ କେହି ନଷ୍ଟ କରନ୍ତୁ ନାହିଁ, ସେଇ ଉଦ୍ଦେଶ୍ୟରେ ଏହା ଲେଖାଯାଇ ନାହିଁତ ! ତାପରେ ଟିକିଏ ଚିନ୍ତା କରି ହସିଦେବେ, ଓଃ ରାସ୍ତା ସୁରକ୍ଷା କଥା ବୋଧହୁଏ କୁହାଯାଇଛି ଅର୍ଥାତ୍ ସଡ଼କ ପଥରେ ଯାତ୍ରା କଲାବେଳେ ଯେଉଁ ସତର୍କତା ଅବଲମ୍ବନ ନିହାତି ଅନିବାର୍ଯ୍ୟ ସେଇ ବିଷୟରେ ସଚେତନ ହେବା ପାଇଁ ଏଇ ବାର୍ତ୍ତାଟି। ସ୍ଥୁଳ ଭାବରେ ସଡ଼କର ରକ୍ଷଣା ବେକ୍ଷଣ କଥା ନୁହେଁ।

ରାସ୍ତା ଦୁର୍ଘଟଣା ଗୋଟାଏ ସାଧାରଣ କଥା କହି ଆପଣ ତାକୁ ଏଡ଼େଇ ଯାଇପାରିବେ ନାହିଁ। ପୃଥିବୀରେ ବର୍ଷକୁ (୨୦୨୨) ପ୍ରାୟ ସାଢ଼େ ତେର ଲକ୍ଷ ଲୋକ ରାସ୍ତା ଦୁର୍ଘଟଣାରେ ଜୀବନ ହରାଉଥିବା କଣ ଛୋଟିଆ କଥା କି ? ରାସ୍ତା ଦୁର୍ଘଟଣାରେ ଯେଉଁମାନେ ଜୀବନ ହରାନ୍ତି କିମ୍ବା ଗୁରୁତ୍ୱପୂର୍ଣ୍ଣ ଅଙ୍ଗ ହରାଇ ସାରା ଜୀବନ ଦୁର୍ବିସହ ଭାବେ ବଂଚି ରହନ୍ତି ସେମାନେ ଭିତରୁ ବହୁ ଭାଗ ସେମାନଙ୍କ ଜୀବନର ପ୍ରମୁଖ ପର୍ଯ୍ୟାୟରେ ଥାଆନ୍ତି। ଅନେକ ଥାଆନ୍ତି ଘରର ମୁଖ୍ୟ ରୋଜଗାରକ୍ଷମ ବ୍ୟକ୍ତି। ସେମାନଙ୍କର ଅପ୍ରତ୍ୟାଶିତ ବିୟୋଗ ବା ଅସମତା ଭାଙ୍ଗିଦିଏ ପରିବାର ଅର୍ଥନୈତିକ ଓ ମାନସିକ ମେରୁଦଣ୍ଡ।

ରାସ୍ତା ଦୁର୍ଘଟଣାରେ କିପରି ସର୍ବନିମ୍ନ କ୍ଷତି ହେବ ଏବଂ ଦୁର୍ଘଟଣାକୁ କିପରି କମାଯାଇପାରିବ ସେ ବିଷୟରେ ଆଲୋଚନା କରିବା ପାଇଁ ପ୍ରତି ବର୍ଷ ଜାନୁୟାରୀ ଏଗାରରୁ ସତର ତାରିଖଯାଏ ଗୋଟିଏ ସପ୍ତାହବ୍ୟାପୀ ବିଭିନ୍ନ କାର୍ଯ୍ୟକ୍ରମ କରାଯାଇଥାଏ।

ଏପରି ସଭାସମିତିରେ ଭାଗନେବାର ସୁଯୋଗ ଲେଖକ ଅନେକ ପାଇଛି । ସଭାସମିତିର ଉଦ୍ଦେଶ୍ୟ ସାଧାରଣତଃ ସଚେତନତା ସୃଷ୍ଟି କରିବା, ଏପରି ଗଣ କାର୍ଯ୍ୟକ୍ରମର ବିଭିନ୍ନ ସହଯୋଗୀଙ୍କ ଭିତରେ ସମ୍ପର୍କ ଯୋଡ଼ିବା ଏବଂ ବର୍ତ୍ତମାନ ଯେଉଁ ବ୍ୟବସ୍ଥାମାନ ଉପଲବ୍ଧ ଅଛି ତାହା ବିଷୟରେ ଲୋକମାନଙ୍କୁ ଜଣାଇବା ।

ଏଭଳି ଗୁରୁତ୍ୱପୂର୍ଣ୍ଣ ପ୍ରସଙ୍ଗରେ ଆଲୋଚନା ସମୟରେ ଜଣେ ଜଣେ ବକ୍ତା ଏପରି କଥା ପଦେ କହି ଦିଅନ୍ତି ଯାହା ଆଲୋଚନାର ଦିଗ ବଦଳେଇଦିଏ । ମନେ ପଡୁଛି ଜଣେ ବକ୍ତା ଥରେ କହିଲେ – Accident is accident. It is different from incident, so their is no necessity of discussing so much. ଅର୍ଥାତ୍ ଦୁର୍ଘଟଣା ଗୋଟିଏ ଘଟଣା ନୁହେଁ, ତା ବିଷୟରେ ବିସ୍ତୃତ ଆଲୋଚନା ନିଷ୍ପ୍ରୟୋଜନ । କାନକୁ ଇଂଲିଶ୍ ବେଳେ ବେଳେ ଭଲ ଶୁଭିଲେ ତାହା ଯେ ଶରୀରକୁ ହିତକର ସେମିତି ଭାବିବା ଉଚିତ ନୁହେଁ । ଯେଉଁ ଆକସ୍ମିକ ଦୁର୍ଘଟଣା ଜୀବନ ନେଇପାରେ ନିମିଷକେ ତା'ର ନିରାକରଣ ଯଦି ନ ଖୋଜିବା ତାହେଲେ ଆମେ କ'ଣ ପାଇଁ ପାଳନ କରିବା ଏପରି ସପ୍ତାହ ?

ଦୁର୍ଘଟଣାର ଯେତେ କାରଣ ଅଛି ତାହା ଭିତରୁ ଶତକଡ଼ା ଅଣାନବେ ଭାଗରେ ଚାଳକ ହିଁ କାରଣ । ଅର୍ଥାତ୍ କେତେବେଳେ ସେ ଏତେ ବେଗରେ ଗାଡ଼ି ଚଳାଉଛି ଯେ ଯାନ ଉପରେ ନିୟନ୍ତ୍ରଣ ହରାଉଛି, କେତେବେଳେ ସେ ନିଦ୍ରା ପ୍ରପୀଡ଼ିତ ହୋଇ ଆଖି ବନ୍ଦ କରିଦେଉଛି, କେତେବେଳେ ବା ସେ ମଦ୍ୟପାନ କରି ଗାଡ଼ି ଚଳାଉଛି ବେପରୁଆ ଭାବରେ, କେବେ ଗାଡ଼ି ଚଳେଇବା ବେଳେ ମୋବାଇଲରେ କଥା ହେବାଦ୍ୱାରା ତାର ଗାଡ଼ି ଚଳା ଉପରେ ଥିବା ନିୟନ୍ତ୍ରଣ ହ୍ରାସ ପାଉଛି ଇତ୍ୟାଦି । ଆଉ ବାକୀ ଶତକଡ଼ା ଏଗାର ଭାଗ ହେଉଛି କିଛି ଯାନ୍ତ୍ରିକ ତ୍ରୁଟି କିମ୍ବା ରାସ୍ତାର ନିର୍ମାଣଗତ ଭୁଲ୍ କିମ୍ବା ରାସ୍ତା ଉପରେ ପଡ଼ିଥିବା ଚିକ୍କଣ ପଦାର୍ଥ ଯୋଗୁଁ ବିଭ୍ରାଟ ।

ଆଉ ଜଣେ ବକ୍ତା ଥରେ ନିଜର ବକ୍ତବ୍ୟକୁ ଶାଣିତ ଢଙ୍ଗରେ ପ୍ରକାଶ କରିବାକୁ ଯାଇ କହିଲେ – ଆଗରୁ ରାସ୍ତାମାନେ ସେତେ ଭଲ ନଥିଲେ, ଗାଡ଼ିଗୁଡ଼ିକର ବେଗବି ସେତେ ନଥିଲା ଦୃଷ୍ଟି ଆକର୍ଷଣକାରୀ, ହେଲେ ଆଜିକାଲି ଅବସ୍ଥା ଭିନ୍ନ । ଯେଉଁଠି ଚକ୍ ଚକ୍ ରାସ୍ତା, ବହୁ ବେଗଗାମୀ ଗାଡ଼ିମାନେ ପରସ୍ପରକୁ ଆହ୍ୱାନ ଦେବାକୁ ଅପେକ୍ଷା କରି ରହିଛନ୍ତି ଆଉ ଅଳ୍ପ ବୟସ୍କ ଡ୍ରାଇଭରମାନେ ଗାଡ଼ି ଚଳେଇବା ପାଇଁ ଆଗେଇ ଆସିଛନ୍ତି ସେତେବେଳେ ଏକମାତ୍ର ପରିଣାମ ହିଁ ଦୁର୍ଘଟଣା । ଦୁର୍ଘଟଣା ରୋକିବା ପାଇଁ କ'ଣ ଆମେ ନୂତନ ରାସ୍ତାର ବେଗ ଉପରେ ଲଗାମ ଲଗାଇବା ନା ଗାଡ଼ିରେ ସବୁବେଳେ ଗଭର୍ଣ୍ଣର ବାନ୍ଧିବା ବେଗକୁ ନିୟନ୍ତ୍ରଣ କରିବା ପାଇଁ ? ଆଉ ଯୁବ ଡ୍ରାଇଭରମାନେ ଅଧିକ

ବେଗରେ ଯିବାକୁ ଚାହିଁବେ, ସେମାନଙ୍କୁ ବୁଝେଇ ଠିକ୍ ରାସ୍ତାରେ ନେବା ଆମର ଦାୟିତ୍ୱ। ଡ୍ରାଇଭିଂ ଲାଇସେନ୍‌ସ ପ୍ରଦାନ କଲାବେଳେ ଲାଇସେନ୍‌ସ ପ୍ରଦାନକାରୀ କର୍ତ୍ତୃପକ୍ଷ ଗଭୀର ଭାବରେ ଅନୁଧ୍ୟାନ କରିବା କଥା ସଂପୃକ୍ତ ଗାଡ଼ି ଚଳେଇବା ପାଇଁ ବିଦେଶରେ ଲାଇସେନ୍‌ସ ପାଇବା ଭାରି କାଠିକରପାଠ, ହେଲେ ଆମ ଦେଶରେ ଗଳାବାଟରେ ଗଲେ ସହଜରେ ଲାଇସେନ୍‌ସ ମିଳିଯାଏ ସିନା, ହେଲେ ଦୁର୍ଘଟଣା ବଢ଼ିବାରେ ତାହା ଆଉ ଏକ ଅନାଲୋଚିତ କାରଣ, ଏକଥା ଆପଣ ଠିକ୍ ବୁଝିପାରୁଥିବେ।

ବିଦେଶରେ ରାସ୍ତାମାନେ ଆମ ଦେଶରେ ରାସ୍ତାଠାରୁ ଅଧିକ ମସୃଣ, ସେଠାକାର ଯାନବାହନଗୁଡ଼ିକ ଅପେକ୍ଷାକୃତ ଭାବରେ ଅଧିକ ବେଗବାନ ଏବଂ ସେହି ଦେଶମାନଙ୍କରେ ଯାନର ଆନୁପାତିକ ସଂଖ୍ୟା ମଧ୍ୟ ଖୁବ୍ ଅଧିକ ତାହା ସତ୍ତ୍ୱେ ବି ସେଠାରେ ଦୁର୍ଘଟଣା ହାର ଆମ ଦେଶ ତୁଳନାରେ ଅତି କମ୍। ଏହା ସୂଚେଇ ଦିଏ ଯେ କେବଳ ରାସ୍ତା ଚକ୍‌ଚକ୍ ହେବା କିମ୍ବା ଗାଡ଼ିର ବେଗ ଅଧିକ ରହିବା ଆକସ୍ମିକ ଦୁର୍ଘଟଣାର ଏକମାତ୍ର କାରଣ ହୋଇ ନ ପାରେ।

ଆମେ ବର୍ଷକରେ ଥରଟାଏ ବା ସପ୍ତାହେ କାଳ ଏକ ଆନୁଷ୍ଠାନିକ ଉତ୍ସବ ପାଳି ଲୋକଙ୍କୁ ରାସ୍ତା ଦୁର୍ଘଟଣା କେମିତି ପ୍ରଶମିତ କରିହେବ ତାହା ବୁଝାଉ। ହେଲେ ଅନେକ ଲୋକ ଗପଟିଏ ଶୁଣି ତାଳି ମାରିଦେଇ ତାର ତତ୍ତ୍ୱକୁ ଭୁଲିଗଲା ପରି ସେହି ଲୋକମାନେ ଉତ୍ସବାନୁଷ୍ଠାନ ଅନ୍ତେ ସଚେତନତାକୁ ଭୁଲିଯାଉଛନ୍ତି କିମ୍ବା ଏହା ଆମର ସମାଜର ମଗଜକୁ ପଶୁନି। ତିନିରକମର ଲୋକ ରାସ୍ତା ବ୍ୟବହାର କରୁଛନ୍ତି। ପ୍ରଥମତଃ ଆରୋହୀ, ଦ୍ୱିତୀୟତଃ ଯାନରେ ଥିବା ଅନ୍ୟ ବ୍ୟକ୍ତିମାନେ ଏବଂ ତୃତୀୟତଃ ପଥଚାରୀ। ସବୁ ଲୋକଙ୍କ ପାଖରେ ଆମର ସଚେତନତାର ବାର୍ତ୍ତା ପହଞ୍ଚେଇବା ଦରକାର। ତା ନହେଲେ ଏଇ ଆନୁଷ୍ଠାନିକ ଉତ୍ସବ କେବଳ 'ଗହ୍ମା ପୂର୍ଣ୍ଣମୀରେ ମାଇଁ' ହେବା ସାର ହେବ।

ଆମର ରାସ୍ତାରେ କେବଳ ମଣିଷ ଗତାଗତ କରିନଥାନ୍ତି, ଗୋମହିଷାଦି ଗୃହପାଳିତ ପଶୁମାନେ ଏବଂ ଆହୁରି ଅନେକ ଶ୍ୱାପଦ ଜାତୀୟ ପ୍ରାଣୀ ମଧ୍ୟ ଏହା ଉପରେ ଚଳପ୍ରଚଳ ହୁଅନ୍ତି। ମଣିଷ ସିନା ଟ୍ରାଫିକ୍ ନିୟମ ପଢ଼ିବ, ଶୁଣିବ ବା ମାନିବ, ହେଲେ ଏଇ ପଶୁମାନେ କେମିତି ବା ମାନିପାରିବେ? ସେଇ ଦୃଷ୍ଟିରୁ ବିଦେଶରେ କୌଣସି ରାସ୍ତାରେ ଯିବାପାଇଁ ସେମାନଙ୍କୁ ଅନୁମତି ନାହିଁ। ରାସ୍ତା ଏପରି ନିର୍ମିତ ହୋଇଛି ତା ଭିତରକୁ ଅନ୍ୟ କେହି ପଶିବା ସମ୍ଭବ ନୁହେଁ।

ସଚେତନତା ଚାଲିଥାଉ, ଚାଲୁ ଗଣଦୌଡ଼ ଏବଂ ସାମାଜିକ ଗଣମାଧ୍ୟମରେ ଆଲୋଚନା - ମନା ନାହିଁ। ହେଲେ କେବଳ ସେଇଥିରେ କାମ ଚଳୁଥିଲେ ଦିନକୁ ଦିନ

ମୃତାହତଙ୍କ ସଂଖ୍ୟା ଆଶାତୀତ ଭାବରେ ବଢୁନଥାନ୍ତା। ଏଥିପାଇଁ ଅଧିକ ଏନଫୋର୍ସମେଣ୍ଟର ଆବଶ୍ୟକତା ରହିଛି। ଡ୍ରାଇଭର ଉପରେ ନଜର ରଖିବା ଶୃଙ୍ଖଳା ଅଧିକ ଗୁରୁତ୍ୱପୂର୍ଣ୍ଣ ହୋଇ ପଡ଼ିଛି। ମଦ ପିଇ ଗାଡ଼ି ଚଳେଇଲେ କେବଳ ଜୋରିମାନା ଆଦାୟ ଯଥେଷ୍ଟ ନୁହେଁ, ସେଥିପାଇଁ ଡ୍ରାଇଭିଂ ଲାଇସେନ୍ସ ବାତିଲ୍ କରିବା ସହିତ ଯଥେଷ୍ଟ ଅଧିକ ଅର୍ଥଦଣ୍ଡ ଆଦାୟ କରାଯିବା ଜରୁରୀ। ଏଇ କିଛି ବର୍ଷ ତଳେ ଟ୍ରାଫିକ୍ ନିୟମ ଉଲ୍ଲଘଂନକାରୀଙ୍କ ପାଇଁ ଜୋରିମାନା ବୃଦ୍ଧି ହେଲା, ଫଳରେ ଲୋକମାନେ ନୂଆ ନୂଆ ବିରୋଧ କରୁଥିଲେ। ଏବେ ତାହା ଦେହସୁଆ ହୋଇଗଲାଣି। ସେମାନଙ୍କୁ ବାଧ୍ୟତାମୂଳକ ଭାବରେ ଯାନବାହନ ଚଳାଇବାରୁ ବିରତ ରଖି ତାଙ୍କ ମନ ଭିତରେ ସଚେତନତା ସୃଷ୍ଟି କରିବା ଜରୁରୀ। ଯଦିଓ କିଛି ବର୍ଷ ହେଲା ମାଧ୍ୟମିକ ଶ୍ରେଣୀରେ ରାସ୍ତା ଯାତ୍ରାର ସତର୍କତା ଏକ ପାଠ୍ୟ ବିଷୟ ଭାବରେ ସ୍ଥାନିତ ହୋଇଛି, ଏହାର ବିଭିନ୍ନ କଥା ସାମାଜିକ ସ୍ତରରେ ବାରମ୍ବାର ଆଲୋଚିତ ହେବା ନଜରକୁ ଆସୁନି। ପ୍ରାଥମିକ ସ୍ତରରୁ ଉପର ଶ୍ରେଣୀ ସବୁ ସ୍ତରରେ ଏହା ରହିବା ଆବଶ୍ୟକ। ତା’ ସହିତ ଜୋରିମାନା ସହିତ କିଛି ଦଣ୍ଡର ବ୍ୟବସ୍ଥା ହେଲେ ଏବଂ ତାହା କଡ଼ାକଡ଼ି ଭାବରେ ପ୍ରୟୋଗ ହେଲେ ଯାଇ ପରିସ୍ଥିତିରେ ଉନ୍ନତି ଆସିବ। ନହେଲେ ରାସ୍ତା ସଚେତନତା ଏକ ଆଳଙ୍କାରିକ ବ୍ୟାଖ୍ୟାନ ହୋଇ ରହିବ କେବଳ।

■

(ଓଡ଼ିଶା ଭାସ୍କର - ତା ୨୫.୧୨.୨୦୨୪ରିଖ)

ସମୟ କେତେ ମୂଲ୍ୟବାନ

ଇଂଲିଶ୍ ଅଭିଧାନ ହେଉ କିମ୍ବା ଯେକୌଣସି ଭାଷାର ଅଭିଧାନ ହେଉ ସେଠାରେ ଯଦି ଗୋଟିଏ ପୀଢ଼ି କେତେ ବର୍ଷ ବୋଲି ଖୋଜିବେ ସବୁଠି ପାଇବେ ଗୋଟିଏ ଉତ୍ତର : ତିରିଶ ବର୍ଷ । ମାତ୍ର ଏହା ଭିତରେ ପୃଥିବୀ କେତେ ଯେ ବଦଳି ଗଲାଣି, ଜାଣିଛନ୍ତି ? ଆଜି ସେ ବିଷୟରେ ଆଲୋଚନା ।

ପୃଥିବୀର ଉତ୍ପତ୍ତିଠାରୁ ବିବର୍ତ୍ତନର ଆଦ୍ୟସ୍ତର ପର୍ଯ୍ୟନ୍ତ ବିତିଯାଇଥିବ କୋଟି କୋଟି ବର୍ଷ; ମାତ୍ର ତାର ହିସାବ ରଖିବାକୁ କେହି ନଥିବେ । ସମୟର ଗତି ଯେମିତି ଥିବ ଇଚ୍ଛା ବିରୋଧରେ ଯୋଚା ହୋଇଥିବା ଏବଂ କେହି ତାଗିଦ୍ କରିବାକୁ ନଥିବା ଶଗଡ଼ର ବଳଦ ପରି ମନ୍ଥର । ମଣିଷର ଆଗମନ ଫଳରେ ପୃଥିବୀରେ ପରିବର୍ତ୍ତନର ବେଗ କ୍ରମେ ବଢ଼ିଚାଲିଥିବ । ବିଜ୍ଞାନର ଅଭ୍ୟୁଦୟ ଆଣି ଦେଇଥିବ ବେଗର କ୍ରମୋନ୍ନତି । ଯନ୍ତ୍ରର କ୍ରମୋନ୍ନତି ଡାକି ଆଣିଥିବ କ୍ଷିପ୍ରତାର ଏକ ନୂତନ ଜୁଆର । ମଣିଷର କାମରେ ସାହାଯ୍ୟ କରି ଦୁଃଖ ଲାଘବ କରିବା ପାଇଁ ଯଦିଓ ପ୍ରଥମେ ମଣିଷ ଯନ୍ତ୍ରର ଉଦ୍ଭାବନ କରିଥିଲା; ମାତ୍ର ମଣିଷ କାମର ପରିସର ଓ ପରିଭାଷା ବଦଳି ଗଲା ତାର ପ୍ରଭାବରେ । ଆଉ କମ୍ପ୍ୟୁଟରର ଉଦ୍‌ଭାବନ ପରେ ଯେଉଁ ବିପ୍ଳବ ସଂଘଟିତ ହେଲା ତାହା ମଣିଷକୁ ନେଇଯାଉଛି ତାର ଇଚ୍ଛାମତେ ଅବା !

୧୯୪୭ ବେଳକୁ ପ୍ରଥମ କରି ଡିଜିଟାଲ କମ୍ପ୍ୟୁଟର ଆସିଲା । ତା ପୂର୍ବରୁ ଯେଉଁମାନେ ଜନ୍ମ ହୋଇଥିଲେ ସେମାନଙ୍କୁ କୁହାଯାଉଥିଲା ସାଧାରଣ ଲୋକ (Traditionalists) ସେଇମାନଙ୍କୁ ଏବେ କୁହାଯାଉଛି silent generation ସେମାନଙ୍କର କିଛି ସୋର୍ ଶବ୍ଦ ଆଉ ନାହିଁ କହିଲେ ଚଳେ । ୧୯୪୬ ରୁ ୧୯୬୪ ଭିତରେ ଯେଉଁ ମାନବ ଶିଶୁ ଧରା ପୃଷ୍ଠକୁ ଆସିଲେ ସେମାନଙ୍କୁ କୁହାଗଲା ବେବି ବୁମରସ (Baby Boomers).

୧୯୬୫ ବେଳକୁ ବିଦେଶରେ ବିଶେଷତଃ ଆମେରିକାରେ କମ୍ପ୍ୟୁଟରର

ପ୍ରଚଳନ ଆରମ୍ଭ ହେଲା । ସେହି କ୍ରମରେ ନୂଆ ନୂଆ ଯେଉଁ ଶିଶୁମାନେ ଆସିଲେ ସେହି ପୀଢ଼ିକୁ କୁହାଗଲା - ଜେନେରେସନ ଏକ୍ସ (Generation X) । ଅର୍ଥାତ୍ ୧୯୬୫ ରୁ ୧୯୮୦ ଭିତରେ ଜନ୍ମ ନେଇଥିବା ପୀଢ଼ି । ୧୯୮୧ ରୁ ୧୯୯୪ ବେଳକୁ କମ୍ପ୍ୟୁଟର କେବଳ ବିଦେଶରେ ସୀମିତ ନ ରହି ସାରା ପୃଥିବୀରେ ନିଜର ଜୟଯାତ୍ରା ଆରମ୍ଭ କଲା ଏବଂ ସେଇ ସମୟର ଅବଧି ଭିତରେ ଯେଉଁମାନେ ଜନ୍ମ ହେଲେ ସେମାନଙ୍କୁ କୁହାଗଲା ଜେନେରେସନ ୱାଇ (Generation Y) ଆଉ ୧୯୯୫ ରୁ ୨୦୧୦ ଭିତରେ ଯେଉଁମାନେ, ସେମାନେ ହେଲେ ଜେନେରେସନ ଜେଡ୍ (Generation Z) । ଦୁଇ ହଜାର ଦଶ ବା ତା ପରଠାରୁ ଯେଉଁ ପିଲାମାନେ ଜନ୍ମ ହେଉଛନ୍ତି ସେମାନଙ୍କୁ କୁହାଯାଉଛି ଜେନେରେସନ ଆଲ୍‌ଫା ।

ଯେ ସବୁ ଲେଖିବାର ଉଦ୍ଦେଶ୍ୟ ହେଉଛି ଆଗରୁ ଗୋଟିଏ ପୀଢ଼ି ବା ପୁରୁଷ ସମୟ କହିଲେ ଆମେ ୩୦ ବର୍ଷର କାଳଖଣ୍ଡକୁ ବୁଝୁଥିଲେ; ମାତ୍ର କମ୍ପ୍ୟୁଟରର ଜ୍ଞାନ କୌଶଳ ବୃଦ୍ଧି ହେବା ଫଳରେ ଗୋଟିଏ ପୀଢ଼ି ପନ୍ଦର ବର୍ଷକୁ ସଂକୁଚିତ ହୋଇଛି । ଆଗ କାଳର ପିଲାମାନଙ୍କ ତୁଳନାରେ ଆଜିର ଶିଶୁର କମ୍ପ୍ୟୁଟର ଜ୍ଞାନ ଆହରଣ ଶୀଘ୍ର ହେଉଛି । ଆଜିର ଟିକି ପିଲାଟିଏ ଯେମିତି କମ୍ପ୍ୟୁଟର ଚଳେଇ ପାରୁଛି, ବୟସ୍କ ଲୋକଙ୍କ ଦ୍ୱାରା ତାହା କରିବା ସମ୍ଭବ ହେଉନାହିଁ ।

ଗୋଟିଏ ପୁରୁଷ କାଳ ଭିତରେ ମଣିଷ ଯାହା କରିବାକୁ ଚାହୁଁଥିଲା ତାହା ଏବେ କରିବାକୁ ତାର ଅଧା ସମୟ ଦରକାର ବୋଲି କମ୍ପ୍ୟୁଟର ବିଜ୍ଞାନୀଙ୍କର ମତ । ଜୀବନ ଏକ ପ୍ରଖର ଦୌଡ଼ରେ ପରିଣତ ହୋଇ ସାରିଲାଣି ।

ବିଭିନ୍ନ ସମସ୍ୟାର ସମାଧାନ କରିବା ପାଇଁ କମ୍ପ୍ୟୁଟର ଏକ ସାଧନ; ମାତ୍ର କମ୍ପ୍ୟୁଟର ବି ବେଳେ ବେଳେ ନିଜେ ଏକ ସମସ୍ୟା ପାଲଟି ଯାଉଛି । ସବୁବେଳେ ନିଜକୁ ଆଧୁନିକ ସ୍ଥିତି ସହିତ ସମତୁଲ କରି ନ ପାରିଲେ ଦୌଡ଼ରେ ଜଣେ ପଛକୁ ରହିଯିବା ଅବଶ୍ୟମ୍ଭାବୀ ।

ଯେଉଁ ସଂପଦମାନେ ନିର୍ଦ୍ଦିଷ୍ଟ, ସେମାନେ ସବୁ କାଳରେ ମୂଲ୍ୟବାନ । ସେଇ ଦୃଷ୍ଟିରୁ ଜୀବନ କ୍ଷେତ୍ରରେ ସବୁଠୁ ଦୁର୍ମୂଲ୍ୟ ହେଉଛି ସମୟ । ଥରେ ବିତିଗଲେ ଏହାକୁ ଆଉ ଫେରେଇ ଆଣି ହୁଏନା । ଜୀବନ କିଛି ମୁହୂର୍ତ୍ତର ସମଷ୍ଟି ମାତ୍ର ବ୍ୟକ୍ତି କେତେବେଳେ ଜାଣିପାରେନା ତାର ଜୀବନରେ ଆଉ କେତେ ସମୟ ବାକୀ ଅଛି । କବିବର ରାଧାନାଥଙ୍କ ଭାଷାରେ :

"ବହି ଯାଉଅଛି ସମୟର ସ୍ରୋତ
ସୁକର୍ମ ତହିଁରେ ଏକମାତ୍ର ପୋତ ।"

ସମୟକୁ ସ୍ମରଣ କରିବା ପାଇଁ ସତ୍‌କର୍ମ କେବଳ ଗୋଟିଏ ଗୋଟିଏ ସୂଚନା ମାତ୍ର । ତା

ନହେଲେ ଜୀବନ କେବଳ ଜନ୍ମ ଓ ମୃତ୍ୟୁର ଦୁଇଟି ନିର୍ବିକାର ସୂଚକାଙ୍କରେ ପରିଣତ ହୋଇଯିବ। ଯେଉଁମାନେ ଜୀବନରେ ଉପଯୁକ୍ତ ଭାବରେ ସମୟକୁ ବିନିଯୋଗ କରନ୍ତି ନାହିଁ ସମୟ ସେମାନଙ୍କୁ ଇତିହାସର ଅଳିଆଗଦାରେ ଫିଙ୍ଗିଦିଏ।

ସମୟ ଅନୁସାରେ ଗୋଟିଏ ବସ୍ତୁର ମୂଲ୍ୟ ନିର୍ଦ୍ଧାରିତ ହୁଏ। ଯେ ସଂପର୍କରେ ମନୋଜ ଦାସ ତାଙ୍କର ଜୀବନର ଏକ ଘଟଣା କହିଛନ୍ତି। କଥାଟି ଏହିପରି - ଥରେ ଗାନ୍ଧିକଙ୍କୁ ଟ୍ରେନ୍‌ରେ ବରୋଦା ଯିବାକୁ ପଡୁଥାଏ ଗୋଟିଏ ସାହିତ୍ୟ ସମାବେଶରେ ଯୋଗଦେବାକୁ। ଆୟୋଜକମାନେ ତାଙ୍କ ପାଇଁ ଶୀତତାପ ନିୟନ୍ତ୍ରିତ ପ୍ରଥମ ଶ୍ରେଣୀ ଟିକେଟ କରେଇଥାନ୍ତି। ଭୋର୍ ବେଳକୁ ଟ୍ରେନ୍ ପହଞ୍ଚିଲା ଷ୍ଟେସନରେ। ତାଙ୍କ ବଗି ନିକଟରେ ପହଞ୍ଚିଥିଲେ ତାଙ୍କୁ ଆଣିବାକୁ ଯାଇଥିବା ଆୟୋଜକଙ୍କ ଭିତରୁ କିଛି। ଆସିବା ବେଳେ ଯେତେବେଳେ ଟିକେଟ୍ ଦେବାକୁ ସଂପୃକ୍ତ ରେଳବାଇ ଅଧିକାରୀ କହିଲେ, ମନୋଜ ବାବୁ ତାଙ୍କର ପେଣ୍ଟ୍ ଓ ସାର୍ଟର ବିଭିନ୍ନ ପକେଟ ଖୋଜିଲେ; ମାତ୍ର ହଠାତ୍ ତାହା ମିଳିଲା ନାହିଁ। ଏତିକି ବେଳେ ଆୟୋଜକମାନେ ନିଜର ପରିଚୟ ଦେବା ସହିତ ଅତିଥିଙ୍କୁ ପରିଚୟ କରାଇ ଦେଲେ। ତାଙ୍କୁ ସଲ୍ଲଜ ନମସ୍କାର କରି 'ଆପଣ ଯାଆନ୍ତୁ ସାର୍' ବୋଲି କହିଲେ ଟିକେଟ ନିରୀକ୍ଷଣକାରୀ। ହୋଟେଲରେ ପହଞ୍ଚି ମନୋଜ ବାବୁ ନିଜର ଜିନିଷ ସଜାଡୁ ସଜାଡୁ ଠାବ କଲେ ତାଙ୍କର ଟିକେଟଟି ଓ ମନେ ମନେ ଲଜ୍ଜିତ ହେଲେ। ତିନିଦିନ ପରେ ସେ ପୁନର୍ବାର ଯେତେବେଳେ ଷ୍ଟେସନକୁ ଗଲେ ସେତେବେଳେ ଟିକେଟ ଯାଞ୍ଚ କରୁଥିବା ଅଧିକାରୀଙ୍କୁ ତିନିଦିନ ତଳର ଟିକେଟ୍‌ଟି ଦେଖାଇ ପାରିନଥିବାରୁ ସେଇଟି ଦେଖାଇ କ୍ଷମା ମାଗିଲେ; ମାତ୍ର ତାଙ୍କର ଆଚରଣ ପାଇଁ ସଂପୃକ୍ତ ଅଧିକାରୀ ଥିଲେ ନିର୍ବିକାର। ସେତିକି ବେଳେ ମନୋଜ ବାବୁ କହୁଛନ୍ତି, ନିର୍ଦ୍ଦିଷ୍ଟ ସମୟ ଅନ୍ତେ ତାଙ୍କର ଜିନିଷଟି ପାଲଟି ଯାଇଛି ମୂଲ୍ୟହୀନ। ତେଣୁ ପ୍ରତି ଜିନିଷକୁ/ ବ୍ୟକ୍ତିକୁ ସମୟ ସହିତ ଯୋଡ଼ିବା ଦରକାର। ଗାଁ ଗହଳିରେ ଗୋଟିଏ କଥା ପ୍ରଚଳିତ ଥିଲା।

"କ୍ଷୀର ଛାଡ଼ିଲେ କି କରେ ମାଆ / ନଦୀ ଛାଡ଼ିଲେ କି କରେ ନାଆ'

ଅବଶ୍ୟ ଅକୃତଜ୍ଞ ଲୋକଙ୍କ ପରିପ୍ରେକ୍ଷୀରେ ଯେ କଥା କୁହାଯାଇଛି; ମାତ୍ର ବାସ୍ତବତା ହେଉଛି ସମୟ ହିଁ ବସ୍ତୁ ବା ବ୍ୟକ୍ତିର ଗୁରୁତ୍ୱ ବଢ଼ାଏ ବା କମାଏ। ଖୁସିରେ ଥିବାବେଳେ ଘଣ୍ଟାଏ ଦି ମିନିଟ ପରି ଲାଗେ ଅଥଚ ଦୁଃଖରେ ଥିଲେ ଦୁଇ ମିନିଟ ଘଣ୍ଟାଏ କାଳ ପରି ଲମ୍ବିଯାଏ। ମନକୁ ଅବିଚଳିତ ରଖି ସମୟ ଉପରେ ତୀକ୍ଷ୍ଣ ଦୃଷ୍ଟି ଦେଇ ଜୀବନରେ ଆଗେଇଯିବା ଆବଶ୍ୟକ।

■

(ସକାଳ - ତା ୨୮.୦୯.୨୦୨୪ରିଖ)

ସାହୁ କହିଛି

ଏମିତି ଗୋଟିଏ କଥା ବହୁ ଦିନରୁ ଆମ ଲୋକ କଥାରେ ଚାଲି ଆସିଛି, "ସାହୁ କହିଛି, ପାଚିଲା ଧାନରେ ମଇ ଦେଉଛି।" କଥାଟିର ପ୍ରାଗ୍‌ଭାଷ ହୁଏତ ଏଇଆ ହୋଇପାରେ : ଜଣେ ଶ୍ରମଜୀବୀ ବ୍ୟସ୍ତ ଥାଆନ୍ତି ଏପରି ଏକ କର୍ମରେ ଯାହା ଜଣେ ପଥଚାରୀକୁ ଲାଗେ ଅସ୍ୱାଭାବିକ। ପାଚିଯାଇଥିବା ଧାନ ଉପରେ ମଇ ଦେବାର ଅର୍ଥ ହେଲା ଏତେ ପରିଶ୍ରମ ଲବ୍ଧ ଫଳ ସବୁ ଅକାରଣରେ ନଷ୍ଟ ହେବା। ତେଣୁ ସ୍ୱାଭାବିକ ଭାବରେ ପ୍ରଶ୍ନଟିଏ ଉଙ୍କିମାରେ ପଥିକ ମନରେ। ଏପରି ଅଦ୍‌ଭୁତ କାମ କିଆଁ? ତାର ଉତ୍ତରଟି ବୋଧହୁଏ ସେଇ ଲୋକକଥା।

କୌଣସି ଅନୁଚିତ କର୍ମ ଉଚିତ କାରଣ ଦର୍ଶାଏ ନାହିଁ। ସେହିପରି ଏଇ ଘଟଣାର ମୁଲିଆଟି କହୁଛି, ସେ କେବଳ ତାର ମୁନୀବର କଥା ମାନୁଛି। ମୁନୀବମାନେ ସବୁବେଳେ ଆଶା କରନ୍ତି ସେମାନଙ୍କର ଆଦେଶ ତୁରନ୍ତ କାର୍ଯ୍ୟକାରୀ ହେବା ଦରକାର। ତାଛଡ଼ା ଯିଏ ବେତନଭୋଗୀ ସିଏ କେମିତି ପ୍ରଶ୍ନ କରିପାରିବ କୌଣସି ଆଦେଶର ଔଚିତ୍ୟ ସଂପର୍କରେ। ତାହା କେବଳ ଗଣାହେବ ଔଦ୍ଧତ୍ୟର ଏକ ସୀମା ବହିର୍ଭୁତ କାର୍ଯ୍ୟ ଭାବରେ।

ସେନାବାହିନୀରେ ଉପରିସ୍ଥ ଅଧିକାରୀଙ୍କ ଆଦେଶ ତୁରନ୍ତ କାର୍ଯ୍ୟକାରୀ କରିବାକୁ ପଡ଼ିଥାଏ। ସେହି ପରିପ୍ରେକ୍ଷୀରେ କୁହାଯାଏ – You are only to do or die. You are not to ask why.

ଅର୍ଥାତ୍ ଆପଣ ଯଦି ଅଧସ୍ତନ ତାହେଲେ ଆଦେଶ ବିଷୟରେ 'କାହିଁକି' ବୋଲି ପ୍ରଶ୍ନ ଆପଣ କରିପାରିବେ ନାହିଁ। ତାକୁ କାର୍ଯ୍ୟକାରୀ କରିବା ଆପଣଙ୍କର ଦାୟିତ୍ୱ ବା କର୍ତ୍ତବ୍ୟ। ତାହା ସଫଳତା ଆଣିବ କି ନାହିଁ, ସେଥିରେ ଆପଣ ବଂଚିବେ କି ନାହିଁ, ସେ ସବୁର ଆଲୋଚନା ଏକ କ୍ଷମତା ବହିର୍ଭୁତ ବ୍ୟାପାର ଭୃତ୍ୟଟିଏ ପାଇଁ।

ମୁନୀବ ହେଉଛନ୍ତି ତାଙ୍କର ନିକଟରେ କାମ କରି ପେଟ ପୋଷୁଥିବା ବା ପରିବାର

ସମ୍ଭାଳୁଥିବା ଲୋକଙ୍କର ଅନ୍ନଦାତା। ପ୍ରାଚୀନ କାଳରେ ପିତାଙ୍କର ପ୍ରଭୁତ୍ୱ ସ୍ୱୀକାର କରିବା ପାଇଁ ପଞ୍ଚପିତାଙ୍କ କଥା ଅବତାରଣା କରାଯାଉଥିଲା। ଶ୍ଳୋକଟି ଥିଲା ଏମିତି -

'ଜନୀତା ଚୋଽପନୀତାଚ ଯସ୍ତୁ ବିଦ୍ୟା ପ୍ରଦଚ୍ଛତି
ଅନ୍ନଦାତା ଭୟତ୍ରାତା ପଞ୍ଚୈ ତେ ପିତରସ୍ମୃତା'।

ଅର୍ଥାତ୍ ପିତା କେବଳ ଜନ୍ମଦାତା ନୁହନ୍ତି, ଯିଏ ଉପନୟନ କରି ମନ୍ତ୍ର ପ୍ରଦାନ କରନ୍ତି, ଯିଏ ବିଦ୍ୟା ପ୍ରଦାନ କରି ଜୀବନର ମାର୍ଗ ଦର୍ଶାନ୍ତି, ଯିଏ ଅନ୍ନଦାନ କରନ୍ତି ଏବଂ ଯିଏ ଭୟନାଶ କରନ୍ତି ଯେ ସମସ୍ତେ ପିତା ପଦବାଚ୍ୟ। ଅନ୍ନ କୋଷରେ ଶରୀର ଗଢ଼ା। ଯଦି ଶରୀରକୁ ଅନ୍ନ ନଯାଏ ତାହେଲେ ଶରୀର ତିଷ୍ଠି ପାରିବ ନାହିଁ। ସେଇ ଦୃଷ୍ଟିରୁ ଯିଏ ଅନ୍ନ ସଂସ୍ଥାନ କରାନ୍ତି ସେ ମଧ୍ୟ ପିତାଙ୍କ ପରି ଆମର ମୁରବୀ। ଅର୍ଥାତ୍ କର୍ମସଂସ୍ଥାନ କରି ଯେଉଁ ମାଲିକ ଅନ୍ନସଂସ୍ଥାନ କରନ୍ତି ପ୍ରକାରାନ୍ତେ, ସିଏ ପିତୃତୁଲ୍ୟ ଏବଂ ତାଙ୍କୁ ଅମାନ୍ୟ କରିବା ଅନୁଚିତ। ଏଇମିତି କିଛି ଯୁକ୍ତି ହୁଏତ ଥାଇପାରେ ମୁନିବଙ୍କୁ କିଛି ଜବାବ ନ ଦେବା ପ୍ରେକ୍ଷାପଟରେ।

କଥାରେ କହନ୍ତି - ସ୍ୱର୍ଗକୁ ନିଶୁଣି ନାହିଁ କି ବଡ଼ଲୋକଙ୍କୁ ଉତ୍ତର ନାହିଁ। ଅର୍ଥାତ୍ ମୁନୀବଙ୍କ କଥାର ଉତ୍ତର ରଖିବା ଅର୍ଥ ଚାକିରୀରୁ ବହିଷ୍କୃତ ହେବା। ଏପରି ପରିପ୍ରେକ୍ଷୀରେ ଚାକିରିଆଟିଏ ମାଲିକ କଥା ଉପରେ ଭଲମନ୍ଦ ଟିପ୍‌ପଣୀ କରିପାରେ ନାହିଁ। ପ୍ରାଇଭେଟ୍ ବା କର୍ପୋରେଟ୍ ଜଗତ୍‌ରେ ମାଲିକ ମାନେ କର୍ମଚାରୀ ରଖିବା ବା କାଢ଼ିବାକୁ ଇଂରାଜୀରେ 'ହାୟାର ଏଣ୍ଡ ଫାୟାର' ବୋଲି କହନ୍ତି। ସେମାନେ ଅଗ୍ରୀମ କେତେ ମାସର ଦରମା ଦେଇ ଯେକୌଣସି କର୍ମଚାରୀଙ୍କୁ କାର୍ଯ୍ୟରୁ ତୁରନ୍ତ ଅପସାରଣ କରିପାରନ୍ତି। ଏପରିକି କୌଣସି ନିଯୁକ୍ତି ଦେଲାବେଳେ ଆନୁଗତ୍ୟକୁ ସବୁଠାରୁ ଗୁରୁତ୍ୱପୂର୍ଣ୍ଣ ମାନବ ସମ୍ବଳ ବୋଲି ଧରିଥାନ୍ତି; ମାତ୍ର ସରକାରୀ ଚାକିରୀରେ ପ୍ରାଧିକୃତ ଅଧିକାରୀମାନେ ଅଧସ୍ତନମାନଙ୍କୁ ମନଇଚ୍ଛା ବାହାର କରିପାରନ୍ତି ନାହିଁ କିମ୍ବା ବାହାଲ କରିପାରନ୍ତି ନାହିଁ। କାରଣ ନ୍ୟାୟାଳୟମାନେ ସେଥିରେ ମୁଣ୍ଡ ପୂରେଇ ପାରନ୍ତି।

ପ୍ରାୟ ଦଶ-ବାର ବର୍ଷ ପୂର୍ବେ ଖଣି ଲାଇସେନ୍‌ସ ପ୍ରଦାନ କ୍ଷେତ୍ରରେ କିଛି ସୀମାତିରିକ୍ତ ଆଇନ ଉଲ୍ଲଙ୍ଘନ କେନ୍ଦ୍ର ସରକାରଙ୍କ ତରଫରୁ କରାଯାଇଥିଲା। ସେତେବେଳର ଖଣି ସଚିବ ଫାଷ୍ଟ କମ୍ ଫାଷ୍ଟ ସର୍ଭ ନୀତି ବା ବା ଯିଏ ପ୍ରଥମେ ଆବେଦନ କଲା ତାଙ୍କୁ ଅଗ୍ରାଧିକାର ଭିତ୍ତିରେ ଖଣି ଲାଇସେନ୍‌ସ ପ୍ରଦାନ କରିବା ପଦ୍ଧତିକୁ ବିରୋଧ କରିଥିଲେ; ମାତ୍ର ବିଭାଗୀୟ ମନ୍ତ୍ରୀ ମହୋଦୟ ସଚିବଙ୍କ ପ୍ରସ୍ତାବକୁ ଖାରିଜ କରିଥିଲେ। ସେଇ ଆଦେଶ ବେଆଇନ ଥିଲା; ମାତ୍ର ଆଦେଶ ଆସିବା ପରେ ସଚିବ ଆଉ ଥରେ ଫାଇଲ ନ ପଠେଇ ତାହାକୁ ଗ୍ରହଣ କରିଥିଲେ। ମାନ୍ୟବର ସୁପ୍ରିମକୋର୍ଟଙ୍କ

ନିକଟକୁ ଏଇ କେଶ୍‌ଟି ଯଥା ସମୟରେ ଯାଇଥିଲା ଏବଂ କୋର୍ଟଙ୍କ ଦ୍ୱାରା ମନ୍ତ୍ରୀଙ୍କ ସହିତ ସଚିବ ଉଭୟ ଦଣ୍ଡିତ ହୋଇଥିଲେ। ଏଥିରେ ମାନ୍ୟବର ସୁପ୍ରିମକୋର୍ଟଙ୍କ ମତାମତ ହେଲା ଯେ ଆଦେଶ ଆସିବା ପରେ ସଚିବ ତାକୁ ନମାନି ପୁନର୍ବାର ଫାଇଲ ଦେଇ ପୁନର୍ବିଚାର ଆଦେଶ ଆଶା କରିବା ଉଚିତ ଥିଲା। ତାହା ସେ ନ କରିଥିବାରୁ ଦୋଷୀ ଭାବରେ ଗଣା ହେଲେ। ବ୍ୟକ୍ତିଗତ ଜୀବନରେ ଅତ୍ୟନ୍ତ ସଚ୍ଚୋଟ ଥିବା ଶ୍ରୀଯୁକ୍ତ ଗୁପ୍ତାଙ୍କ ଦଣ୍ଡାଦେଶ ସାରା ଦେଶକୁ ଦୋହଲାଇ ଦେଇଛି କହିଲେ କେବଳ ଠିକ୍ ହେବନାହିଁ, ଏହା ବରଂ ଏକ ଆହ୍ୱାନ ସବୁ ସରକାରୀ କର୍ମଚାରୀଙ୍କ ପାଇଁ, ଯେ ସେମାନେ ଅନ୍ୟାୟ ଆଦେଶର ପାଳନ କଲେ ଆଜି ନହେଲେ କାଲି ଦଣ୍ଡନୀୟ ହେବେ, ଏତେ ବଡ଼ ଦେଶରେ ଛୋଟ ବଡ଼ ଅନେକ ଘଟଣା ଘଟେ, ସେଥିରୁ ସବୁ କୋର୍ଟ ପରିସରକୁ ଆସିପାରେ ନାହିଁ; ମାତ୍ର ମଝିରେ ମଝିରେ ଏଇମିତି ଦଣ୍ଡାଦେଶ ଦେଇ ମାନ୍ୟବର ସୁପ୍ରିମକୋର୍ଟ ସାରା ଦେଶର ବିବେକକୁ ଜାଗ୍ରତ କରିବାକୁ ଚାହାନ୍ତି।

କିନ୍ତୁ ସତକଥା ହେଲା ସରକାର ମାନେ ସବୁବେଳେ ଆଶା କରନ୍ତି, ସେମାନଙ୍କ ଆଦେଶ ହିଁ କର୍ମଚାରୀଙ୍କ ପାଇଁ ଏକମାତ୍ର କରଣୀୟ। ଯେହେତୁ ଗଣତାନ୍ତ୍ରିକ ପଦ୍ଧତିରେ ସେମାନେ ନିର୍ଦ୍ଧିଷ୍ଟ ସମୟ ପାଇଁ ରାଜ୍ୟର ଶାସନ ଭାର ନେଇଛନ୍ତି। ସେଇ ସମୟ ଭିତରେ ତାଙ୍କର ନିର୍ଦ୍ଦେଶ ଅଲଂଘ୍ୟ। ବେଳେବେଳେ ସରକାରୀ କର୍ମଚାରୀଟି ଏପଟେ ବ୍ରହ୍ମହତ୍ୟା ସେ ପଟେ ଗୋହତ୍ୟା ଏଇଭଳି ଜଞ୍ଜାଳରେ ପଡ଼େ। ସରକାରଙ୍କ ଆଦେଶ ଅନୁପାଳନ ନକଲେ ସରକାରମାନେ କୋପ କରନ୍ତି। ସେଇ କୋପ କୌଣସି ଗୁଣରେ ଅଦାଲତଙ୍କ କୋପଠାରୁ କମ୍ ନୁହେଁ। ଅଦାଲତ ଆଦେଶ ଦେଲାବେଳେ ଉଭୟ ପକ୍ଷକୁ ସାଧାରଣତଃ ଶୁଣିଥାନ୍ତି। ସରକାର ଚାହିଁଲେ କର୍ମଚାରୀଙ୍କୁ ହଠାତ୍ ବଦଳି କରି ଦେଇପାରିବେ, ଶୃଙ୍ଖଳାଗତ କାର୍ଯ୍ୟାନୁଷ୍ଠାନ ନେଇ ପାରିବେ ଆହୁରି କେତେ କ'ଣ ଦଣ୍ଡ ଦେଇପାରିବେ। ତେଣୁ ସରକାରୀ କର୍ମଚାରୀ ସାଧାରଣତଃ ସରକାରଙ୍କ କଥାକୁ ଅମାନ୍ୟ କରିବା କ୍ୱଚିତ ଘଟେ। ବିଶେଷତଃ ଦଣ୍ଡଭୟରେ ସେମାନେ ମାନିବାକୁ ବାଧ୍ୟ ହୁଅନ୍ତି। ପ୍ରଥମ ଦଣ୍ଡ ହେଉଛି ବଦଳି। ଯାହା କୁହାଯାଏ ଅମାନିଆଁ ଅଫିସରଙ୍କ ହାଣ୍ଡି କଳା ପଡ଼େନି। ସେମାନଙ୍କ ଛୁଆଙ୍କ ପାଠପଢ଼ାରେ ବ୍ୟାଘାତ ଲାଗେ। ରୋଗବାଗ ହୋଇଥିଲେ ନିୟମିତ ଡାକ୍ତରଙ୍କୁ ଦେଖା କରିବାରେ ସମସ୍ୟା। ଏମିତି କାହିଁ କେତେ ଅସୁବିଧାକୁ ସାମ୍ନା କରିବା ସହଜ ନୁହେଁ ଭାବି ଚାକିରୀଆମାନେ ସାଧାରଣତଃ ସରକାରଙ୍କୁ ମାନି ନିଅନ୍ତି। ସବୁଠୁ ବଡ଼କଥା ହେଲା ସରକାର ହେଉଛନ୍ତି ଅନ୍ନଦାତା। ତେଣୁ ତାଙ୍କୁ ଅମାନ୍ୟ କରିବା ସହଜ କଥା ନୁହେଁ କଦାପି।

ଗୋଟିଏ ରାଜ୍ୟରେ ବାରମ୍ବାର ଚର୍ଚ୍ଚା ହୁଏ ଯେ ସହରାଞ୍ଚଳ କଂକ୍ରିଟ୍ ଜଙ୍ଗଲରେ

ପରିଣତ ହୋଇଯାଉଛି। ଯାହାଫଳରେ ମାଟି ଭେଦି ବର୍ଷାଜଳ ତଳକୁ ଯାଇପାରୁନାହିଁ। ତାହାହିଁ ହେଉଛି ଭୂତଳ ଜଳ ଅଭାବର ପ୍ରମୁଖ କାରଣ। ସ୍ୱଚ୍ଛ ଓ ବିଶୁଦ୍ଧ ପାନୀୟ ଜଳ ପାଇବା ଦିନକୁ ଦିନ ହୋଇ ଉଠୁଛି ଦୁଷ୍କର। ଗୋଟିଏ ପାର୍କ ନିକଟରେ ପିଚୁ ରାସ୍ତାଟିଏ ଯାଇଛି। ପିଚୁ ରାସ୍ତା ଛାଡ଼ି ହୁଏତ ଦୁଇଫୁଟ ଲେଖାଏଁ ଫାଙ୍କା ପଡ଼ିଛି। ଯାହା ହୁଏତ ଦିନେ ରଖା ହୋଇଥିଲା ବର୍ଷା ଜଳ ଭୂମିକୁ ପ୍ରବେଶ କରିବା ପାଇଁ। ଦିନେ ଦେଖାହେଲା ରାତିରେ କୌଣସି ଯନ୍ତ୍ର ଆସି ଦେଇ ଦୁଇଫୁଟିଆ ଫାଙ୍କା ଜାଗାକୁ ଖୋଳି ପକେଇଛି। ତା ପରଦିନ ପେଭର ଟାଇଲ ସବୁ ପକା ହେବାକୁ ଆସିଲା। ପାର୍କକୁ ଯାଉଥିବା ଲୋକେ କଣ୍ଟ୍ରାକ୍ଟରଙ୍କୁ ପଚାରିଲେ ଏଇ କାମଟି କଣ ଦରକାର। କଣ୍ଟ୍ରାକ୍ଟର କହିଲା ଆଜ୍ଞା ଜେଇ ବାବୁ ଏଇ କାମ କରିବାକୁ କହିଛନ୍ତି। ଜେଇଙ୍କୁ ଖୋଜା ପଡ଼ିଲା - ସେ କହିଲେ ଏଇ କାମ ହେବ ବୋଲି ଆମର ଏସ୍.ଡ଼ି.ଓ କହିଛନ୍ତି। ଯେହେତୁ ଅଧିକାରୀ କହିଛନ୍ତି ସେ କାମ ହେବ। ଏଇଭଳି ଆମ ଦେଶରେ ଅନେକ କାମ ଚାଲିଛି। ବିଭିନ୍ନ ଜାଗାରେ ସେଗୁଡ଼ିକ ଚାଲିଛି ଏଇଥିପାଇଁ ଯେ ବାବୁ କହିଛନ୍ତି। ହେଲେ ସେଗୁଡ଼ିକର ଆବଶ୍ୟକତା ଅଛି କି ନାହିଁ ତାକୁ କିଏ ବା ନଜର କରୁଛି। ସବୁଠି ସେଇ କଥା - 'ସାହୁ କହିଛି'।

(ସମ୍ବାଦ କଳିକା - ତା ୧୧.୦୯.୨୦୨୪ରିଖ)

ସେମାନଙ୍କୁ ଯିବାକୁ ଦିଅ

ସଦ୍ୟ ପ୍ରକାଶିତ ଏକ ସମ୍ବାଦ ହୁଏତ ଆପଣଙ୍କ ନଜରକୁ ଆସିଥିବ। ଭାରତରୁ ଚଳିତ ବର୍ଷ ଚାରିହଜାର ତିନିଶହ ଅତି ଧନୀ ନିଜ ଦେଶ ଛାଡ଼ି ଅନ୍ୟ ଦେଶରେ ବସବାସ କରିବେ। ଗତ ବର୍ଷ କୁଆଡ଼େ ପାଞ୍ଚ ହଜାର ଏକଶହ ଧନୀକ ଏଇ ରାସ୍ତା ଆପଣେଇଥିଲେ।

ଏମାନେ ଯେ ସମସ୍ତେ ଜନ୍ମରୁ ସୁନା ଚାମଚ ମୁହଁରେ ଲଗେଇ ଜନ୍ମ ହୋଇଥିଲେ ତାହା ନୁହେଁ। ହୁଏତ ସାଧାରଣ ପରିବାରରେ ଜନ୍ମ ହୋଇଥିବେ। ସାଧାରଣ ସ୍କୁଲରେ ପଢ଼ିଥିବେ। ଏବେ ଯେହେତୁ ସେମାନଙ୍କ ହାତରେ ଅଧିକ ପଇସା ହୋଇଗଲା, ଭାରତ ତାଙ୍କୁ ଗନ୍ଧେଇଲା। ସେମାନେ ଅନୁମାନ କଲେ ତାଙ୍କର ସ୍ଥାନୀୟମାନ ବଢ଼ି ଗଲାଣି। ଭାରତୀୟ କହିଲେ ତାଙ୍କର ବିଶ୍ୱସ୍ତରୀୟମାନକରେ ଆଞ୍ଚ ଆସୁଛି, ତେଣୁ ନିଜର ସବୁ ଧନସମ୍ପତ୍ତି ସହିତ ସେମାନେ ପଳେଇବେ ସେଇ ଦେଶକୁ ଯେଉଁଠି ଜଳବାୟୁ ଅଧିକ ଆନନ୍ଦଦାୟକ, ଯେଉଁଠି ଟିକସ ଖୁବ୍ କମ୍ ଦେବାକୁ ହେବ, ଯେଉଁଠି ଜୀବନକୁ କମ୍ ଜଞ୍ଜାଳରେ ଜୀଇଁ ହେବ ଏବଂ ଯେଉଁଠି କିଛି କାମ କଲେ ହଜାର ହଜାର ଲୋକଙ୍କ ନଜର ପଡ଼ିବ ନାହିଁ, ଏଇୟାତ – ନା ଆଉ କିଛି !

ସ୍ୱାମୀ ବିବେକାନନ୍ଦ କହିଥିଲେ – ନଦୀ ନିଜର ଉତ୍ପତ୍ତିସ୍ଥଳ ଠାରୁ କେବେବି ଅଧିକ ଉଚ୍ଚତାରେ ପ୍ରବାହିତ ହୋଇ ପାରେ ନାହିଁ। ନିଜର ମାଆ ଓ ମାତୃଭୂମିକୁ ଅନାସ୍ଥା ଭାବରେ ଦେଖୁଥିବା ଏଇ ନବ୍ୟ ଧନୀକ ଶ୍ରେଣୀ କ'ଣ ସ୍ୱାମୀ ବିବେକାନନ୍ଦଙ୍କ ଠାରୁ ଅଧିକ ଜ୍ଞାନୀ !

ସେମାନେ ଯାଆନ୍ତୁ, ତାଙ୍କୁ ପ୍ରତିରୋଧ କରା ନଯାଉ। ଭାରତ କେବେବି ଉପଭୋଗର ଭୂମି ହୋଇ ନଥିଲା ବା ଭବିଷ୍ୟତରେ ହେବନି, ଇଏ ହେଉଛି ତପୋଭୂମି। ଏଠି ଭଗବାନ ନିଜେ ମଣିଷ ଜୀବନର ସାର୍ଥକତା ପାଇଁ ଅନେକ କଥା ବଖାଣନ୍ତି। କେତେବେଳେ କର୍ମ ଉପରେ କେତେବେଳେ ଜ୍ଞାନ ଉପରେ ତ କେତେବେଳେ ଭକ୍ତି ଉପରେ। ଧନ ଉପରେ ତାଙ୍କର ବକ୍ତବ୍ୟ ସୀମିତ। ଧନ ଧର୍ମରେ ରୂପାନ୍ତରିତ ହୋଇ ପାରିଲେ ତାର ମର୍ଯ୍ୟାଦା ବଢ଼େ। ହେଲେ ଯେଉଁ ଧନ ଅହଙ୍କାରର ମଦିରା ବଢ଼ାଏ, ତା ପାଇଁ ଏଇ ଦେଶର ସଂସ୍କୃତିରେ ସ୍ଥାନ ନାହିଁ। ଭାରତ ଉପାସନାର ଭୂମି ଉପଭୋଗର ନୁହେଁ। ଯାଅ ବାବୁମାନେ, ଯେତେ ଶୀଘ୍ର ତମେମାନେ ଯିବ ଯେ ଦେଶର ସେତେ ମଙ୍ଗଳ। ଯେଉଁମାନେ ଅତିଶୟ ଧନୀ ହୋଇଯାଉଛନ୍ତି ସେମାନେ ପାଲଟି ଯାଉଛନ୍ତି ଗୋଟେ ଗୋଟେ ଅସୁର। ତାଙ୍କର ଚଳଣିକୁ ଲକ୍ଷ୍ୟ କରନ୍ତୁତ, ସେମାନଙ୍କ ଜୀବନ ଶୈଳୀକୁ ପରଖନ୍ତୁ – ସେମାନଙ୍କର ଘରର ପ୍ରତି ସଦସ୍ୟଙ୍କ ପାଇଁ ଗୋଟେ ଗୋଟେ ଲମ୍ବା ଲମ୍ବା ଗାଡ଼ି। ଏପରିକି ତାଙ୍କର ଘରର କୁକୁର ପାଇଁ ବି ସ୍ୱତନ୍ତ୍ର ଯାନ। ଯେତେ ରାସ୍ତା ଚଉଡ଼ା କଲେ ବି ସାଧାରଣ ଲୋକ ଭିଡ଼ ଭିତରେ ପଡ଼ିବେ ହିଁ ପଡ଼ିବେ, ସେମାନଙ୍କର ପ୍ରତି କୋଠରୀରେ ଏକ ବା ତଦୁର୍ଦ୍ଧ୍ୱ ବାତାନୁକୂଳ ବ୍ୟବସ୍ଥା। ସେମାନେ ଜଣେ ଜଣେ ଯେତିକି ଅମ୍ଳଜାନ ଖର୍ଚ୍ଚ କରୁଛନ୍ତି, ଗୋଟିଏ ବସତିର ଆବଶ୍ୟକତାରୁ ଯଥେଷ୍ଟ ଅଧିକ। ଯେତିକି ବିଜୁଳି ଖର୍ଚ୍ଚ କରୁଛନ୍ତି, ଯେତିକି ପ୍ରାକୃତିକ ଉପାଦାନର ଅପଚୟ କରୁଛନ୍ତି ତାର ହିସାବ ନାହିଁ।

ସେମାନଙ୍କର ନୈଶ ଜୀବନ ପାଇଁ କୁଆଡ଼େ ଆମର ଏଠାରେ ବିଶେଷ ସୁଯୋଗ ନାହିଁ। ରାତିରେ ସେମାନେ ମତୁଆଲା ହେବେ। ମଦର ପ୍ରଭାବରେ ଗୁରୁ ଚଣ୍ଡାଳ ତ ଦୂରର କଥା, ଭଲ ମନ୍ଦ ବିଚାର ତ ଛୋଟ କଥା, କିଏ ନିଜର ସ୍ତ୍ରୀ କିଏ ପର ତାହା ବି ଜାଣିପାରିବେ ନାହିଁ। ଇଂଲିଶ୍‌ରେ ଯେଉଁ କଥାଟି ଅଛି where money fluorishes, man decay – ଯେଉଁଠି ମଣିଷ ପାଖରେ ଅଧିକ ଧନସମ୍ପତ୍ତି ହୁଏ ସେଠାରେ କୁଆଡ଼େ ମଣିଷ ପଣିଆ ଆପେ ଆପେ ଉଭେଇ ଯାଏ।

ଆପଣ ଯଦି ସାମାନ୍ୟ ସରକାରୀ ଚାକିରୀଟିଏ କରୁଥାନ୍ତି ତାହେଲେ ଆପଣଙ୍କୁ କେତେ ଆୟକର ଦେବାକୁ ହେବ ତାହା ଆପଣଙ୍କୁ କେବଳ ନୁହେଁ ଅନ୍ୟ ଯେ କେହି ଲୋକ ବି ଜାଣିଦେବେ; ମାତ୍ର ଆମ ଦେଶର ଧନୀକ ଗୋଷ୍ଠୀ ସବୁଠାରୁ କମ୍ ଟିକସ ଦିଅନ୍ତି ଏବଂ ସବୁଠୁ ବେଶି ଟିକସ ଫାଙ୍କନ୍ତି। କର୍ପୋରେଟ ଟ୍ୟାକ୍‌ସ ଏତିକି କମ୍ ହେବାର କାରଣ ହେଲା ସେମାନେ କୁଆଡ଼େ ନିଯୁକ୍ତି ଦେଉଛନ୍ତି। ଥରେ ଯଦି

ସେମାନଙ୍କର ବ୍ୟବସାୟ ଭିତରକୁ ପଶିବେ ଜାଣିବେ ସେଇ ନିଯୁକ୍ତି ସମ୍ପର୍କିତ ଦାବୀ ଭିତରେ ସତ କେତେ କମ୍ !

ଭାରତରେ କୁଆଡ଼େ ଭୂରାଜନୈତିକ ସଂକଟ ଅଛି ବୋଲି ସେମାନେ ଭାବୁଛନ୍ତି । ଭାରତ କେବଳ ଏକ ଗଣତନ୍ତ୍ର ନୁହେଁ ପୃଥିବୀର ସର୍ବୋତ୍ତମ ଗଣତନ୍ତ୍ର ଭାବରେ ବିଦିତ । ପ୍ରାୟ ସତସ୍ତରୀ ବର୍ଷର ଗଣତାନ୍ତ୍ରିକ ଇତିହାସରେ କେବେ କଣ ସାମରିକ ଶାସନ ଚାଲିଛି ? ଅନେକ ଦେଶ ଅଛି ଯାହାକୁ 'ବାନାନା ରିପବ୍ଲିକ୍' କହି ତାଚ୍ଛଲ୍ୟ କରାଯାଏ; ମାତ୍ର ଆମ ଦେଶରେ ସରକାରମାନେ କ୍ରମାଗତ ଭାବରେ ସେମାନଙ୍କର କାର୍ଯ୍ୟକାଳ ଶେଷ କରୁଛନ୍ତି ଏବଂ ବହୁବିଧ କଲ୍ୟାଣକାରୀ ଯୋଜନା ପ୍ରତି ସରକାର ପ୍ରଣୟନ କରୁଛନ୍ତି । ଅବଶ୍ୟ ସେମାନେ ଯେତେବେଳେ ଲୋକ ବିରୋଧୀ ହୁଅନ୍ତି, ସାଦାସିଧା ଦିଶୁଥିବା ନିରୀହ ଜନତା ତାଙ୍କୁ ନିର୍ବାଚନରେ ବାଟ ଦେଖାଇ ଦିଅନ୍ତି ।

ଯେତେ ଆନ୍ତର୍ଜାତିକ ସଂସ୍ଥାମାନେ ଅଛନ୍ତି ସେମାନେ ବେଳେ ବେଳେ କିଛି ସର୍ବେକ୍ଷଣ କରି ତଥ୍ୟମାନ ଏପରି ପ୍ରସ୍ତୁତ କରନ୍ତି ଯାହାକୁ ପ୍ରସାରଣ କରିବାରେ ଏମାନଙ୍କର ଭୂମିକା ସର୍ବାଗ୍ରେ । ଯେପରି ଭାରତ ହ୍ୟୁମାନ ଡେଭଲପ୍ ଇଣ୍ଡେକସ୍‌ରେ ଖୁବ୍ ତଳେ । ଦାରିଦ୍ର୍ୟରେ ଅନେକ ଆଗରେ ଏବଂ ସୁଖୀ ଦେଶର ସଂଜ୍ଞା ଅନୁସାରେ ଏହା କୁଆଡ଼େ ଖୁବ୍ ଅନଗ୍ରସର । ଏଇ ବିବରଣୀକୁ ରୋଚକ ପରିବେଷଣ କରିବାରେ ଏମାନେ ମାହିର । ବିଦେଶରେ ଭାରତୀୟ ଛାତ୍ରମାନେ ଅଧ୍ୟୟନ କରୁଥିବାବେଳେ ଭାରତ ବିରୋଧୀ ଗୋଷ୍ଠୀରେ ସାମିଲ ହେବାର ନଜିର ଅନେକ । ଅନେକ ବର୍ଷ ତଳେ ଜଣେ ପାଶ୍ଚାତ୍ୟ ଭୂଖଣ୍ଡରୁ ଆସିଥିବା ବ୍ୟକ୍ତି ଭାରତର ଭ୍ରମଣ ପରେ ଗୋଟିଏ ପୁସ୍ତକ ରଚନା କରିଥିଲେ, ସେଥିରେ ଉଲ୍ଲେଖ ଥିଲା ଭାରତରେ କେମିତି ନାଳ ନର୍ଦ୍ଦମା ଭରି ରହିଛି, ଏଠାକାର ଲୋକମାନେ କିପରି ଅଶିକ୍ଷିତ, ଅନଗ୍ରସର । ସେଇ ପୁସ୍ତକ ସଂପର୍କରେ ଥରେ କେହି ସାମ୍ବାଦିକ ଗାନ୍ଧିଜୀଙ୍କର ମତାମତ ଲୋଡ଼ିଲେ । ଗାନ୍ଧିଜୀ କହିଲେ ଭାରତ ଆସି ଯିଏ ତାର ଆଧ୍ୟାତ୍ମିକ ସାନ୍ନିଧ ଅନୁଭବ ନକରି କେବଳ ନାଳ ନର୍ଦ୍ଦମା ଖୋଜିଲେ ତାଙ୍କ ପାଇଁ କ'ଣ ବା ସେ କହିବେ ? କଥାରେ ଅଛି ଯାହାରେ ମନ ଯେଡ଼େ ତାହାର ପ୍ରଭୁ ତେଡ଼େ । ଅତୀତରେ ଭାରତ ଏହିଭଳି ବହୁ ଭାରତ ବିରୋଧୀ ମତାମତର ଶିକାର ହୋଇଛି ।

ଅଥଚ ଯେଉଁମାନେ ଏଇଠୁ ଜନ୍ମ ହୋଇ ଏହାରି ସଂପଦକୁ ଉପଯୋଗ କରି ଧନୀକ ବନିଲେ ସେଇମାନେ ଏହାର ଗାରିମା ମାଟିରେ ମିଶେଇବାକୁ ସତତ ବ୍ୟାକୁଳ । ଭାରତର ସାଂସ୍କୃତିକ ଆଧ୍ୟାତ୍ମିକ ବିଭବକୁ ପ୍ରସାର ପ୍ରଚାର କରିବାରେ ଖୁବ୍ କମ୍ ଲୋକଙ୍କର ଆଗ୍ରହ ।

ଯେତେବେଳେ ଜଣେ ଲୋକ ଅତ୍ୟନ୍ତ ଧନୀ ପାଲଟେ ସିଏ ଅନେକ ଲୋକଙ୍କର ଦାରିଦ୍ର୍ୟର କାରଣ ପାଲଟେ ତାର କାରଣ ହେଲା ଏକ ପ୍ରତିଶତ ଅତିଧନୀଙ୍କ ନିକଟରେ ପ୍ରଚାଶ ପ୍ରତିଶତ ଜାତୀୟ ସମ୍ପଦ ରହି ଯାଉଛି। ଆମର ପ୍ରାକୃତିକ ପ୍ରଦୂଷଣରେ ଧନୀକମାନଙ୍କର ଯୋଗଦାନ ସର୍ବାଗ୍ରେ। ତେଣୁ ଯେଉଁମାନେ ଦେଶ ଛାଡ଼ି ଅନ୍ୟ ଦେଶରେ ଆରାମ କରିବାକୁ ଇଚ୍ଛୁକ ସେମାନେ ଯାଆନ୍ତୁ, ସେମାନଙ୍କ ପାଇଁ ଶୋକ ପ୍ରସ୍ତାବ ଆୟୋଜନ କରିବାର କିଛି କାରଣ ନାହିଁ। କେବଳ ଗୋଟିଏ କଥା ଅବଶ୍ୟ ଆଶା କରିବା, ଭାରତ ବିଦ୍ୱେଷୀ ମନୋଭାବଟି ଏଇଠି ଛାଡ଼ିଦେଇ ଯାଆନ୍ତୁ।

■

(ଓଡ଼ିଶା ଭାସ୍କର - ତା ୧୩.୦୯.୨୦୨୪ରିଖ)

ସ୍ୱାସ୍ଥ୍ୟ ସେବାରେ ସତ ଆଉ ମିଛ

ନିକଟରେ ଗୋଟିଏ ସଂକ୍ଷିପ୍ତ ଭିଡ଼ିଓ ମୋ ନଜରକୁ ଆସିଲା। ଜଣେ ଯୁବ ଡାକ୍ତର ଏକ ଜାତୀୟ କର୍ମଶାଳାରେ ଦେଇଥିବା ବକ୍ତବ୍ୟଟି ସେଥିରେ ଉପସ୍ଥାପିତ ହୋଇଛି। ସେଥିରେ ସେ ଦୁଇଟି କଥା ବିଷୟରେ ଆଲୋଚନା କରିଛନ୍ତି।

ପ୍ରଥମତଃ କିଛି ଲୋକ ଅଛନ୍ତି ଯେଉଁମାନେ ବାର୍ଷିକ ଅନ୍ତତଃ ଥରେ ସେମାନଙ୍କର ସ୍ୱାସ୍ଥ୍ୟ ପରୀକ୍ଷା କରନ୍ତି ଓ ତଦନୁସାରେ ନିଜର ସମ୍ଭାବ୍ୟ ରୋଗ ସମ୍ପର୍କରେ ଜାଣି ତାର ନିଦାନ କରାନ୍ତି। ଆଉ କିଛି ଅତି ସ୍ୱାସ୍ଥ୍ୟ ସଚେତନ ଅଛନ୍ତି ଯେଉଁମାନେ ଛ ମାସ, ତିନି ମାସ, ପନ୍ଦର ଦିନ ଏପରିକି ସବୁଦିନ କିଛିନା କିଛି ପରୀକ୍ଷା ନିରୀକ୍ଷା କରୁଥାନ୍ତି। ଗବେଷଣାରୁ ଯାହା ତଥ୍ୟ ଆବିଷ୍କୃତ ହୋଇଛି ତାହା ସମସ୍ତଙ୍କୁ ଚମକେଇଦେଲା ଭଳି। କାରଣ ଯେଉଁମାନେ ସ୍ୱାସ୍ଥ୍ୟ ପରୀକ୍ଷା କରନ୍ତି ନାହିଁ ସେମାନେ ସ୍ୱାସ୍ଥ୍ୟ ପରୀକ୍ଷା କରୁଥିବା ଲୋକଙ୍କ ଠାରୁ ଅଧିକ ଦିନ ବଞ୍ଚନ୍ତି। ସ୍ୱାସ୍ଥ୍ୟରକ୍ଷାର ସାଧାରଣ ନିୟମ ମାନୁଥିଲେ ବାରମ୍ବାର ସ୍ୱାସ୍ଥ୍ୟ ପରୀକ୍ଷାର ବିଶେଷ ଆବଶ୍ୟକତା ନାହିଁ କହିଲେ ଚଳେ। ବରଂ ଯେଉଁମାନେ ଛୋଟ ଛୋଟ କଥାରେ ସ୍ୱାସ୍ଥ୍ୟ ପରୀକ୍ଷା କରନ୍ତି ସେମାନେ ଏକ ଆତ୍ମବିଶ୍ୱାସହୀନ ସ୍ଥିତି ନିଜ ଭିତରେ ସୃଷ୍ଟି କରନ୍ତି, ଯାହାହିଁ ସେମାନଙ୍କର ବିପଦର କାରଣ ହୋଇଥାଏ। 'ସଂଶୟାତ୍ମା ବିନଶ୍ୟନ୍ତି' ବୋଲି ଯେଉଁ କଥା ଶ୍ରୀମଦ୍ ଭଗବଦ୍ ଗୀତାରେ କୁହାଯାଇଛି ଏହା ତାର ଏକ ଉଦାହରଣ ବୋଲି ଧରି ନିଆଯାଇପାରେ ଏଇମାନଙ୍କୁ।

ଦ୍ୱିତୀୟ କଥାଟି ଏହିପରି। ଡାକ୍ତରଙ୍କୁ ପାଖକୁ ଦୈନିକ ଅନେକ ରୋଗୀ ଆସନ୍ତି। ଯେଉଁ ରୋଗୀ ଆସନ୍ତି ସେମାନଙ୍କ ଭିତରୁ ବହୁ ରୋଗୀ ଅଛନ୍ତି ଯାହାଙ୍କଠାରେ ରୋଗର କୌଣସି ନିର୍ଦ୍ଦିଷ୍ଟ ଲକ୍ଷଣ ନଥାଇପାରେ; ମାତ୍ର ତାଙ୍କର ଧାରଣା ଯେ ତାଙ୍କଠାରେ କିଛି ରୋଗ ହୁଏତ ଥାଇପାରେ। ଏପରି ରୋଗୀଙ୍କର ଡାକ୍ତରଙ୍କ ସହିତ କଥୋପକଥନ ଏହିପରି। 'ଆଜ୍ଞା, ପଅର ଦିନ ସଂଧ୍ୟା ବେଳେ ମୋ ଛାତିଟା ଦାଉଁ ଦାଉଁ ହୋଇଗଲା, –

କ'ଣ ହୋଇଥାଇପାରେ ଟିକିଏ ଦୟାକରି ଦେଖିବେ କି? ଡାକ୍ତର ଷ୍ଟେଥୋ ବାହାର କରି ତାଙ୍କର ହୃତସ୍ପନ୍ଦନ ଦେଖିବା ସଂଗେ ସଂଗେ ଆବଶ୍ୟକ ବ୍ୟକ୍ତି ତାଙ୍କର ରକ୍ତଚାପ ମପେଇବେ। ପଅରଦିନ ପରେ ଆଉ ସେମିତି କିଛି ଅନୁଭବ ହୋଇଛି କି କିମ୍ବା ଆଗରୁ ଉଚ୍ଚ ରକ୍ତଚାପ ଜନିତ କିଛି ଲକ୍ଷଣ ପ୍ରକାଶ ପାଇଛି ଅଥବା ହୃଦ୍‌ରୋଗ ସମ୍ବନ୍ଧୀୟ କିଛି ଔଷଧ ଖାଉଛନ୍ତି କି ବୋଲି ପ୍ରଶ୍ନ କଲେ ଉତ୍ତର ମିଳିବ ନାସ୍ତିସୂଚକ। ଏଇଭଳି ରୋଗୀମାନଙ୍କୁ ଡାକ୍ତର କହୁଛନ୍ତି ମିଛ ରୋଗୀ। ଯେଉଁମାନଙ୍କ ସଂଖ୍ୟା ଡାକ୍ତରଖାନରେ ଭିଡ଼ ଜମାଉଥିବା ଲୋକଙ୍କ ଭିତରେ ଅଧିକ; ମାତ୍ର ସେମାନଙ୍କ ପାଇଁ ସମୟ ଦେବାକୁ ହୁଏ ଯାହା ଫଳରେ ପ୍ରକୃତ ରୋଗୀ ଚିକିତ୍ସା ବ୍ୟାହତ ହୁଏ; ମାତ୍ର ଏଇ ମିଛ ରୋଗୀଙ୍କ ଭିତରେ ଥାଆନ୍ତି ପ୍ରଭାବଶାଳୀ ଏବଂ କ୍ଷମତାଶାଳୀ ଲୋକେ ଯାହାକୁ ସିଧାସଳଖ ମନା କରିବା ବି ସମ୍ଭବ ହୁଏନି ଅନେକ କାରଣରୁ।

ମହୀଶୂର ବିଶ୍ୱବିଦ୍ୟାଳୟର ପୂର୍ବତନ କୁଳପତି ଡକ୍ଟର ବି.ଏମ୍. ହେଗଡ଼େ ଦେଇଥିବା କିଛି ବୟାନ ସମସ୍ତଙ୍କର ପ୍ରଣିଧାନଯୋଗ୍ୟ। ଆମେରିକାରେ ଥିବା ଫର୍ମାସୀ କମ୍ପାନୀମାନେ ତାଙ୍କର ମୁନାଫା ପାଇଁ ଆନ୍ତର୍ଜାତିକ ସ୍ତରରେ ବ୍ଲଡ଼ପ୍ରେସର, ଡାଇବେଟିସ୍ ସାଧାରଣ ସ୍ତରକୁ ନିମ୍ନକୁ ନେଇଯାଉଛନ୍ତି। ଯାହାଫଳରେ ରୋଗୀ ସଂଖ୍ୟା ବହୁ ଗୁଣରେ ବୃଦ୍ଧି ପାଉଛି ଏବଂ ଥରେ ଏହି ରୋଗରେ ଔଷଧ ଖାଇବା ଆରମ୍ଭ ହେଲେ ଜୀବନ ସାରା ଖାଇବାକୁ ହେବ ବୋଲି ଡାକ୍ତରଙ୍କ ସତର୍କ ବାଣୀ ଭିତରେ ଜୀବନ ସାରା ଆଶଙ୍କା ଭିତରେ ମରି ମରି ବଂଚିଲା ପରି ଲାଗୁଛି। ବାସ୍ତବ କଥା ହେଲା ସେଇ ବହୁରାଷ୍ଟ୍ରୀୟ କମ୍ପାନୀମାନେ ଯେଉଁ ହାରାହାରି ମାନକ ଠିକ୍ କରନ୍ତି ତାକୁ ବିଶ୍ୱବ୍ୟାପୀ ଡାକ୍ତରମାନେ କାହିଁକି ଗ୍ରହଣ କରିନିଅନ୍ତ, ସେକଥା ଆପଣମାନେ ଅନୁମାନ କରିପାରୁଥିବେ। କହିବା ବାହୁଲ୍ୟ ସ୍ୱାସ୍ଥ୍ୟସେବା ଏବେ ବ୍ୟବସାୟରେ ପରିଣତ ହୋଇଛି।

ଆପଣ ଆଜିକାଲି କୌଣସି ରୋଗରୁ ଉପସର୍ଗ ଧରି ଡାକ୍ତରଙ୍କ ପାଖକୁ ଯାଆନ୍ତୁ, ସେ ଯେତିକି ପରୀକ୍ଷା କରିବା ପାଇଁ କହିବେ ସେଗୁଡ଼ିକ ଭିତରୁ ଯେ ସବୁଗୁଡ଼ିକ ଅତ୍ୟାବଶ୍ୟକ ତାହା ଅନ୍ୟ ଦୁଇଜଣ ଡାକ୍ତରଙ୍କ ସହିତ ଆଲୋଚନା କଲେ ଜାଣିପାରିବେ। ସେଇ ପରୀକ୍ଷା ନାଁରେ ଆପଣଙ୍କ ଶରୀରକୁ ସେମାନେ ଗୋଟାପଣେ ସ୍କ୍ରିନିଂ କରିଦେବେ। ଆପଣ ଯେତିକି ରୋଗ ଅଛି ବୋଲି ଭାବୁଥିବେ ତାଠାରୁ ଆହୁରି ଅନେକ ରୋଗର ଖିଅ ବି ବାହାର କରିଦେଇ ପାରିବେ।

କର୍ପୋରେଟ୍ ହାସ୍‌ପାତାଳମାନଙ୍କରେ ଯେଉଁ ଡାକ୍ତରମାନେ ଅଛନ୍ତି ସେମାନଙ୍କ ମାସିକ ଦରମା ଜାଣିଲେ ଆପଣ ଆଶ୍ଚର୍ଯ୍ୟ ନ ହୋଇ ରହିପାରିବେ ନାହିଁ। ସେମାନେ ଏତେ ଦରମା ପାଇବା ପଛର କରଣ ହେଲା, ସେମାନଙ୍କୁ ମାସିକିଆ ଆଦାୟ ଲକ୍ଷ୍ୟ ଦିଆଯାଏ

ଆଉ ସେଇ ଲକ୍ଷ୍ୟ ପୂରଣ କରିବା ପାଇଁ ସେମାନେ ବାଧ୍ୟ ହୋଇ ବହୁ ଅଦରକାରୀ ପରୀକ୍ଷା ନିରୀକ୍ଷା କରିବାକୁ ରୋଗୀଙ୍କୁ ପରାମର୍ଶ ଦେଇଥାନ୍ତି । ଯଦି କେହି ଡାକ୍ତର କ୍ରମାଗତ ଭାବରେ କିଛି ମାସ ଧରି ଆଦାୟ ଧାର୍ଯ୍ୟ ଲକ୍ଷ୍ୟ ପୂରଣ କରିପାରନ୍ତି ନାହିଁ, ତାହେଲେ ତାଙ୍କୁ ସେଇ ହାସପାତାଳ ଛାଡ଼ିବାକୁ ପଡ଼ିଥାଏ । ଡାକ୍ତର ଯଦି ନିଜେ ଚାପଗ୍ରସ୍ତ ହେବେ ତାହେଲେ ଚିକିତ୍ସା ବ୍ୟବସ୍ଥା କେମିତି ଚାଲୁଥିବ ସେକଥା ଆପଣ ଭାବି ପାରନ୍ତି ।

ଭାରତରେ ଯେଉଁ ବିଭିନ୍ନ ଶଲ୍ୟ ଚିକିତ୍ସା କରାଯାଏ ତାହା ମଧ୍ୟରୁ ଶତକଡ଼ା ପଚାଶ ପାଖାପାଖି ମିଛ ସର୍ଜରୀ ବୋଲି ଏକ ଅଧ୍ୟୟନରୁ ଜଣାପଡ଼ିଛି ।

ସେଇ ତଥ୍ୟର ଆଧାରରେ ଭାରତରେ ହେଉଥିବା ହୃଦସର୍ଜରୀରୁ ଶତକଡ଼ା ୫୫ ଭାଗ, ଜରାୟୁ ଶଲ୍ୟ ଚିକିତ୍ସାର ଶତକଡ଼ା ୪୮ ଭାଗ, କ୍ୟାନସର ସର୍ଜରୀର ଶତକଡ଼ା ୪୭ ଭାଗ, ଆଣ୍ଠୁଗଣ୍ଠି ସର୍ଜରୀର ଶତକଡ଼ା ୪୭ ଭାଗ ଏହି ମିଛ ସର୍ଜରୀ ଅନ୍ତର୍ଭୁକ୍ତ । ଅର୍ଥାତ୍ ଆବଶ୍ୟକ ନ ଥିବା ସ୍ଥଳେ ଏପରି ଶଲ୍ୟ ଚିକିତ୍ସା କରାଯାଏ କିମ୍ବା ରୋଗୀ ଜାଣି ପାରନ୍ତି ନାହିଁ ଯେ ବାସ୍ତବରେ ତାଙ୍କର ଶଲ୍ୟ ଚିକିତ୍ସାର ଆବଶ୍ୟକତା ଥିଲା କି ନାହିଁ ।

କର୍ପୋରେଟ ହସ୍‌ପିଟାଲମାନଙ୍କରେ ମରିଯାଇଥିବା ରୋଗୀଙ୍କୁ ଭେଣ୍ଟିଲେଟରରେ ରଖାଯାଇ ସେମାନଙ୍କର ପରିବାରବର୍ଗଙ୍କୁ ଧାରଣା ଦିଆଯାଏ ଯେ ତାଙ୍କର ରୋଗୀ ଜୀବିତ ଅଛନ୍ତି ଏବଂ ତାଙ୍କର ଲୋକଦେଖାଣିଆ ଚିକିତ୍ସା ବି ଚାଲିଥାଏ । ଏମିତି ଅନେକ ମିଛ ଓ ଶଠତା ଭିତରେ ସ୍ୱାସ୍ଥ୍ୟସେବା ଚାଲିଥିବାର ଅନେକ ଦୁଃଖଦ କାହାଣୀ ଲେଖିଛନ୍ତି ତାଙ୍କର ଅନୁସନ୍ଧାନମୂଳକ ପ୍ରବନ୍ଧ ଲେଖିଛନ୍ତି ଡାକ୍ତର ଅରୁଣ ଗୁଡ୍ରେ ଓ ଡାକ୍ତର ଆଶିଷ ଶୁକ୍ଲା ।

ଶଠତାର ସୌଦାଗର ସାଜିଥିବା ଏଇ ସ୍ୱାସ୍ଥ୍ୟସେବା ଅନୁଷ୍ଠାନମାନଙ୍କ ନିକଟରେ ଆମେ ବାସ୍ତବରେ ଅତ୍ୟନ୍ତ ଦୟନୀୟ ଓ ଅସହାୟ । ଆମ ଦେଶର ଆଇନର ଜାଲରେ ସେମାନଙ୍କୁ ଦଣ୍ଡଦେବା ବି ଭାରି କଷ୍ଟ ।

ଇନ୍‌ସ୍ୟୁରେନସ୍‌କୁ ଛାଡ଼ିଦେଲେ ସ୍ୱାସ୍ଥସେବା ଅଧୁରା; ମାତ୍ର ଇନ୍‌ସ୍ୟୁରେନ୍‌ସ ଥିଲେ ରୋଗୀ ସେବା ଖର୍ଚ୍ଚ କେତେଗୁଣ ବଢ଼ିଯାଏ ଏହା କାହାକୁ ଅଜଣା ନାହିଁ । ଏଇ ପରିପ୍ରେକ୍ଷୀରେ କିଛି ଲୋକଙ୍କର ସାଧୁତା ଓ ନିଷ୍ଠାପରତା ହିଁ ଆମର ଏକମାତ୍ର ଭରସା ।

■

(ସୂର୍ଯ୍ୟପ୍ରଭା - ତା ୧୨.୧୦.୨୦୨୪ରିଖ)

ସ୍ମୃତି କେବେ ନୁହେଁ ଫିଙ୍ଗିବାର

ପିଲାଦିନେ ପାଠ ଭୁଲିଯାଇ ଆଣ୍ଠେଇବା ଠାରୁ ଆରମ୍ଭ କରି ଶ୍ରେଣୀଗୃହରେ ଅନ୍ୟ ସହପାଠୀ ସହପାଠିନୀଙ୍କ ସମକ୍ଷରେ ଗୁରୁଜୀଙ୍କଠାରୁ ବେତ ପାହାର ଖାଇବା କଣ ଆପଣ ଭୁଲିଯାଇଛନ୍ତି ? ଯଦି ଭୁଲିଯାଇଛନ୍ତି ତାହେଲେ ହୁଏତ ଭୁଲିଯାଇଛନ୍ତି ଆପଣଙ୍କର ଶୈଶବକୁ । ଯଦି ମନେରଖିଛନ୍ତି ତାହେଲେ ଏକଦା ତିକ୍ତ ଅନୁଭୂତି ହୋଇଥିବା ସ୍ମୃତି, ସମୟକ୍ରମେ ଏକ ମଧୁର କାକଳି ପାଲଟି ଯାଇଛି, ନୁହେଁ? ସେତେବେଳେ ମନେ ହେଉଥିଲା ପାଠ ମନେ ରଖିବା ବୋଧହୁଏ ଜୀବନର ସର୍ବଶ୍ରେଷ୍ଠ ଗୌରବ। ଆଉ ଯେଉଁ ଛାତ୍ରମାନେ ପାଠ ମନେ ରଖି ପରୀକ୍ଷା ଖାତାରେ ତାକୁ ଯଥାଯଥ ଭାବରେ ଉତ୍ତର ଦେଇପାରୁଥିଲେ ସେଇମାନଙ୍କୁ ସାମୟିକ ଭାବରେ ଶ୍ରେଷ୍ଠ ଛାତ୍ରର ଗୌରବ ଓ ମାନ୍ୟତା ମିଳୁଥିଲା ।

ଏମିତି କିଛି ସ୍ମୃତିଥାଏ ଯାହାକୁ ଚେଷ୍ଟା କଲେ ବି ଭୁଲିଯାଇ ହୁଏନା । ଅବଶ୍ୟ ସତ କଥା ହେଉଛି ଯାହାକୁ ଭୁଲିବାକୁ ଆପଣ ଚେଷ୍ଟା କରିବେ ତାହାହିଁ ସବୁବେଳେ ମନ ପରଦାରେ ଉଙ୍କି ମାରିବ ଆଉ ସ୍ମୃତି ପାଲଟିବ କାନଭାସ ଉପର ଅଙ୍କା ହୋଇଥିବା ଛବି ପରି ଦୃଢ଼, ଢଳଢଳ ଜଳ ଉପର ନିଜର ଭାରସାମ୍ୟ ହରାଇଥିବା ଛବି ପରି ନୁହେଁ । ସେମିତି ତ କିଛି ସ୍ମୃତି ଭୁଲି ହୁଏ ନାହିଁ ବୋଲି କବିବର ଯେଉଁ ଦି ଧାଡ଼ି କବିତା ଲେଖିଯାଇଥିଲେ ଶହେ ବର୍ଷରୁ ଅଧିକ କାଳ ଆଗରୁ ତାହା, ଏଯାଏ ରହିଛି ଅନେକଙ୍କ ସ୍ମୃତିରେ ସଂରକ୍ଷିତ ।

‘ସ୍ମୃତି କେବେ ନୁହେଁ ଫିଙ୍ଗିବାର
ଫିଙ୍ଗିପାରିଲେ ତ ପ୍ରାଣ ଲଭନ୍ତା ନିସ୍ତାର ।’

ମନସ୍ତତ୍ତ୍ୱରେ ସ୍ମୃତି ଏକ ବିସ୍ତୃତ ଶୃଙ୍ଖଳା । ସ୍ମୃତି ଆଉ ବିସ୍ମୃତି ଦୁଇଟିଯାକ ମଣିଷ ପାଇଁ ଗୁରୁତ୍ୱପୂର୍ଣ୍ଣ । ଗୋଟିଏ ସମୟରେ ଲାଗୁଥିବ ଏଇଟା ଅତି ଜରୁରୀ ଅତଏବ ତାହା ଅଳିଭା

ଦାଗ ଭଳି ସ୍ମୃତିରେ ଚିରଂଜୀବୀ ହୋଇଯିବା ଉଚିତ। ପୁଣି କେତେବେଳେ ଅନୁଭବ ହେବ ଏଇ ସ୍ମୃତିଟି ମୋତେ ବିବ୍ରତ କରୁଛି, ମୋତେ ବିବସ କରୁଛି, ମୋତେ ନିରାଶ କରୁଛି ଏହା ଭୁଲିଯାଇ ହୁଅନ୍ତା ସିନା! ମଣିଷ ଚାହୁଁ ବା ନ ଚାହୁଁ ସ୍ମୃତି ଓ ବିସ୍ମୃତି ସ୍ୱୟଂକ୍ରୀୟ ଭାବରେ ନିଜର କାମ କରି ଚାଲନ୍ତି। ବହୁତ କଥା ମନେ ରଖିବା ପାଇଁ ଅନେକ ପ୍ରୟାସ କଲେ ତାହା ଶରୀର ଓ ମନ ପ୍ରତି ବିରକ୍ତି ସୃଷ୍ଟି କରେ, ବେଳେବେଳେ ମାନସିକ ଅବସାଦ ବି ହୁଏ ଅବଶ୍ୟମ୍ଭାବୀ ପରିଣତି। ସ୍ନାୟୁ ବିଶାରଦମାନଙ୍କ ମତରେ ବେଳେବେଳେ ଶରୀରକୁ ଅତ୍ୟଧିକ ଯନ୍ତ୍ରଣା ଦେଲେ ଶରୀର ଚେତନାହୀନ ପାଲଟିଯାଏ। ତାପରେ କିଛି ସମୟ ପରେ ଚେତା ଆସେ। ତାହା ବୋଧହୁଏ ଏକ ପ୍ରାକୃତିକ ସ୍ୱୟଂକ୍ରୀୟ ପ୍ରକ୍ରିୟା; ଯାହା ଶରୀରର ଯନ୍ତ୍ରଣାକୁ ସ୍ମୃତି ପେଟିକାରେ ନ ରଖିବା ପାଇଁ ଏକ ପ୍ରକୃତିଦତ୍ତ ସ୍ୱାଭାବିକ ନିୟମ୍।

ଆପଣ ବି କେବେ କେବେ ସ୍ମୃତି ଭ୍ରମର ସାମୟିକ ଶିକାର ହୋଇଥାଇ ପାରନ୍ତି। ଯେମିତି ଆପଣ କଲମଟି ପ୍ୟାଣ୍ଟ ପକେଟରେ ଖୋସି ଦେଇଥିବେ। ଅଥଚ ତାକୁ ଖୋଜି ଖୋଜି ନୟାନ୍ତ ହୋଇପଡ଼ିବେ। ଆଉ ବିରକ୍ତି ଚରମ ସୀମାରେ ଥିବାବେଳେ ହଠାତ୍ କଲମଟି ଉପରେ ନଜର ପଡ଼ିଯିବା କ୍ଷଣି ଲାଜରେ ମୁହଁ ତଳକୁ ହୋଇଯିବ। ଯେମିତି ବେଳେ ବେଳେ ହଠାତ୍ ଗୋଟାଏ ଭାବନା ଆସିଯିବ। ସେଇଟି ପ୍ରକାଶ କରିବାକୁ ଅନୁକୂଳ ପରିସ୍ଥିତି ନଥିବ। ଆଉ ଦି ମିନିଟ୍ ପରେ ଯେତେ ଖୋଜିଲେ ବି ସେଇ କଥାଟି କେଉଁଠି ଲୁଚିଯିବ ଯେ ସିଏ ଆଉ ଧରା ଦେବନାହିଁ - କେବେ, କେତେବେଳେ ଜଣେ ଲୋକଙ୍କୁ ଦେଖି ଦେଲେ ଲାଗିବ ଆପଣ ତାଙ୍କୁ ଚିହ୍ନିଛନ୍ତି ଅଥଚ ତାଙ୍କର ନାଁ ମନେ ରଖି ନାହାନ୍ତି। ତାଙ୍କୁ ଭୁଲିଯାଇଛନ୍ତି ବୋଲି କହିବାକୁ ମନ ଯାଉନାହିଁ। ପୁଣି ଭାବନାନ୍ତର ହୋଇଯାଉଥିବ, ମୁଁ ଯାହାଙ୍କ କଥା ଭାବୁଛି ଇଏ ସିଏ ଯଦି ହୋଇ ନଥିବେ। ହଁ, ସେମିତି ବି ହେବା ବିଚିତ୍ର ନୁହେଁ। ଜଣେ ଲୋକ ପରି ଅବିକଳ ଦିଶୁଥିବା ଲୋକ ବି ସଂସାରରେ ଅଛନ୍ତି। କେହି କେହି ଦାବୀ କରନ୍ତି ଜଣକର ଠିକ୍ ଅବିକଳ ଲୋକ ଛଅ ଜଣ ଥାଇ ପାରନ୍ତି ଅବଶ୍ୟ ଏଇ ସଂଖ୍ୟା ପଛର ବିଜ୍ଞାନ ଯୁକ୍ତିଯୁକ୍ତ ହୋଇ ନ ପାରେ। ବେଳେ ବେଳେ ଯମଜ ସନ୍ତାନମାନେ ଏତେ ଏକାପରି ଦିଶନ୍ତି ଯେ ଆପଣଙ୍କ ମୁଣ୍ଡ ଘୂରେଇ ଯାଇପାରେ। ଏପରିକି କେବଳ ସେମାନେ ସମାନ ଦିଶୁଥାଇ ନଥାନ୍ତି ତା ସାଙ୍ଗକୁ ସମାନ ପୋଷାକ ପିନ୍ଧିବା ସହିତ ସେମାନଙ୍କର କଥା କହିବାର ଶୈଳୀ ବି ଏକାପରି ହୋଇଥାଏ। ସେତେବେଳେ ସେମାନଙ୍କୁ ଚିହ୍ନିବା ହୋଇଥାଏ କାଠିକରପାଠ।

ଆଗକାଳରେ ସ୍ମୃତିଶକ୍ତି ବୋଧହୁଏ ଅଧିକ ଥିଲା ଲୋକମାନଙ୍କର ତା ହୋଇ ନଥିଲେ ବେଦ ପରି ବିଶାଳ ଗ୍ରନ୍ଥ ସମୁହକୁ କଣ ଖାଲି ଶୁଣି ଶୁଣି ଲୋକେ ମନେ ରଖୁଥାନ୍ତେ। ଯେଉଁଥିପାଇଁ ବେଦର ନାଁ ହୋଇଥିଲା ସ୍ମୃତି।

କ୍ରମେ ଲକ୍ଷ୍ୟ କରାଗଲା ଯେ ମନକୁ ଏତେ ଭରସା କରାଯିବା ଉଚିତ ନୁହେଁ, ଯାହା ଫଳରେ ଭାଷାର ଲିଖନ ରୂପ ଆସିଲା ଏବଂ କଥିତ ଭାଷା ତୁଳନାରେ ଲିଖିତ ଭାଷା ହେଲା ଅଧିକ ଆଦୃତ କାରଣ ଏହା ଫଳରେ ଗୋଟିଏ ପୀଢ଼ିର ଜ୍ଞାନ ଅକ୍ଷତ ଭାବରେ ପରପୀଢ଼ିକୁ ସ୍ଥାନାନ୍ତରିତ ହୋଇପାରିଲା ଏବଂ ମଣିଷ ସମାଜ ଓ ସଭ୍ୟତା ଗଢ଼ି ଉଠିବାରେ ତାର ହେଲା ବିଶେଷ ଦାନ।

ଧରି ନିଅନ୍ତୁ ଆପଣ ଅନେକ ଦିନ ପରେ ଜଣେ ପୁରାତନ ସହକର୍ମୀଙ୍କୁ ହଠାତ୍ ଦେଖାହେଲେ। ସେ ଆପଣଙ୍କ ନାଁ ଧରି କଥା ହେଲେ, ଆପଣ ବି କଥା ହେଲେ ଅଥଚ ଆପଣ ତାଙ୍କ ନାଁଟା ଭୁଲିଯାଇଛନ୍ତି। ତେଣୁ ଆପଣ ତାଙ୍କୁ କହିଦେବେ ମୁଁ ବୋଧହୁଏ ଆପଣଙ୍କ ଟେଲିଫୋନ ନମ୍ବରଟି ରଖିପାରିନି ମୋତେ ଟିକିଏ ଏଇ ନମ୍ବରରେ କଲ କରିଦେଲେ। ସେ କଲ କରିଦେବେ ଆଉ ଘରକୁ ଫେରି ସେଇ କଲ୍‌କୁ ଟ୍ରୁ କଲର୍‌ରେ ପକେଇ ଦେଇ ଆପଣ ଖୋଜି ପାଇଯିବେ ସହକର୍ମୀଙ୍କ ପୁରା ନାଁ।

ହେଲେ ବେଳେ ବେଳେ କିଛି ନ ଛୋଡ଼ବନ୍ଧା ସାଙ୍ଗ ଥିବେ ଯିଏ ତମକୁ ସିଧା ସଳଖ ପଚାରିଦେବେ। ତମେ ନିଶ୍ଚିତ ଭାବରେ ମୋ ନାଁ ଭୁଲିଯାଇଛ, କହିଲ ଦେଖି। ସେତେବେଳର ପରିସ୍ଥିତିରେ ନିଜକୁ ସ୍ମୃତି ଆଉ ବିସ୍ମୃତିରର ଦୋଛକିରେ ଦରାଣ୍ଡୁ ଥିବା ବେଳେ ଲକ୍ଷ୍ୟ କରୁଥିବେ ନିଜର ହୀନିମାନିଆଁ ଅବସ୍ଥା।

ବୟସ ବଢ଼ିଗଲେ ଭୁଲାପଣ ବଢ଼ିଯାଏ ଆପେ ଆପେ। ମାତ୍ର ବେଶି ଭୁଲିଯିବା ଗୋଟାଏ ରୋଗ ଯାହାକୁ ଆଜିକାଲି ଡିମେନସିଆ ବୋଲି କୁହାଯାଉଛି। ଏହା ଫଳରେ ଆପଣଙ୍କର ବ୍ୟବହାର ଅସ୍ୱାଭାବିକ ହୋଇଯାଏ। ଆଉ ଟିକିଏ ଅଧିକ ପରିସ୍ଥିତି ଜଟିଳ ହେଲେ କୁହାଯିବ ଆପଣ ଆଲଜାଇମର୍‌ରେ ଆକ୍ରାନ୍ତ। ଏଇ ରୋଗଗୁଡ଼ିକ ଆଧୁନିକ ଜୀବନ ପ୍ରଣାଳୀରେ ଗୋଟିଏ ଗୋଟିଏ ନିଶ୍ଚିତ ପରିଣତି। କୁହାଯାଉଛି ହୁଳହୁଳି ଦେଲେ ଏଇ ରୋଗଜନିତ ସମସ୍ୟା ହ୍ରାସପାଏ ବୋଲି। ପ୍ରିୟଜନଙ୍କ ସ୍ମୃତି ହିଁ ସବୁବେଳେ ଆମର ସମ୍ପଦ। ଯେତେ ଲୋକ ନିଜର ପ୍ରିୟଜନଙ୍କ ସ୍ମୃତିରେ ବହୁ ସଂଚିତ ଅର୍ଥ ଦାନ କରନ୍ତି, ସାଧାରଣ ଭାବରେ ସେମିତି କରିବା କୁତ୍ରାପି ପରିଦୃଷ୍ଟ ହୁଏନାହିଁ।

ଦିନକର କଥା। ଆମେରିକାର ଗୋଟିଏ ବୃଦ୍ଧ ଦମ୍ପତି ଯାଇ ପହଞ୍ଚିଲେ ବିଶ୍ୱବିଖ୍ୟାତ ହାର୍ଭାର୍ଡ଼ ବିଶ୍ୱବିଦ୍ୟାଳୟରେ। ସେମାନେ ଚାହୁଁଥିଲେ ବିଶ୍ୱବିଦ୍ୟାଳୟର କୁଳାଧିପତିଙ୍କୁ ସାକ୍ଷାତ କରିବା ପାଇଁ। ସେମାନେ ସେତେ ସମ୍ପର୍ଣ୍ଣ ଜଣାଯାଉନଥିଲେ। ନିଜର ପରିଚୟ ଦେବା ପାଇଁ ସେମାନେବି ଥିଲେ କୁଣ୍ଠିତ। ପ୍ରଥମେ କୁଳାଧିପତିଙ୍କ ସେକ୍ରେଟେରୀ ବି କୁଳାଧିପତିଙ୍କୁ ସାକ୍ଷାତ କରାଇବାକୁ ବିଶେଷ ଆଗ୍ରହ ଦେଖେଇଲେ ନାହିଁ। ଦିନ ପରେ ଦିନ ସେମାନଙ୍କ ବିତିଗଲା। ଶେଷରେ ତାଙ୍କର ସାକ୍ଷାତ ହେଲା କୁଳାଧିପତିଙ୍କ ସହିତ।

ବୃଦ୍ଧ ଓ ବୃଦ୍ଧା ଅନୁରୋଧ କରିବାକୁ ଆସିଥିଲେ ସେମାନଙ୍କର ସମସ୍ତ ସଂପତ୍ତି ତାଙ୍କ ଦିବଂଗତ ପୁତ୍ରଙ୍କ ନାମରେ ଦାନ କରି ଗୋଟିଏ ନୂଆ ବିଭାଗ ଖୋଲିବାକୁ। କୁଳାଧିପତି ହାର୍ଭାଡ଼ ବିଶ୍ୱବିଦ୍ୟାଳୟର ଦୀର୍ଘ ଇତିହାସ ବିଷୟରେ ସଂକ୍ଷିପ୍ତରେ କହି କହିଲେ ଲକ୍ଷ ଲକ୍ଷ ଛାତ୍ର ହାଭାର୍ଡ଼ରେ ପଢ଼ିଛନ୍ତି, ଯଦି ପୁରାତନ ଛାତ୍ରଙ୍କ ନାଁରେ ବିଭାଗ ଖୋଲାହେବ ତାହେଲେ ବିଶ୍ୱବିଦ୍ୟାଳୟର ଗରିମା ନଷ୍ଟ ହେବ। ତାଛଡ଼ା ଏତେ ବିଶାଳ ବିଶ୍ୱବିଦ୍ୟାଳୟ ଖାଲି ସ୍ମୃତିକୁ ନେଇ ବଂଚିବାକୁ ଚାହେଁନି। ମନ ଦୁଃଖରେ ଫେରିଗଲେ ବୃଦ୍ଧ ଓ ବୃଦ୍ଧା। ହେଲେ ମନ ଭାଙ୍ଗିନଥିଲା। ଫେରିଲା ବେଳେ ବୃଦ୍ଧା କହିଲେ, "ପୁଅକୁ ତ ଆଉ ଖୋଜି ପାରିବା ନାହିଁ। ତାର ପୂର୍ବ ଶିକ୍ଷାନୁଷ୍ଠାନ ବି ତା ନାଁରେ କିଛି କରିବାକୁ ଅମଙ୍ଗ, ଆମର ସବୁ ସମ୍ପତ୍ତି ଦାନ କରି ଗୋଟିଏ ବିଶ୍ୱବିଦ୍ୟାଳୟ ଗଢ଼ିବା।" ସେଇ ଦାନର ସ୍ମୃତି ହେଉଛି ଆଜିର ବିଶ୍ୱବିଖ୍ୟାତ ଷ୍ଟାନ ଫୋର୍ଡ଼ ବିଶ୍ୱବିଦ୍ୟାଳୟ। ଆଠ ହଜାର ଏକରରୁ ଅଧିକ ଅଞ୍ଚଳ ଉପରେ ପ୍ରତିଷ୍ଠିତ ଶହେ ଚାଳିଶ ବର୍ଷ ତଳେ ସ୍ଥାପିତ ହୋଇଥିବା ଏଇ ବିଶ୍ୱ ବିଖ୍ୟାତ ବିଶ୍ୱବିଦ୍ୟାଳୟ ବହନ କରେ ସେ ଦିନର ସେଇ ଦୁଃଖଦ ସ୍ମୃତି।

ତେଣୁ ସ୍ମୃତି ଖାଲି ଅତୀତ ମନସ୍କତାର ପ୍ରତିଫଳନ କହି ତାକୁ ନକାରାତ୍ମକ ଦୃଷ୍ଟିରେ ଦେଖିବା ଗ୍ରହଣୀୟ ନୁହେଁ। ଯଦି ଦ୍ରୌପଦୀଙ୍କ ସ୍ମୃତି ବିଭ୍ରାଟ ହୋଇଥାନ୍ତା, ତାହେଲେ କ'ଣ ମହାଭାରତ ଯୁଦ୍ଧ ହୋଇଥାନ୍ତା ନା ଦୁରାଚାରୀ ଦୁଃଶାସନ, ଦୁର୍ଯ୍ୟୋଧନଙ୍କର ନିଧନ ହୋଇଥାନ୍ତା। ଆମେ ସମସ୍ତେ ଦିନେ ଅନ୍ୟ କାହା ପାଇଁ ସ୍ମୃତିଟିଏ ପାଲଟିଯିବା, ଚାଲନ୍ତୁ ଏମିତି କିଛି କରିଯିବା ଯାହାକୁ ଭୁଲିହେବ ନାହିଁ। ତାକୁ ଶ୍ରଦ୍ଧାରେ କେହି ସ୍ମରଣ କରିବେ।

■

(ସକାଳ - ତା. ୧୦.୦୧.୨୦୨୫ରିଖ)

ହେଁସ କାହିଁପାଇଁ ଧୋଇବା ?

ଶୀର୍ଷକଟି ଓଡ଼ିଶାର ପୁରପଲ୍ଲୀରେ ପ୍ରସାରିତ ଏକ ଢଗର ଅଂଶବିଶେଷ ବୋଲି ଆପଣମାନେ ନିଶ୍ଚିତ ରୂପେ ଜାଣିଥିବେ। ଦୁଇ ପରସ୍ପର ବିରୋଧୀ ପକ୍ଷ ଯେତେବେଳେ ସମାନ ରକମର କର୍ମ ଅଥବା ଅପକର୍ମରେ ଲିପ୍ତ ଥାଆନ୍ତି ସେମାନେ କିପରି ଆଚରଣ କରିଥାନ୍ତି, ବୋଧହୁଏ ତାହାହିଁ ଏଇ ଆପ୍ତବାକ୍ୟର ମର୍ମକଥା।

ଗୋଟିଏ ଗଣତନ୍ତ୍ରର ବିଶେଷତ୍ୱ ହେଉଛି ଏହା ଲୋକମତରେ ଚାଲେ ଏବଂ ସର୍ବାଧିକ ନିର୍ବାଚିତ ପ୍ରତିନିଧି ସମ୍ବଳିତ ଦଳ ଶାସନ ଭାର ସମ୍ଭାଳେ, ପରାଜିତ ହୋଇଥିବା ଦଳ ବା ଗୋଷ୍ଠୀ ବିରୋଧୀ ଦଳର ଭୂମିକା ନିଏ। ଭାରତୀୟ ଗଣତନ୍ତ୍ରରେ ଦୁଇଦଳୀୟ ବ୍ୟବସ୍ଥା ନଥାଏ, ଯେପରିକି ଆମେରିକା ଅଥବା ଇଂଲଣ୍ଡରେ; ମାତ୍ର ଭାରତରେ ବହୁ ଦଳୀୟ ଗଣତନ୍ତ୍ର ଚାଲି ଆସିଛି। ସର୍ବାଧିକ ଲୋକପ୍ରତିନିଧ ଯେଉଁ ଦଳ ବା ଗୋଷ୍ଠୀକୁ ପ୍ରତିନିଧିତ୍ୱ କରନ୍ତି ତାହା ଶାସନ ଭାର ସମ୍ଭାଳେ ଏବଂ ଏକ ବା ଏକାଧିକ ଦଳ ବିରୋଧୀ ଦଳର ଭୂମିକା ତୁଲାନ୍ତି। ଯେତେ ଦଳ ବଦଳ ବିରୋଧ ଆଇନ ହେଲେ ମଧ ବହୁ ଚତୁରତା ସହିତ ରାଜନୈତିକ ଦଳମାନେ ତାକୁ କୌଶଳରେ ପରାଜିତ କରିପାରନ୍ତି।

ଭାରତର କେନ୍ଦ୍ରରେ ଏବଂ ବିଭିନ୍ନ ରାଜ୍ୟରେ ଶାସନ ଗାଦିରେ ବସିଥିବା ଦଳମାନଙ୍କୁ ଏବଂ ବିରୋଧୀମାନଙ୍କର କାର୍ଯ୍ୟକଳାପକୁ ଲକ୍ଷ୍ୟ କରନ୍ତୁ। ଆପଣ ନିଶ୍ଚିତ ହୋଇପାରିବେ ସେମାନଙ୍କ ଭିତରେ ଆଦର୍ଶଗତ ପାର୍ଥକ୍ୟ ସତ୍ତ୍ୱେ ମୌଳିକ ସ୍ତରରେ ବହୁ ସାମଞ୍ଜସ୍ୟ ରହିଛି। ପ୍ରତି ସରକାରୀ ଦଳ ନିଜ ଦଳର ସମର୍ଥିତ ବ୍ୟକ୍ତିମାନଙ୍କୁ ସବୁ ସୁଖ ସୁବିଧା ଅଜାଡ଼ି ଦେଉଥିବା ବେଳେ ବିରୋଧୀମାନଙ୍କୁ ଯେତେ ହୀନିମାନ କରାଯାଇପାରିବ ସେଥିରେ ଆଦୌ କାର୍ପଣ୍ୟ କରନ୍ତି ନାହିଁ।

ଆପଣମାନେ ଜାଣନ୍ତି ବିଭିନ୍ନ ରାଜନୈତିକ ଦଳ ସେମାନଙ୍କ କାର୍ଯ୍ୟକଳାପ ବର୍ଷ ସାରା ଜାରି ରଖିଥାନ୍ତି ଏବଂ ସେଥିପାଇଁ ବହୁ ଅର୍ଥର ଆବଶ୍ୟକତା ପଡ଼ିଥାଏ। ସେହି ଅର୍ଥ

କେବଳ ସଂପୃକ୍ତ ଦଳର ସଦସ୍ୟମାନେ କଣ ଦାନ କରିଥାନ୍ତି ? ନା, ସେମିତି କେବେ ହୋଇ ନଥାଏ । ବ୍ୟବସାୟୀ, ଶିଳ୍ପପତି, କ୍ଷମତାଶାଳୀଙ୍କ ଠାରୁ ଦଳମାନେ ଚାନ୍ଦା ଆଦାୟ କରନ୍ତି । ଏଇ ଆଦାୟ ପ୍ରଣାଳୀରେ ସ୍ୱଚ୍ଛତା ନଥାଏ । ଆଗରୁ ଯେଉଁମାନେ ଶାସନ ଦାୟିତ୍ୱରେ ଥିଲେ ସେମାନେ ଯେଉଁ ପ୍ରକ୍ରିୟାରେ ଚାନ୍ଦା ଆଦା କରୁଥିଲେ, ଏବେ ଯେଉଁମାନେ ଅଛନ୍ତି ସେମାନେ ବି ସେଇ ପ୍ରକ୍ରିୟାକୁ ଭୁଲନ୍ତି ନାହିଁ । ବରଂ ପ୍ରକ୍ରିୟାକୁ ଗତିଶୀଳ କରିବା ପାଇଁ ଗବେଷଣାଗତ ଜ୍ଞାନକୁ କାମରେ ଲଗାନ୍ତି ।

ଗୁଣ୍ଡା ଶ୍ରେଣୀୟ ଲୋକମାନେ ଅଧିକାଂଶ ସମୟରେ ସରକାରୀ ଦଳର ହାତ ବାରିସୀ ସାଜନ୍ତି । ତାହା ଫଳରେ ସେମାନଙ୍କର ପ୍ରାଧାନ୍ୟ ରହିବା ସମ୍ଭବ ହୁଏ, ତା ସହିତ ରୋଜଗାର ବି ଆଶାନୁରୂପ ହୁଏ । ଯଦିଓ ସରକାର ପୁଲିସର ସାହାଯ୍ୟ ସବୁବେଳେ ନେଇଥାନ୍ତି ତା ସାଙ୍ଗକୁ ବେସରକାରୀ ଅସାମାଜିକ ତତ୍ତ୍ୱଙ୍କୁ ବି ପୋଷନ୍ତି କହିଲେ ଚଳେ । ଏହାଦ୍ୱାରା ସେମାନେ ବିରୋଧୀଙ୍କ ତୁଳନାରେ ଅଧିକ ଶକ୍ତିଶାଳୀ ବୋଲି ଲୋକଙ୍କ ଭିତରେ ଧାରଣା ସୃଷ୍ଟି ହେବ ବୋଲି ଗୋଟିଏ ଅବବୋଧ ତାଙ୍କ ଭିତରେ ସୃଷ୍ଟି ହୁଏ ।

ବିଧାନସଭା ଏକ ସ୍ୱତନ୍ତ୍ର ସ୍ୱାଭିମାନୀ ସ୍ୱୟଂଶାସିତ ଅନୁଷ୍ଠାନ ଭାବରେ ଚଳୁ ବୋଲି ଶାସକଦଳ ଭାବନ୍ତି ନାହିଁ । କିପରି ତାକୁ ନିଜ ଇଚ୍ଛାରେ ଚଳାଯାଇପାରିବ, ସେଥିରେ ସାମାନ୍ୟ ଭୁଲ କରନ୍ତି ନାହିଁ । ବ୍ୟୟ ମଞ୍ଜୁରି ବିଲ୍‌ଗୁଡ଼ିକ ଉପରେ ବିସ୍ତୃତ ଆଲୋଚନା ହେବା ଜରୁରୀ; ମାତ୍ର ଅନେକ ବିଧାନସଭାରେ ସେଗୁଡ଼ିକ ବିନା ଆଲୋଚନାରେ ପାସ୍ ହୋଇଯାଏ ।

ବିନା ଆଲୋଚନାରେ ବିଧାନସଭାରେ ସ୍ୱୀକୃତ ପ୍ରସ୍ତାବ ବି ବିଧାନସଭାର ଏକ ବ୍ୟବହୃତ ପ୍ରଣାଳୀ ଯାହାକୁ ଗିଲୋଟିନ କୁହାଯାଉଛି । ବିଧାନସଭାରେ ଆଲୋଚନା ହେଲେ ତାହା ବିରୋଧୀଦଳଙ୍କୁ ଫାଇଦା ଦେଇଥାଏ ବୋଲି ସାଧାରଣ ଲୋକଙ୍କର ଧାରଣା; ମାତ୍ର ବିରୋଧୀଦଳ ଟିକିଟିକି କଥାର ବିଧାନସଭା/ଲୋକସଭାକୁ ଅଚଳ କରିଦେଇ ତାହାକୁ ନିଜର ବିଜୟ ବୋଲି ପ୍ରଚାର କରନ୍ତି । ଯାହାକୁ ଆଜିର ଶାସକ ଦଳ କରୁଛନ୍ତି, ଠିକ୍ ସେଇଆ କରନ୍ତି କାଲିର ଶାସକଦଳ ବା ଆଜିର ବିରୋଧୀ ଦଳ ।

ଆପଣ କୌଣସି ବିଧାନସଭାରେ ପ୍ରଶ୍ନ କରାଯାଇଥିବା ପ୍ରଶ୍ନଗୁଡ଼ିକ ଅନୁଧ୍ୟାନ କରନ୍ତୁ । ଦେଖିବେ ସେଇ ପ୍ରଶ୍ନ ଭିତରୁ ବହୁ ଭାଗ ଆଗରୁ ପଚରାଯାଇଥିଲା ଏବଂ ସେଇ ପୁରୁଣା ଉତ୍ତରକୁ ବାରମ୍ବାର ଦିଆଯାଉଛି । ଅର୍ଥାତ୍ ବିରୋଧୀ ଦଳର ସଦସ୍ୟମାନେ ଯେଉଁ ପ୍ରଶ୍ନ ପଚାରନ୍ତି ସେମାନେ ଯଦି କେତେବେଳେ ଶାସକ ଦଳକୁ ଆସନ୍ତି ସେଇ ପୁରୁଣା ଉତ୍ତର ଦିଅନ୍ତି ଯାହା ସେମାନଙ୍କର ବିରୋଧୀମାନେ ଦେଇଥିଲେ ।

ଲୋକ ଚରିତ୍ରର ଏଇ ବିପୁଳ ସମଭାବକୁ ଆପଣ ଲକ୍ଷ୍ୟ କଲେ ଜାଣିପାରିବେ

ସମସ୍ତେ ଯେମିତି ଗୋଟିଏ ନାଟକରେ ଅଭିନୟ କରୁଥିବା ନାୟକ ନାୟିକା। କିଏ କଣ କହିବ ତାହା ଆଗରୁ ଯେମିତି ନିର୍ଦ୍ଦିଷ୍ଟ ହୋଇ ରହିଛି କେବଳ ନିଜର ପଦବୀ ଅନୁସାରେ ତାଙ୍କୁ ପ୍ରଶ୍ନ ପଚାରିବାକୁ ହେବ କିମ୍ବା ଉତ୍ତର ଦେବାକୁ ହେବ। ବିପ୍ଳବୀ କବି ରବି ସିଂଙ୍କର ଗୋଟିଏ କାଳଜୟୀ କବିତା ହେଉଛି 'ଖସାଅ ମୁକୁଟ' : ଏଇ କବିତାରେ ଉପଜିବ୍ୟ କଥାବସ୍ତୁ ହେଲା ରାମଲୀଳା ଦେଖି ଅଭିଭୂତ ହେଉଥିବା ସରଳ ଗ୍ରାମବାସୀମାନେ ଅଭିନୟ କରୁଥିବା ଚରିତ୍ରମାନଙ୍କ ଭିତରେ ସେ ରାମ ଏବଂ ତାଙ୍କର ପ୍ରତିପକ୍ଷ ରାବଣଙ୍କୁ ଦେଖନ୍ତି। ହେଲେ ରାମଲୀଳା ପରଦିନ ସେମାନେ ଦେଖନ୍ତି ଯେ ଗତ ରାତିର ରାମ ଓ ରାବଣ ଆଜି ସକାଳେ ଥଟ୍ଟାମଜା କରି ପୋଖରୀ ଘାଟକୁ ସ୍ନାନ ଶୌଚ ହେବା ପାଇଁ ଯାଉଛନ୍ତି। ସେମାନଙ୍କର ସ୍ୱପ୍ନ ଭଙ୍ଗ ହୁଏ। କବିଙ୍କର ବକ୍ତବ୍ୟ ହେଉଛି ଯେ ପୁରାଣର ରାମ ଓ ରାବଣ ଚରିତ୍ର ଦୃଷ୍ଟିରୁ ଅଲଗା ମାତ୍ର ଅଭିନୟ କରୁଥିବା ରାମ ଓ ରାବଣ ଗୋଟିଏ ଯାତ୍ରାପାର୍ଟିର ଅଭିନେତା। ସେମାନଙ୍କ ପ୍ରତିଜ୍ଞା ପାଣିର ଗାର ଭଳି।

କବି ରବି ସିଂଙ୍କର ଅଭୁଲା ଧାଡ଼ି ମନେ ପକେଇବାର ସମୟ ଆସିଛି :

"ତମାମ ଦେଶରେ ଚାଲୁ ରହିଥିବ - ରାଜନୀତି - ରାମଲୀଳା
ଦେଖଣାହାରୀଏ ରାତି ଅନିଦ୍ରା
ରାମ ଓ ରାବଣ ଗଡ଼ାଗଡ଼ି ଠେଲା ପେଲା -
ରାତି ତ ସରିଲେ ସରୁଥିବ ଲୀଳା
ରାମ ଓ ରାବଣ ସକାଳେ ଗୁଡ଼ାଖୁ ଧରି -
ହସାହସି ହୋଇ ନଈ କୂଳକୁ ତ
ଗଲାବେଳେ ଝାଡ଼ା ଫେରି....
ସରଳ ନିରୀହ ଜନସାଧାରଣ - ହେବେ ଫୁସଫାସ ଏ କି ଅଘଟଣ;
କାଲି ଏ ଦି'ଟା ଛାମୁଡ଼ିଆ ତଳେ ହେଉଥିଲେ ଗଡ଼ାଗଡ଼ି
ହାଇରେ କପାଳ, ସକାଳୁ ଏଇକି କୋଳାକୋଳି ଯୋଡ଼ା ଯୋଡ଼ି !"

ରାଜନୀତିରେ ପ୍ରତ୍ୟେକ ଯୁକ୍ତି କରି ପ୍ରତିପକ୍ଷଙ୍କୁ ମାଟିକାମୁଡ଼େଇବା ପାଇଁ ଚାହାନ୍ତି। ଜଳସେଚନ ଓ ପାନୀୟଜଳ ଯୋଗାଣ ପାଇଁ ସବୁଦଳଙ୍କ ଆଖିରୁ ଲୁହ ବହେ, ମାତ୍ର ଏପରି ମୌଳିକ ସମସ୍ୟାର ସମାଧାନ ପାଇଁ ଆନ୍ତରିକ ପ୍ରଚେଷ୍ଟା ନଥାଏ। ହେଁସ ଧୋଇବା ପାଇଁ କାହାରି ଐକାନ୍ତିକ ପ୍ରୟାସ ନଥାଏ।

ସବୁ ଦେଶରେ ଊଣା ଅଧିକେ କ୍ଷମତାସୀନ ଓ ପ୍ରତିପକ୍ଷଙ୍କ ଭିତରେ ତୁତୁ ମେଁମେଁ ଚାଲିଛି। ଆଲୋଚନା କରି ସର୍ବସମ୍ମତ ନିଷ୍କର୍ଷ ବାହାର କରିବାକୁ କାହାରି ଉଦ୍ୟମ ନାହିଁ; ମାତ୍ର ଏପରି ସମୟରେ ନିଜର କାର୍ଯ୍ୟକାଳରେ ଶେଷ ପର୍ଯ୍ୟାୟରେ ଆମେରିକାର ତତ୍କାଳୀନ

ରାଷ୍ଟ୍ରପତି ବାରାକ ଓବାମା ଯାହା କହିଥିଲେ ତାହା ପ୍ରଣିଧାନଯୋଗ୍ୟ । ସେଦିନ ନୂତନ ଆମେରିକା ରାଷ୍ଟ୍ରପତି ନିର୍ବାଚନର ଫଳ ଘୋଷିତ ହୋଇଥାଏ । ଡିମୋକ୍ରାଟମାନଙ୍କର ପ୍ରାର୍ଥୀ ହାରିଯାଇଥାନ୍ତି ଏବଂ ରିପବ୍ଲିକାନ୍ ପ୍ରାର୍ଥୀ ଟ୍ରମ୍ପ ବିଜୟୀ ହେଲେ ବୋଲି ଘୋଷଣା ହୋଇସାରିଥାଏ । ସେତିକି ବେଳେ ଏକ କ୍ଷୁଦ୍ର ଭାଷଣରେ ଆମେରିକାର ତତ୍କାଳୀନ ରାଷ୍ଟ୍ରପତି ଓବାମା କହୁଛନ୍ତି ।

'ନିର୍ବାଚନରେ କିଏ ହାରିବ ତ କିଏ ଜିତିବ; ମାତ୍ର ବଡ଼କଥା ହେଲା ନିର୍ବାଚନରେ ଲଢୁଥିବା ଆମର ପ୍ରତିପକ୍ଷ ଆମର ଶତ୍ରୁ ନୁହନ୍ତି । ଆମେ ସମସ୍ତେ ଗୋଟିଏ ଦଳର । ରିଲେରେସ୍ ଖେଳୁଥିବା ଖେଳାଳୀମାନେ ନିଜ ନିଜର ସର୍ବଶ୍ରେଷ୍ଠ କ୍ରୀଡ଼ା ପ୍ରଦର୍ଶନ କଲାପରି ନୂତନ ବିଜୟୀ ପ୍ରାର୍ଥୀଙ୍କୁ ଆମର ବ୍ୟାଟନ ହସ୍ତାନ୍ତର କରିବୁ । ଆମ ସମସ୍ତଙ୍କର ଲକ୍ଷ୍ୟ ଆମେରିକା କେମିତି ସର୍ବଦା ଶ୍ରେଷ୍ଠ ସ୍ଥାନରେ ରହିବ ।'

ବାସ୍ତବରେ ଏପରି ଭାବନା ଆମ ଦେଶର ନେତୃମଣ୍ଡଳୀ ଭିତରେ କେତେଜଣଙ୍କର ଅଛି ? ଏଇ ଭାବନା ଯଦି ଆମ ଦେଶର ସବୁ ଦଳର ନେତାଙ୍କ ଭିତରେ ପ୍ରକାଶିତ ହେବ ତାହେଲେ ଯାଇ ହେବ ଭାରତୀୟ ଗଣତନ୍ତ୍ରର ବିଜୟ । ତା ନହେଲେ ଆଜିପରି ଅବସ୍ଥାର ପରିବର୍ତ୍ତନ ହେବ ନାହିଁ, ଯାହାକି ସଂକ୍ଷିପ୍ତରେ ଶୀର୍ଷକ ଭାବରେ ସ୍ଥାନିତ ହୋଇଛି ।

■

(ଓଡ଼ିଶା ଭାସ୍କର - ତା ୨୦.୧୧.୨୦୨୪ରିଖ)

BLACK EAGLE BOOKS

www.blackeaglebooks.org
info@blackeaglebooks.org

Black Eagle Books, an independent publisher, was founded as a nonprofit organization in April, 2019. It is our mission to connect and engage the Indian diaspora and the world at large with the best of works of world literature published on a collaborative platform, with special emphasis on foregrounding Contemporary Classics and New Writing.

www.ingramcontent.com/pod-product-compliance
Lightning Source LLC
Chambersburg PA
CBHW050328110726
47899CB00007B/2418

* 9 7 8 1 6 4 5 6 0 6 7 2 7 *